21世纪经济管理精品教材·工商管理系列

Corporate Ethics and Social Responsibility

企业伦理与社会责任

高勇强 ◎ 编著

清华大学出版社
北京

本书封面贴有清华大学出版社防伪标签,无标签者不得销售。
版权所有,侵权必究。举报:010-62782989,beiqinquan@tup.tsinghua.edu.cn。

图书在版编目(CIP)数据

企业伦理与社会责任 / 高勇强编著. —北京:清华大学出版社,2021.8(2025.1重印)
21世纪经济管理精品教材. 工商管理系列
ISBN 978-7-302-58667-8

Ⅰ.①企… Ⅱ.①高… Ⅲ.①企业伦理-高等学校-教材 ②企业责任-社会责任-高等学校-教材 Ⅳ.①F270

中国版本图书馆CIP数据核字(2021)第141121号

责任编辑:梁云慈
封面设计:李召霞
责任校对:宋玉莲
责任印制:宋 林

出版发行:清华大学出版社
网 址:https://www.tup.com.cn,https://www.wqxuetang.com
地 址:北京清华大学学研大厦A座   邮 编:100084
社 总 机:010-83470000   邮 购:010-62786544
投稿与读者服务:010-62776969,c-service@tup.tsinghua.edu.cn
质量反馈:010-62772015,zhiliang@tup.tsinghua.edu.cn

印 装 者:三河市人民印务有限公司
经 销:全国新华书店
开 本:185mm×260mm   印 张:16.75   字 数:381千字
版 次:2021年8月第1版   印 次:2025年1月第5次印刷
定 价:49.00元

产品编号:093681-01

前　言

编写一本"企业伦理"或"商业伦理"的教材,是我从事这一课程教学多年来一直挥之不去的想法。这倒不是因为市面上没有合适的教材可用,恰恰相反,随着企业伦理类课程在我国商学院或管理学院中日益受重视和普及,国内出版界不仅引进了一些西方的企业伦理教材,而且本埠教材也逐渐增多起来。然而,也许是因为个人的认知和习惯问题,我总感觉这些教材用起来不那么"得心应手"。

法律是企业行为的底线,然而,随着人们对企业社会责任的日益重视,伦理逐渐成为企业行为的另一条底线,这是一条无形的底线。中国人常说:行为做事要讲究合情合理合法,合情是符合或不违背人们朴素的情感,合理是合乎道理或事理,合情合理其实说的就是合乎伦理道德。古人云:修身、齐家、治国、平天下,立德修身是第一位的。欲成大事者,必先修其身。欲修其身者,先正其心。小成靠智,大成靠德。身不修则德不立,德不立则无以成事。正因如此,绝大多数欧洲和北美商学院都将"企业伦理"作为企业领导者必修的核心课程之一。目前,我国的很多商学院或管理学院也在本科和工商管理硕士(MBA)两个层次开设了与企业伦理相关的课程。

探讨企业伦理问题,需要从六个方面着手:(1)什么是企业伦理;(2)企业为什么要讲伦理道德;(3)什么样的行为是合乎伦理道德的;(4)现实中企业伦理问题主要体现在哪些方面;(5)企业伦理问题产生的原因是什么;(6)如何促进企业伦理与社会责任。这是我在讲授"企业伦理"这门课时使用的提纲,也是本书的总框架。

本书共分10章内容:

第1章是有关企业伦理的基本概念,回答什么是企业伦理的问题;

第2章是企业伦理的理由,主要回答企业为什么要讲伦理道德;

第3章是伦理哲学,主要回答什么样的行为是合乎伦理道德的;

第4章、第5章、第6章、第7章、第8章分别从消费者、员工、投资者、竞争者、自然环境五个角度介绍当前我国企业存在的主要伦理问题;

第9章是企业伦理问题的原因分析;

第10章探讨推进企业伦理建设的方法。

本书是在参考和借鉴过往文献的基础上编写而成,如果非要说本书有什么特色的话,我认为本书:(1)逻辑线条较为清晰明了,内容比较完整;(2)对企业伦理问题的分析(第4~第8章)遵循了从利益相关者权利入手,再分开介绍我国社会中常见的企业伦理问题,使得行为中蕴藏的伦理问题一目了然;(3)把企业伦理问题看成是一个系统问题,从制度、社会、企业、个人四个层面分析了企业伦理问题的产生,提出了政策建议;(4)全书使用大量的案例,包括国内的、国外的、正面的、负面的,从而极大地提高了内容的可读性。

本书可以作为商学院或管理学院本科生和研究生(包括 MBA 和 EMBA)教材或参考资料使用。

本书的编写是我带领所指导的博士和硕士研究生共同完成的,参与写作的博士生有:张妙涵、聂雨朦、蔡瑶涵;参与写作的硕士生有:乔钱、刘海霞、张雯。感谢她们为本书做出的贡献!本书的写作得到了华中科技大学教材立项支持,得到了清华大学出版社的鼎力支持,特别是梁云慈编辑,在此一并致谢!

由于本人学识有限,书中错误和不足在所难免,敬请读者提出批评指正!

编 者
2021 年 5 月于喻家山

目 录

第1章 企业伦理概论 ... 1
1.1 企业伦理的提出 ... 2
1.2 伦理、道德与法律 ... 7
1.3 企业伦理与社会责任 ... 12
1.4 企业公民与企业社会责任 ... 17
1.5 企业伦理类型 ... 19
1.6 企业伦理的层次 ... 21
本章小结 ... 24

第2章 企业伦理的理由 ... 28
2.1 企业"不需要"伦理的理由 ... 30
2.2 企业需要伦理的理由 ... 34
2.3 企业伦理的价值:实证证据 ... 41
本章小结 ... 49

第3章 伦理哲学 ... 52
3.1 伦理利己主义 ... 53
3.2 情感主义 ... 56
3.3 功利主义 ... 58
3.4 正义论 ... 62
3.5 美德伦理 ... 71
3.6 儒家伦理 ... 73
3.7 企业伦理框架 ... 75
本章小结 ... 77

第4章 消费市场中的企业伦理 ... 80
4.1 消费者权利概述 ... 81

4.2	产品质量与安全	83
4.3	虚假广告与宣传	91
4.4	价格歧视与欺诈	96
4.5	限制性消费	101
4.6	信息骚扰与消费者隐私	104
本章小结		107

第5章 内部管理中的企业伦理 110

5.1	员工权利概述	111
5.2	就业歧视	113
5.3	工作场所安全	118
5.4	劳动报酬问题	127
5.5	休息权问题	130
本章小结		132

第6章 投资关系中的企业伦理 136

6.1	投资者权利概述	137
6.2	财务欺诈	139
6.3	虚假陈述	143
6.4	违规担保	150
6.5	关联交易	152
6.6	虚假承诺	154
6.7	其他行为	156
本章小结		161

第7章 市场竞争中的企业伦理 164

7.1	竞争中的企业权利	165
7.2	市场垄断	166
7.3	商业贿赂	172
7.4	商业诽谤	174
7.5	商业秘密	176
本章小结		181

第8章 环境视角的企业伦理 185

8.1	企业环境责任概述	186
8.2	污水排放问题	187
8.3	大气污染问题	190

8.4 工业噪声问题 ··· 194
8.5 固废处理问题 ··· 198
本章小结 ·· 200

第 9 章 企业伦理问题的根源 ·· 203

9.1 企业伦理问题的理论解释 ·· 204
9.2 企业伦理问题的制度原因 ·· 209
9.3 企业伦理问题的社会原因 ·· 215
9.4 企业伦理问题的组织因素 ·· 219
9.5 企业伦理问题的个体因素 ·· 223
本章小结 ·· 226

第 10 章 促进企业伦理与社会责任 ·· 230

10.1 完善法制建设 ··· 231
10.2 优化企业伦理的社会环境 ·· 235
10.3 倡导行业自律 ··· 240
10.4 强化企业伦理建设 ··· 245
本章小结 ·· 251

参考文献 ·· 255

第 1 章

企业伦理概论

学习目标：通过本章的学习，可以对企业伦理的整体概况，包括企业伦理问题的发展历程，伦理概念及其与道德、法律、社会责任、企业公民等相关概念的区别与联系，企业伦理的分类和层次，有较为全面的认识。

关键概念：企业伦理发展历程、伦理与道德、伦理与法律、企业伦理与社会责任、企业公民与社会责任、企业伦理类型、企业伦理层次

 【开篇案例】   "融梗"：法律问题还是伦理问题？

2019年10月25日，电影《少年的你》在全国上映，影片上映后，票房一路攀升，好评如潮。截至11月21日，其票房已突破15亿元。但在电影高票房的背后，其原著小说《少年的你，如此美丽》则被网友质疑"融梗"东野圭吾的作品，包括《白夜行》《恶意》及《嫌疑人X的献身》三部。

面对质疑，《少年的你》原著作者玖月晞回应称，自己从未抄袭，也从未违背一个文字工作者应有的初心、原则和底线。"作品中或许有着共通的思考，但没有任何抄袭融梗。"玖月晞说。同样陷入风波的还有电影《哪吒之魔童降世》。中影华腾（北京）影视文化有限公司认为该片在人物形象设计、故事情节和制作元素等方面与其作品《五维记忆》有大量相同或相似之处。

"融梗"，顾名思义，就是融他人的"梗"。它并不是逐字逐句复制，而是通过化用别人作品中的情节、桥段等元素，将"梗"融进自己的作品里。"融梗"不是一个法律概念，也与抄袭存在明显区别。因融梗产生的纠纷，当事人维权依然要指向特定的著作权权利，比如侵犯署名权、改编权等。在曾轰动一时的"琼瑶诉于正等侵害著作权"案中，北京第三中级人民法院认为，于正等的《宫锁连城》侵犯了琼瑶《梅花烙》的改编权、摄制权，认定其人物关系及情节来源于《梅花烙》，令其停止传播，判令五被告赔偿原告500万元。于正不服提起上诉，北京市高级人民法院二审维持原判。2016年11月，数名志愿者、作家及编剧发起维权行动，认为小说《锦绣未央》涉嫌大量抄袭现有文学作品中的语句和情节，最终11名作家将《锦绣未央》原著作者告到法院。2019年6月，北京市朝阳区人民法院对此案进行一审宣判，判令被告停止《锦绣未央》作品的复制、发行及网络传播，并合计赔偿60.4万元。

虽然上述两起著作权侵权案均以原告顺利维权告终，但不少著作权人遭遇类似情况后想要顺利维权并不容易。

北京韬安律师事务所首席合伙人王军认为，维权难是多种原因造成的，包括维权主体的原因、侵权比对专业性强的原因以及司法认定标准与一般公众的认定标准不一致等。在西南政法大学民商法学院教授张力看来，原创作者被融梗后之所以维权难，有更深层次的原因。"法律很难在融梗与抄袭之间划出一条明确的界线。"他表示，著作权法意义上的"抄袭"，与平台、用户等认知上的"抄袭"不同。随着著作权法的发展，对于抄袭侵权的判断标准逐步从模糊抽象走向了精确具体，这样也会导致其不能囊括所有的新情况，例如融梗问题。此外，有些平台或者出版社是依靠量产而不是艺术性、原创性来盈利的，如果管理过严可能会使作者产量萎缩，平台的流量也会随之下降，因此他们很难有动力去彻底治理融梗乱象。

现在对于洗稿、拷贝和抄袭很容易鉴别，但是情节的相似是不容易鉴定的，法律在知识产权领域相对滞后。针对融梗面临的侵权认定难问题，要建立健全法律法规体系、制定规范的政令性文件。同时，要引入新技术手段判定侵权，使其趋于正规化、制度化。当前，仅依靠法律的手段难以实现对作者权益的保护。受访专家认为，反抄袭工作非常复杂，既不能搞"一刀切"，也不能坐视不理，只有联合作家行业、编剧行业、法律行业一起行动起来，才能取得一定的成效。此外，文化行业的从业者也要加强自律，创作者不是文化商人，看到的不应该仅是利益，更要注重声誉。

资料来源：郭璐璐，单鸽．"融梗"的是是非非[N]．检察日报，2019-11-22(005)．

1.1 企业伦理的提出

1.1.1 西方企业伦理的发展历程

企业伦理在西方的发展，大致经历了如下几个阶段：

（1）18 世纪中后期至 19 世纪末

早在 18 世纪中后期，英国完成了第一次工业革命后，现代意义上的企业得到了充分的发展，但企业（商业）伦理①的概念还未出现，当时商业实践中的伦理问题仅限于企业主个人的道德行为。商业伦理思想的起点是亚当·斯密（Adam Smith，1723—1790）提出的"看不见的手"。以亚当·斯密为首的古典经济学家认为，一个社会通过市场便能够充分地确定其需要，如果企业尽可能高效率地使用资源，为社会需要提供产品和服务，并以消费者愿意支付的价格销售它们，那么企业就尽到了自己的社会责任。到了 18 世纪末，西方企业的社会责任观开始发生微妙的变化，表现为小企业主们经常对学校、教堂和穷人进行捐助。进入 19 世纪以后，两次工业革命的成果促进了社会生产力的飞跃，企业在数量和规模上都得到了很大程度的发展。这个时期受"社会达尔文主义"思潮的影响，人们对企业要遵守伦理道德的观念持消极态度，许多企业未主动承担社会责任，反而对与企业有密切关系的供应商和员工等极尽盘剥，以求尽快成为社会竞争的强者。

---

① 在本书中，企业伦理或公司伦理（corporate ethics）与商业伦理（business ethics）同义，根据表述的习惯交替使用。

19世纪中后期企业制度逐渐完善,劳动阶层维护自身权益的要求不断高涨,加之美国政府接连出台《反托拉斯法》和《消费者保护法》以抑制企业不良行为,客观上对企业伦理提出了新的要求,企业社会责任观念的出现成为历史必然。在经济学中,企业一直被视为理性的、追求价值最大化的"经济人"。从本质上说,"经济人"思想是继文艺复兴对人的主体资格的解放后,对人在经济活动中的行为能力的一次再解放。"经济人"思想所释放出来的巨大力量,推动了资本主义社会和经济的发展,同时也使企业组织成为经济社会中的一股巨大的力量。但是企业规模的不断扩张必然会导致权力集中到少数企业手中,这引发了人们对企业将会如何使用这一权力的担忧,以及对如何约束和规范这种力量的思考。

(2) 20世纪20年代至70年代

20世纪20年代经理人员成为公司与客户、员工以及社区等不同外部关系的受托人,这些外部关系促使公司开始承担社会和经济责任,即企业经理人员需要承担利润最大化与创造并维持其客户、员工和社区需求之间平衡的责任。1923年英国学者谢尔顿(Sheldon)第一次正式提出社会责任概念。他把企业社会责任与企业满足产业内外相关人员的需要的责任相联系,认为企业社会责任包括道德因素。在随后的20世纪30—50年代,学术界关于企业是否应该讲伦理展开了第一次大讨论,即著名的伯利(Berle)与多德(Dodd)之间的论战。Berle(1931)不认可企业社会责任,认为企业是纯粹的营利性经济组织,其管理者只能作为股东受托人,权力也是为股东利益而委托的权力,股东利益始终优于其他潜在利益者的利益。而支持企业伦理的Dodd(1932)认为,"公司作为一个经济组织,在创造利润的同时也有服务社会的功能"。大约在20世纪50年代,企业社会责任(corporate social responsibility,CSR)的概念在全球范围内形成。霍华德·R.鲍恩(Howard R. Bowen)1953年出版的《商人的社会责任》被视作现代关于企业道德行为与社会责任研究的开端。他在书中提到了现代的企业社会责任概念,认为商人"有义务按照社会的目标和价值观的要求,制定政策,做出决定,以及采取行动"。20世纪60年代开始,关于企业伦理展开了第二次大讨论,即伯利(Berle)与曼尼(Manne)之间的论战。

【Berle与Manne之间的论战】 1962年,Manne在《哥伦比亚法学评论》上发表题为"对现代公司的'激烈批评'"的文章,深入探讨现代公司的政治地位、作用以及公司在社会各种价值观的实践和使用中应该起到的作用。在提到Berle和Means的《现代公司和私有财产》一书时,Manne态度鲜明地驳斥了Berle关于现代公司要承担社会责任的观点,他认为管理效率并不意味着管理者具有承担社会责任的能力,管理者实际上并不具备这种能力,而且让一个生意人完全介入到捐赠活动中并取代市场的作用是一种很糟糕的决策机制。他并不反对管理者个人要做有责任感的公民,但是如果将这些事提高到公司社会责任的高度,就会破坏市场经济。在同一期《哥伦比亚法律评论》上,Berle发表题为"公司制度的现代功用"的文章进行了回应。在Berle(1962)看来,最初由亚当·斯密(Adam Smith)在《国民财富的性质和原因的研究》(简称《国富论》)中提出的古典的自由市场理论已经不适用于现代公司。Berle指出,"我认为,这是19世纪观点的最后挣扎。Manne已经尽了他最大的努力,但是事实要困难得多。"

Berle还承认他也曾"站在和Manne教授现在相同的立场上",不过后来随着公司以及社会的发展，Berle改变了想法。但是Manne始终坚持自己的观点，他更是预言，公司社会责任会造成垄断和政府管制的增加。Berle和Manne的争论，立场截然不同，观点针锋相对，甚至两位学者的言辞之间也充满了火药味。

这一时期，"责任铁律"的提出者戴维斯（Davis）认为，企业社会责任是一个复杂的概念，是指"商人所做出的决策和采取的行为至少要部分地考虑企业直接的经济和技术利益以外的因素"，同时指出"商人的社会责任必须与他们的社会权利相称"。麦圭尔（McGuire）在1963年的《企业与社会》一书中将企业社会责任概念延伸出经济和法律范围之外，认为"社会责任的观点假定不仅有经济和法律责任，同时有超越这些义务的社会责任，如经营中对政治、社会福利、教育等的必要支出"。然而，直到20世纪70年代以前，诺贝尔经济学奖获得者弗里德曼（Friedman）对商业伦理的说法一直居于统治地位，即企业的天职是获取利润，企业有且只有一个责任，那就是"在公开、自由而没有欺诈的竞争中，充分利用资源、能力去增加利润"。

（3）20世纪70年代至今

企业（商业）伦理成为一门专门的学科是在20世纪70年代。随着"企业的社会责任就是追求利润最大化"的观点逐步失去统治地位，企业应当承担社会责任的思想逐渐为社会普遍接受，商业伦理概念也由此引起各方的关注。这一时期的企业变得更加关注其公众形象，并且随着社会需求的增长，许多企业开始意识到它们原有的模式不再完全适用。20世纪70年代的消费者抵制不良公司运动以及工会运动也促进了西方国家企业社会责任的快速发展。西欧和美国逐步加强了劳工和环境立法，还陆续出台了旨在推行企业社会责任的公共政策举措。例如1971年，美国经济发展委员会在《工商企业的社会责任》报告中指出，企业要为美国人民生活质量的提高做出更多贡献，并进一步提出了"三个同心圆"的企业社会责任概念模型。1973年，联合国环境规划署金融行动机构（UNEP FI）强调了环境、社会和公司治理对股权定价的重要性［这是后来ESG（环境、社会和治理）的雏形］。

20世纪80年代以后，企业社会责任理念在许多西方国家得到了广泛的支持和发展。卡罗尔（Carroll）于1991年提出的企业社会责任"金字塔"模型，埃尔金顿（Elkington）在1997年提出的"三重底线"概念，均是有代表性和影响力的企业社会责任理念。商业伦理理论开始沿着工具主义和规范主义的方向发展。

进入21世纪以来，随着全球化趋势的深入发展，商业伦理问题得到全球范围的关注，成为全球企业的共同义务、挑战和追求。国际组织成为除学者和企业家外推动商业伦理研究和实践向前发展的重要力量，例如联合国、世界银行、欧盟、世界可持续工商理事会、世界经济论坛等等，这些组织都分别从不同角度对商业伦理进行了阐述。国际组织倡导企业践行商业伦理，极大地促进了商业伦理理论与实践的发展。

1.1.2 我国企业伦理的发展

根据我国商业的发展历程，可将我国企业伦理的发展划分为四个阶段：1978—1984年、1984—1994年、1994—2001年和2001年以后。

(1) 1978—1984 年

从新中国成立到 1978 年实施改革开放政策,我国实行社会主义计划经济体制,期间将近 30 年,社会经济的发展由于"左"倾错误的严重干扰,传统伦理和西方伦理被贴上"封建主义、资本主义和修正主义"的标签。因此商业道德问题并未引起重视。转折点发生在 1978 年,该年 12 月,党的十一届三中全会胜利召开,全会否定了"以阶级斗争为纲"的路线,正式把党和国家的工作中心转移到经济建设上来,开始实行改革开放。随后,意识形态也发生了变化。1979 年,教育部规定:大学的哲学系应将道德作为正式课程教授。1980 年,国家伦理研究学会成立。1982 年,《道德与文明》期刊为伦理学研究成果提供了发表园地,将伦理学研究纳入正轨。自此,伦理著作、中国经典著作的新版本以及外国伦理著作的数量不断增加,但是这一时期我国关于商业伦理的研究焦点主要放在会计准则、税收问题和政府在经济活动中的参与度问题。

(2) 1984—1994 年

1984 年 10 月,党的十二届三中全会召开,会议通过了《中共中央关于经济体制改革的决定》,经济改革进入一个新阶段,改革从农村地区扩展到城镇。在"加强社会主义精神文明建设"的号召下,有关商业与伦理道德的研究转变为以问题为导向的讨论。这一时期的商业伦理讨论包含了以下主题:商品和道德发展;经济改革和道德变革;经济改革和道德发展;经济改革和传统道德;道德与现代化;物质文明和精神文明;商品经济和道德教育;现阶段的经济结构和道德结构;商品经济带来的挑战以及应对这些挑战的道德方式;改革与团体利益;社会分配不公;等等。这些主题通常是伴随着改革的推进而出现的问题。这一时期开创性的著作有《管理伦理学》《商业伦理》《经济学中的伦理问题》。虽然在这一阶段,党和国家对商业伦理十分重视,但由于我国社会主义市场经济体制的基本框架尚未完全确立,因此对于商业伦理的研究并不深入。这一阶段商业伦理或道德还未被当作一门新的学科来对待和发展,学术界对企业伦理问题的探讨主要是从道德的角度,以一种包含经济学、管理学的多学科方式来进行的。

(3) 1994—2001 年

1993 年 11 月,党的十四届三中全会召开,大会通过了《中共中央关于建立社会主义市场经济体制若干问题的决定》,勾画出社会主义市场经济体制的基本框架。从 1994 年开始,在国务院和国家经济体制改革委员会的领导和推动下,我国逐步推进经济体制改革。在这一时期,我国由依赖于指令性计划的高度集中的计划经济转变为所有权多元化、所有权与经营权适度分离的市场经济。经济体制的改革主要体现在国有企业的改革上:企业成为法人实体,有责任保证和提高投资者的投资收益,国家根据企业占股享有权利和收益。以前的大中型国有企业改制为国有资本控股(完全控股、绝对控股与相对控股)、参股和不设置国有资本的公司制企业、股份合作制企业或中外合资企业。小型国有企业则转变为股份公司或拍卖出售给集体或个人,即民营化。经济体制的改革吸引了包括经济学家、哲学家、企业家、律师和媒体人士在内的社会大众的广泛参与和讨论。1994—2001 年的经济体制改革阶段又被描述为合法化阶段,这一时期国家颁布了许多法律和法规,为市场经济的健康发展奠定了制度基础,例如 1994 年我国第一部《公司法》开始实施,1995 年颁布了新中国的第一部《劳动法》和中国历史上的第一部《广告法》。经济体制改革也使得中国企业首次面临来自市场的压力,效率低下的企业纷纷倒闭,而员工终身雇用的"铁饭碗"制度也不复存在。

这一时期,随着媒体对产品质量和环境污染等问题的曝光,大众对商业伦理问题的关注度不断提高。商业伦理问题在改制的国有企业和其他大公司中最为凸显。这些企业此时面临的一个问题是,它们要将彼此视为竞争对手,但中国的集体主义文化以及传统道教所倡导的企业间关系是和平共处。这就导致了一种需要管理引导的竞争关系——"合作竞争"关系。而商业伦理被视为解决这一问题的关键手段。1994年的《公司法》虽然没有明确提到企业社会责任和商业道德,但它提到了这两个概念中包含的要素,特别是员工权利方面。

(4) 2001年以后

在加入世界贸易组织(WTO)前,我国的商业道德发展多源于国内经济改革的推动。2001年我国加入世界贸易组织,此举开启了我国企业伦理的新篇章。根据世界贸易组织的规则,政府应当不断减少对商业活动的干预,这就客观上要求加强商业活动的法律规范和伦理规范,建立产权保护机制。这一时期,无论是在大公司还是小企业,伦理第一次被看作是商业活动的一部分。

加入WTO之后,中国迅速成为世界贸易新格局中的中心之一。作为拥有五千年历史的华夏文明,国外所建立的商业伦理体系在中国并不完全适用,因此加入WTO以后,中国学者们旨在发展与中国文化背景相匹配的商业伦理理论。在知网上检索的"商业伦理"的数据显示,我国商业伦理的相关文献主要出现在20世纪80年代末,随后逐年增多,于2000年出现一个小高峰(见图1-1)。此外,自2004年以来,我国的政策改革也将如何提高企业社会责任水平作为其中的一个突出问题。以社会责任报告制度的逐步推进为例,21世纪初,证监会颁布的《上市公司治理准则》、全国人民代表大会常务委员会(简称:

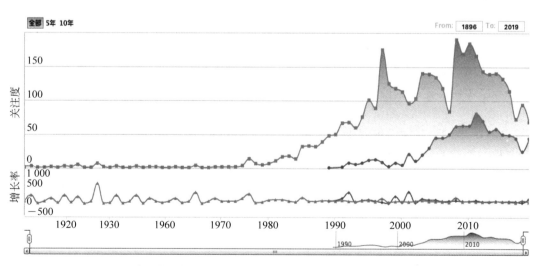

图1-1 商业伦理相关研究状况(知网)

全国人大常委会)修订的《中华人民共和国公司法》,均涉及企业社会责任问题,均鼓励企业履行社会责任、积极披露社会责任报告。自 2006 年国家电网发布中国首份社会责任报告后,其他一些企业竞相仿效。2008 年底上海证券交易所(简称:上交所)和深圳证券交易所(简称:深交所)相继发布相关文件,要求公司治理板块样本股公司、金融类公司和发行外资股的公司、深证 100 指数样本股公司必须披露社会责任报告。2010 年国务院国有资产管理委员会(简称:国资委)规定所有中央企业都要披露企业社会责任报告。自此,企业社会责任(CSR)信息披露进入强制披露和自愿披露并行的时代,披露社会责任信息(包括自愿披露)的上市公司呈逐年增加趋势。

1.1.3 企业伦理课程的开设

20 世纪 80 年代,企业伦理学课程就走进了部分西方国家大学的商学院和管理学院,以提高工商界经营管理人员的道德素质、建立良好的商业伦理风气为目的。例如,在美国,有关委员会制定了课程教学指导原则,要求课程包括以下内容:介绍能够运用于商业实践的基本伦理概念;阐述最有影响的伦理学理论并对其适用性加以评论;进行实例教学和讨论。

20 世纪 90 年代,企业伦理学在美国和其他西方发达国家更是得到了理论界和企业界的高度重视,一大批用于教学的反映最新研究成果的商业伦理专著陆续出版;社会学、心理学、法学、经济学、管理学等学科中的新方法被引进到企业伦理学的研究和教学。在美国,90%以上的商学院开设了企业伦理学方面的课程,企业伦理学的研究与交流机构有 300 多个;案例教育已走向成熟,表现出理论学习和实践应用并重的特点。

2006 年 12 月,中国高校管理学院院长联合在杭州发表了《中国 MBA 教育西湖宣言》,强调中国 MBA(工商管理专业硕士)教育要秉承可持续发展的理念,强调管理学院(商学院)应当承担社会责任,并且倡导将社会责任教育融入 MBA 教育的全过程。此后,越来越多的 MBA 培养院校开始将商业伦理课程纳入 MBA 培养环节中。截至 2014 年底已开设商业伦理相关课程的培养院校占可获资料的 MBA 培养院校的 83.7%,这表明多数 MBA 培养院校已有意识地开展 MBA 商业伦理课程教育。上述可获资料的培养单位共开设 172 门商业伦理相关课程。其中,有 15 所培养单位开设了 2 门(含)以上的商业伦理相关课程。在商业伦理相关课程中,有 85 门为必修课程,87 门为选修课程。

1.2 伦理、道德与法律

1.2.1 伦理的定义

(1) 西方对伦理的定义

伦理一词的英文表述为 Ethics,源自希腊语的 ethika,有习惯、风俗、风尚的意思。Velasquez 等人(1987)认为伦理具有双重含义:首先,伦理是对事件或行为对与错的标准,这些标准指导人类应该做什么,通常是对权利、责任、对社会的益处、公平或特定的德性的范围的确定。其次,伦理指个人伦理标准的研究和发展(作"伦理学"理解)。自由词典(the Free Dictionary)对伦理的定义与此类似。按照该词典,伦理首先是指规则,或道德原则,用于指导特定类型的人类行为或一个特定群体文化行为的规则。其次,伦理是一门学科(常被称为伦理学),作为哲学的一个分支,这一分支探讨的是与人类行为相关的价值观,是关于行为的对与错、动机和结果的好与坏的哲学。

伦理学主要关心的问题有两个:一是对人的行为、思想和言语中规范的道德成分的意义和性质进行分析;二是在判断道德上的好坏、是非时提出并借鉴的一种标准,以此标准来评价人、事是否含有规范的道德成分。伦理探究了道德的本质和依据,是具体道德行为表现的理论化抽象,是对行为的好坏或对错给出规范性的陈述,能够引导人们对行为的对错进行正确的判断,并决定是否接受。其他一些西方学者也对伦理下了类似的定义(见表1-1)。

表1-1 有关伦理的定义

伦 理 定 义	作 者
对道德的本质与立场进行的质询,这里道德指的是道德评判、行为准则	Taylor, 1975
是用于判断对与错的道德标准和行为原则	Longman Dictionary of Contemporary English (6th Edition), 1978
伦理是管束或影响着个体行为的道德准则,可以看作是道德准则或行为准则体系	The Oxford English Dictionary, 1989
伦理(ethics)一词通常与"道德"可交替使用……并且有时被更狭义地使用来表示一个特定传统、群体或个体的道德原则	The Cambridge Dictionary of Philosophy, 1995
对道德和具体道德选择的一般本质的研究;道德哲学;管理某一职业成员行为的标准和规则	The American Heritage Dictionary of the English Language, 1996
伦理与道德判断有关,是规范性判断,陈述或暗示某事时好时坏,是对是错	Velasquez, 1999
伦理(ethics)的标准定义已经典型地包含诸如"有关理想的人类品德的科学"或者"有关道德义务的科学"这样的措辞	Kidder, 2003
在决定什么样的行为会帮助或者伤害有知觉的生物的方面对我们形成指导的一系列概念和原则	Paul and Elder, 2006
一门探讨什么是好,什么是坏,以及讨论道德责任义务的学科	Webster's Dictionary, 2014

(2) 中国对伦理的定义

在中国社会,伦理一词首先有分类、条理的意思。《礼记·乐记》中说:"凡音者,生于人心者也;乐者,通伦理者也。"这里的伦理一词,根据郑玄①的注解,"伦,犹类也。理,分也。"合起来理解的话,就是类别、分类的意思。宋朝诗人苏轼在《论给田募役状》中有记叙:"每路一州,先次推行,令一州中略成伦理。一州既成伦理,一路便可推行。"这里的伦理大约是条理或惯例的意思。

其次,伦理还可以指人伦道理,或人与人相处的道德规范。这一解释的基础是将"伦"理解为"人伦",指人与人相处的各种道德准则。还有学者给出了一个更宽泛的定义,将

---

① 郑玄(127—200年),字康成,北海高密(今山东省潍坊市)人,东汉末年儒家学者、经学大师。

伦理界定为：一定环境下人们认识和理解的存在于人与自然、人与人、人与自身之间的应然性关系。这种关系具有价值指向性，指导着人们认识和处理人与自然、人与人、人与自身的关系。伦理的核心含义在于伦常秩序，包含三层意思：首先是指人的关系世界，也就是人与人之间的关系；其次是指一定地域、一定时代的民族基于实际生活对伦常秩序的理解；最后是从应然的角度理解由必然性决定的"应当如此"的、应该去维护和遵循的伦常秩序。

在本书中，我们将伦理理解为道德判断的准则，是有关人、事或行为"对或错"的判断标准。

1.2.2 道德的定义

在西方，"道德"（Morality）一词起源于拉丁语的"Mores"，本意为风俗和习惯。在今天，英文语境中的道德一般是指人在对与错中做出选择的能力。还有一种观点认为道德是一种基本的义务。一般而言，道德定义了一个人的性格，定义了他在某个特定时期内遵守的行为准则。道德最广为人知和接受的定义都与人们行为的对错判定有关，这些规范性的信念通过"好""坏""德行""值得赞扬""正确""应当""值得谴责"等言语来表达。在中文语境中，"道德"二字连用始于荀子《劝学》篇："故学至乎礼而止矣，夫是之谓道德之极。"意思是学习到了明礼的程度才停止，这就是道德的极致。"道"承载一切，"德"是在昭示"道"的一切。在汉语中，"道"的主要含义包括道路、道理、道义、方式方法、引导，"德"有德行、美德、符合自然规律的本体之德、感激、施惠的意思。将两者结合，可以把"德"理解为人们在认识、理解和实践"道"的基础上形成的良好修养与德行。

道德是人们共同生活及其行为的准则和规范，是一种社会意识形态，不同时代、不同的阶级有不同的道德观念，并以前人的故事和轶事为载体，采用口头的形式传递给后人，帮助个人或群体进行正确与否的判断。在成长过程中，人们会再根据自己的阅历来判断这些道德标准是否合理并进行相应的评价和修改。也就是说道德标准并不是一成不变的，人们在成长过程中会抛弃自认为不合理的标准，认可并采用新的更合理的标准来处理日常事务。道德问题主要是一个观念问题，它属于人的内心自律的伦理范畴，既包含道德观念、道德美德、修养，又涉及道德规范、道德标准等。道德是人的行为的最低规范、最起码的要求，人的社会行为的底线。道德之所以是规范，是因为道德是人人要遵守的行为之"必须"，它所涉及的是人的"伦理行为事实"如何达到其"伦理行为必须"的攻守准则。

1.2.3 伦理与道德的关系

尽管在日常语境中，伦理与道德经常合在一起不加区分地使用，但两者之间既有联系又有区别。在汉语语境中，道德一词的本义是指人们行道过程中内心对道的体认、获得以及由此形成的内在品质。伦理一词的本义是指人伦关系及其内蕴的条理、规律和规则。道德是指向行为主体或个体的外在行为、内心观念和内在品质的，伦理是指向群体生活、人际关系及其本有的条理、规律及其应有的规则；前者主观性更强烈，后者的客观性更强烈；从涉及的内容上说，前者更适合进行哲学的玄思，而后者则更贴近政治学、法学之类，关注的是治世实务。

在黑格尔看来，伦理与道德是严格区分开来的。一方面，个体道德以伦理为真理，"道德在于遵循思想，亦即遵循普遍的法则、正确的理性"，个体道德以伦理为出发点和根据，由伦理孕育和检验。另一方面，道德又代表着较高的主体自由原则，确证、表征着伦理。道德是推动伦理发展的动力，道德可以向内反思指向自身，也可以向外反思批判伦理、制度、规范的合理性。也就是说，伦理比之道德具有优先性、基始性，道德比之伦理具有主体性、应然性。更具体地说，伦理与道德的区别体现在来源、涵盖范围、价值目标、作用机制、评价尺度等方面（见表1-2）。

表1-2 伦理与道德的区别

	伦　　理	道　　德
来源	更多地来源于理性，与现实社会生活有直接的联系	更多地来源于个体主观性，与现实社会生活的关系相对间接
涵盖范围	将重点缩小至准则和义务，以及与之相关的行为和观念	道德的概念更详尽，包括对多种生活和活动的评判
价值目标	核心是正当或合宜	核心是德性与善
作用机制	基于社会成员的整体关系协调而发生作用，诉诸人们的共同意识和规范认同，具有普遍约束的性质	基于个体对自身完满性的追求而发生作用，只诉诸个人的心性，具有个体性的独特性质
评价尺度	尺度是正确与否、合理与否	尺度是好与坏、善与恶
约束力	普遍约束力	取决于个体内化道德的程度（个体性差异）
运用领域	主要存在于公共领域	主要存在于私人领域

（1）从来源上讲，伦理与现实社会生活有直接的联系，没有离开现实社会生活，而道德作为个体自我完善的自由追求，与现实社会生活的关系相对间接。

（2）从涵盖范围来看，道德的概念更详尽，包括对多种生活和活动的评判，而伦理将重点缩小至准则和义务，以及与之相关的行为和观念。

（3）从价值目标的角度来看，伦理的核心是正当或合宜，其最本质的东西是社会成员在共处中的公平与适度，突出的是如何保持这些复杂的社会关系，使之处于一种和谐融洽的状态之中；而道德的核心是德性与善，其本质是个体完善自身的自由追求，突出的是社会个体能否将由伦理衍生出来的道理内化为内在品性，并转化为一种自觉的行为。

（4）在作用机制上，伦理是基于社会成员的整体关系协调而发生作用，诉诸人们的共同意识和规范认同，具有普遍约束的性质；而道德约束基于个体对自身完满性的追求而发生作用，只诉诸个人的心性，具有个体性的独特性质。

（5）从评价尺度来看，伦理的尺度是正确与否、合理与否，主要存在于公共领域，带有很强的公共性、整体性和"互主体性"；道德的尺度却是好与坏、善与恶，主要存在于私人领域，带有很强的私人性、个体性和主体性。

虽然伦理与道德存在上述不同，但两者交替使用的情况也很普遍。有观点认为，伦理学是关于道德的科学或称道德哲学，因此伦理学就是道德科学。也有观点认为，伦理是道德行为的缘由，是理念形态的东西，而道德则是意识形态，是人的行为活动，两者之间分不清各自的区别在哪里,故在著述行文时往往被交替使用。还有观点认为,伦理在西方有"性格""品质""德性"的意思,道德有"规律""性格""品质"等含义,故道德与伦理基本上是相通的。在许多商业伦理的研究文献中,"道德"和"伦理"一般会被等同对待、交替使用。在本书后面的章节中,我们也不对"伦理"与"道德"进行严格区分,而是将它们等价使用。

1.2.4 伦理与法律的关系

伦理与法律是既有联系又相互区别的两个概念。从内在联系上说,法律是最基本的道德,法律与伦理有着相同的价值指向。伦理是法律的基本来源,法律的产生以一定的伦理精神为观念先导,这决定了法律的伦理价值内涵。伦理体现的是人们对价值和理性追求的部分,法律则主要体现人们对行为合理性追求的部分,价值合理性是行为合理性的前提,所以法律的有效运行很大程度上取决于能不能得到伦理的认可和支持。如果重要的伦理发生变化,则会直接影响法律,促进法律内容的调整,有的甚至促成新的法律产生。真正的法律制度必须符合一定的道德标准,完善的法律是内在道德和外在道德的统一。当然,我们这里讲的法律是"良法"。当法律与伦理背离时,这时的法律是"恶法"。

然而,伦理与法律毕竟是两种不同的规范,它们在规范价值层次、规范调整范围、形成方式、评价标准和强制程度等方面存在很大的差异(见表1-3)。

表1-3 伦理与法律的区别

	伦 理	法 律
价值层次	多层次规范体系	吸收伦理规范体系中最基本的内容和最起码的要求
规范调整范围	既包括价值观念又包括行为规则	仅仅是一种行为规范
形成方式	自发的、无形的	自觉的、有形的
评价标准	是否正当、是否合理	合法与不合法、有效与无效
强制程度	规范性的	强制性的

资料来源:本文依据相关文献整理。

(1) 在价值层次方面,伦理是由蕴含不同价值文明的多层次规范而形成的体系,而法律规范吸纳的只是伦理规范体系中最基本的内容和最起码的要求。

(2) 规范调整方面,伦理的范围广于法律,一般来说,伦理既包括价值观念又包括行为规则,但是法律仅仅起着规范人的行为的作用,它是一种行为规范,调整的是有意识支配的行为,而不是无意识的行为、人的内心活动。

(3) 从形成方式的角度来看,伦理是在人的自然生活中逐渐产生,依赖教育和培养才成长起来的,是自发的、无形的。而法律一般通过特定的机构、程序、方式而形成,依赖团体的公共权力来实现,是自觉的、有形的。

(4) 在评价标准上,法律评价人的行为的标准和尺度是合法与不合法、有效与无效,而伦理是根据道德观念和道德价值来评判事物是否是正当的和合理的。

（5）在强制程度方面，法律的强制力明显强于伦理的强制力。伦理的强制力是软性的，往往间接地通过主体在道德压力下唤起羞耻感和罪恶感发挥作用。法律的强制是硬性的，它通常使人身、自由、生命和财产等受到约束或者损害，强制性是法律的特点。

因此，作为两种不同的规范，伦理规范与法律规范之间不能相互替代[注意现实中有伦理问题法律化的现象，比如，我国的《老年人权益保障法》就规定：与老年人分开居住的家庭成员，应当经常看望或者问候老年人（常回家看看）]，法律治表，道德治里，法律治标，道德治本，它们发挥着不同的规范作用。中国人常讲"合理合法"，其中的"理"是指伦理、道理，而"法"是法律。还有一种提法，"合情合理合法"，其中"情"是指情感，有"道德"的意味。但是现实生活中存在并不总是"合情合理合法"的情况，例如电影《我不是药神》以及对新生儿进行基因编辑以阻隔家族遗传病，虽然出发点符合情理，但是这些行为都是不符合法律规范的，是合情合理但不合法的行为；再比如，高考忘记带身份证，结果家人送来后因迟到几分钟，监考人员不允许其进入考场的情况，监考人员的做法符合了考场规定，但是显得不讲情理。由此可见，法律与伦理背离的现象在实际生活中时常发生，实现法律与伦理二者的平衡，我们需要确立良法，良法是善治的基础。

1.3 企业伦理与社会责任

1.3.1 企业伦理

企业（商业）伦理可以理解为个人或社会伦理在商业领域中的应用。根据"斯坦福哲学百科全书"，商业伦理（也称公司伦理 corporate ethics）是应用伦理学或职业伦理学（professional ethics）的一种形式，考察的是商业环境中的伦理原则与道德或伦理问题（其他一些定义见表1-4）。企业作为从事生产经营服务的社会组织，在其存在与发展的过程中与不同的利益相关者形成伦理关系，包括企业与员工、企业与顾客或消费者、企业与供应商、企业与自然环境、企业与政府、企业与同行竞争者等的伦理关系。企业伦理准则是在一定的社会历史条件下，指导和评判企业行为价值取向的善恶准则，企业的伦理意识则是企业管理者在生产经营活动中呈现出的善恶价值取向和观念。

表1-4 商业伦理的定义

商业伦理定义	作　　者
商业道德要求组织或个人按照道德哲学规则行事，应该包括公正性、相对性、自利性、功利性和奉献性五个维度	Reidenbach and Robin，1988
研究如何将个人道德规范运用到商业或企业的行为和目标之中。它不是单一的道德标准，而是研究企业如何影响代表着企业的个人针对特定问题的立场	Laura Nash，1990
商业道德的基本任务是从个人（微观）、组织（中观）、制度（宏观）层面提高商业情境中决策行为的道德水准	van Luijk，1997
商业伦理是在伦理与商业活动相互作用下产生的	De George，1999
商业伦理由商业领域中指导行为的准则和标准组成	Ferrell，Fraedrich and Ferrell，2005

续表

商业伦理定义	作者
商业伦理是关于道德对错的专门研究,关注商业或企业、制度和活动。商业伦理研究道德标准,以及这些标准如何应用于现代社会生产,如何应用于分配产品、服务的社会制度和组织,如何应用于这些组织中的员工活动	Velasquez,2013

企业(商业)伦理由商业领域中指导行为的准则和标准组成,应用于商业行为的所有方面,从个人(微观)、组织(中观)、制度(宏观)层面提高商业情境中决策行为的道德水准。它要求企业在面对复杂情况时,要考虑到每个层面的自由和约束,以及这些层面之间的相互关系。商业伦理事实上涉及两个层面的伦理:个人商业行为的伦理与企业组织行为的伦理。个体层面的商业伦理是指面对道德困境时,行为主体做出行为决策时所参照的标准与原则的集合。组织层面的商业伦理界定为管理者针对企业员工实施的商业行为,以及其对社会利益相关者产生影响的系统性的价值反应。

商业伦理重点关注商业活动的道德责任,它还特别关注企业经营活动过程中参与者个体的伦理道德,如经理和员工的道德责任,这一点在其他领域中常常被忽略。根据研究问题的不同可以将商业伦理分成三种类别:制度伦理问题、公司伦理问题和个人伦理问题(见图1-2)。商业伦理中的制度问题是关于企业经营所在大环境的经济、政治、法律和其他企业的问题。而公司问题是关于特定组织的伦理问题,包括关于活动、政策、实践或将公司视作整体时的组织问题。商业伦理中的个人问题是与公司中特定个人及其行为、决定有关的伦理问题,包括决定、行为与个性等的伦理问题。

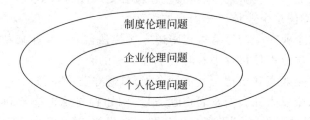

图1-2 商业伦理问题的三个层次

1.3.2 企业社会责任

责任是指有胜任能力的主体在社会生活中应当承担基本义务及其不良行为带来的后果。企业责任就是企业这一主体在社会生活中要承担相应的义务以及为其不良行为导致的后果付出相应的代价。用来表示企业责任的短语很多,例如商业伦理、企业社会责任、企业公民意识、企业社区参与、利益相关者管理、可持续发展等。企业的责任涉及多种利益相关者,如员工和供应商,其所包含的事务也不仅限于社会领域,还包括环境保护等其他的领域。这里我们将针对与企业伦理非常接近的"企业社会责任"这一概念进行深入的辨析。

（1）**企业社会责任金字塔**

Carroll（1991）提出了"企业社会责任金字塔"，将企业社会责任划分为四个方面：经济、法律、伦理和慈善责任（见图1-3）。经济责任是企业的基本责任，位于金字塔的底部，依次往上为法律责任、伦理责任和慈善责任。

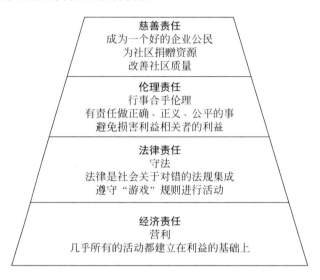

图1-3　企业社会责任金字塔

资料来源：本文依据 Carroll（1991）整理。

经济责任强调企业必须能够盈利，为股东谋求最大利益，这也是企业所有者或投资者所希望的。一个企业若不能实现盈利，其生存就会受到威胁，而它所应当承担的其他责任也无从谈起，经济责任是企业传统和固有的责任。

法律责任要求企业在生产经营过程中遵守法律法规，法律明确规定了企业应该承担的义务。企业承担法律责任过程中有时会牺牲一定的利润。

伦理责任要求企业遵守道德与其他社会规范，遵守公序良俗。

慈善责任要求企业为社会的发展贡献力量，例如参与慈善捐赠和志愿活动等。我国传统思想文化，如儒家的"仁爱"思想，道家的"积功累德，慈心于物"理念等，构成了慈善事业的伦理基础。

总的来说，企业社会责任要求企业不仅需要为股东或所有者赢取利润，它们也应该承担对员工、消费者、社区等其他利益相关者的责任。企业社会责任要求企业必须超越把利润作为唯一目标的传统理念，强调在生产经营过程中对人的价值的关注，强调对环境、消费者、社会的贡献。

（2）**企业社会责任同心圆**

20世纪70—80年代，美国经济发展委员会以及"商业圆桌会议"将企业社会责任定义为"三个同心圆"（见图1-4）。内圆是企业有效履行其基本的经济职责，包括提供产品和就业机会以及促进经济增长；中间圆则是要求公司将履行经济职责与变化中的社会价值观、主要问题敏锐地相结合，即注重环境保护、合理对待员工与消费者的期望；外圆则是更为广泛地促进社会协调、可持续发展的无形责任。在这一划分方法中，最为重要的是中间圆部分,它强调的是企业经济责任和伦理责任的交融,但是以不违背企业经济责任这个最核心、最基本的责任为前提。

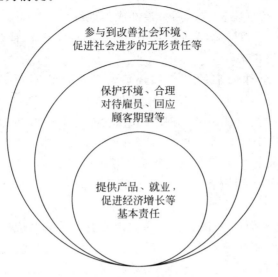

图 1-4 企业社会责任的"三个同心圆"

资料来源:本文依据 CED(1971)整理。

(3) 企业社会责任三重底线

John Elkington(1997)提出了三重底线理论(triple bottom line),他认为一个可持续发展的企业必须要坚持社会、环境和经济这三重底线(见图1-5)。其中,社会底线要求企业对利益相关者负责,包括人性化管理员工,提供优质的产品和服务,满足社会的需求。经济底线主要体现为提高利润、纳税以及对股东投资者分红。但是它又区别于传统的企业经济责任,表现为要求企业追求利润最大化时应不以牺牲环境和社会利益为代价,应该在有前提底线的情况下合理获取经济利益。环境底线是指企业在经营活动中要坚持可持续发展的理念,实质上是要求企业履行其环境保护的责任。

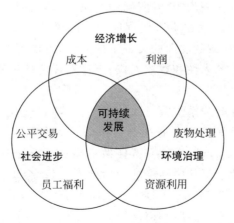

图 1-5 三重底线理论

资料来源:本文依据 Elkington(1997)整理。

三重底线也被称为"3Ps",社会责任、环境责任、经济责任分别对应 people(人)、planet(居住环境)、profits(利益)。三重底线是社会对企业的最低要求,是维护企业合法性、确保企业生存与发展的基本前提,后来逐渐成为理解企业社会责任概念的共同基础,也就是说从企业与社会的关系出发,企业要承担最基本的经济责任、社会责任和环境责任。

(4) 企业社会责任ESG

20世纪70年代,全球面临的社会和环境资源可持续问题引起了国际组织关注。1973年1月成立的联合国环境规划署金融行动机构(UNEP FI)强调了环境、社会和公司治理对股权定价的重要性。2006年,高盛集团所发布的ESG研究报告首次明确提出了环境、社会和公司治理等(ESG)概念。此后,国际组织和投资机构不断将ESG概念深化,评价标准和投资产品不断推出,ESG逐渐成为国家主权投资基金、养老基金的重点参考指标。

ESG投资理念指的是投资者在分析企业的盈利能力及财务状况等相关指标的基础上,也从环境(environment)、社会(social)及公司治理(governance)等非财务角度考察公司价值与社会价值。环境(E)角度包含的主要内容有减缓和适应气候变化,控制危险、有毒、核废物,提高资源利用效率和环境可持续性。社会(S)角度包含的主要内容有劳动力多元化与平等,保护人权,消费者权益保护,动物权利保护。公司治理(G)角度包含的主要内容有现代企业治理结构,劳资关系维护,股东权利保护,会计准则等。

1.3.3 企业伦理与企业社会责任的关系

企业(商业)伦理与企业社会责任这两个概念既有联系也有区别。首先,两者都注重企业同社会的关系,讨论了企业如何开展各项经营活动以及对社会的影响,旨在追求企业经济目标与社会目标的统一;其次,两者都为企业行为的范围及合理性进行认知评价,有效帮助和指导企业正确采取伦理行为和履行社会责任。与此同时,企业伦理与企业社会责任两者也是互相促进、相互提升的关系。商业伦理由企业经营中的价值观和道德标准组成,是企业社会责任行为实施的基础和原则,它为企业社会责任提供道德判断依据。而企业社会责任的加强又反过来提升人们的价值观和道德标准。不过,企业社会责任更多体现在企业外在可见的行为表现中,有明确的对象、具体的内容范畴和目的;而企业伦理更强调和注重对人的处理以及物质待遇背后的人的思想意识和人生观的问题。也就是说,企业伦理在强调社会性或制度性的义务论的同时,更重视企业本身的思想和价值观,即更从人性原则的角度尊重人性和尊重人权,充分发挥伦理激励机制在企业经营活动中的作用。

企业伦理与社会责任的关系主要有两种观点:一种观点认为企业伦理是社会责任的一个维度。Carroll(1991)提出的企业社会责任金字塔中有一个维度就是企业的伦理责任,指的是企业行事要合乎伦理,企业有责任做正确、正义、公平的事,应避免损害利益相关者的利益。这一点在社会责任国际标准ISO26000对社会责任的定义中可以清楚地看出来。国际标准化组织于2010年11月1日颁布了ISO26000,该标准对社会责任给出了如下定义:社会责任是指"通过透明和道德行为,组织为其决策和活动给社会和环境带来的影响承担的责任。这些透明和道德行为有助于可持续发展,包括健康和社会福祉,考虑到利益相关方的期望,符合适用法律并与国际行为规范一致,融入整个组织并践行于其各种关系之中"。由此可见,企业伦理可以看作是企业社会责任的一个维度。

另一种观点认为企业社会责任属于企业伦理的范畴。企业伦理界定了什么是对、什么是错、什么是好、什么是坏的企业行为,而企业社会责任本质上是要求企业做正确的事情。因此,企业的社会责任行为也属于企业伦理行为。

由以上观点可以看出,商业伦理与社会责任存在不同的侧重点,但是在实际的研究中,存在两者交叉使用的情况。例如,有学者认为,"企业社会责任包含企业道德责任,就内容所指的东西来看二者所说的是一个东西,都是指企业作为社会主体应当做的事情"。也有学者认为,"企业伦理责任是指企业在生产经营及其他活动中所应该承担的对员工、客户、社会和环境保护等的社会责任和义务"。还有学者认为,"企业的道德责任是社会成员及其一定的社会组织对企业的一种道德期待,这种道德期待除了要满足不施害的最低的法律要求外,还包括自愿行善的较高的道德要求"。因此,商业伦理与企业社会责任研究的内容十分接近,在本书后面的内容中,除非特别指出,我们不对这两个概念做严格区分,都用于指代企业对社会负责、符合利益相关者期待的行为。

1.4 企业公民与企业社会责任

1.4.1 企业公民

企业公民(corporate citizenship)是国际上盛行的用来表达企业责任的新术语,始于20世纪80年代。美国波士顿学院(Boston College)企业公民研究中心将企业公民定义为:"企业公民是指一个公司将社会基本价值与日常商业实践、运作和政策相整合的行为方式。一个企业公民认为公司的成功与社会的健康和福利密切相关,因此,它会全面考虑公司对所有利益相关人的影响,包括雇员、客户、社区、供应商和自然环境。"而中国社会工作联合会企业公民委员会给出的企业公民定义为:"企业在经营活动中,以地球环境和人类福祉为出发点,按照为客户提供优质产品和满意服务为基本原则,自觉承担社会责任,实现全面、协调、可持续的线性发展。"

"公民"这一概念来源于古希腊的城邦制国家,其原意是"市民"。当时的公民是指居住在城邦中的自由民。政治权利是公民资格的真正条件,但公民的权利指向不是个体所属的利益的实现,而是城邦共同体的和谐生活,也就是共同体的共同幸福或至善。企业公民概念的出现是企业社会责任思想深入发展的必然结果,成为一个好的企业公民也是当代企业伦理的新要求。20世纪末,许多大型的跨国公司如惠普、福特汽车、诺华制药、诺基亚等开始陆续以"企业公民"为题公布其年度社会责任承担情况。

2003年世界经济论坛认为,"企业公民"应包括四个方面的内容:第一,企业的基本价值观,主要包括遵守法律、现存规则以及国际标准,拒绝腐败和贿赂,倡导社会公认的商业道德和行为准则;第二,对利益相关群体负责,其中对雇员、顾客和股东负责是最基本的要求,除此之外还包括企业对所在社区的贡献等;第三,对环境的责任,主要包括维护生态环境,使用清洁能源,共同应对气候变化和保护生物多样性问题等;第四,对社会发展的广义贡献,包括赞助教育、科学、文化、卫生、体育、环保、社会公共设施建设或其他促进社会发展和进步的社会公共事业和福利事业。

中国企业优秀公民排行榜

中国社会工作联合会企业公民委员会是经民政部批准并主管,目前唯一致力于"企业公民社会责任"理念推广普及,并由具有高度社会责任感和影响力的企业/企业家,及相关权威人士联合组成的全国性社会组织。其宗旨是:推广企业公民理念,培育社会责任意识,提升质量品牌形象,优化营商生态环境,在企业与政府、社会、企业之间搭建融合通道和互惠平台,共同推动经济社会的可持续发展,为人类命运共同体做贡献。2014年,"中国企业优秀公民排行榜"项目正式启动。"中国优秀企业公民排行榜"以企业公民委员会最新编制的《中国企业公民评价标准3.0》为依据,旨在通过科学、公正的评价机制,打造中国企业公民社会责任领域的"奥斯卡"。

中国社会工作联合会企业公民委员会总结的企业公民行为主要表现在以下六个方面:

(1) 公司治理和道德价值:主要包括对中国法律、法规的遵守情况,防范腐败贿赂等交易中的道德行为准则问题,以及对公司小股东权益的保护。

(2) 员工权益保护:主要包括员工安全计划、就业机会均等、反对歧视、生育期间福利保障、薪酬公平等。

(3) 环境保护:主要包括减少污染物排放,废物回收再利用,使用清洁能源,减少能源消耗,共同应对气候变化和保护生物多样性等。

(4) 社会公益事业:主要包括员工志愿者活动、慈善事业捐助、社会灾害事件捐助、奖学金计划、企业发起设立公益基金会等。

(5) 供应链伙伴关系:主要包括对供应链中上、下游企业提供公平的交易机会。

(6) 消费者权益保护:主要包括企业内部执行较外部标准更为严格的质量控制方法,对顾客满意度的评估和对顾客投诉的积极应对,对有质量缺陷的产品主动召回并给予顾客补偿等。

资料来源:中国社会工作联合会企业公民委员会官网.

1.4.2 企业公民与企业社会责任的关系

"企业公民"与"企业社会责任"是两个非常相近的概念,而且也经常交替或等价使用。两者都强调企业对社会负责,强调企业的决策和行为要考虑对所有利益相关者的影响,目的是实现经济、社会、环境的可持续发展。

然而,"企业公民"在理念上与"企业社会责任"不同。企业社会责任过于强调企业的责任承担,而这些责任是外界赋予的,企业在其中处于被动地位。因此,企业社会责任是对企业与社会关系的消极描述。与此不同,企业公民则强调企业将社会基本价值整合进企业的政策和日常商业实践,企业履行其对社会的义务是主动的、不经意的,根植于企业的价值观和社会意识。因此,企业公民是对企业与社会关系的积极描述。

在企业公民时代,企业将更多地关注长期的利润回报,通过与政府、社会、环境结成稳定、健康的关系，最终形成良性循环。企业公民不再仅仅将慈善和捐款等作为承担社会责任的方式，而是更加注重企业的商业活动对社会和自然环境的长远影响，并将责任意识和价值观贯彻到企业日常运作中去，最终实现企业公民责任制度化的目标。企业公民与企业社会责任的区别见表1-5。

表1-5 企业公民与企业社会责任的区别

企 业 公 民	企业社会责任
1. 积极履行社会责任 2. 强调将社会基本价值观融入日常经营运作 3. 作为公民的责任和义务很明确	1. 被动承担责任 2. 强调企业责任的内容和要求 3. 社会责任的范围模糊而广泛，难操作

1.5 企业伦理类型

企业伦理是一个内容丰富、层次多样的价值规范体系，包含多种类型。按照企业的经营管理活动，可以将企业伦理分为企业科技伦理、企业生态伦理、企业经济伦理和企业管理伦理(见表1-6)。

表1-6 企业伦理分类

伦 理 类 型	伦 理 内 容
企业科技伦理	从企业科技关系之中产生的企业伦理类型，用来协调和处理企业科技活动中的关系
企业生态伦理	从企业生态关系之中产生的企业伦理类型，主要用来协调和处理企业与生态环境之间的关系
企业经济伦理	从企业经济关系之中产生的伦理类型，主要用来协调和处理企业与外部进行经济交往活动中的关系
企业管理伦理	从企业管理关系之中产生的企业伦理类型，主要用来协调和处理企业内部的关系

资料来源：依据龚天平(2007)整理。

1.5.1 企业科技伦理

科技伦理主要是用来协调和处理企业科技活动中的关系，是产生于企业科技关系中的企业伦理类型。科技伦理的目标是保证科技的进步与发展应该服务于全人类，不能危害人类自身。科技伦理问题实质上要求的是科技活动既要考虑经济性，还要考虑法律和道德(合法性)，以及给人类带来的潜在影响。

现代企业的发展离不开科技，现代科学为生产技术的进步开辟了道路，决定了它的发展方向。但同时也带来了一系列伴随着科技应用而产生的伦理问题。在某些情况下，现代高科技的运用严重挑战了传统的伦理观念。例如，人工授精、体外授精等人工辅助生殖技术可能淡化了夫妻关系与亲子关系；网络技术打造的虚拟空间使得人际关系变得冷漠；安乐死技术似乎降低了生命的价值与尊严；克隆技术更引发了传统伦理观念的变革；核武器、生化武器等大规模杀伤性武器严重威胁着人类的生命安全。除此之外，基因编辑、人工智能、转基因农作物等，都给人类社会带来了极大的不确定性。科技发展带来的伦理问题迫使人们思考，这些伦理问题究竟是怎么产生的？是科技本身的问题，还是科技使用引发的？利用科技伦理来约束指导现代企业的技术研发与运用，使现代科技在企业的经营发展中发挥正确的作用，是企业必须采取的重要措施。

1.5.2　企业生态伦理

企业生态伦理又称为企业环境伦理，指企业在开展与生态环境相关的活动中应该遵循的伦理原则与道德规范，其目的在于协调人类与生态环境之间的关系，保护人类的生存环境，保证经济社会的可持续性。企业生态伦理的实质是在经济发展与环境保护之间取得平衡，经济的发展以"不对环境造成不可逆转的影响"为前提。企业生态伦理问题的提出源于企业活动与生态关系的变化，它产生于人们对现代化工业文明发展的反思与回顾之中，形成于现代生态危机日益严重的时代，是企业伦理与生态伦理相结合的产物。

企业生态伦理的基本观点包括和谐观、义务观和公平观。"和谐观"是指企业与周围生态环境的平衡、和谐；"义务观"是指企业应该加强自律，把尽义务的职责范围由社会扩大到自然，承担起保护环境、防止污染的责任；"公平观"是指企业在追求利润时，要考虑企业以外的主体的正当利益，在不损害社会利益、后代利益、生命和自然界利益的前提下谋取企业利润。企业生态伦理以生态整体性、平衡性、可持续性为目标，把生态伦理意识融入企业价值观中，执行于企业的决策、生产和销售等各个活动中。企业生态伦理的主要内容可以概括为一个基本原则和两个规范：一个基本原则是生态经济原则，两个规范是绿色管理规范和资源节约规范。

1.5.3　企业经济伦理

企业经济伦理是从企业经济关系之中产生的企业伦理类型，是企业在开展对外经济活动（如销售产品、提供服务、对外合作）中应该遵循的价值观念、行为规范与伦理原则，目的在于构建健康和谐的文化和价值观，引导企业更好地为人类服务，实质是引导企业自律，降低市场交易成本。经济伦理作为调节市场经济中人们之间关系的一种自律性行为规范，一方面可以在法律没有涉及或无法达到的空间中发挥调节作用，另一方面，在法律起作用的地方，伦理作为主体的一种自律机制，可以辅助法律作用的有效发挥，大大降低法律的执行成本。

过去的几十年中，企业经济交往活动中的经济丑闻、不道德行为，例如贿赂、制假售假、不公平交易和地方保护主义等，都直接导致了企业经济交往中的伦理危机、公众信任危机和生存危机，这不由得让企业经营者们开始认真思考伦理问题。全球化现象带来的产品、服务、资本、知识和文化在全球范围内的流通也给企业提出了新的伦理挑战。强化企业经济伦理有利于企业协调经济交往关系、理顺企业经济秩序，为企业创造一个良好的经营环境。

1.5.4　企业管理伦理

企业管理伦理是指企业在内部管理特别是针对员工的管理中应该遵循的道德原则，

目的是在企业效率目标与道德目标之间实现平衡,构建企业的伦理文化和伦理氛围。伦理化管理既是对单纯追求经济效率的颠覆,也是对效率、公平兼顾的超越,它力求实现的是效率、公平和发言权的平衡。在这种平衡要求下,企业不再仅仅是社会的基本经济细胞,更是人们工作并通过工作实现生活价值、自身发展的重要场所。企业管理伦理实质上要求企业不能把员工仅仅当作手段,需要考虑员工的人格尊严和作为人的价值。

企业管理伦理产生于企业管理关系,用于协调和处理企业内部关系。因此,内部员工是企业管理伦理中的重要相关者。员工的身心健康、安全、合理的薪酬和工作环境、平等的工作机会、公平的晋升制度和结社自由等一系列职场中的问题都是企业管理伦理所需要考虑的。

1.6 企业伦理的层次

企业经营决策与行为,从伦理道德的角度来说,可以划分为四个层次,从低到高分别是:不道德、非道德、道德与美德(见图1-6)。在通常情况下,不道德与美德的经营行为比较少,而道德与非道德经营行为更为常见。道德行为是指符合社会期望、遵守社会规范的行为,比如依法纳税、诚实经营等。而美德行为是指超越基本伦理道德要求、赢得社会赞许的行为,比如慈善捐赠等回馈社会的行为。

图1-6 企业伦理的四个层次

1.6.1 不道德经营行为

不道德是指违背社会公序良俗或违反社会应有的公平公正等伦理规范。典型的企业不道德行为包括假冒伪劣、虚假宣传、价格欺诈等。不道德的经营可以理解为有害于企业利益相关者的经营模式,采取这种经营模式的企业对伦理价值观念持反对态度,支配这种经营模式的动机来源于企业的自私,它只关心或主要关心本企业的利益,其目的是为了盈利,为了本企业的利益,可以不惜一切手段。指导这类经营模式的企业的经营观念是:"无论采取什么行动,这个行动、决定或行为能让我们赚钱吗?"

马克思在《资本论》中引用托·约·登宁《工联和罢工》的话说:"资本害怕没有利润或利润太少,就像自然界害怕真空一样。一旦有适当的利润,资本就胆大起来。如果有

10%的利润,它就保证到处被使用;有20%的利润,它就活跃起来;有50%的利润,它就铤而走险;为了100%的利润,它就敢践踏一切人间法律;有300%的利润,它就敢犯任何罪行,甚至冒绞首的危险。如果动乱和纷争能带来利润,它就会鼓励动乱和纷争。走私和贩卖奴隶就是证明。"不道德经营行为为了狭隘的自我利益,不惜违法和不讲道德,其后果是社会的不认可,企业将逐渐失去合法性。

1.6.2 非道德经营行为

非道德经营是指不具有道德意义,也不能从道德上进行善恶评判的经营行为。在本书中,还包括难以进行道德评判的行为。

非道德经营不能简单地与不道德经营等同,它既可以转化为不道德经营,也可以转化为道德经营。在非道德经营中,经营者对"道德"保持一种中立的心态,这时,指导该类企业的经营观念是:"我们采取这个行动、决定或行为能赚钱吗?"这种观念是经营者考虑的重要问题,但不是唯一的问题,他们还考虑经营行为的合法性。

一般来说,非道德行为可以概括为三种类型:(1)决策者的无道德意识的行为,即决策者在决策时,由于道德的无知或忽视,没有意识到其中的道德问题;(2)决策者的行为动机与行为结果的不一致,包括行为的动机是道德的但行为所产生的结果是不道德的(好心办坏事),或者行为的动机是不道德的但行为所产生的结果是道德的(坏心办好事),动机与结果的不一致性导致的伦理冲突使人们很难判断某一行为的道德性;(3)超越现有伦理道德范围的新事物或新行为。其中(1)和(3)可能相伴出现,因为人们对新事物本身可能缺乏道德判断。

比如曾经火爆一时的 AI 换脸,网友用人工智能技术,将电视剧《射雕英雄传》中演员朱茵的脸换成了杨幂。这个杨幂版"黄蓉"毫无违和感,甚至都让人看不出视频有被处理过的痕迹。视频换脸 App——ZAO 也因此在朋友圈刷屏。但是 ZAO 很快就因为涉嫌侵犯肖像权引发用户恐慌等问题,先是遭到微信封杀,接着被工业和信息化部(简称:工信部)约谈。公众的态度由一开始的新奇转变为怀疑、担心,因为如果该换脸技术被用于恶意合成色情或暴力视频,可能会给当事人带来类似于网络暴力这样的灭顶之灾;如果人脸识别技术被任何人轻松掌握,隐私对每个人来说都将会成为奢侈品;如果人脸识别技术被犯罪分子破解,那我们的隐私、财产甚至人身安全都会面临巨大的威胁。这些问题在 AI 换脸这一全新事物出来前很少被人们考虑。很显然推出 ZAO 软件的这家企业在发布该产品时也没有清晰的道德判断来评估过它是否符合伦理道德。

非道德经营行为的出发点仍然是自我利益,由于非道德行为不能或者难以进行道德判断,因此一般会引发社会的关注、讨论和怀疑。

1.6.3 道德经营行为

道德经营是有利于企业利益相关者的经营行为,它与不道德经营相对立。道德经营的企业把相关的法律和道德规范作为经营的标准,对法律和道德规范持一种积极的赞同态度。这类企业在法律和道德标准规定的范围内追求利润,会考虑获取成功的手段的伦理性,不以破坏伦理价值标准为代价。他们把法律和道德都纳入伦理的框架内进行思考,认为法律是最低限度的伦理标准,道德是高于法律的对守法经营进行境界提升的伦理标准。

道德经营策略的焦点在于,强调在道德行为的范围内追求经济利益。但是这种模式,如果过度强调伦理道德,可能会导致企业追求"不求有功,但求无过"。因此,道德经营模式的底线是守法经营,守法经营可以看作是遵循了基本的道德。

道德经营行为虽然也关注自我利益,但这类行为同时重视遵循公序良俗,行为的底线是不违法,因此得到社会认可。

1.6.4 美德经营行为

与道德一样,美德也是德行,其本意是超越。美德意味着对道德的卓越追求。美德是一种对自我利益的放弃行为,一个人具不具备美德,并不受人干涉,也不受社会所规范。社会可以倡导人要美德,但绝不能强迫人行美德。企业的美德行为既包括企业负责人和员工个人在企业活动中所表现出来的良好品德,也包括企业作为一个组织在其长期的发展过程中所表现出来的良好的文化特质。从德性论的角度来看,美德是一种力量,能够作用于人的内心,具有超越性和自律性的特点。对于企业来说,超越性的特点会使他们认识到,在经济活动中不能局限于狭隘的私利来思考和行动,要从更高的层次来理解经济活动,经济的目的是"实现普遍的繁荣,分配上的公平和对优秀的奖励",谋取利润只是实现这一目的的手段。其自律性则使企业认识到,不以道德原则、规范为约束,而要自觉、自愿地践行美德。

组织美德通常与刚毅、正直、可信、勇气、公正、尽责等相关。美德强调合作,合作对于企业来说,能够节省资源、提高效率。但是,美德也不排斥竞争,真正的竞争并不是尔虞我诈、你死我活或者两败俱伤,而是"健康、公平和积极,鼓励优秀、创新、效率和生产力,而不仅仅是领先对手或是消灭对手"。虽然美德是一种内在的品质,但它总是会通过外在的行为表现出来,在企业内部体现为关心员工,生产高质量的产品等;对外表现为承担一定的社会责任,不参与恶性竞争,诚信经营等。

美德经营行为要求行为者有良好的品德,遵从社会所倡导的伦理价值观,如诚实、尽责、尊重他人和对手,这类行为能够获得社会的赞许,提升企业合法性和美誉度。

我们可以把企业不同伦理层次相对应的行为准则和行为后果简单地总结在表1-7中。

表1-7 企业伦理层次

伦 理 层 次	行 为 准 则	行 为 后 果
美德	诚实、守信、尽责、尊重	社会赞许
道德	符合公序良俗,底线是不违法	社会认可
非道德	自我利益、无知与无能	社会关注与怀疑
不道德	自私自利	社会不认可

资料来源:作者整理。

本 章 小 结

本章首先介绍了国内外企业伦理的发展历程,梳理了国内外企业伦理发展经历的主要阶段;其次,总结了不同学者对企业伦理的定义,提出本书采用的企业伦理定义;再次,对企业伦理的相关概念进行了辨析,包括道德、法律、企业社会责任、企业公民等;最后,介绍了企业科技伦理、企业生态伦理、企业经济伦理和企业管理伦理等四种企业伦理类型,提出伦理行为的四个层次,从低到高分别是:不道德、非道德、道德与美德。

【本章思考题】

1. 何为企业伦理?伦理问题与法律问题的区别是什么?
2. 什么是企业公民?它与企业社会责任是什么关系?
3. 有人说,"企业能活下去就是履行了最大的社会责任",你对此有何评价?
4. 为什么法律规范对于履行一个人的伦理责任来说是不够的?

【思考案例】 百度魏则西事件

如同许多公共事件一样,石子投入湖中时,很少有人预料到涟漪会带来如此大的波动。

事件发生在2016年。"魏则西怎么样了?"来自知乎的一个提问,在4月12日得到了用户"魏则西"的回复:"我是魏则西的父亲魏海全,则西今天早上8时17分去世,我和他妈妈谢谢广大知友对则西的关爱,希望大家关爱生命,热爱生活。"本来网友只是在悼念魏则西,但此时微博认证账号"百度推广"发出的一篇长微博,却在不经意间将自己推到了风口浪尖。

在知乎上,魏则西自我介绍为"二十一岁,滑膜肉瘤转移,西安电子科技大学学生,计算机专业"。年轻的他,正是因为"滑膜肉瘤转移"这个病而过早离开人世。魏则西之死,为何引来百度发文?这个网友心头的困惑,百度自己作出了部分解答。百度发布的微博长文透露,2014年下半年,魏则西通过央视频道和百度搜索找到武警北京总队第二医院并接受治疗。

一石激起千层浪,无论是传统媒体的新媒体账号,还是各类公众号,对这个事件都给予了非常高的关注。

后续报道给出了更为详细的事情经过:魏则西通过百度搜索疾病信息,百度推广排在前列的信息是武警北京总队第二医院的"生物免疫疗法",出于对百度和部队三甲医院的信任,魏则西选择了在武警北京总队第二医院接受"生物免疫疗法"的治疗,据称该疗法与美国斯坦福大学合作开展,能留住魏则西生命20年,可结果却是,在其家人花光了20多万元治疗费用几个月后,魏则西遗憾离世。

百度推广称,他们调查发现该院为公立三甲医院,提供给百度的资质齐全。但调查显示,在"魏则西事件"中,百度竞价排名的医疗信息有误导之嫌,且武警北京总队第二医院的生物诊疗中心早已被"莆田系医院"外包。所谓"莆田系医院"即由福建省莆田人控制的民营医院,他们以治疗性病的游医起家,借助创办民营医院以及公立医院改革的契机,大量创办民营医院,或者趁公立医院"医疗产业化"之机,渗透到公立医疗机构。目前,"莆田系医院"号称在国内民营医院占比超过了80%。而"莆田系医院"成功的一大秘诀是,重金砸向各种媒介,进行"广告轰炸",以吸引患者就医。在进入"互联网+"时代后,"莆田系医院"更是借助互联网手段,使得医疗广告"无孔不入",这些医疗广告往往夸大治疗效果,诱导患者前来就医。据媒体报道,百度2013年的广告总量是260亿元,其中,"莆田系医院"在百度上就做了120亿元的广告,而且这些广告费用的60%投向了搜索引擎。

事实上,这不是网络舆论中"百度"与"莆田系"第一次被绑定在一起。2016年1月,百度"血友吧"原吧主爆出百度卖"血友吧"事件,一时间,百度因为不顾用户利益将贴吧卖给医药公司,遭到了社交媒体的围攻。不少微信公众号在围攻百度的同时,也将矛头指向曾经跟百度关系亲密的莆田系。在1月,有超过679篇微信文章趁着"血友吧"事件,再次揭发莆田系与百度背后的生意。

然而,此次因"魏则西事件"二者再次绑定,引起的效应是让人始料未及的。事件发生后,国家互联网信息办公室表示,已经成立联合调查组进驻百度公司。调查组由国家网信办牵头,国家工商总局、国家卫生计生委及北京市网信办、工商局、卫生计生委等相关部门共同参加。北京市海淀区工商分局相关负责人也表示,针对多家公益组织举报百度发布虚假医疗广告一事,已立案调查。许多网友表示,希望以此事为契机,彻查内幕,打击不法,还网络和医院一片蓝天。

"魏则西事件"暴露了整个医疗环境的商业利益畸形和监管体系漏洞,同时也折射出平台企业主体责任缺乏的问题。搜索引擎是社会大众获取信息的最重要入口之一,搜索引擎企业理应担负相应的社会责任,理应在企业利益与公众利益之间寻求平衡,在履行与其自身技术属性、管理能力相适应的注意义务的同时兼顾权益保护与信息自由传播。从"魏则西事件"中可以看出,百度搜索作为互联网平台企业的代表,没有担负起应尽的主体责任,主体责任意识淡薄,平台经营管理在社会性与盈利性之间更多地倾向于盈利性,忽视了应负的社会责任和管理规范的责任。在盈利需求的主导下,百度对平台上广告企业的资质审查、把关不严,未能履行管理职责。

资料来源:[1] 党小学. 竞价排名医疗广告"变脸"有违规之嫌[N]. 检察日报,2018-04-24(004).

[2] 刘少华. 一篇网文,撕开一连串窟窿[N]. 人民日报海外版,2016-05-06(009).

【案例分析题】

1. 在"魏则西事件"中,百度的行为是违法的吗?是道德上可接受的吗?
2. 在"魏则西事件"中,"莆田系"医院的行为是违法的吗?是道德上可接受的吗?
3. 在"魏则西事件"中,百度与"莆田系"医院的行为,哪个更不能接受?为什么?
4. "魏则西事件"折射出的社会问题是什么?该如何解决?

【趣味知识】

实验 1:道德的起源

把 5 只猴子关在一个笼子里,上头挂一串香蕉,实验人员设计了一个自动装置,一旦探测到有猴子去动香蕉,马上就会向笼子中的所有猴子喷水。

首先,一只猴子发现了香蕉想去拿,当然,结果是每只猴子都被突如其来的凉水浇透。其他猴子也纷纷尝试但莫不如此,几次以后,猴子们达成一个共识:谁也不能去拿香蕉,以避免被水喷到。

然后,实验人员把其中的一只猴子释放,换进去一只新的猴子 A。A 看到香蕉,马上就想要拿到,结果是弄得大家一身湿。在 A 第二次去拿的时候,其他四只猴子便一起开始制止,并对 A 大打出手。之后,A 又尝试了几次,但每次都被打得屁滚尿流,此后不再敢打香蕉的主意。当然,这 5 只猴子就没有再被惩罚。

后来,实验人员又换了一只猴子 B,同样,B 开始也迫不及待地去拿香蕉,于是一如刚才发生的,B 试了几次,每次都被打得很惨,只好作罢。这样,一只接一只,所有的旧猴子都换成了新猴子,可谁也不敢去动那根香蕉。但这些新猴子都不晓得不能动香蕉的真正原因,只知道去拿香蕉就会被其他猴子痛扁。

这就是道德的起源。

实验 2:道德的沦丧

这个实验是在实验一的基础上偶然发现的,由于天气变热,室温上升,笼子里的猴子开始饱受酷热的煎熬,但由于谁也不敢去接近香蕉,因此无法冲水乘凉。很偶然的,猴子里出现了一位"反潮流"的英雄 E。开始只是 E 在无意中接近了香蕉并进入侦测范围,于是理所当然地引来一顿饱打,但同时猴子们享受到了冲凉的乐趣。后来,倒霉的 E 又一次接近了香蕉。于是,猴子们享受了第二次冲凉,E 也遭受了第二次痛殴。

在此之后,猴子们虽然不知道喷水的真正原因,但认为 E 可以给它们带来这个享受,因此只要猴子们有冲凉的要求,它们就会联合起来对 E 进行"合理冲撞",打的 E 上蹿下跳,直到喷水。而大家对 E 的态度也发生了明显的转变,平时对待 E 异常温和,以弥补在冲凉时为维护规则而不得不对它进行的暴力举动。

一天,饱受折磨的 E 出于本能,在大家享受冲凉的时候把香蕉给吃了。而且此后实验人员不再用新的香蕉来填补空缺。猴子们陷入另一个尴尬的境地:没有冲凉的水,只有 E。

于是,另一个规则产生了。猴子们在热得烦躁的时候会痛打 E 出气,当笼子里的旧猴子被新的换掉后,新来的猴子会在最短的时间内学会殴打 E。

终于有一天,老天有眼,倒霉的 E 被换出了笼子,猴子们失去了发泄对象,因此只能任意选取一个目标进行攻击。从此以后,笼子里的猴子整天唯一的举动就是打架。

这就是道德的沦丧。

实验3:道德的重建

实验人员对笼子里猴子的争斗不休感到不安,为重建秩序,决定继续供应香蕉和凉水。一天,正在混战的猴子们发现头顶出现了一根香蕉,其中的一只猴子A受不了诱惑忍着伤痛去摘香蕉,于是久违的甘露出现了,猴子们先是茫然失措,继而争先恐后地加入冲凉的行列,香蕉反而被遗忘了。

当猴子们发现A在享受冲凉的同时还在吃着美味的香蕉,嫉妒心使它们暂时团结起来,共同攻击A,抢夺其吃剩的香蕉。此刻的香蕉成了匹夫怀中的至宝,得到它的猴子固然可以享受美味,但也要付出巨大的代价。

实验人员不断放进新的香蕉,却发现争斗越来越激烈,于是他们用木头做了一个假香蕉放了进去。此时猴子们学聪明了,它们都知道如果触摸香蕉可以享受淋浴,而试图独占香蕉则会被群殴。一个新的现象由此产生了:当猴子们有冲凉的需要时,会有一个志愿者去接近香蕉,而为了防止被攻击,它又会马上放下香蕉逃到一边。这样,猴子们都能冲凉,但又不至于再像以前那样得不偿失。没有猴子发现那个香蕉是假的。

这就是道德的重建。

第 2 章

企业伦理的理由

学习目标:通过本章的学习,可以了解不同的人对企业伦理与社会责任持有不同的看法,"企业可以不讲伦理"和"企业需要讲伦理"都提出了自己的理由,通过辨析背后的理由,可以回答"企业到底该不该讲伦理"。

关键概念:股东利益最大化、伦理困境、利益相关者理论、合法性理论、企业伦理与企业绩效

【开篇案例】　　　　　　　　长生生物"疫苗"事件

2018年7月15日,媒体报道了长生生物发布紧急通知,要求各省份推广团队立即通知辖区内的区县疾控机构及接种单位,立即停止使用该公司的狂犬疫苗,立即就地封存该公司狂犬疫苗。随后,国家药品监督管理局公告称,国家药品监督管理局通过飞行检查发现长春长生生物冻干人用狂犬病疫苗生产存在记录造假等严重违反《药品生产质量管理规范》行为,责令长春长生停止生产狂犬疫苗。与此同时,监管部门收回长生生物子公司长春长生相关《药品GMP证书》。长生生物也发布信息称,对有效期内所有批次狂犬病疫苗召回。这是该企业短期内第二次被发现产品生产质量问题。长生生物2017年被发现25万支"吸附无细胞百白破联合疫苗"(以下简称"百白破")检验不符合规定,而这25万支疫苗几乎已经全部销售到山东,库存中仅剩186支。一经报道,山东省委、省政府针对长春长生公司不合格百白破疫苗流入山东事件高度关注,立即责成省卫生计生委和省疾病预防控制中心,对不合格疫苗的采购、使用等情况进行严肃、认真、细致、一个环节不漏的排查。关系生命安全的疫苗一再出问题,舆论对于长生生物的质疑声浪越来越高。连续5个交易日跌停的长生生物市值蒸发近百亿元。

2018年7月19日长春长生发布公告称收到《吉林省食品药品监督管理局行政处罚决定书》,原因是该公司生产的百白破经食品药品检定研究院检验,检验结果"效价测定"项不符合规定。吉林省药监局认为,长春长生行为违反了《中华人民共和国药品管理法》第四十九条第一款"禁止生产、销售劣药"的规定,并于2017年10月27日立案调查。吉林省药监局对长春长生给予行政处罚:没收库存的剩余"吸附无细胞百白破联合疫苗"186支、没收违法所得85.88万元。同时,处违法生产药品货值金额三倍罚款258.4万元,罚没款总计344.29万元。在狂犬疫苗造假事件出来后,多家持仓公募基金已提前下调长生生物估值,估值主要下调为16.11元和14.5元,对应4个跌停和5个跌停。见图2-1。而这仅仅只是事件发生后短时间内对企业带来的损失。

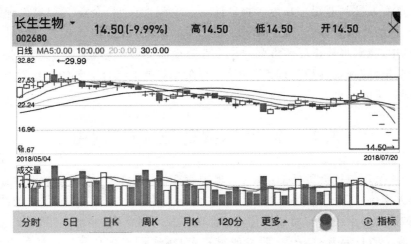

图 2-1 长生生物疫苗事件爆发后的股票表现

资料来源：每日经济新闻。

2018年7月24日，山东省人民检察院依法介入。在查清违规狂犬疫苗事实后，长春长生也先后受到了股份限售、资产查封、公开谴责、股份冻结、取消高新技术企业税收优惠等一系列经济惩罚以及撤销生产许可证、事件负责人员终身市场禁入等行政处罚。2018年12月，长生生物公告称公司收到《深圳证券交易所重大违法强制退市事先告知书》，深交所拟对公司股票实施重大违法强制退市。2019年10月8日，深圳证券交易所的公告显示，深交所决定长生生物科技股份有限公司（以下简称"长生生物"）股票终止上市，并自2019年10月16日起进入退市整理期，退市整理期届满的次一交易日，深交所将对长生生物股票予以摘牌。这意味着，自10月16日起，长生生物的股东还有最后30个交易日进行买卖，长生生物的A股生涯进入了"倒计时"。长生生物股票终止上市后，将转入全国中小企业股份转让系统进行股份转让。长生生物将成为A股首例因重大违法强制退市的公司。

资料来源：[1] 每日经济新闻. 25万支问题疫苗曝光，全部销售到山东！长生生物藏了多少真相？[EB/OL]. https://money.163.com/18/721/21/DN94NQ9N258105.html，2018-07-21.

[2] 新华网. 国家药监局负责人介绍长春长生公司违法违规生产狂犬病疫苗案件进展[EB/OL]. http://www.xinhuanet.com/politics/2018-08/07/c_1123236317.htm，2018-08-07.

[3] 林丽鹂. 责令停产 立案调查[N]. 人民日报，2018-07-23(003).

[4] 每日经济新闻. 长生生物收到《吉林省食品药品监督管理局行政处罚决定书》[EB/OL]. http://www.nbd.com.cn/articles/2018-07-19/1236812.html，2018-07-19.

[5] 曹卫新. 疫苗造假事件曝光141天 *ST长生市值蒸发200亿元离退市"一步之遥"[N]. 证券日报，2018-12-03(C01).

[6] 杨毅. 长生生物A股终止上市[N]. 金融时报，2019-10-12(007).

企业需要讲伦理道德和承担社会责任吗？我们日常中常听说的"法无禁止者皆可为"这句话应该怎么理解？是指企业或个人只有遵守法律的责任，却没有维护社会道德的义务吗？在开篇案例中，我们可以看到，长生生物因不道德的商业行为——疫苗造假——付出了沉重的代价：上市公司被深圳证券交易所强行退市，负责生产疫苗的全资子公司宣告破产,主要负责人被判刑罚。长生生物事件从一个侧面说明:企业必须讲伦理道德,必须承担起最起码的社会责任。

在本章中,我们将从正反两方面讨论企业是否需要讲伦理道德,辨析"支持企业伦理"和"反对企业伦理"观点背后的理论与逻辑,并在此基础上结合文献的最新发展,提出企业需要讲伦理道德的观点。

2.1 企业"不需要"伦理的理由

有关企业伦理与社会责任的话题,一出现就充满了争议。特别是针对企业社会责任的提法,有人支持,有人反对。支持者认为在企业与社会之间存在隐性的"契约",企业需要最大化对社会的正面影响而最小化负面影响。反对者认为,企业不是政府,也不是福利机构,它的唯一责任是为受托人(股东或投资者)赚取最大化利润。这种争论在20世纪70年代早期及之前异常激烈,而时至今日,随着人们对各种环境和社会问题的关注日益高涨,反对"企业伦理或社会责任"的声音已经变得异常微弱。即便如此,倾听不同的声音,对于我们深入理解企业伦理与社会责任,仍然是很有启发意义的。在本节我们将主要论述四种主张企业不需要讲伦理的观点:股东利益至上、自由市场理论、伦理困境以及善恶相报的现实问题。

2.1.1 基于股东利益至上的辩护

反对企业伦理或社会责任的首要理由是所谓的"股东至上"理论。公司法中的"股东至上"理论认为,公司的所有权属于股东,所以公司最重要的目标就是最大限度地为股东创造财富。Berle 在 1931 年提出,股东是公司的唯一所有人,因此,所有授予公司的权力都只有在为了股东的正式利益时才可以行使。

在股东至上主义者看来,企业的生产经营目标是一元的,即实现利润最大化,将这一假设延伸到治理过程中,就是股东利益取向是唯一的、排他的。古典企业理论认为企业是物质资本所有者与人力资本所有者之间组成的契约集合,由于信息的不完全性、行为人的有限理性等原因,合约是不完备的,因此企业所有权是重要的。提高企业效率的关键就是如何合理配置这种所有权以避免企业内的偷懒和"搭便车"现象,而最有效的安排要求企业剩余索取权应该与企业所有权对应,即让资本所有者拥有企业的剩余索取权和剩余控制权。企业运营的结果是股东获得剩余收益,其他的投入者在边际上获得正常的或市场竞争性的收益,这就是"股东至上主义"逻辑的起点。

在工业经济时代,生产要素主要是土地、劳动、资本(财务资本),知识资源不仅数量有限而且其重要性并不明显。由于土地交易的背后也是资本,因此,生产要素投入者之间的博弈主要在资本与劳动力之间进行。而由于资本的相对稀缺性,博弈的结果必然是"资本至上""资本雇佣劳动"。此外,同是财务资源提供者的股东与债权人之间也存在一个博弈问题。尽管双方提供的均为财务资源,都能为企业创造增量价值,但债权人让渡的仅仅是财务资源有限期的使用权。所以,在股东与债权人之间的博弈中,股东仍是赢家,最终成为企业的真正所有者,债权人只能按期收回本息,即"谈判的结果是由股东独占企业的所有权,而其他利益相关主体不得不暂时放弃对企业所有权的要求,只能成为固定的收入者"。

"股东利益至上"者认为,企业的资源是有限的,履行社会责任会耗费本应该用于提高股东经济利益的资源。其次,商业伦理和企业社会责任所倡导的利益相关者的多重价值最大化也会模糊企业的经营目标,无法给企业管理者提供一个完全明确的目标函数,而没有这类目标函数,势必导致管理上的混乱、冲突、无效率甚至完全失败。此外,由于现代公司制组织中普遍存在的所有权与经营权的分离,要求企业讲伦理道德和社会责任可能恶化本已存在的委托代理问题,损害股东利益。诺贝尔经济学奖获得者弗里德曼认为,企业实际经营管理者(代理人)无法成为值得信赖与工作高效的社会责任承担者;在这种情况下,企业担当社会责任的最终结果是,不管是股东、消费者、员工、利益相关者,还是社会整体利益都不可能实现最大化,真正得到最大化的只能是实际经营管理者的自身利益。因此,企业的任务应该是使用它的资源,按照游戏规则,从事增加利润的活动。

2.1.2 基于自由市场理论的辩护

亚当·斯密说:"一个人追求私利的活动比他试图直接造福社会的活动更能有效地促进社会进步。我从未见过那些直接造福社会的人给这个世界带来多大的好处。"这种观点认为,企业在追求自身利益的同时,由于市场机制的作用,社会自然会走向繁荣与和谐。经济学以"经济人"为假设条件,经济人作为市场主体,在自由竞争的市场里,与他人进行着交易或交换。他们理性地寻求最大限度的物质利益或功利。以此为基础的市场经济理论认为,经济主体在市场中追求自身最大的利益,寻求其最大的利润。通过竞争这只看不见的手,进行高效率的生产,并以平等的价格出售。

在自由市场主义学派的学者看来,企业承担社会责任损害了自由社会的基础。公益性投资会加重企业的财政负担,可能破坏市场竞争秩序并损害企业的价值。哈佛大学教授莱维特(Levitt)在《哈佛商业评论》上发表的名为"社会责任的危害"一文中曾提到,如果企业参与社会问题,就会获得广泛的权力,并将演变成像封建采邑、中世纪教堂或者民族国家那样的权力中心,支配政治、经济和社会,形成十分有害的极权体制。1960年诺贝尔经济学奖得主哈耶克(Hayek)在"民主社会中的公司:它应为谁的利益而运行?"一文中指出,企业社会责任是违背自由原则的,企业参与社会活动必将导致政府干预的强化。企业及其管理者根据自己的判断而行善的权力必定是暂时的,他们将最终为这短暂的自由付出高昂的代价,那就是不得不按照政治权威的命令行事。曼尼(Manne)于1962年在《哥伦比亚法学评论》上发表"对现代公司的'激烈批判'"的文章,也对企业社会责任的思想进行了否定。他指出,如果公司要在一个高度竞争的市场上出售产品,他就不可能从事大量的非利润最大化的活动,如果他一定要这样做,那么很可能就无法生存。弗里德曼(Friedman)对企业社会责任思想进行了最坚定、最全面的否定和批驳。他在1962年出版的代表作《资本主义与自由》中对企业的社会责任思想进行了最坚定的否定。他认为如果让企业领导人接受除了尽可能为自己的股东牟利以外的社会责任,肯定会毁灭资本主义的自由制度,动摇它的基础。所以他坚信,企业社会责任的思想是一种具有颠覆性的信条。

2.1.3 基于伦理困境的辩护

除了"股东利益至上"从"要不要社会责任"角度展开的辩护,伦理困境可能是企业拒绝伦理或社会责任的又一个借口。伦理困境是企业决策者需要从两个及以上彼此有关但却矛盾的伦理要求中作出选择的情形,主要表现为规范冲突、角色冲突、利益冲突。

(1) 规范冲突,指判断对与错的伦理规范不一致的情况。规范冲突性难题也就是我们通常所说的道德冲突,是人类道德生活中最为常见的道德困境。企业在跨国经营中往往会碰到这类伦理困境。跨国公司在穿越国界的同时,也面临着不同地域、不同文化以及不同利益所产生的不同伦理规则之间的碰撞和冲突。跨国公司的伦理冲突往往由多种原因所导致,既有不相协调的文化规范之间的冲突,也有母国和东道国相对的利益与价值冲突。例如,在 A 国,商业送礼是不被允许的,而在 B 国则是商业上的必须,那么当 A 国企业到 B 国开拓业务时,该不该送礼呢?

(2) 角色冲突,指个人同时扮演多重角色导致的冲突。如果说规范冲突是发生在社会层面,角色冲突则是发生在个体层面。麦金泰尔在《道德困境》中就提到了一个角色冲突的例子,它讲的是:一个道德上严肃的人(此人已承担或被分派发挥一个以上的社会角色的责任)发现,履行一个社会角色的责任将阻止自己去履行另一个社会角色的责任。在应用伦理学领域里,角色冲突主要表现为职业角色和其他角色伦理之间的冲突。职业道德的落脚点是职业全体,而角色道德的落脚点是社会个体。职业道德尽管看起来是直接约束每一个从业个体的,但实际上的目的在于维护职业整体的信誉与尊严。角色道德以社会个体的存在为前提,调整着社会个体与自然、社会以及自身的各种关系,而不仅仅是职业关系,如 A 和 B 是要好的朋友,同时 A 还是 B 的上司;那么如果 B 上班迟到,A 要不要处罚 B 呢?

(3) 利益冲突,指个人利益与他人利益(或公共利益)的冲突。任何一个企业的发展都离不开利益相关者的参与和投入,但是不同的利益相关者所追求的利益之间不仅会有差异,而且很可能会有冲突,历史上大量的工人罢工、劳资冲突就是明证。各个利益相关者往往都是站在自身利益需求的角度来对企业提出要求,希望企业尽量履行更多的显性契约和隐性契约。例如,消费者往往要求企业提供廉价的产品或服务,但当产品价格低到一定限度时,企业就会无利可图,因而会减少纳税,这又与政府的税收要求、股东的利润要求、员工的收入要求等产生矛盾。一般来说,利益相关者的利益冲突在企业经营遇到困难时往往表现得非常激烈,各方为了避免损失而争相向企业提出各种要求,而企业此时又更加无力满足各利益相关者的利益,矛盾会就此激化。在面临不同利益相关者彼此冲突的利益要求时,企业可能会做出有悖于伦理的权宜选择。

2001 年发生的美国安然公司丑闻,其中就充满着各种利益的冲突问题。

【案例 2-1】 安然能源公司曾是美国第七大公司,长期通过合伙人掩盖债务和虚报盈余。2001 年 12 月,安然公司宣布破产,成为美国历史上最大的破产案。其实在 2001 年年末崩溃之前,安然公司在每一个转折点上都遇到了利益冲突问题。财务总监安德鲁·法斯托为了遮掩安然的债务,精心编造了一系列新的金融伙伴关系,为此,他得到了 3 000 万美元的管理费。温迪·格莱姆原来是美国参议员。她从商品期货交易委员会主席的职位辞职五周之后,出任了安然公司的董事会成员。在此期间,为了维护安然的利益,在她的庇护下,另一个董事会成员通过了一次关键的监管豁免。公司主席杰弗里·斯基林雇用他的女朋友,即他后来的妻子为安然公司的秘书,每年的薪金达 60 万美元。媒体对这些事件进行了大肆宣传,并宣称这些冲突是安然管理人的罪责。但似乎安然的人从来都没有考虑过他们的行为会以什么样的形式出现在美国的报纸上,或者他们太高傲了,并不在乎。大多数理智的人会认为安然公司的复杂纠结的人际关系所构成的蜘蛛网严重影响了公司的决策力和判断力,这就是冲突的经典定义。

资料来源:[1] 胡晓明,谭新木. 安然公司一前主管承认有罪[N]. 人民日报,2002-08-23.
[2] Trevino, L. K. & Nelson, K. A. 商业伦理管理(第四版)[M]. 何训,译. 北京:电子工业出版社,2010.

2.1.4　基于善恶相报的辩护

中国老百姓深受佛教思想影响,相信因果报应,"善有善报、恶有恶报"体现了人们朴素的行为信仰,是指引人们向善的动力。如果行善没有善报,甚至有恶报,而作恶没有恶报,甚至有善报或好处,那么就会冲击人们的信仰,导致不道德行为的发生。"善恶相报"中存在的错位问题,可能阻止企业履行社会责任。尽管因果报应很少爽约,但现实中确有善恶相报错位的现象,比如,2008 年汶川地震中的"万科捐赠门"事件。

【案例 2-2】　2008 年 5 月 12 日,四川汶川发生特大地震,获悉灾情后,万科迅速成立紧急联络小组,向各地一线公司了解当地员工、万科开发楼盘及提供物业服务楼盘的情况。公司总部也在当天向灾区捐款 200 万元人民币。从公司的快速反应来看,万科是值得称赞的。然而,随着时间的推移,万科的捐赠受到了部分网民的非议,因为随后的企业赈灾捐款,特别是来自同行业企业的捐款,将万科的 200 万元衬托成了"铁公鸡"。这个时候,只要万科做出一点"补救",如追加捐款 1 000 万元,就有可能完全平息网络的争议。不幸的是,时任董事长王石先生没有做出补救,而是在博客中进行解释。他表示:"对捐出的款项超过 1 000 万元的企业,我当然表示敬佩。但作为董事长,我认为,万科捐出的 200 万元是合适的。"其理由是,"中国是个灾害频发的国家,赈灾慈善活动是个常态,企业的捐赠活动应该可持续,而不应成为负担。"同时,他还表示,"万科对集团内部慈善的募捐活动中,有条提示:每次募捐,普通员工的捐款以 10 元为限。其意就是不要慈善成为负担。"这一系列的言论将万科和王石推到了舆论的风口浪尖,身陷"捐款门"事件。2008 年 5 月 20 日,万科发布了《关于参与四川地震灾区灾后安置及恢复重建工作的董事会决议公告》;21 日,王石在接受媒体采访时首次对自己的言论表示了歉意。不过,众多网友对此似乎并不买账,反而引发了更多的质疑——"万科所说的'灾后重建'不过是在搞危机公关,玩弄文字游戏"。万科"捐赠门"事件导致万科股票持续走低,公司品牌价值严重受损,从 2008 年 5 月 15 日(因为 13 日、14 日是周末)到 5 月 23 日,万科股票连续 6 个交易日价格下跌,市值蒸发超过 200 亿元。同时,据世界品牌实验室发布的 2008 年《中国 500 最具价值品牌排行榜》,万科的品牌价值为 181.23 亿元,比 2007 年缩水了 12.31 亿元。

资料来源:[1] 白雪. 捐款多少能代表企业社会责任[N]. 中国青年报,2008-05-27(007).
[2] 徐华 白宝玉. 万科捐款变更真相[N]. 证券日报,2008-05-27(E02).

万科"捐赠门"事件的发生,其原因固然有王石"不合时宜的解释",但即便王石不做任何解释,"捐赠门"仍然会发生,这与自媒体时代小众群体的"网络绑架"有关。200万元的捐款固然是少了点,但"善心"不能单纯用"捐赠额"来衡量,不能对别人的"善心"搞"道德绑架"。如果慈善有"门槛",爱心有"价格",那将是对人性之美的致命打击。

无独有偶,2017年8月8日,四川九寨沟发生7.0级地震。当时,电影《战狼2》正在国内热映,截至地震当天,票房突破36亿元。当晚,该片导演、主演吴京发微博为震区祈福,有网友转发称:"投入八千万,(据闻)赚了中国同胞十个亿。现在四川同胞有难了,吴京同志总得捐上一两个亿表下态吧?"8月9日,壹基金宣布吴京向九寨震区捐款100万元,但还是受到键盘侠的抨击和谩骂,他们认为100万元太少了。

如果行善得不到善报,甚至反过来成为某些人攻击当事人或企业的手段或借口,那么"行善"将成为"奢侈品"。反过来,如果作恶得不到恶报,甚至还能得到好处,那么作恶将遍地横行。在我国,企业不端行为泛滥,食品安全、商业贿赂、环境污染、网络平台的售假、上市公司财务造假、虚假披露等问题层出不穷,其背后都跟我国法律不健全、企业违法成本低有关。也就是说,"作恶"不一定会得恶报,或者说被惩罚的代价远小于因此得到的好处。

因此,让善行有善报,让作恶有恶报,才能激励更多的企业遵从商业道德,积极履行社会责任。反之,企业没有理由遵守商业伦理道德。

2.2 企业需要伦理的理由

与上述企业不需要伦理的观点对应,支持企业伦理与社会责任的学者坚持认为企业需要伦理道德,支持的观点主要有:基于企业本质与存在理由的讨论;股东不是企业唯一的所有者;股东利益与企业伦理并不冲突;市场失灵的情况;企业不道德行为的代价以及现实中善恶错报现象减少等。

2.2.1 企业的本质与存在的理由

(1) 企业的本质

社会学、社会法学以及经济社会学都认为企业是承担社会功能的一般社会组织,强调企业的社会功能是促进社会目标的实现,认为企业是社会的基本单元和一般性的社会机构。按照社会学的观点,社会运行建立在基本单元的基础之上,各类基本单元承担着社会运行的各项职能。工业社会要想正常运行,作为基本单元的企业以及其他各类组织机构,就应该发挥稳定社会以及促进社会发展的作用,这就是德鲁克所说的"一个组织机构的社会功能"。

社会法学所强调的"社会本位"认为,企业存在的首要目的是服务社会整体利益,而非自由资本主义时期所强调的个体利益。对于这类企业本质观论述最充分的当属德鲁克。他早在1946年《公司的概念》一书中,强调"公司的本质是一种社会组织,即人文组织",认为"大企业,即大型的综合性生产单位在过去50年中作为一种社会实体而出现,可以说是西方世界近代社会史上的头等大事",提出"大公司要成为美国的代表性机构,就必须实现美国社会的基本承诺和信仰——至少达到最低要求"。

经济系统是社会系统的子系统,企业作为经济系统的主要组织也具有社会系统的全部属性,即具有一个共同的价值系统和体制结构。这就是说,企业绝不是只有经济功能的组织,而是经济活动嵌入特定的社会结构、社会文化以及社会关系网络之中的社会经济组织。经济社会学就强调企业是兼具经济功能和社会功能且两者密不可分的社会经济组织。经济功能是企业发挥社会功能的基础,而社会功能则能为企业更好发挥经济功能明确方向。不同学科对企业本质的认识见表2-1。

表2-1 不同学科对企业本质的认识

	企业的本质
社会学	企业作为社会的基本单元,应该承担维护社会稳定以及促进社会发展的责任
社会法学	企业存在的首要目的是服务社会整体利益,而非自由资本主义时期所强调的个体利益
经济社会学	企业是社会经济组织,其经济功能和社会功能密不可分

通过以上不同学科对于企业本质的认识,可以发现不同学科在论述企业的本质时都提到了社会利益,所以说企业从本质上来讲是与社会整体利益分割不开的。此外,从不同的理论逻辑上来看,对企业本质的认知,无论是新古典经济学的"最大化投入产出效率的生产单位",还是马克思主义经济学的"利用协同劳动的组织性生产方式",还是新制度经济学的"节约交易费用的制度安排",其实都认为企业是创造社会价值或增进社会福利的有效方式。也就是说,无论是从哪一种理论逻辑,企业之所以产生都是因为能够为社会更有效地创造价值。透视企业发展的历史进程,也不难发现增进社会福利既是企业产生、发展和壮大的根本原因,也必然是企业未来生存、演进和进一步成长的内在依据。

企业是社会发展的产物,是社会分工不断扩大和细化的产物,是越来越普遍存在的、因在承担社会功能上具有特定优势并发挥独特作用而得以不断发展壮大的社会组织。作为社会大系统中的重要组成部分,企业存在的价值必然是增进社会福利,即通过为社会提供商品和服务与有效管理内嵌于商品和服务提供过程中的人与人的关系而增进社会福利的有效方式。商业公司是一个既为盈利也为社会服务的经济组织,公司的目的不仅是为股东赚钱,而且要为雇员提供更加稳定的工作,为消费者提供高质量的产品,为整个社会福利做出贡献。

(2)企业存在的理由

企业之所以能够存在,是以它的伦理道德和社会责任作为基础的。社会契约理论、合法性理论和利益相关者理论从不同角度对这一问题进行了分析。

① 企业存在的基础:社会契约理论

社会契约理论认为:在企业与社会之间存在某种隐形的契约,企业通过履行社会义务,采取符合社会期望的行为,才能获得"经营许可"(license)。社会契约理论解释了企业为什么要讲伦理道德和社会责任。社会契约拓展到企业内部就是所谓的企业契约理论,企业契约理论将企业看作是不同利益相关者相互之间缔结的契约,企业不仅要为股东赚钱,也要为其他各利益相关者履行协议"规定的"责任。

典型的社会契约关系中蕴含着三个原则：(1)社会契约的自由性。社会契约是缔约人自由选择的结果，包括自由参与缔约、自由选择缔约方、自由决定缔约的内容和自由选择缔约方式。(2)社会契约的平等性。社会契约隐含着缔约各方的地位平等的要求。平等性原则是与自由原则相辅相成的。没有双方地位的平等，就不可能有自由的意思表达，因此，契约双方地位平等是契约发生的一个重要理论假定，是缔约存在的基础条件。(3)社会契约的功利性。社会契约的缔约人在立约时都认为契约对自己是有利的，而不是一方受损，另一方获利。换言之，这种契约至少会使一方的利益有所改善，这是契约发生的前提条件。

Donaldson(1982)首先用社会契约理论来解释企业社会责任问题。他认为，企业与社会建立了契约，社会应该为企业的发展提供条件，企业应该对为其存在提供了条件的社会承担责任，并且二者之间的契约关系处于不断变化之中。Donaldson 和 Dunfee(1994)提出了更广泛的综合性社会契约(integrative social contract)概念。他们认为，在全球经济交往中存在着一种广义上的社会契约，这种社会契约以两种方式存在：一是假设的或宏观的契约，反映一个共同体内所有理性成员之间存在的假设的协议；二是现存的或微观的契约，反映一个经济共同体内的一种实际的契约，是行业、企业、同业工会等组织内部或相互之间现存的实际的协议。

总之，基于社会契约视角，现代企业被视为是一系列与之相关的契约所组成的一种市场性联结组织，各利益相关者是各种契约关系的连接点，利益相关者与企业通过相互间的协议或隐含规则以实现各自的目的。就契约的构成而言，社会契约既包括法律契约，也包括涉及国家、社群等彼此同意的价值、基本信念、目的、行为规范及期望的隐性契约。这种契约关系规范了双方的权利和义务以及相互之间应该承担的责任。社会给予企业"经营许可"的同时，企业对社会担负着"有利于社会发展"的责任；利益相关者给予企业资源和支持的同时，企业也承担着促进各利益相关者利益的责任。因此，社会契约论要求企业必须重视商业伦理道德，积极履行社会责任或义务。

② 企业存在的基础：合法性理论

合法性理论(legitimacy theory)认为：企业的生存和发展的前提是拥有合法性，其核心是获得关键利益相关者的认可与支持。根据 Suchman(1995，p.574)的定义，合法性是指一个一般化的感知或假设：一个实体的行为在某个由规范、价值观、信仰和定义(definitions)构成的社会系统中是可取的(desirable)、正当的(proper)或合适的(appropriate)。合法性被认为是公司行为被利益相关者所接受的条件之一，它解决的是组织生存的必要条件问题，即通过获取合法性避免组织衰亡。Scott(1995)将合法性分为规制合法性、规范合法性和认知合法性。规制合法性来源于组织对于制度管制的遵守，是指组织的交易行为受到制度的保障。规范合法性来源于人们对于社会道德框架和共同价值的承诺，赋予组织行为以"符合社会价值"的意义。认知合法性来源于人们对于象征符号体系和共享意义系统的共同认知。

一个组织拥有合法性的事实意味着，利益相关者感知和接受它拥有生存和从事符合道德的活动的权利。这里的接受是一个双向的过程：一方面，一个组织如果被社会所接受，它就拥有合法性；另一方面，一个社会如果能够提供某些社会的和经济的有利条件，它将被组织接受。组织合法性主要来自权威机构、政府、与企业有联系的社会公众以及其他利益相关者的认可和评价(Singh et al.,1986)。合法性的核心是企业的受众（audience）对组织行为在社会规范体系、价值体系和信仰体系中的评价，即企业的行为是否合适、正当和符合预期。合法性包含正当性（propriety）和有效性（validity）两个重要成分。正当性是指旁观者主观的正当性判断和评价，有效性是指旁观者有义务遵守既定的规范和程序。

既然企业的合法性来自于利益相关者的认可与评价，因此，企业有必要以一种社会认可的方式开展经营活动，向社会传达一种企业与社会规范和准则保持一致的信号，这是获得公众认可即合法性的重要方式。而在当今的社会环境中，消费者、雇员、投资者、当地社区、政府、非营利组织和媒体等利益相关者的社会意识日趋增强，对企业伦理与社会责任的期望也在增长。在这种环境下，企业需要通过承担社会责任并披露社会责任报告向利益相关者传递出企业的社会参与意愿。企业慈善捐赠和环保投资等承担社会责任的行为，既可作为评价者进行合法性判断时可识别的信号，又可作为企业保持正当性和获取合法性的来源。

③ 企业存在的基础：利益相关者理论

利益相关者理论(stakeholder theory)认为，企业的生存和发展离不开利益相关者的支持，失去利益相关者的支持，企业就是失去了生存的根基。根据该理论的创始人Freeman(1984)的观点，利益相关者是指那些影响企业行为或利益，或者被企业行为或利益所影响的个人或团体，包括诸如消费者或顾客、投资者、供应商、员工、政府、社区等。本质上，诸多主体之所以成为企业的利益相关者，是因为企业的生存发展依赖于从外部环境获得资源，而利益相关者群体是企业最主要的资源来源，如股东在企业决策中提供支持、债权人为企业提供贷款、政府为企业提供优惠政策和法律支持、员工为企业生产运营提供人力资源等。但是利益相关者并不是无差别地给予企业资源，他们都更愿意把自己拥有的资源提供给那些看起来非常符合社会规范和期望的组织，因为这样的企业更符合他们的观念，更值得信赖。因此，企业要从各利益相关者获得资源和良好经营环境，就必须对他们承担相应的责任，维护他们的权益。

但是在实际情况中，利益相关者往往会面临信息不对称的情况(即作为代理人的企业很清楚自己的经营状况、财务状况和道德品质等信息，而作为委托人的各利益相关者则对这些信息知之甚少)，此时企业与各利益相关者之间就会形成一种动态博弈。一方面，企业期望从各利益相关者获得各种资源和良好经营环境；另一方面，各利益相关者却又不知道哪家企业值得信赖，应该给哪家企业支持。为了解决这种信息不对称问题，企业就需要向各利益相关者发送某种信号，作为自己区别于其他企业的暗示，表明自己是值得信赖的。当然，各利益相关者也不会轻易地相信这种信号，这就要求企业所发出的信号是有成本的，以防止其他企业轻易地模仿。商业伦理和社会责任就有这样的信号作用。企业通过伦理与社会责任行为传递信号，赢得各利益相关者的信赖和支持，与各利益相关者保持长期合作关系，这是任何一个企业实现可持续发展的一种基本模式。从这种意义上讲，企业与各利益相关者之间的契约关系实际上是一种"交易关系"。虽然伦理或社会责任本身不是一种资源，但企业的道德行为却能极大地提高这种交易的质量和效率，是企业从各利益相关者获得资源和良好经营环境的一个重要途径。

2.2.2 企业只是股东的吗？——从"股东价值最大化"到"利益相关者"利益的平衡

股东价值最大化是因为"股东承担了企业的全部风险，所以应该享受经营发展带来的全部收益"。这种观点顺应了工业经济时代企业发展的需要。在工业经济时代，生产要素主要是土地、劳动、资本（财务资本），其中，起主导作用的是财务资源。股东投入企业的物质资本通过转化为固定资产和原材料等，具有较强的专用性和抵押性，使得股东成为实际的风险承担者。尽管企业也有经营者的管理问题，但因市场的不确定性因素较少，企业赖以生存和发展所需要的管理才能并不突出，而且物质资本所有者与经营者的身份经常是合一的；职工的人力资本大都是"同质的"，专用性和抵押功能不强，职工获得事先预定的固定工资，当企业经营失败时，他们可以转移到其他企业，并不承担企业剩余风险。因此，物质资本是企业价值最大化的主要实现者，人力资本在企业中的作用并不明显，至多不过是物质资本身后的一个"影子"。换句话说，此时对"资本"的理解仅限于物质资本的范围，在大多数情况下，股东应该独享企业所有权。

但是随着企业规模的不断扩大，生产的复杂化，融资渠道的多元化，物质或财务资本虽然仍很重要，但其重要性在不断降低（设想有一天，社会经济发展的水平如此之高，以致大家生活都很富足，人们最不缺的就是"钱"）。相反，对企业生存发展起决定作用的，已经不再是"财务资本"，而是具有专业知识和技能的人才或人力资本。在这种情况下，一味地强调股东利益最大化已经不合时宜，而且极度危险。试想在"阿里巴巴"这样的企业里，"软银"是第一大股东，持股比例在25%左右，而作为创始人的"马云"持股比例只在4.8%左右，但"阿里巴巴"仍然受"马云"而非"软银"控制。这样的企业很明显违背了传统的"股东利益最大化"原则。但"阿里巴巴"之所以很成功，正是因为它独特的违背股东利益最大化的治理模式。人力资本重要性的不断提升，将"终结"企业一贯的"股东价值最大化"原则。

同时，随着社会的发展以及相伴随而出现的各种社会问题如贫富差距、资源缺乏、环境污染等，人们的社会责任意识高涨，驱使企业以更加"负责任"的方式从事生产经营活动。顺应这一形势，很多企业逐渐改变商业模式和治理结构，比如聘用独立董事以保护中小投资者和其他利益相关者的利益。例如，经合组织（OECD）的调查显示，早在1999年独立董事占董事会的比例美国就已经达到62%，英国为34%，法国为29%。而《财富》美国公司100强中，董事会的平均规模为11人，外部董事就达到9人，比例高达82%。英特尔公司董事治理重大事项指引中明确指出，独立董事应占据董事会的多数。在"股东至上主义"盛行的美国，独立董事制度的普遍化代表着"股东价值最大化"观念的重大变化。

2.2.3 股东利益与企业伦理并不冲突

抛开"股东至上"理念与现实环境的脱节不说，"股东价值最大化"的主张与商业伦理的主张之间并不必然存在冲突。首先，现有研究已经清楚地表明，"善有善报"（doing well by doing good）。Barnett（2007）提出，企业伦理或社会责任行为能够帮助企业建立"利益相关者影响力（stakeholder influence capacity，SIC）"，获得包括消费者、投资者、员工（包括潜在雇员)、政府、社区等在内的大量利益相关者的支持,并最终将帮助企业取得更好的财务和市场绩效(更详细的证据见下一节的讨论)。其次,企业伦理和社会责任行为能够提高公司声誉资本。作为一种稀缺和难以替代的重要无形资产,声誉资本能够帮助企业建立竞争优势,抵御来自行业竞争力量的竞争。最后,企业社会责任和良好声誉能够帮助企业积累道德资本,Godfrey(2005)认为,道德资本在帮助企业降低资本成本的同时,还可以提供类似于"保险的作用",在企业遭遇危机时减轻社会和市场对企业的惩罚。

总之,企业伦理和社会责任与股东利益之间不仅不存在必然的冲突,而且企业社会责任可能有助于股东价值的最大化。因此,以"股东价值最大化"来反对企业伦理是错误的,站不住脚的。

2.2.4 市场失灵情况

自由市场理论的一个重要缺陷是存在市场失灵,对利润的盲目追求可能会导致贿赂、环境污染、产品不安全、工厂倒闭、工人受伤等问题。企业有责任和义务解决它们自身造成的社会问题。让企业讲道德、履行社会责任是解决市场失灵的重要手段。

自由市场理论以"经济人"为假设条件,经济人作为市场主体,在自由竞争的市场里,与他人进行着交易或交换。但是"经济人"假设有一定的局限性。"经济人"的假设赋予人一种"全智全能的荒谬理性",他总是完全了解有哪些备选的替代方案,他为择善而进行的计算,不受任何复杂性的限制。但事实上,理性是有限度的。人们在现实的市场交易中很难对每一项措施将要产生的结果具有完全的了解和正确的预测,反而是常常要在信息不对称的情况下,一定程度地根据主观判断进行决策。在决策时,也难以考虑所有可能的措施。而且人们能否进行正确的决策,要受到决策人的技能、价值观、对目标了解的程度、应具备的有关知识的深度以及所需信息资料的完备程度的影响。因此,每个市场行为者不可能达到完全理性,只能在有限的理性条件下从事经济活动。其次,"无形的手"和"无道德的市场"的模式只能在十分有限的三种条件下适用,即当供求双方数量都很高,所有环节都不产生费用和时间上的损失时;当通过合同达成的协议无代价地(即没有交易成本)遵守和实施的时候;无形的手在完全自私自利的动机下,才能达到最好的效果。只有满足了这些条件,自私的追求通过市场这只无形的手才能转化为有益于社会的市场结果。只有在这些条件下,伦理学和道德行为在市场中才变得多余。

全面竞争和无代价地履行合同是理想的条件,这种条件在市场经济的现实中是不能得到满足的。许多行业的市场并不是"完全竞争"的,有时候企业无须竞争,低效率地生产也能获得最大限度的利润。无代价地履行合同似乎也是望尘莫及。在追求单纯个人利益的动机中没有阐明合同双方对遵守合同和真诚的可信性,因此,也就不存在这种可信性。缺乏对另一方遵守规则的信任,双方缺乏对遵守规则的准备,如果通过违背规则,能够获得短期利益,就会引起生产方经济上的不必要的费用及法律监督和对履行合同制裁的费用。可见,市场的作用是存在极限的,美国经济学家萨缪尔森曾这样表述,市场可以是我们驾驭的一匹好马,但是,马无论怎么好,其能量总有个极限,如果越过这个极限,市场机制的作用必然会蹒跚不前。这就从客观上限定了市场的作用范围,同时决定了市场缺陷的存在,就需要一种对弱化的市场原则有效的道德代偿。

2.2.5 不道德行为的代价

企业的不道德甚至违法行为带来的严重负面后果也是我们需要商业伦理的原因之一。这里我们从个人、企业和社会三个层面来论述企业不道德行为的后果。

首先,从个人层面来看,企业的不道德行为会给决策者(或执行者)、受害者以及第三方(包括员工、家人)都带来不良影响。对于决策者或者执行者来说,不道德行为将使个人承担巨大的心理成本,包括焦虑、良心不安、被人瞧不起等;对于受害者来说,合法权益被侵害,造成了生命(健康)或财产方面的损失(本书第4章至第8章将详细论述企业不道德行为对利益相关者的严重危害);对于员工、家人特别是小孩等第三方来说,企业的不道德行为给他们树立了坏的榜样,从而可能产生负面溢出效应。

其次,从企业层面来看,不道德行为带来的严重后果包括:(1)可能导致巨额的罚款、赔偿和更严格的政府管制;(2)损害公司声誉,造成顾客流失;(3)降低员工生产力和忠诚度;(4)失去合作伙伴的信任;等等。

最后,从社会层面来看,企业的不道德行为破坏了诚实、信任、公平的市场规则,破坏了社会风气,人为拉高了市场交易成本(谁也不相信谁会导致交易成本过高)。交易是经济领域中人与人之间的交易活动和行为的总称。既然是与人有关的交易活动,道德的规则也必然在这种活动中发挥作用。合理的道德准则会在总体上减少交易摩擦,降低交易费用;反之,则增加交易费用。伦理道德支配着社会中的人类活动,通过人类行为影响交易费用。在人们行为缺乏道德规范的社会中,会引发大量的交易成本。例如,商业欺诈这种不道德行为,就会引发社会资源的浪费性使用。人们为防止被骗,就要花费人力、财力和时间等资源,去了解交易对象的信誉,去鉴定商品的真伪与质量,去签订更加详细的交易合同,在被骗之后去打官司,等等。合理健康的伦理道德观念有助于塑造公平、诚信的社会经济交往环境,有助于维护正当的权益、契约关系和交换活动,降低交易成本。

2.2.6 善恶相报问题

反对企业伦理与社会责任的另一个理由——"善恶相报错位"的问题,很大程度上是我国制度环境不完善和大众"社会责任意识"不足导致的。在当下,因为各种各样的原因,我国立法和执法机构对企业不道德或违规行为的打击力度不够,导致了一些企业不仅没有为"违法违规行为"付出必要的成本,反而因为违法成本较低而得益。这一状况将随着我国法律制度的不断完善而改变。加大对违法违规行为的处罚力度,是我国立法的新动向。例如,2019年新修订的《中华人民共和国食品安全法实施条例》,重点之一就是强化了对违法违规行为的惩罚。提高违法成本,增设"处罚到人"制度,最高可处法定代表人及相关责任人年收入10倍的罚款,建立严重违法食品生产经营者"黑名单"制度,实施信用联合惩戒等等,目的都是让不法分子不敢以身试法。2019年修订的《中华人民共和国证券法》同样如此——加大了对上市公司或涉及上市公司的违法违规行为的处罚力度。

同时,社会大众的伦理与社会责任意识也在不断加强,这可以从企业社会责任报告的披露反映出来。企业一方面为了响应政府的号召,另一方面为了迎合社会大众,纷纷披露社会责任报告。来自润灵环球责任评级的报告显示,2018年我国上市公司社会责任报告披露比2009年增长了129%,达到851家,而且这一数字仍在快速增长中(见图2-2)。

图2-2　2009—2018年度A股上市公司CSR报告披露数量

导致善恶相报错位的还有一个重要原因——信息不对称。通常,企业的违法和不道德行为有很大的隐蔽性,不为外界所知。这就导致了违法和不道德行为得不到应有的惩罚,客观上助长了社会不良风气。然而,随着信息技术的发展,社会日益变得"透明化",企业看似非常隐蔽的行为,也终有"大白于天下"的一天。比如,2014年8月底,网上突然曝出一个名叫"查开房我帮你"的网站宣称可以查询到"两千万份酒店宾馆的开房记录",引发"舆论狂潮"。"开房"这么隐私的信息都可能泄露,被外界所获取,何况可能涉及多个决策者或当事人的企业违规行为。此外,即便企业的不道德行为暂时没有被发现,但通过不道德商业决策导致企业暂时成功犹如"抽鸦片",会使企业决策者形成习惯甚至依赖,从而加大了被发现的概率。比如发生在2008年的中国奶制品行业"三聚氰胺"危机,据公开的报告,往牛奶中加入"三聚氰胺"是牛奶行业的潜规则,存在多年,但终究在2008年爆发出来。中国有句俗话,叫"若要人不知,除非己莫为","天网恢恢,疏而不漏"。正如亚布拉哈·林肯(Abraham Lincoln)所说:"你能够在某个时间愚弄所有人,也可以在所有时间愚弄某些人,但你不能在所有时间愚弄所有人。"

2.3　企业伦理的价值:实证证据

企业伦理或社会责任与股东价值最大化的主张是不矛盾的,大量研究表明,企业通过承担社会责任可以赢得利益相关者的支持、提高企业的声誉资本和道德资本,从而提升企业的市场和财务绩效(见图2-3)。因此,企业承担社会责任不是一种简单的利他主义,而是一种"既利他也利己"的双赢机制,可以转化为稳定增长的财务收益,与企业追求利润最大化目标并不相悖。

2.3.1　企业伦理与利益相关者支持

企业的发展离不开各类利益相关者的投入或参与。通过社会责任活动,企业可以增进企业与各类利益相关者的关系,提高企业声誉和合法性,减少交易成本和商业风险,达

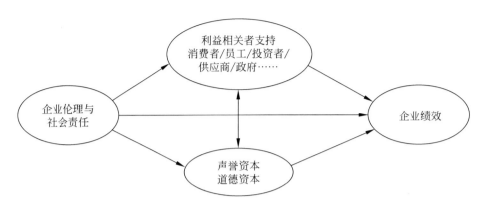

图 2-3 企业伦理与社会责任对企业绩效的影响

到提高企业财务绩效的目的。同时,通过管理和平衡多个利益相关者的利益诉求,管理者可以提高组织的运作效率以及对外部环境的应对能力,给财务绩效带来积极的影响。相反,企业社会责任缺失的信息会引发消费者、监管机构等利益相关者的关注和惩罚。

(1) 企业伦理与消费者

企业伦理与社会责任行为可以获得消费者的支持,尼尔森在 2014 年进行的市场调查显示,69%的中国受访者表示更愿意为具有环保意识行为和富有社会责任的企业买单,全球超过半数(52%)的消费者在过去的六个月中购买过至少一次具有社会责任企业的产品或服务。基于企业社会责任与消费者关系的研究文献表明,企业社会责任可以帮助企业获得消费者对企业的好印象,良好的品牌形象,更积极的品牌评价、品牌选择和品牌推荐,更高的消费者—企业(consumer-company)认同,更高的购买意愿,以及更可能的销售溢价。Creyer and Ross(1997)指出,企业的行为是消费者在进行购买决策时一个很重要的考虑因素:他们愿意对企业的道德行为做出奖励——愿意为企业的产品支付更高的价格。

【案例 2-3】 2003 年,因为一句"怕上火,喝王老吉",王老吉这家原本游走于广东、浙江的凉茶企业一举成名,从 2002 年的年销售额 1.8 亿元迅速发展到了 2007 年年销售额近 90 亿元。2008 年央视汶川地震募捐晚会上举牌捐款 1 亿元,更是让王老吉一夜之间成为全国瞩目的爱心企业。这笔亿元捐款,也为迅猛发展的王老吉再添薪火。此后,网上频繁喊出"要捐就捐一个亿,要喝就喝王老吉""中国人只喝王老吉"等狂热的口号,甚至开始呼吁抵制可口可乐等国外碳酸饮料。网友的感动也迅速转化为线下行动力。据媒体报道,王老吉在上海商场里两天就卖断货,还出现很多团购企业,一次性就买几十箱。

资料来源:[1]白雪. 捐款多少能代表企业社会责任[N]. 中国青年报,2008-05-27(007).
[2]伍静妍. 捐 1 亿元赈灾 低调加多宝仗义解囊[N]. 第一财经日报,2008-05-20(C02).

但当消费者意识到企业的不道德行为时,他们对企业的积极认同效应就会被打断。此时,消费者对企业的评价会变得消极,不再对公司感兴趣或购买他们的产品。例如,2011 年河南孟州等地的养猪场在饲养过程中使用违禁动物药品"瘦肉精",致使有毒猪肉流向双汇。事件曝光后,双汇制品的货架由受热捧变成了无人问津,双汇集团更是一度停牌接受调查。随后的新浪网对于"双汇被爆使用瘦肉精猪肉"事件的网络调查结果显示,

84.4%的消费者表示不会再"购买双汇肉制品",仅有7.4%的消费者选择继续"购买双汇肉制品"。

(2) 企业伦理与员工

企业在成长过程中,人力资本是基础性资源,也是企业竞争力的来源。俗话说,"良禽择木而栖,良臣择主而侍"。富有社会责任的企业在人力资源市场中拥有优势,即更容易吸引到优秀员工。斯坦福大学对主要来自欧洲和北美11个商学院的800名工商管理硕士毕业生的调查中,94%的学生表示他们愿意放弃经济利益而去伦理和企业社会责任方面声誉更好的组织工作。已有研究表明,企业伦理与社会责任行为积极影响员工的态度和行为,比如在富有社会责任的企业中工作会让员工觉得自己的工作更有意义;企业的道德行为会给员工传递他们也会得到类似待遇的信号,增强员工内心的公平感和安全感;企业富有社会责任的良好形象会提高员工的自我概念,促进组织认同,降低员工的离职倾向;企业善待员工会提升员工的满意度和忠诚度,促使员工产生主动回报组织的想法;社会责任帮助企业建立的良好形象可以促使员工产生组织荣誉感和集体自尊,相应地,员工会采取更多的组织公民行为来维护组织带给他们的认同感和自尊感,如更高的工作投入;当员工认识到企业行为是值得赞许的,就会倾向于在他们的行动中模仿这些行为,这也有助于产生积极的组织公民行为:将个人和组织高度关联,愿意为组织奉献,进而促进企业有效运作。总之,企业伦理和社会责任能够帮助企业吸引人才,留住优秀人才,提高企业竞争力。韬睿咨询公司(Towers Perrin)在报告中就指出,企业履行社会责任在员工敬业度和组织声誉的驱动力榜单中排名第三,被认为是提高员工敬业度的重要因素。

【案例2-4】 2010年,78岁的稻盛和夫应邀担任日本航空公司的会长。对于航空业,稻盛和夫是门外汉,外界普遍不看好,认为日航必定会破产。稻盛和夫在日航着手改革重建,只用了短短一年时间,日航就迅速走出谷底、恢复业绩,此后多次突破盈利纪录,且十年来在世界航空业内遥遥领先。稻盛和夫是日本商界的经营之神,创办京瓷大获成功,商海沉浮半个世纪。他在企业经营中贯彻"以心为本"的方针,倡导"提高心性",在日航员工中开展一场"心之改革"。在稻盛和夫看来,无论经营企业还是个人成长,人心都是最根本的问题。他在一次演讲中提到:"利他之心"是伦理道德,更是企业经营的根本,用"利他之心"换"他力之风",以利他之心去经营企业,就一定能够引导企业不断成长发展,这是超越行业、超越国界的"真理"。

相反,不道德行为使企业培育出无形的非伦理文化。当非伦理文化逐步形成后,正式的伦理制度和行为规范将再难以约束管理者和员工的行为,不能发挥它们应有的作用,员工工作的积极性也会下降。在这种氛围中,管理者和员工也经常面临着企业价值观与自身价值观的冲突。冲突如得不到调节,则会引发员工的负面情绪,压力增大,甚至产生离职意向。这在一定程度上会影响到企业正常运作的稳定性。例如,2017年陕西奥凯电缆有限公司的一名员工在网上发帖称采用该公司电缆的西安地铁三号线存在安全事故隐患,整条线路所用电缆"偷工减料,各项生产指标都不符合地铁施工标准"。此帖一出立即引发全社会高度关注,地方政府立即采取行动进行调查和查处,多人被逮捕或被起诉。

(3) 企业伦理与资金提供者

企业伦理与社会责任行为,例如主动披露企业社会责任或其他信息,能够减少信息不对称、消除投资者或债权人疑虑,这对中小企业或受融资约束的企业尤为重要。比如我国的民营企业,由于严重的信息不对称,投资者不敢投资,银行等金融机构不敢放贷,在这种情况下,企业主动的信息披露就变得非常重要,它可以消除投资者和银行等债权人对民营企业的不了解和固有偏见,有利于民营企业的正常发展。现有研究表明,相对于未披露的公司,披露社会责任报告的企业的融资约束程度显著降低,而且信息披露质量越高,融资约束程度越低。此外,道德行为有助于企业树立良好社会形象,提高企业声誉,增强投资者对企业的信心,也能吸引富有责任的、声誉良好的投资者。

相反,企业不道德或不负社会责任的行为,如污染环境、假冒伪劣、财务造假、虚假宣传等行为,往往引发股票市场的消极反应,股价大跌,不仅会加大投资者和债权人风险,甚至将企业推入破产的深渊(如2008年"三聚氰胺"事件中倒闭的三鹿乳业、2018年疫苗事件中倒闭的长生生物科技有限责任公司)。有研究以我国沪深A股非金融类上市企业为样本,发现企业的违规行为会恶化企业现金流、增加企业与金融机构之间的信息不对称,进而显著影响其贷款行为。与非违规企业相比,违规企业的贷款数量较少,且贷款成本更高。还有研究也证实企业违规行为会降低公司长期贷款与发行债券的融资能力,促使企业转向成本更高的租赁融资与短期贷款融资。

(4)企业伦理与供应商

企业伦理与社会责任表现能够增强供应商信心,建立长期稳定的合作关系,保障企业的供应链安全。在企业对外合作过程中,信任是最为基本的要素,而信任的建立则是一个长期的互动的过程。对于尚未建立起信任关系的商业伙伴,由于存在较为严重的信息不对称,交易成本很高,合作难以开展。企业伦理与社会责任可以被看作一个"信号",一个被合作伙伴视为"这个企业是可靠的、值得信赖的"信号,因为一个讲道德的企业采取机会主义行为损害合作伙伴利益的可能性很低。因此,企业在践行商业伦理的过程中能够增强合作伙伴间的信任、减少合作中的机会主义行为,可以提高合作效率。

相反,不道德行为会削弱组织间的信任,影响企业与供应商的关系。例如国美就曾因在价格上尽量让供应商让利,回款速度慢且需要惊人的招待费用来与国美采购、财务等部门搞好关系等因素,让供应商们极其不满,很多经销商开始缩小对国美的授信额度,减少对国美不必要的发货和压货。此外,目睹企业的不道德行为,供应商会担心自己也可能是企业不道德行为的对象,他们要么会中断与企业的合作,要么要求提前支付全部货款,甚至率先以延期交货、以次充好、中断交易等方式对抗企业的不负责行为。即便供应商认为自身成为企业机会主义行为对象的可能性很小,但企业的不道德行为所引发的危机仍然可能溢出到供应商,从而迫使供应商保持与企业之间的距离,这将影响企业的供应链安全。

(5)企业伦理与政府

政府作为市场的维护者和社会的管理者,期望企业能够遵纪守法、积极履行社会责任,如帮助政府缓解失业问题、承担环保责任、积极进行慈善捐赠等。对于那些能够弘扬主旋律、传递正能量的企业,政府会在土地、税收、信贷、补贴、行业准入等方面给予支持。政府的背书能够提升企业的合法性,进一步帮助企业赢得更广泛的利益相关者的支持。因此,政治关系被认为是企业获取竞争优势的来源之一,有助于提升企业绩效。

【案例2-5】 2008年"5·12"汶川地震发生之后,思科在第一时间与中国政府建立了独特的政府产业合作模式,在政府及合作伙伴的大力支持下全面开展四川灾后重建工作,拉开了一个为期三年,投入援建资金总额超过3亿元人民币的企业社会责任项目——"思蜀援川"项目的序幕。

"思蜀援川"项目不仅是灾后重建过程中涌现出的政府与企业携手参与灾后重建,推动灾区长远发展的规模最大、效果最突出的范例之一,也是中美两国友好合作的典范。为支持汶川特大地震灾后恢复重建工作,商务部与美国国际发展署首次共同签署了美国公共—私营部门合作伙伴援助汶川地震灾区恢复重建谅解备忘录,并报国务院批准,出台了美国公共—私营部门援助汶川地震灾区恢复重建项目援助物资免税办法。四川省人民政府与思科公司为项目制定了极具挑战性的目标,即在灾区创建可持续、可推广的面向21世纪的创新的医疗卫生和教育模式,为解决包括四川灾区在内的中国基层医疗卫生与教育服务水平不足、资源缺乏和配置不均衡等问题探索出一条可行的道路。四川省人民政府副省长黄小祥评价道:"思蜀援川"项目顺利全面完成,实现并超越了原定目标,为汶川地震灾后重建及可持续发展,特别是教育、医疗重建提供了现代化的信息化基础设施,为地震灾区发展振兴培养了大量信息化人才,为其他地区提供了有益的参考和借鉴,成为跨国公司成功参与汶川灾后重建的典型案例。

资料来源:[1] 携手重建 着眼未来[N]. 经济日报,2013-05-15(009).

相反,企业不负责任的、不道德的商业活动,是对政府维护市场良好秩序的破坏,会导致企业面临来自政府的处罚、更严格的政府管制,导致企业失去合法性,从而危及企业生存。近些年,环保问题日益受到政府的重视。2003年,国家环保部就颁布了《关于对申请上市的企业和申请再融资的上市企业进行环境保护核查的规定》,要求对拟申请再融资且再融资募集资金投资于重污染行业的上市企业进行环境保护核查,对于环保核查不达标的企业的再融资申请将不予核准。上市公司中如锡业股份、驰宏锌诸、焦作万方等均因环保核查不过关而被环保部勒令整改,其再融资因此被暂时冻结。

2.3.2 企业伦理与企业声誉

(1) 声誉资本

企业声誉是利益相关群体对公司的总体评价,通过客户、投资者、员工和社会公众的感受表达出来。从企业资源理论的角度来看,企业声誉是一种重要无形资产,是稀缺的、难以模仿和难以替代的,可以为企业持续创造价值。企业声誉是企业绩效的重要方面,既能表征企业绩效的好坏,也能在很大程度上对企业绩效产生影响,良好的声誉可以增强利益相关者信任,降低交易成本从而使企业受益。企业声誉是可以为企业创造价值的重要战略要素。

伦理与社会责任对企业建立良好声誉有着非常显著的积极作用。一方面,在各种企业声誉的评价体系中,企业社会责任都是其中的一个重要指标。在大众媒体方面,如《财富》杂志全球最受欢迎的公司(GMAC)评选的九大指标中包含了"社区和环境责任"。在学术研究方面,Harris-Fombrun 声誉指数(RQ)的构成模块中就有"社会责任(支持正当权益、具有环境责任感、善待他人)"。另一方面,企业在履行社会责任的过程当中,通过信息传递在员工、消费者、政府等利益相关者心目中树立起良好形象,促进利益相关者对企业价值的认同,在企业和利益相关者之间建立起一个良好的互动关系,直接或间接提升企业声誉。比如2008年加多宝公司向汶川地震灾区捐款1亿元,让这个之前不知名的企业一夜成名,企业形象大大提升。

近年来,随着竞争环境的变化,企业在经历了价格竞争、产品质量竞争和服务竞争后开始转向更为广泛的声誉竞争,企业开始意识到借助声誉资本能在商业界获得更多投资者、合作伙伴的青睐。商业伦理要求的企业与社会之间的合作,也就是"道德市场机制"的出现,逐渐成为企业获取竞争优势的机会。国内外的大公司如阿里巴巴、雀巢、可口可乐等,都持续性地对企业社会责任活动投资。对这些企业而言,社会责任不是额外的成本或者束缚,也不是仅仅因为它是一件对的事,道德与责任给企业带来的良好声誉可以使企业与竞争对手区分开来,帮助企业获得竞争优势。

而企业的不道德行为则会严重损害企业的声誉资本,造成顾客流失甚至企业破产的严重后果。南京冠生园就是一个很好的例子。2001年冠生园被曝出用陈馅翻炒后再制成月饼出售。面对危机,冠生园还是没有表现出应有的诚信,而是一再狡辩,最终将自身信誉丧失殆尽,使得多年来一直以月饼为主要产品的南京冠生园被逐出了月饼市场。2002年2月4日,终于向法院提出破产申请。

【案例2-6】 346年前,乐氏家族在北京创办一间小药铺。此后,供奉御药188年,历经风雨而不衰,成为享誉世界的"中华老字号"。秘诀何在?两个字:诚信。"炮制虽繁必不敢省人工,品味虽贵必不敢减物力",这是同仁堂的承诺。"修合无人见,存心有天知",这是同仁堂的良心。"同修仁德,济世养生",这是同仁堂的情怀。

如今,同仁堂在全球共开办零售终端近2 000家,开办医疗机构300多家,吸引了3 000多万海外患者。同仁堂商标在世界50多个国家登记注册。同仁堂中医药文化、传统中药材炮制技艺、安宫牛黄丸制作技艺,被列入国家非物质文化遗产名录。许多海外游客到北京的"必修课",除了登长城、吃烤鸭,就是参观同仁堂。

北京同仁堂集团党委书记、董事长梅群说,"以义为先,义利共生",这是同仁堂的古训,也是同仁堂的价值观。只要利不要义的企业,一个个都倒下了,而同仁堂却屹立百年不倒,其中道理就在于此。

资料来源:白剑峰. 百年中华老字号 把仁义刻进人心[N]. 人民日报,2015-04-05(002).

(2) 道德资本

伦理与责任能够降低企业的经营风险。一方面,伦理与社会责任可以帮助企业建立更稳定的利益相关者关系。公司的实质是公司与利益相关者订立的契约集合,但是公司契约的订立和维持需要成本。企业的道德行为,例如企业社会责任(CSR)信息的披露有利于契约的订立和契约签订成本的降低。因为更多的信息沟通,有利于企业内部经理人与其他各利益相关方形成更良好的互信机制,使契约关系长久稳定。另一方面,社会责任能够帮助企业积累道德资本和声誉资本,帮助企业获取利益相关者的信任。当企业遭遇由于负面事件导致的危机时,这种信任会引导利益相关者将负面事件归因于企业管理不完善而非主观恶意,从而缓和利益相关者的负面情绪,减小利益相关者的负面评价,降低负面事件给企业带来的损失。声誉和道德资本也能减少危机事件对企业价值的冲击,保护企业的公众形象,减轻企业的合法性压力,从而使企业免受更为严厉的审查监督。

相反,不负责任和不道德行为会使企业承担巨大的风险和不确定性,表现为投资者信心下降和股价波动加剧,企业未来更加不可预测。不道德行为可能会导致企业的财务绩效更少地依赖于可控的战略投入,更多地受到利益相关者的影响,如可能惩罚企业的消费者,从而导致财务绩效更加不稳定。特别地,不道德行为可能侵蚀在市场动荡期间保护公司的关系网,例如失去战略联盟伙伴的信任,导致企业陷入混乱,扰乱收入现金流。此外,不道德行为使得企业正常的生产行为和商业运作不能获得全面的企业资源和能力的支撑,企业的竞争优势培育将势必受到限制,长此以往,企业会在市场上面临更严峻的挑战。

2.3.3 企业伦理与企业绩效

企业伦理与社会责任有助于提升企业的绩效。在过去的30年中,有关企业社会责任对企业绩效的影响一直是学者们重点关注的话题,不断有学者利用不同国家样本、基于不同的衡量方法来检验两者之间的关系。表2-2总结了其中部分实证研究。基于文献回顾的研究显示,在过往的研究中,大约50%的研究都得出了企业伦理与社会责任能显著提高企业的绩效表现,25%的研究认为两者没有显著的相关关系,接近20%的研究得出了两者之间存在像U形或倒U形这类非线性关系,只有约5%的研究认为两者之间是负向关系。总体来看,在管理学领域,人们越来越认识到,企业社会责任不仅是致力于改善社会的企业行为,更是为公司带来财务回报的战略行为,企业社会责任活动实际上是寻求社会和企业绩效的双赢方法。企业承担社会责任虽然需要付出一定的资金成本,但是这种成本相对于其潜在利益来说是微不足道的。

表2-2 企业伦理与企业绩效关系的部分文献

作者	期刊	研究对象	研究结论
Wokutch and Spencer, 1987	California Management Review	以美国130家大型制造业为研究样本	企业的违规行为会导致其之后五年的资产收益率和销售利润率较低
Baucus and Baucus, 1997	Academy of Management Journal	以1974—1983年Fortune 300的78家企业为样本	企业的违规行为会负面影响其长期收益,具体表现在之后连续五年较低的收益率和销售增长率
Zeidan, 2013	Journal of Business Ethics	以美国128家上市银行为研究样本	银行的违规行为会带来直接和间接的声誉损失,进而损害绩效表现
Johnson et al., 2014	Journal of Corporate Finance	以美国168家企业为研究样本	企业的违规行为会带来声誉上的损失,损害企业的经营业绩
Price and Sun, 2017	Journal of Business Research	以2000—2010年美国562家企业为样本	企业的不道德行为会对企业产生负面影响,且这种影响比企业社会责任带来的影响更持久
Kölbel et al., 2017	Strategic Management Journal	以2008—2013年瑞士969家企业为研究样本	不道德行为会提高企业的信贷风险,进而负面影响企业的财务绩效

续表

作　者	期　刊	研究对象	研究结论
Song and Han，2017	Journal of Business Ethics	以韩国2001—2010年的企业违规行为事件为样本	企业的违规行为报道会导致其股票价格下跌
Wang and Qian，2011	Academy of Management Journal	以2001—2006年1 453家中国上市公司为样本	慈善捐赠可以帮助企业获得社会政治合法性，促进企业的财务绩效表现
Jayachandran et al.，2013	Strategic Management Journal	518家企业为样本	企业的社会责任表现能提升企业的财务绩效，其中在产品方面的社会责任表现比环境表现的正向作用更强
Chun et al.，2013	Journal of Management	130家韩国企业	企业的伦理与社会责任表现可以提高员工的组织承诺以及组织公民行为，从而有助于提升企业绩效
Flammer，2013	Academy of Management Journal	1980—2009年美国上市企业发布的环境责任相关公告	企业环境责任能够显著提高公司的股价
Deng et al.，2013	Journal of Financial Economics	1992—2007年美国801家企业1 556次并购事件	企业良好的社会责任表现可以提高其并购绩效
Koh et al.，2014	Strategic Management Journal	以1991—2007年3 029家企业为研究样本	CSR能够充当企业的事前保险机制，正面影响企业价值
Cheng et al.，2014	Strategic Management Journal	2002—2009年来自49个国家的企业样本	CSR可以降低代理成本，从而提升财务绩效
Peng and Yang，2014	Journal of Business Ethics	1996—2006年来自五大高污染行业的400家台湾上市企业	企业的社会责任表现对企业的长期绩效有显著的正向影响
Jo et al.，2015	Journal of Business Ethics	以来自29个国家的环保数据为研究样本	企业环境责任有助于提高金融行业企业的绩效表现
Price and Sun，2017	Journal of Business Research	2000—2010年562家企业数据的研究样本	企业社会责任活动可以提高企业绩效表现，降低企业风险，而不道德行为会损害企业绩效，增加经营风险
Harjoto and Laksmana，2018	Journal of Business Ethics	利用1 718家美国企业1998—2011年的数据	企业社会责任通过减少过度的风险承担和风险规避，从而正面提升企业绩效表现
Miller et al.，2020	Journal of Business Ethics	以7 317家银行为研究对象，1992—2007年的数据为研究样本	那些超过社会责任最低标准要求的银行，其CSR声誉可以转化为4.04%的利润增加，而其负面CSR声誉可以转化为7.8%的绩效损失
Awaysheh et al.，2020	Strategic Management Journal	以2003—2013年约2 400家美国企业为研究样本	社会责任评级更靠前的企业比行业内其他企业有更好的运营表现和成长性
Úbeda-García et al.，2021	Journal of Business Research	以西班牙三星级、四星级和五星级酒店为研究对象	企业社会责任正向影响酒店的绩效表现，这种影响既直接作用于绩效表现，也通过影响酒店绿色人力资源管理和环境表现而间接作用于经营绩效

企业伦理或社会责任对企业财务绩效的影响主要是通过利益相关者的支持实现的。伦理与社会责任行为作为一种企业投资，会帮助企业建立有价值的利益相关者网络，通过利益相关者的支持来增强企业的财务绩效，获得竞争优势。比如投资者和债权人的支持能够降低企业的融资成本、员工的支持能够提高生产效率、消费者的支持能够提升销量、合作伙伴的支持能够降低供应成本与风险、政府的支持能够降低税费负担和融资成本，如此等等，都将带来企业业绩的显著提升。而且与利益相关者的社会关系网络往往是竞争对手很难模仿的，因此基于此网络的企业竞争优势是可持续的。当然，利益相关者的支持是与企业的形象或声誉分不开的，声誉本身就是利益相关者对企业的感知。一方面，利益相关者的支持能够提升企业的声誉（比如政府对某个企业的表彰能够显著提高企业声誉）；另一方面，企业的声誉反过来帮助企业赢得利益相关者的支持。两者之间是相互促进的关系。

相反，不道德行为则会减弱来自利益相关者的支持。对企业而言，虽然在其不道德行为被披露之前也许能够获利，但实际上，这些行为将会严重削弱企业长期盈利能力。Baucus(1997)通过比较践行商业伦理与存在不道德行为的企业的绩效，发现采取不道德行为的企业五年内的会计回报率都会很低，同时在采取不道德行为之后的3~5年内销售增长率也很低。而在短期内，当失责事件被公布后，企业股价会出现不同程度的下跌。例如，2015年德国大众汽车被曝尾气排放造假，事件发生后公司股价短期内出现暴跌，公司价值受到重创。

本 章 小 结

本章主要讨论了企业为什么要讲伦理道德，积极履行社会责任。反对企业伦理和社会责任的学者举出的最重要的理由是商业伦理与社会责任有悖于"股东利益最大化"原则，而这一原则被认为是现代公司的基础——股东出钱请经理人员"代理"公司，经理人员必须为股东利益负责。其他反对理由还包括自由市场理论、伦理困境问题以及善恶相报问题。

支持商业伦理和社会责任的学者则从企业的本质出发，认为企业不仅是经济组织，也是社会组织，因而需要承担必要的社会职责。这一观点可以从社会契约理论、合法性理论和利益相关者理论找到理论支持。其他支持企业伦理的理由包括：企业的所有权并不完全属于股东、企业伦理与股东利益的不冲突性、市场失灵问题、企业不道德的负面后果以及善恶相报问题的本质分析。

最后，大量的实证证据证明：企业伦理和社会责任并不一定会损害"股东利益最大化"，相反，在很多情况下，富有责任的企业行为能够帮助企业实现股东利益最大化。

【本章思考题】

1. 诺贝尔经济学奖得主米尔顿·弗里德曼认为，企业管理者的首要责任是在法律的框架内尽可能地为股东赚钱，你怎么评价这种观点？
2. 人们常说"在商言商""法无禁止者皆可为"，你怎么理解这种言论？

3. 当你购买东西时，或者求职时，会考虑一个企业的社会形象吗？
4. 你是否认为商业伦理或企业社会责任很重要？请说明理由。

【章末案例】 白酒行业的塑化剂问题

2012年11月19日，21世纪网发表了一篇名为《致命危机：酒鬼酒塑化剂超标260%》的文章，指出酒鬼酒"塑化剂超标"。塑化剂也叫增塑剂，是一种工业上广泛使用的高分子材料助剂，比如在塑胶加工中添加这种物质，可以使其柔韧性增强，容易加工。而白酒添加塑化剂则有可能是为了让年份不够的酒液看起来好看，增加白酒的口感和香气。但是食品中塑化剂超标对人体有严重的危害，长期食用可能会引起生殖系统异常，甚至造成畸胎，引发癌症的危险。

此文一出，资本市场便掀起层层巨浪。酒鬼酒股票率先受到冲击，公司股票当日临时停牌，整个白酒板块应声下跌，一天之内，整个板块市值蒸发超过300亿元。随后，国家质检总局证实50度酒鬼酒塑化剂超标247%。酒鬼酒接连两日向消费者及投资者致歉，但声明称由于没有相关限量标准，"故不存在所谓塑化剂超标的问题"，并强调酒类中没有邻苯二甲酸酯类物质的限量标准。11月23日，公司股票复牌跌停，并在接下来的4天内连续跌停。

而对于白酒行业，截至11月22日，据相关估算，两市白酒股总市值共蒸发近447亿元（见图2-4）。资本市场对于食品安全问题几乎是零容忍度，塑化剂事件给整个白酒板块带来的阴霾在一年后都没有完全消散。在此事件发生后的一年中，酒鬼酒股价下跌达67%，而整个白酒板块的平均跌幅也达到32.15%。而对于酒鬼酒来说，这场风波所带来的连锁反应远不止这些。据公司2012年财报显示，虽然2012年全年的净利润为4.95亿元，同比增长了157.22%，但其中有93%的利润为前三季度业绩，也就是说，"塑化剂事

证券名称	11.16收盘价(元)	11.22收盘价(元)	价格下跌(元)	总股本(万股)	缩水市值(万元)
五粮液	30.91	27.46	3.45	379596.69	1309608.58
洋河股份	107.65	96.00	11.65	108000.00	1258200.00
贵州茅台	224.40	217.29	7.11	103818.00	738145.98
泸州老窖	35.26	32.18	3.08	139826.84	430666.67
古井贡酒	32.30	29.51	2.79	50360.00	140504.40
水井坊	21.87	19.06	2.81	48854.57	137281.34
青青稞酒	23.84	21.35	2.49	45000.00	112050.00
沱牌舍得	26.55	23.78	2.77	33730.00	93432.10
山西汾酒	37.67	36.76	0.91	86584.82	78792.19
金种子酒	18.31	17.13	1.18	55577.50	65581.45
老白干酒	34.96	31.00	3.96	14000.00	55440.00
伊力特	14.00	12.94	1.06	44100.00	46746.00
ST皇台	10.31	9.88	1.43	17740.80	7628.54
合计	—	—	—	—	4474077.25

图2-4 "酒鬼酒塑化剂超标"事件引发白酒股份集体暴跌
资料来源：中国网。

件"发生后,公司在第四季度近乎停滞不前,且2013年公司的营收也下降了六成左右。

资料来源:[1] 杨君. 限"塑":防止"毒"从酒入[N]. 光明日报,2012-11-27(010).

[2] 中国网. 酒鬼酒陷塑化剂丑闻 白酒股市值4天蒸发447亿[EB/OL]. http://finance.china.com.cn/stock/ssgs/20121122/1149165.shtml, 2012-11-22.

[3] 大众网. 百亿酒鬼酒"惊变":塑化剂事件7年后又曝"甜蜜素"?[EB/OL]. http://health.dzwww.com/jkxw/news/201912/d20191222_4372018.htm, 2019-12-22.

【案例分析题】

1. 白酒行业的塑化剂问题,在法律上属于什么问题(违反了什么法律法规)?
2. 酒鬼酒塑化剂事件,损害哪些利益相关者的利益?
3. 酒鬼酒声明称由于没有塑化剂相关限量标准,故不存在所谓塑化剂超标的问题,对此你怎么看?
4. 白酒行业的塑化剂危机给我们什么样的启示?

【趣味测试】

测一下你玩世不恭的程度

如实回答下面的问题。从1~5这5个数字中选出一个代表你对商业的态度。其中,1代表绝对不同意,5代表完全同意。

	1 绝对不同意	2 比较不同意	3 不知道	4 比较同意	5 完全同意
1. 在商业中最重要的就是财务收益					
2. 在商业活动中,伦理标准必须做出让步					
3. 一个商业人士越是成功,其行为越是不道德					
4. 在商业中伦理价值是不相关的					
5. 商业世界有属于自己的规则					
6. 商业人士只在乎是否能够创造利润					
7. 商业就是一个有输有赢的博弈行为					
8. 在商业中,人们会不惜一切代价提升自身的利益					
9. 竞争会促使商业管理者寻求不正直的方式					
10. 利润会使管理者在伦理问题上做出妥协					

你的总分是:_____

总分最高是50分。总分越高,那么你玩世不恭的程度越深。思考一下其中的原因,在课堂上讨论一下。

第 3 章

伦 理 哲 学

学习目标：通过本章学习，可以了解判断一个行为好与坏、善与恶或对与错的各种伦理理论和原则，包括伦理利己主义、情感主义、功利主义、道义论/正义论、美德伦理和儒家伦理等，并透过不同的伦理理论，构建当今社会企业行为伦理判断的合理框架。

关键概念：伦理利己主义；情感主义；功利主义；道义论/正义论；美德伦理；儒家伦理；伦理框架

【开篇案例】　　　　　　　　　福特汽车 Pinto 车事件

20 世纪 60 年代前后，由于美国经济的发展和国民生活质量的提高，普通美国民众的日常出行方式急需得到改善。然而福特、通用等本土汽车公司仍在大肆制造高端豪华车，导致美国本土汽车产业和本土汽车使用需求互相矛盾。相反，进入美国汽车市场的德系和日系等进口车以经济实用型为主，品质好、油耗低、价格还便宜，所以美国民众在购车方面会将进口车列入备选名单，这导致进口汽车逐渐占据了部分原先属于本土汽车公司的市场份额。福特公司当时的董事长李·艾柯卡(Lee Iaccoca)决定迅速开发一款名为"品托/平托(Pinto)"的小型汽车夺回被德、日车企抢占的市场份额。Pinto 车重量不到 2 000磅，价格不到 2 000 美元。因为 Pinto 车是一个紧急项目，不同于一般汽车需要 4 年时间才能投放市场，Pinto 车 2 年就要进入市场，而且款型主打工程设计。Pinto 车的款型要求将汽油箱放置在装有突出螺栓的后轴之下。在那个位置上，如果后端碰撞使螺栓撞向轮轴，汽油箱就有可能被后轴的螺栓刺穿。测试人员发现，早期的 Pinto 模型进行碰撞试验时，如果以每小时 20 英里或更快速度从后撞击，汽油箱有时会裂开，接着汽油会喷出，四散的火花会点燃喷出的汽油并引发爆炸。

但是，福特汽车的管理层决定不改变汽油箱的设计。理由如下：(1)设计满足了当时的所有法律和政府标准。在那时，政府法规要求，汽油箱只要在低于每小时 20 英里速度的后轴碰撞中完好无损就可以了。(2)Pinto 车和其他公司正在制造和投放市场的几款车在安全性能上具有可比性。(3)根据福特内部的成本—收益研究，改进 Pinto 车会比不修改设计花费更多成本。其计算如下：

福特最终会生产大约 1 250 万辆 Pinto 车，改进每辆车的汽油箱的成本大约为 11 美元，因此总成本为：

1.37 亿美元＝11 美元/辆×1 250 万辆。

统计数据显示，改进汽油箱可以阻止未来大约 180 起烧伤死亡事故，180 起严重烧伤事故,2 100辆汽车烧毁事故。当时(1970年),政府估计一个人的生命价值20万美元,保险公司估计一个严重烧伤的人需要赔偿6.7万美元,烧毁的小型车价值平均为700美元。这样,改进汽油箱获得的总价值为4 953万美元:

4 953万美元=(180人×20万美元/人)+(180人×6.7万美元/人)+(2 100辆×700美元/辆)

因此,福特的管理者按计划生产了Pinto车,没有改变汽油箱的设计。据估计,在接下来的10年内,大约60人在涉及Pinto车的燃烧事故中丧生,至少120人遭受了严重的大面积身体烧伤,皮肤移植为很多人带来了长期的痛苦。然而,直到1980年,福特还在销售Pinto车。

福特管理层的决策显然符合功利主义的原则——行为带来的收益远远超过了行为的成本,然而,这样的行为是正当的吗?

资料来源:王云. 英明与愚蠢:20个影响现代商业经典决策[N]. 经济参考报,2005-07-04(005).

什么样的行为是合乎伦理的?要回答这个问题并不容易。正如开篇案例中所显示的,福特Pinto车的设计很显然符合当时美国联邦汽车标准,而且也符合公司最大化利益,但福特的行为却给成百上千的家庭带来了灾难。因此,一个行为的好坏对错,可能取决于我们看问题的视角。同时,众所周知的是,在某个国家或地区被认为是非常正确合理的事,在另一个国家或地区则可能被认为是不合理的。在多数情况下,判断一个行为道德与否的标准不仅会随着时间改变,而且也因当前国家的文化和价值观不同而有所差异。在这里,我们要介绍6种常见的伦理理论或伦理原则:伦理利己主义、情感主义、功利主义、道义论/正义论、伦理美德以及儒家伦理,并在此基础上形成企业伦理的合理框架。

3.1 伦理利己主义

在文艺复兴、启蒙运动的洗礼下,人类逐渐从宗教神学桎梏中摆脱出来,人性、人权和人的欲望也不再被压抑,个体追求自我利益的权利得到充分肯定,利己主义作为研究课题也逐渐得到重视。利己主义(egoism)一词最早由柏拉图在其著作《国家篇》中提到,原意是"我",源于拉丁语"ego"。伦理利己主义被利己主义者坚定认为是有关于生活和行动原则的理论,是能够为人们日常实践提供指导的理论。

3.1.1 代表人物及主要观点

伦理利己主义以人性的自私为立足点,认为人的本性是趋乐避苦,提出个人的自我保存和幸福是压倒一切的目标,他人的幸福只是使自己幸福的手段。需要指出的是,尽管早期的伦理利己主义是一种"自私自利"的、为了自己利益可以不择手段的利己主义,后期的利己主义更多的是一种"开明的利己主义",或称"合理的利己主义"。伦理利己主义的代表性人物包括霍布斯、斯宾诺莎、爱尔维修、费尔巴哈、车尔尼雪夫斯基、兰德等人。

英国哲学家和政治家霍布斯(Thomas Hobbes,1588—1679年)首先提出伦理学研究的基础是对人性的研究。他以人性的自私为立足点,提出个人生存的首要目的是实现自我的保存,并在此基础上构建了一整套的利己主义的伦理学思想体系。霍布斯说,人类的基本动机是支配欲和避免死亡的欲望。"人从降生之日起,本性上就企图抢夺他们所觊觎的一切,如果他们能够,他们恨不得使这个世界的一切都惧怕和服从他们。""持续地被别人所胜过,就是痛苦,持续地胜过别人,就是幸福,只有死亡才能结束这个过程。"

荷兰哲学家斯宾诺莎(Baruch de Spinoza,1632—1677年)认为,人类追求个人利益是人性的普遍规律和道德的唯一基础。人的最高权利就是保存自己,这不仅仅是自然的规律,也是人类社会得以存在的重要原因。人类的存在是人类道德存在的前提,只有在人类的自我保存的基础上才可以谈论关于人类的道德问题。斯宾诺莎认为,实现幸福和追求自我利益离不开理性的指导,"……理性所真正要求的,在于每个人爱他自己,都寻求自己的利益——寻求对自己真正有利益的东西,并且人人都力求一切足以引导人达到较大圆满性的东西。并且一般来讲每个人都尽最大的努力保持他自己的存在。""道德的基础乃在于遵循理性的指导以保持自己的存在。因此,一个不知道自己的人,即是不知道一切道德的基础,亦即是不知道任何道德。"

法国哲学家爱尔维修(Claude Adrien Helvétius,1715—1771年)认为,求乐避苦和自爱利己是人的永恒本性。人类的一切行为受"自爱法则"驱使,人的所有欲望、感情和精神都来自"自爱心"。爱尔维修断言:"无论在道德上或认识问题上,都只是利益主宰着我们的一切判断,利益能赋予人们快乐或消除人们的痛苦。"爱尔维修认为,个人利益和社会利益并不矛盾,关键在于是否对个人利益有正确的理解。一方面要看到社会利益是个人利益的总和,促进社会利益即增加个人利益;另一方面,又要看到个人利益的满足,同时也就促进了社会利益的发展。一个人正确理解了个人利益,在追求个人利益时就不会损害他人利益和社会利益。

法国启蒙思想家和哲学家霍尔巴赫(Paul Henri Holbach,1723—1789年,原名Heinrich Diefrich)认为,"人从本质上就是自己爱自己、愿意保存自己、设法使自己的生存幸福",他指出"利益根本不是别的东西,只是我们每一个人视为幸福所必须的东西"。霍尔巴赫意识到,如果没有别人的援助,一个人是无法给自己提供幸福所必需的一切东西的。"光是自己一个人,是谁也不能幸福的。"要使自己幸福,一个人必须得到有助于他实现目标的人们的欢欣、称赞、尊敬和援助。"要使别人有利于自己的利益,就应该使他看出协助自己实现计划是有种种真实的好处的,把真实的好处给予人们,这就是德行","德行不过是用别人的福利来使自己幸福的艺术","有德行的人,就是把幸福传导给那些能回报他以幸福、为他的保存所需要并且能给他以一种幸福生存的人们的人"。

德国哲学家费尔巴哈(Ludwig Andreas Feuerbach,1804—1872年)认为人的第一个责任就是使自己幸福,就是自爱,道德必须立足于利己主义的原则。费尔巴哈指出,"诚然,利己主义是一切祸患之原因,然而它也是一切善良之原因,因为,若不是利己主义,那么是什么东西产生出农业、商业、艺术和科学呢?诚然它是一切恶利之原因,然而它也是一切德行之原因"。费尔巴哈反对那种恶的、残忍的、冷酷无情的利己主义,主张善的、富有同情心的、合乎人情的利己主义。他认为,在社会的交往中,本人的利己主义的满足也就是别人的利己主义的满足,正如性爱的幸福是相互的一样,生产者与消费者、买者与卖者之间的幸福也是相互的,正义同样是相互联系着的双方共同的幸福。因此,他强调己所不欲,勿施于人,对己以合理的自我节制,对人以爱,并试图把这种道德推广到家庭、集团、社会、民族和国家,实现他所谓的"普遍的利己主义",即最高级的利己主义。

俄裔美国哲学家安·兰德(Ayn Rand,1905—1982年)认为,伦理的首要问题不是怎样成为一个有道德的人,而是我们为什么必须具有道德。我们之所以必须具有道德,是因为"道德是引导人们做出选择和行动的价值符号,而正是这些选择和行动决定了人们的人生目的和人生过程。"价值是道德的基础,是"人在行为中希望获得和保持的东西"。道德价值是客观的,对一个人来说,什么是好的,并不单单是人们的信仰、态度、口味或者欲望的主观映射,因为这些并不足以引导人们去满足生命的需求,个人对某一具体事物的喜好并不会改变该事物有助于人的生存的事实,进而决定其是否具有价值。价值的客观性在于某一事物与人的生命之间存在着某种确定的关系。兰德反对享乐主义,反对由个人情感驱使的、只在乎自己需求的利己主义,认为利己主义者必须遵循理性原则,因为只有理性原则才能保证他在长期意义上获得个人利益。兰德认为一个人的幸福并不是通过伤害别人或者造成别人的损失而得到的,因为人类的福利不是一个总数为零的游戏。一个人"如果决定为了自己的利益可以完全不考虑他人利益的话,他的道德基础将是不客观的,而是享乐主义的、虚幻的","如果他希望保持自己的个人利益,并且宣称自己有权获得个人利益的话,他必须同时承认别人也具有同样的权利"。

3.1.2　伦理利己主义的局限

很显然,伦理利己主义不仅在过去,而且在当代社会中,都有很大的市场。伦理利己主义有其合理的成分,即承认人自私的自然属性。作为一个生命体,生命的存续是压倒一切的任务,否则道德和幸福都无从谈起。合理而适度地追求个人的目标,如幸福,是没有错的,而且也是社会发展的原始动力。在中国,伦理利己主义也是有很大市场的,"人为财死、鸟为食亡","人不为己、天诛地灭"都是利己主义的写照。

伦理利己主义的最大问题是它排斥利他的可能性。尽管"合理利己主义"或"有道德的利己主义"并不排斥别人追求利益或幸福的权利,但它的核心仍然是,承认他人的权利的前提是"对自身有利",是以自身的利益作为评价标准的。我们先来看一个例子:

根据19世纪的报纸,伊利诺伊春田的《督导者》对亚伯拉罕·林肯有过这样一个报道:林肯先生曾经在一辆旧式马车上对与他同行的人说,所有的人都被自私驱使去做好事。与他同车的人反对这种观点,当时他们正行驶在横跨沼泽地的木桥上。这时,他们看见一只脊背高耸的老母猪在岸边发出恐惧的叫声,因为它的小猪陷进沼泽里了,处境危险。当这辆马车开始往山上赶时,林肯先生喊道:"伙计,能不能停下来一会儿?"然后林肯先生跳了下来,跑回去,把小猪从沼泽中救出来,放到岸边。他回来后,同伴说:"亚伯,刚才那件事,你有自私的想法吗?""天啦!爱德,这正是自私的本质啊!如果我走了,让那只痛苦的母猪担心它的那些小猪,我的心一整天都会不得安宁。你难道没有看到,我做这件事是为了心里得到安宁吗?"(摘自:Rachels & Rachels, 2011)。

林肯关于自己解救掉进沼泽的小猪的解释是一种比较典型的从利己的角度来对利他行为做出的解释。霍布斯在解释他之所以对穷人施舍时,也用了这个解释。然而,人类会主动采取利他的行为吗?请看下面的例子:

2007年，一位名叫韦斯利·奥特里的建筑工人在纽约等地铁，他看见身边的一个人要摔倒时，他的身子动了一下。那个男人站起来，跌跌撞撞地走到月台边，摔倒在地铁的轨道上。就在这时，列车的前灯出现了。后来奥特里回忆说："我不得不刹那间做出决定。"他跳向轨道，扑在那个人的身上，把他压进一英尺深的间坑内。火车发出刺耳的刹车声，但并没有立刻停下来。站台上的人们都惊呆了。五节车厢过去了，奥特里蓝色的针织帽子满是油污。当目击者意识到两个人都安然无恙时，站台上爆发出热烈的掌声。"我只是看到了一个人需要帮助。"奥特里事后说。他挽救了那个人的生命，从未想过自己。（摘自：Rachels & Rachels, 2011）

伦理利己主义解释不了奥特里救人的举动，奥特里在做出扑救的行为时，没有考虑到自己的利益，而且如此紧迫的时间也不允许他就自身的利益做出理性的判断。这说明，人类社会发展到今天，我们可能已经具备了某种"利他"的本能。又如：

余彭年（1922—2015年，本名彭立珊），一个出生于湖南娄底的香港知名商人，不仅在生的时候把大量钱财用来资助教育、医疗卫生、市政交通等领域，而且在其死后将所有财产捐出用于慈善事业。

余彭年先生的行为也是利己主义者无法解释的，因为按照利己主义的逻辑，余彭年先生去世之前的利他行为其实还是利己——比如为了他的事业更好发展，但利己主义不能解释为什么他去世之后不是将财富留给自己的子女，而是全部捐赠于公益事业。

事实上，这样的例子在我们的社会中还有很多。沃伦·巴菲特（美国投资大师）给比尔和梅琳达·盖茨基金会捐献了370亿美元，以推进全球的医疗和教育。刘盛兰（1922—2016年），一个山东烟台的农民，从1996年就开始拾荒助学，有接近20年几乎未尝肉味、没添过一件新衣，甚至"吝啬"得连一个馒头都舍不得买，却能在贫苦交加的18年里，捐资助学10万多元，100多个学生从中受益。张纪清（1941—），一个来自于江苏省江阴市的农民，自1987年起，在长达二十多年的时间里，使用"炎黄"名义捐款、捐物，累计捐赠近3万元。2014年11月，他向灾区汇款时突发脑梗晕倒，民警对其身份进行核实才发现他身上的捐款单，这才知道他的真实身份就是江阴人一直在寻找的"炎黄"。这些事例充分表明，人类已经进化到了这样一个高度：他不只是有"自我利益"的自然属性，而且具有"利他精神"的社会属性。

3.2 情感主义

情感主义伦理学（moral sentimentalism）起源于18世纪的英国，主要代表人物有沙夫慈伯利、哈奇森、休谟、亚当·斯密等，其中特别是休谟与哈奇森。情感主义伦理学家反对将理性作为判断行为善恶的标准，他们以情感为基础来探寻道德行为的善恶来源，认为道德的善与恶的区别来自于道德情感。

3.2.1 代表人物及主要观点

情感主义的创始人是沙夫慈伯利（Shaftesbury，1671—1713年）。他在霍布斯的理论观点的基础之上,建构了以道德感理论为基础的情感主义伦理学体系,认为人何以有德这个问题应归结为人的情感。沙夫慈伯利认为"美德"仅仅是人类所能具有的,"那些凡是有感觉的造物都能达到的,仅可以算作单纯的善良。而那些叫作美德或功德的,只可以属于人"。人具有感情,因此,善恶不能从外在的行为来判断,而只能来自于人的内在的情感。沙夫慈伯利认为人的道德的善恶决定于道德感,道德感能够感知和谐,能够对道德上的善恶凭借直觉直接做出判断。沙夫慈伯利还强调,审辨善恶美丑的能力在性质上不是理性的思辨能力,而是一种感官的能力。他认为道德是一种和谐的美,不道德就是一种不协调的丑;对道德与不道德进行判断主要是通过人的道德感来实现的。

哈奇森(Francis Hutcheson,1694—1746年)继承和发展了沙夫慈伯利的道德感理论。哈奇森认为,人的道德具有先天性,根源于人天生就有的内感官——道德感。"假定我们从两个人方面获得了同样的利益,其中一个人是由于与我们有共同的好恶及爱我们之心;另一个则出自自私之观点或出于勉强,那么,在这种情形中,虽然二者同样有利于我们,但我们对他们的感情则十分不同。所以我们对于道德行为的一切知觉,必定不同于那些对于利益的知觉。我们把接收这些知觉的那个能力,称为道德感。"哈奇森把人的知觉区分为对物质利益的知觉和对善恶美丑的知觉。对物质利益的知觉引起了人对物的占有欲望,而对善恶美丑的知觉则直接引起人们的快感和恶感。哈奇森认为,自然界的事物对我们而言其作用只在于使用,而道德必须出自仁爱的动机。

大卫·休谟(David Hume,1711—1776年)在沙夫茨伯利和哈奇森的基础上进一步发展了情感主义伦理学。休谟认为,人们对善与恶的判断,并不是来自人的理性,而是来自人的道德感。在《人性论》中,休谟指出,道德判断的问题其实就是善和恶、德行和罪行的相互区别的问题,并指出理性的本质是冷漠、超然,理性关系到"抽象的关系"和"观念的世界",其作用在于发现真伪、澄清事实,即"是或者不是",道德则是一种行为善恶的判断,也就是"应该或者不应该"。道德感是人对某一对象的一种印象或道德感觉以及由这些印象或感觉刺激起的情感反应。休谟的道德感的基础是同情原则。同情就是引起同样的心理倾向和情绪的情感。休谟认为,人的本性是自私的,除了关心自己的利益或其亲人的利益之外,他们不会有去关心他人和社会的倾向。但是,因为有了同情,使人产生了关心社会利益的倾向,才开始赞许或谴责各种性质和性格。

亚当·斯密(Adam Smith,1723—1790年)以哈奇森的"道德感"学说和休谟的"同情"学说为基础,建立了一个以"同情"为基础的伦理学体系。在亚当·斯密看来,同情是人类最原始的一种情感特质,而且每一个人都具备,它不仅是人与人之间建立联系的纽带,同时也制约着人们对个人财富和名声的过度追求。亚当·斯密认为,同情具有目的性,它旨在让双方获得情感上的满足,并在此基础上,提高人与人之间对彼此的好感,从而引导和促进人与人之间的交流。亚当·斯密还认为,尽管每个人都是存有私心的,对自己的爱护必定会多过他人,但他们却都不会将这种自私的态度表露出来,也不会公开以这种态度行事。否则的话,他将得不到他人的支持,甚至招来敌对的态度。在社会这个大环境之下,一旦失去他人的支持,必定无法生存下去。所以,为了获得他人的支持,人们必然会压抑自己的私心,使其下降到他人能够接受的程度。而在本质上来讲,即是为了获得他人的同情。

3.2.2 情感主义的局限

情感主义伦理学对于功利主义和美德伦理学的发展都有重要意义。首先,道德感理论以人具有社会性和利他性的情感、仁爱为基础,特别是哈奇森的道德感思想强调"仁爱",反对自私,提出了以"最大多数人的最大幸福"作为道德善行的标准。他说:"最好的国家就是给最大多数人带来最大幸福的国家,而最坏的国家就是给最大多数人带来最大痛苦的国家。"因此,哈奇森被称为"功利主义之父"。其次,情感主义是美德伦理学(或称,德性论理学)的一个重要分支,迈克尔·斯洛特(Michael Slote)认为休谟的同情心或用现代更为准确的说法移情心(empathy)以及其他一些人类情感可以作为美德伦理学和道德研究的基础和出发点,美德以及我们对道德规则的理解都依赖于移情心或其他类似的人类情感(也是人类的美德)。情感主义与幸福主义(美德伦理学的另一个重要分支)不同,幸福主义坚信伦理学的理想和要求完全根植于理性和实践智慧之中,而情感主义则更为强调伦理学的理想和要求根植于人类的情感之中,移情心、关爱之类的人类情感至少是和人类的推理能力以及实践智慧一样重要的反应能力和美德。

然而,情感主义伦理有其内在的局限性。情感主义过分强调和夸大情感与直觉在道德形成中的作用,使伦理学陷入了相对主义,造成了道德分歧乃至道德危机。正如阿拉斯戴尔·麦金太尔(Alasdair MacIntyre,1929—)所评论的,"情感主义是这样一种学说:所有的评价性判断,尤其是所有的道德判断,就其具有道德的和评价性的特征而言,都无非是偏好的表达、态度和情感的表达。"从麦金太尔对于情感主义的解读中,我们可以发现,情感主义者把一个具体的道德判断区分为道德的要素和事实的要素两部分,在事实领域存在着一些合理的标准,借此,我们可以确保在何者为真,何者为假的问题上达成一致意见。然而,表达态度或情感的道德判断既无真,也无假,道德判断中的意见一致并不是由何种合理的方法来保证的,因为根本就没有这种方法,相反,它完全是由对待不同意见的情感或态度造成某些不合乎理性的影响来保证的。我们使用道德判断,不仅表达自己的情感和态度,而且恰恰要对他人造成这样一种影响。这样一来,严肃的道德判断就成了个人主观好恶的表达。

3.3 功 利 主 义

功利主义(utilitarianism)最早可以追溯到古希腊时期,于18世纪末19世纪初被正式提出,以西方工业革命为背景兴起的伦理学体系,属于西方思想史的重要组成部分。一般而言,功利主义可以划分为古典功利主义(以边沁、密尔、西季威克等为代表)与当代功利主义(包含两个分支:行为功利主义与准则功利主义)。

3.3.1 古典功利主义

(1) 古典功利主义代表人物及主要观点

边沁(Jeremy Bentham,1748—1832年,英国功利主义哲学的创立者)主张人都有趋乐避苦的本性,人类的一切所思、所想、所言、所行都受苦乐的支配。边沁在苦乐原理的基础上提出行为效果论,他认为行为的目的不能决定行为善恶,只有行为的效果才能决定,如果行为导致的快乐多于痛苦,那么该行为就该被定义为善行,反之则为恶行,即行为的过程就是计算和取得功利的过程。在《道德与立法原理导论》一书中,边沁对功利原则进行了如下界定:"当我们对任何一种行为予以赞成或不赞成的时候,我们是看该行为是增多还是减少当事者的幸福;换句话说,就是看该行为增进或者违反当事者的幸福为准。"边沁坚持"最大多数人的最大幸福"这一原则来界定善与恶,并认为该原则是最高的道德原则,甚至在维持最大多数人的最大幸福时可以利用舆论压力的方式来进行道德制裁。

密尔(John Stuart Mill,1806—1873年)继承了边沁的思想,在《功利主义》一书中,密尔指出:"其实,凡是对功利主义理论真正有所了解的人都知道,从伊壁鸠鲁到边沁,每位倡导功利主义的思想家都认为功利并非是用来区别于快乐的某种东西,而就是快乐本身,同样是为了避免痛苦。"密尔认为快乐仅仅是幸福的组成部分,而非幸福的最终标准。虽然最大多数人的最大幸福是人类道德的基础,但是边沁重视最终快乐的数量,密尔却重视快乐的质量。密尔对快乐的分析不是纯粹量上的比较,他引入了质的区分,即"高级"与"低级"快乐的区分。他强调人的心智快乐高于物质快乐且更持久,正如他所说:"宁可做一个不满足的人,也不做一头满足的猪;宁愿成为不满足的苏格拉底,也不愿成为一个满足的白痴"。密尔认为,功利的标准并不是行为者本人的最大幸福,而是全体相关人员的最大幸福,个体应该通过教育、法律、社会规范等尽可能将个人的幸福和社会的幸福联系到一起,善行下的个人利益并不损害他人的利益。同时,与边沁强调利用外部舆论进行道德制裁的言论不同,在密尔看来,内在的"良心"才是功利原则的最终约束力。密尔对边沁的功利主义思想进行了多方面的论述和修正,促进了功利主义思想走向成熟。

西季威克(Henry Sidgwick,1838—1900年)对密尔的功利主义提出了批评,认为密尔对快乐的质与量的区分是自相矛盾的,主张回到边沁简单一致的量的快乐主义上。同时,西季威克认为密尔从"人们实际欲求幸福"推导出"幸福值得欲求"存在自然主义谬误(从"实然"推导出"应然")。西季威克对英国18世纪以来的各种相互对立的伦理学说进行了分析批判,将伦理学方法归结为利己主义、直觉主义和功利主义三种。西季威克试图将利己主义和直觉主义整合到功利主义的伦理学方法之中,构建一种和谐一致的伦理学体系。所谓直觉主义,是指人们直接地判断某一行为自身是否为正当的或错误的,而并不考虑行为的动机,也不考虑可能导致的后果。也就是说,直觉即不必经过推理而直接把握的思维过程。西季威克的确调和了功利主义与直觉主义,但他无法从经验的基础上调和功利主义与利己主义。利己主义告诉行动者应该把他自己的幸福最大化,而功利主义告诉行动者应该将人类的幸福最大化。由于这两者之间的不可调和性,西季威克在道德哲学史上留下了著名的"实践理性二元论"(dualism of practical reason)困境,即道德与审慎对行为的要求是否能达到一致。这个困境内含着道德的不偏不倚性与个人分立性之间的对立。对此,西季威克借助于超理性的上帝存在与灵魂不朽。如果上帝存在,他会命令人们去追求普遍幸福,并且会惩罚那些不服从者;如果灵魂可以继续存在,那么产生的损失就可以在来世得到补偿。

(2) **古典功利主义的局限**

总的来说,古典功利主义理论可以概括为以下三个观点:(1)判断行为对错的唯一依据是其结果,其他一切都不重要;(2)行为的结果只与行为所涉及的更多或更少的个人幸福相关;(3)在评价结果时,要同等考虑每个人的幸福。如果一个行为产生的幸福远远多于不幸,这个行为就是正确的。因为古典功利主义仅仅通过行为的后果来判断行为对错,完全没有考虑行为本身,因此遭到了很多的批评。先看几个例子:

【例 3-1】 1958 年 10 月,上诉人安杰利恩·约克去齐诺警察署,将有关袭击她的指控的材料归档,警察署的一位警官阿伯里·罗恩·斯托里身着警服,对上诉人说,有必要给她拍照。然后斯托里带着上诉人去了警察局的一个房间,锁上门,让她脱衣服,她就做了。随后斯托里又让上诉人做出各种各样下流的姿势,并且拍了照。这些照片没有用于任何法律目的。

上诉人反对脱衣服,她对斯托里陈述了自己的观点,认为没有必要给她拍裸照,或者拍他要求做的那些姿势,因为在这样的所有照片中都显现不出她的瘀伤。

那个月的晚些时候,斯托里告诉上诉人,那些照片没有洗出来,他已经把它们毁了。而事实却相反,斯托里将那些照片在齐诺警察署的职员中间传播。1960 年 4 月,警察署的另外两名警官——被告路易斯·莫雷诺和亨利·格罗特——同样身着警服,并且用警察局内的警备照相器材加印了斯托里拍摄的那些照片。之后,莫雷诺和格罗特在齐诺警察署的职员中间散布那些照片。[摘自:Rachels & Rachels, 2011. The Elements of Moral Philosophy (7th ed.). 中国人民大学出版社]

【例 3-2】 如果在一个社会中,公众发现其自身的幸福在于大规模地屠杀犹太人,那么,是否可以运用"最大多数人的最大幸福"这一准则?如果在一个十二人组成的社会中,十个人是虐待狂,他们将从拷打其余两人中得到最大乐趣,那么,遵从功利原则的命令,这两个人就应当受拷打吗?(摘自:麦金太尔. 伦理学简史[M]. 北京:商务印书馆,2003)

古典功利主义的主要缺陷是,它只考虑行为的结果而不考虑行为本身。站在古典功利主义的角度来看,如果一个行为的结果是积极的,哪怕行为本身是荒谬的,这一行为仍是正当的,即如果行为产生的幸福大于不幸福,那么这种行为便是可以辩护的。在【例 3-1】中,如果将照片带给约克的不快乐和给斯托里警官和他同事带来的快乐进行比较,按照古典功利主义的观点和逻辑来讲,创造的快乐多于不快乐,因此,斯托里警官和他同事的所作所为在道德上是可以接受的。但这似乎有悖常理,因为功利主义者无法否定斯托里和其同事的偷拍行为是不正当的。在【例 3-2】中,无论是公众大规模屠杀犹太人还是十人拷打两人的行为,功利主义者也同样无法辩说其属于正当的行为。

正因如此,古典功利主义被指责支持"多数人的暴政":如果大多数人从侵犯一些人的权利中得到快乐,那么这些权利就应该被侵犯,因为大多数人的快乐大于少数人所遭受的痛苦。例如,古罗马竞技场中的奴隶角斗士,他们通过杀死其他角斗士来取悦观众。

此外,古典功利主义的另一个重要缺陷是,它要求对所有人甚至有知觉的动物同等对待。然而这是不现实的,是违背人类情感的,因为没有人愿意像对待自己的家人和朋友那样去对待陌生人。

当然,功利主义的支持者也意识到了上述的缺陷,他们试图对古典功利主义进行修正。例如,密尔提出了 2 个原则和 2 个序列的目的来回应功利主义只考虑行为结果而不考虑行为本身的缺陷。密尔认为,功利主义的初级原则是功利原则,即幸福,他认为幸福是所有目的的理由和管理者,是属于第一序列的目的。对于行动的正确性的评判,需要通过道德领域的其他原则(次级原则)来进行。而对于由这些次一级原则所确定的目的属于第二序列的目的。比如,一个人采取某些行为的目的可能是赚更多的钱(第二序列目的),但赚钱这一目的的理由(第二序列目的)是"幸福"——让自己和家人生活得更好。但赚钱的行为是否正确——是通过努力工作赚钱还是通过偷窃赚钱,功利原则并不能提供判断,它需要道德领域的其他原则比如正义原则来判断。

3.3.2 当代功利主义

功利主义遭受诟病的原因在于其后果论,批判者认为功利主义仅仅以行为的后果为标准来判断行为的正确与否,无视行为本身的内在价值。为此,后期的功利主义者分别从准则与行为两个角度,通过发展出准则功利主义与行为功利主义来回应这一批评。

(1) 准则功利主义

美国伦理学家布兰特(Richard B. Brandt)将功利主义和道义论进行调和,从具有共性的行为类型出发,力图构建出规范合理行为的准则系统——准则功利主义理论。

布兰特的准则功利主义将"最大幸福原则"作为终极原则,但是却不再仅根据"最大幸福原则"来判断一个具体行为的正当与否。布兰特认为不同层次的社会群体不该接受单一原则来获得幸福,理应有一个多元的道德法规体系。在功利主义的行为评价中,有必要赋予道德规范和准则以更高的权重。基于这一认识,布兰特指出,判断任何一个行为是否道德需要进行两阶判断:该行为在道德上是否正确,只判断它是否合乎某项行为规则,这是一阶判断;判断行为道德与否的规则是否能够带来社会福利的最大化,即二阶判断。或者反过来说,判断一个行为是否道德,首先要从功利主义的"最大幸福原则"角度选择行为规则或规范来进行判断,然后,再来评价个人行为是否符合所选的规则或规范。

(2) 行为功利主义

行为功利主义的主要代表人物为澳大利亚的斯马特(J. J. C. Small, 1920—),他从个体行为的特殊情境出发,通过强调行为本身的结果作为道德判断的标准,力图捍卫和弘扬古典功利主义。斯马特认为,一种行为的正当性或不正当性仅依赖于其结果的总体善性或恶性,即依赖于该行为对人类(或许是所有有感觉能力的存在)的福利之影响效果。从该定义可以看出,斯马特强调行为的义务应取决于其目的性,同时强调道德判断的基本目的是总体的而不是个人的,即善恶性质是针对相对的所有人而言,这与古典功利主义的"最大幸福原则"是一致的。

行为功利主义根据自身行动所产生的好的或坏的效果来判断行动的正确或错误;而准则功利主义则依据在相同的具体遭遇里每个人的行动所应遵守准则的好的或坏的效果来判断行动的正确或错误。行为功利主义坚持效果论的一元论,而准则功利主义则坚持多元论。斯马特认为,在某些情况下,遵循普遍有益的准则并非最有益,那么拒绝打破普遍有益准则的做法就是不合理的,属于准则崇拜,因此他拥护的不是准则功利主义,而是行为功利主义。

(3) 当代功利主义的局限

准则功利主义的确部分避免了某一行为能够带来效益最大化但行为本身有悖于人们的道德直觉这一困境,但它只有在判断行为的准则和功利主义原则一致的情况下才有效,比如,反对撒谎、反对侵犯人权、反对背叛朋友这样的行为规范都能增进全体福利。但当规则和功利(效益)不一致时,规则功利主义则不适用,比如,在个别情况下谎言可以给社会造成巨大的满足与幸福感。

行为功利主义从行为的总体善性或恶性来评价行为的正当性,有别于传统功利主义只注重效果评价,是对传统功利主义的重大超越。但是这一理念忽略了对行为动机的要求。斯马特将行为功利主义的善恶效果诉诸于一种仁爱的情感,而这种仁爱的情感会因个体认识的差异和境遇的不同而存在差别,仁爱是不可普遍化的。

3.4 正 义 论

伦理利己主义和功利主义,都是根据结果来判断行为的理论,即使经过改良的功利主义,仍然是以结果作为首要的判断标准。基于结果的伦理理论的一个重要缺陷是它们未考虑行为本身。与结果主义不同,另一些学者,比如康德,试图从行为本身来讨论行为的道德。正义论(也译作"务本论""义务论"或"非结果论"等)认为人的行为必须遵照某种道德原则或按照某种正当性去行为。该理论体系侧重的是道德行为动机,不注重行为的后果,而诉诸一定的行为规则、规范及标准,其理论的核心是义务和责任。正义论的逻辑起点是公共利益,发端于古希腊时期的自然法与契约论,它们分别表现了对德性的重视与对个人权利的维护。康德完成了最纯粹的道义论伦理体系,为道德而道德是这一体系的核心;20世纪,罗尔斯继承并充实了康德的道义论体系,力图建构宏大的正义论体系处理个人权利与公共利益的关系。

3.4.1 社会契约论

社会契约论是一种研究国家起源和结构的学说,谈及社会契约论,离不开对自然状态的讨论。自然状态并非现实生活中真实存在过的状态,它作为一种假象状态,是契约论的基础。社会契约论的代表人物有霍布斯、卢梭等。

(1) 代表人物及主要观点

霍布斯(Thomas Hobbes,1588—1679年)是社会契约论的创始人之一,他的社会契约论思想主要体现在其代表作《论公民》和《利维坦》等之中。霍布斯的出发点是"自然人"观念,自然人是一种自然物体,完全服从自然法规则。霍布斯认为,人的本性是恶的,都是自私自利和残暴好斗的,人类的目的"主要是自我保全,有时则仅仅为了自己的欢乐;在达到这个目的的过程中,彼此都力图摧毁或征服对方"。

霍布斯认为,在自然状态下,个人的行为动机是追求自身的利益和安全需要,但其结果却是相互残杀的局面,从而导致自身利益的丧失和不安全,甚至是生命的过早死亡。要避免死亡,就必须以和平来交换战争,以协约来取代竞争。霍布斯据此提出了"自然法"概念,即理性认为即使在自然状态也是审慎的那些协约条款就构成了自然法。自然法的第一条款是,"就人人都希望获得和平而言,每个人都应当致力于和平;而当他不能得到它时,他可以用尽一切手段去寻求它,甚至以战争迫使他人就范"。第二条款是,"为了和平和人们所认为必需的自我防卫,只要别人也有同样迫切的愿望,就应乐于放弃对所有一切的权利,并乐于践行'己所不欲勿施于人'的原则"。第三条款是,"人们应履行已签订的誓约"。要使誓约有剑做后盾,必须有一个最初的契约,根据这个契约,人们将他们的权力转让给一个公共的权力,而这公共的权力就变为统治他们的君权,"利维坦"也就应运而生。因此有人认为霍布斯提出的社会契约论和自然状态假想为专制主义铺平了道路,以至于在后世的西方文化之中,他的"利维坦"成为专断和独裁的代名词。

卢梭(Jean-Jacques Rousseau,1712—1778 年)认为,"自然状态"是不证自明的原始状态。与霍布斯的"人性恶"的观念相反,卢梭认为自然状态下的人性无所谓好与坏,只是为了自我保存,而人性中最基本的因素是"自爱"与"怜悯"。自爱心使人关心自己的生存,怜悯心使人本能地不加害于别人。在卢梭看来,社会契约的核心是权力的转让。在转让什么、转让给谁等关键问题上,卢梭的回答与霍布斯不同,霍布斯要求把除生命权以外的全部权力都转让给代理人,卢梭却认为,社会契约的要旨是一切人把一切权力转让给一切人。由于这种转让的条件对每个人都是同样的,因而每个人并没有把自己奉献给任何一个人,反而从所有订约者那里获得了与自己转让给他们的同样多的权力,所以每个人在订约后仍然只是服从自己本人,并且仍然像以往一样自由。

卢梭提出,人生下来就是自由的,人民的自由虽可用法律加以保障,但它原是天所赐予的,为任何人所必不可少。从自然属性上讲,每个人都是独立的存在,但是这些独立个体可以通过互相约定而形成社会组织,该社会组织应当为每个个体的利益服务。在《社会契约论》一书中,他曾经提到:"公共意志即为正义,社会组织需要按公意进行,来维护集体的利益"。卢梭所讲的"公共意志"或"公意"是一个抽象概念,是指全体订约人的公共人格,是他们的人身和意志的"道义共同体",它是"每一个成员作为整体的不可分的一部分"。"公意"不同于"众意":"众意"是一个集合概念,是个别意志的总和,它是不可能完全一致的;而"公意"是没有相互矛盾的个人利益,它是在扣除"众意"中相异部分之后所剩下的相同部分。因此,按照卢梭的观点,公共意志即为正义,有违公意即有违正义。卢梭将正义划分为内在正义和外在正义,前者是从人内心道德层面来进行分析的,后者是从外在法律约束层面来进行分析的。

(2) 社会契约论的局限性

无论是霍布斯的社会契约论还是卢梭的社会契约论思想,都有明显的历史和社会局限性。

霍布斯对于人性本恶、人人都是自私自利和残暴好斗的论述,实际上是把资产阶级的利己本性抽象化、普遍化为人的本性,而他关于自然状态的描述实际上只是当时英国内战和欧洲大陆频繁战争所导致的一种混乱的反映。霍布斯的权利观和自由观是狭隘的、片面的。在他看来,人们在自然状态下最根本的自然权利便是自我保存(生命权),而在国家产生之后,主权者不得侵犯和剥夺的基本权利也只有这一项。他的这种观点忽视了人民应该享有的其他基本权利。他的"利维坦"公然为君主制辩护,得不到资产阶级的支持,与自由、民主的思想相悖。

卢梭的社会契约思想有其特定的社会背景，代表了当时新型资产阶级的思想，恩格斯说："实际上，卢梭的社会契约在实践中表现为而且也只能表现为资产阶级的民主共和国。他的自由、平等、人民主权思想，都反映了当时资产阶级的民主要求，他主张的民主制不可能是'全民主的'，它仍旧是一个阶级即资产阶级民主罢了。"另外，卢梭的某些理论过于理想化或唯心化。比如，在权力的让渡中，卢梭主张"一切人把一切权力转让给一切人"，这一高度抽象的表述使国家的存在失去意义，而如果没有一个强有力的代理机构，又如何保障个人的权利。又如，卢梭认为社会组织以"公共意志"为指导，而公共意志（公意）又不是"众人意志"（众意），因为群众的意志只能是众意，那么谁能代表公意。这就给极权政治留下了缺口。

3.4.2 权利理论

权利是正义论的核心，权利理论的核心是天赋人权思想。天赋人权理论最早是由荷兰政治思想家格劳修斯（Hugo Grotius,1583—1645 年）提出，其后英国的霍布斯、米尔顿（John Milton,1608—1674 年）等人进一步发展了这种学说，再由英国的洛克（John Locke,1632—1704 年）对该思想进行了全面的论证，后经过法国的孟德斯鸠（Charles de Secondat, Baron de Montesquieu, 1689—1755 年）、卢梭（Jean-Jacques Rousseau,1712—1778 年）和爱尔维修（Claude Adrien Helvétius,1715—1771 年）等人的进一步丰富和发展形成了"天赋人权"理论，又称"自然权力"理论。我们这里主要介绍洛克的思想。

(1) 代表人物及主要观点

霍布斯时代，西方仍处在君主专制制度，也许是受时代的限制，霍布斯在论述天赋人权时，只提及了人人生而平等，甚至认为人类互相侵犯是合理的。直到启蒙运动中后期，洛克和卢梭强调天赋人权神圣而不可侵犯，从而丰富了天赋人权理论。

洛克在汲取前人思想的基础上，以现代人的方式，全面系统地论证了权利正义的主要思想，第一次构筑起现代权利正义观的基本理论框架。洛克经历了整个资产阶级民主革命，他对封建专制深恶痛绝。洛克主张自由、平等、天赋人权，每个人都拥有自然权利，而他们的责任则是保护他们自己的权利，并且尊重其他人的同等权利。他认为人类在自然状态阶段，因为天赋的相同而享受着以自由为基础的平等人权。同时，人们也能理性地去理解和尊重他人的权利和自由。因此，在洛克看来，自然状态是一个"完备无缺的自由状态"，是人人平等、和平生活的美好图景。"人们既然都是平等和独立的，任何人就不得侵害他人的生命、健康、自由和财产。"洛克认为自然状态中的人是拥有自然权利和审判权的人。在《政府论》中，洛克主张公民社会是为了对财产权利提供保护才产生的。洛克所谓的财产是以拉丁文的 *proprius* 一词为基础，代表了一个人所拥有的东西，包括了拥有他自己。在社会与国家之间的关系问题上，洛克认为社会出自于自然，而国家却是人为之物；基于自然权利不可让渡之原则，洛克认为政府所拥有的权力是从人民那里"借"来的，因而人民的授权并不构成终局性的权利放弃。所有的政府都只是人民所委托的代理人，当代理人背叛了人民时，政府就应该被解散。当立定的法律被违反或是代理人滥用权力时，一个政府便是背叛了其人民。当政府被宣告解散后，人民便有权再建立一个新的政府，以对抗旧政府的不正当权威，这种情况又可以称为"革命"。革命不但是一种权利，也是一种义务。洛克的这些思想对美国宪法及其独立宣言产生了极大的影响。

联合国自创立以来,形成了一套以《联合国宪章》和《世界人权宣言》为核心的人权公约体系,并通过实践指导世界各国尊重人权,使得人权思想进一步深入人心。其中,《世界人权宣言》被认为是 20 世纪人类社会组织的最高成就。表 3-1 所示为联合国组织提出的《世界人权宣言》(节选),由于篇幅限制,在此我们仅列举前十条。

表 3-1 《世界人权宣言》节选

第一条	人人生而自由,在尊严和权利上一律平等。他们赋有理性良心,并应以兄弟关系的精神相对待。
第二条	人人有资格享受本宣言所载的一切权利和自由,不分种族、肤色、性别、语言、宗教、政治或其他见解、国籍或社会出身、财产、出生或其他身份等任何区别。并且不得因一人所属的国家或领土的、政治的、行政的或者国际的地位之不同而有所区别,无论该领土是独立领土、托管领土、非自治领土或者处于其他任何主权受限制的情况之下。
第三条	人人有权享有生命、自由和人身安全。
第四条	任何人不得使为奴隶或奴役;一切形式的奴隶制度和奴隶买卖,均应予以禁止。
第五条	任何人不得加以酷刑,或施以残忍的、不人道的或侮辱性的待遇或刑罚。
第六条	人人在任何地方有权被承认在法律前的人格。
第七条	在法律前人人平等,并有权享受法律的平等保护,不受任何歧视。人人有权享受平等保护,以免遭受违反本宣言的任何歧视行为以及煽动这种歧视的任何行为之害。
第八条	任何人当宪法或法律所赋予他的基本权利遭受侵害时,有权由合格的国家法庭对这种侵害行为作有效的补救。
第九条	任何人不得加以任意逮捕、拘禁或放逐。
第十条	人人完全平等地有权由一个独立而无偏倚的法庭进行公正的和公开的审讯,以确定他的权利和义务并判定对他提出的任何刑事指控。

(2) 权利理论的局限

天赋人权的思想要求道德的行为必须尊重每个人天赋的、不可剥夺的权利,这对于社会的进步是非常有积极意义的。然而,是否尊重了天赋人权的行为就一定是道德的呢?更重要的是,在社会领域,由于供给的不足(如良好的教育),利益的分配并不能满足每个个体的需要(不是每个人都能平等地享受到良好教育,尽管人们平等地享有受教育的权利),这时如何进行分配才更符合道德呢?很显然,天赋人权思想更多的是解释和指导国家或政府的行为,而在指导个体行为方面存在明显缺陷。

3.4.3 康德的道义论

德国哲学家伊曼努尔·康德(Immanuel Kant,1724—1804 年)作为德国古典哲学的代表人物,他对行为准则的问题进行了研究并做出了独特的解答。他的伦理思想主要体现在其所倡导的道义论。该理论体系主要包括责任动机理论和两大道德律令。

(1) 责任动机理论

康德将责任视为一切道德价值的源泉,他认为人类行为在道德上善良,并不是出于直接的道德偏好,更不是出于利己之心,而是出于责任。因此,康德的伦理学也被称为动机论的伦理学。在这里,所谓的动机论是指行为善恶的判断标准不在于它的目的或者结果,而是根据行为所遵循的原则和法则。换句话说,一个行为的道德价值不在于所带来的后果,而在于动机,即因为该行为本身是正当的而有义务(或责任)去做,不是因为它是有用的或者能带来便利才去做。例如,康德认为,童叟无欺不是道德,因为商贩的目的在于盈利,童叟无欺只是商贩因为害怕被揭穿的后果或是为了好的名声;学生因为奖励或者害怕惩罚而选择考试不作弊,这时的不作弊也不是道德;当同情他人(或者为了心安)而采取利他行为时,这时的同情和利他也不是道德。总之,当行动的主体具备一定的目的时,行为便不具备道德性。

(2) 假言律令与绝对律令

假言律令(hypothetical imperative)把一个可能行为的实践必然性,看作达到人之所愿的目的的手段,其形式通常会表现为"如果……就……"。它是有条件的,这个律令只对那些相关的、涉及其中的人具有规范力。比如"要交朋友,就必须以礼待人"。这里,"礼貌待人"的前提或条件是"要交朋友",如果不交朋友,礼貌便成为不必要。因此,对于假言律令来说,在某个特定的目标和某种方法之间存在着一种事实性的关联,只有那些具有某个目标的人才会受到某种方法的约束。

绝对律令(categorical imperative)则是指,存在着一个一般性的绝对义务,这个义务是完全的、绝对的并且可以独立地命令任何理性的人。在人类的实践活动中,任何个体行为的意志都应该遵守这个具有普遍必然性的道德规律。"绝对律令"是康德基本道德准则的核心,它为道德建立了稳固的基础,并以此建立了普遍必然的道德准则。绝对律令是没有条件的,它可以总结为三大道德律令:

第一,"要只按照你同时能够愿意它成为一个普遍法则的那个准则去行动",这是道德原则的普遍性要求。比如,"说谎"是不道德的,因为"说谎"这种行为(或准则)是不能普遍化的,你不会愿意别人对你"说谎"。这一律令可以通过"己所不欲,勿施于人"来理解。

第二,"不论是谁,在任何时候都不应把自己和他人仅仅视为工具,而应该永远看作自身就是目的"。每个有理性的生命体都具有内在价值,而不仅仅是具有工具性价值即"有用"。我们不能将人(包括自己)仅仅当作工具来对待,以便达到自己的目的;而是应该把人当作目的,追求人格尊严。

第三,"全部准则通过立法而和可能的目的王国相一致,如像自然王国一样"。这是所谓的"意志自律",指人既是道德法则的制定者,又是其执行者。康德指出在自然领域,一切都是被决定的,理性只能服从决定论和自然规律;但在实践(如道德)领域,理性是自由的,不为任何外在东西决定的。

康德将"善良意志"作为道德的基础,并认为道德行为的动机是善良意志,而善良的意志遵从(不仅是服从)对人人均适用的道德法则。"在世界之中,甚至在世界之外,除了善良意志之外,根本不可能设想任何可能够被认为是无条件而善的东西。"善良意志不是因快乐而"善",不因幸福而"善",也不因功利而"善",而是因其自身而"善"的"道德善"。他认为"善良意志"的前提是"意志的自主或自由(autonomy of the will)"。

(3) 康德道义论的局限

康德的绝对律令有其合理的一面,他首先关注到了许多流行的道德原则本质上并非真正的道德原则,因为它们都是以意志不自主为前提。例如经验原则大多以快乐为目标,其背后是人的趋乐避苦本能,不具备道德原则所要求的普遍性。除了经验原则之外,理性的原则也未必能作为道德的基础。这些原则追求的是完美,而完美的概念或出自人的理想,或出自神意。但建立理想中完美的理念本身需要以道德为前提,就是说,我们首先必须知道何为善,然后才能知道何为完美。这样一来,我们便掉入了逻辑的循环圈,到达的不过是出发点。

然而,康德的绝对律令带有强烈的理想主义色彩,现实中的人都是具体的、有情感和偏向的、有私心的,这些决定了人的道德意识总是具体的,无法达到理想状态。康德认为人只是介于非理性存在与纯理性存在之间的有理性存在而已。康德相信,纯理性是所有理性动物内部一种共同的抽象存在,有点像柏拉图永恒世界中的理念或形式。所以,当每个个人按纯理性制定自己的行动准则时,他的准则会为所有理性者认同,正所谓人同此心,心同此理。如果现实并不像康德所说的那样,那么他的理论大厦就成了空中楼阁。因此,在当代出现了一些对康德的道义论进行批判的声音,尤以格林(Joshua Greene)从当代认知神经科学研究的角度对道义论的批判影响最大。格林对道德判断的神经科学的研究是以著名的思想实验——"电车困境"(the trolley dilemma)为基础的。

【例 3-3】 **电车困境**:假设有一辆已经失控的有轨电车正在以高速开来,如果不采取措施的话,电车将会撞死正在前面不远处的轨道上作业的五个工人。此时,你作为一个旁观者,身旁有一个控制台,你可以扳动上面的开关从而使电车转变行驶轨道驶向旁边的铁轨,此时这五个工人就不会死了,但是电车如果驶向旁边的铁轨,就会撞死正在那个铁轨上工作的另一个工人。在这种状况下,你应不应该触动开关呢?

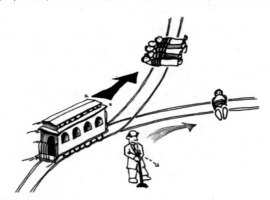

【例 3-4】 **人行天桥困境**:假设一辆已经失控的正在以高速驶来的电车,如果不采取措施的话,正在前方轨道上作业的五个工人就会被撞死。不同的是,此时你正在一座天桥上并且目睹到了这一切,并且在你的身边有一个胖子,如果你把胖子推下去,胖子就会掉在铁轨上并可以用他的硕大的身躯使电车停下来(你的体重并不可以使电车停下来,但是你却有力气将胖子推下桥)。在这种情况下,你应不应该推胖子?

资料来源:马卿誉,李志强.格林实验视角下重审康德道义论[J].南方论刊,2016.

在【例 3-3】的困境中,多数的人都选择去触动开关,即选择牺牲一个人换得五个人的生命,因为人们会认为这样做是符合道德规范的。但是在【例3-4】的人行天桥困境中,大多数人却认为不应该推胖子,认为将胖子推下桥是一件不道德的事情。此时,人们所做出的是一种典型的道义论的回答,原因在于主体更为直接地参与到了使电车停下来的活动中,"切身的"参与感使得参与者选择牺牲了五个工人。格林在其通过核磁共振技术的认知神经科学的实验中发现,人们在对"切身的"道德情境进行判断时,与情绪相关的脑区更活跃,而在对"非切身的"道德情境进行判断时,与理性推理相关的脑区更为活跃。康德道义论所强调的人们的日常道德判断是在理性和推理的作用下产生的,但是实际的研究表明,人们在对"切身的"道德情境做判断时给出了道义论的回答,而这种判断通常是由情绪所驱动的,并非由理性的推理产生。

3.4.4 罗尔斯的正义论

罗尔斯(John Bordley Rawls,1921—2002)通过概括霍布斯、洛克、卢梭和康德(康德有关政治哲学的论述)所代表的传统的社会契约理论,试图以契约论的方式构建正义观,使得正义理论上升到一种更高的抽象水平,并发展到能经受住"那些常常被认为对它是致命的明显攻击"。在罗尔斯看来,社会基本机构主要就是用来分配公民的基本权利和义务、划分由社会合作产生的利益和负担的主要制度。因而,他的代表作《正义论》的主要目的就是为社会基本结构的设计确立一个合理的标准和原则,即正义原则,它主要处理的是分配问题。他坚持权利(right)优先于善(good)的义务论伦理观,认为公正(正义)是社会的首要价值。

(1) 无知之幕

什么样的分配原则是公正的,这个原则又是怎样得来的呢?为了回答这个问题,罗尔斯构建了一种正义原则的契约环境:原始(或原初)状态。原初状态即是排除了各种社会和自然的偶然因素对人们主体选择活动影响的状态。这恰恰是人们期待的社会良序状态,主体之间具备享有公平地位和自由境界的特征。在这种不受偶然因素干扰的背景下,人们对于正义原则的选择是自主的,因此,最终实现"作为公平的正义"。原始状态的一个关键概念是"无知之幕"。

所谓无知之幕,是指遮蔽人们社会身份与社会角色的预设与情境。在"无知之幕"中的所谓"无知"指的是:人们不知各自的自然天赋和社会出身,也不知各自的价值观念和性格气质,甚至不知自己所处的社会和时代。但是,无知之幕中人们拥有对社会正义环境和社会合作的一般知识,同时与"无知之幕"概念相对应的"基本善"的观念使得人们在选择正义原则时脑海里有所凭证。罗尔斯认为只有当所有人都处于"无知之幕"背后进行决策时,由此所产生的公认的社会契约才是正义的。因为,在现实生活中,人们可能出于利己或者利他的考虑,无法做到从普遍性的立场出发做选择,从而导致不公平。而在无知之幕的背景下,当事人的信息和其所处的社会信息被完全屏蔽,使得大家均无法知晓彼此的身份和社会地位,正是所有影响公正选择的功利性信息被屏蔽,才促进了公平正义的产生。

(2) 罗尔斯的"分蛋糕"理论

为了说明原始状态特别是"无知之幕"如何导致公平正义的产生,罗尔斯在其著作《正义论》中提出了著名的"分蛋糕"理论。罗尔斯认为,在原始状态下,人们最有可能或最有理性的选择方法是按照游戏理论中的最大的最小值规则来选择,即选择那种其最坏结果和其他选择对象的最坏结果相比是最好结果的选择对象。

以分蛋糕为例,罗尔斯认为如果若干人要"平分"一个蛋糕,只有让操刀分割蛋糕的人最后一个取,才能达到分配的公平。罗尔斯的"分蛋糕"理论在一定程度上保证了正义,因为在现实生活中,操刀者往往是制定分配规则的权力人员,如果这类人主观上自利或者责任心不强,那么分配不均只会导致自己得到最小份的蛋糕。可以说,罗尔斯提出的"分蛋糕"理论能有效促进社会公平分配机制形成。见图 3-1。

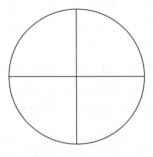 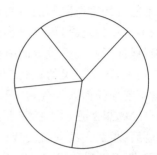

规则:分蛋糕者最后一个取　　　　　规则:分蛋糕者最先一个取
　　正义的分配　　　　　　　　　　　不正义的分配

图 3-1　罗尔斯的"分蛋糕"理论

(3) 正义的两个原则

在罗尔斯看来:"契约成立的意义在于将约定的内容应用于正义原则。而这些原则是群体意志的体现,也是个体一致的体现,从而能够保障这些人通过联合的手段促成社会。这些原则反映了社会群体的要求,有助于帮助他们促成合作,制定统一的社会制度。"罗尔斯将以上正义称为"公平的正义",他认为只有公平的正义才是正义,人的平等与自由是平等的公民自由,同时也是正义的关键。公平的正义必须符合以下两个原则:

第一个原则　每个人对与所有人所拥有的最广泛平等的基本自由体系相容的类似自由体系都应有一种平等的权利。

第二个原则　社会和经济的不平等应这样安排,使它们:(1)在与正义的储存原则一致的情况下,适合于最少受惠者的最大利益;并且,(2)依系于在机会公平平等的条件下职务和地位向所有人开放。

第一个正义原则用来表明政治领域的自由平等。所谓自由,指的是"这个或那个人自由地(或不自由地)免除这种或那种限制而这样做(或不这样做)"。他认为,自由可以划分为许多不同的种类,其中公民的基本自由有以下几种:政治自由及言论和集会自由;良心的自由和思想的自由;依法不受任意逮捕和剥夺财产的自由等。所有这些基本自由必须被看成是一个整体,而且各种自由互相依存又互相制约。罗尔斯强调,以上各种基本自由作为权利对每一个公民来说都应该是平等的。之所以如此,是由人的自然特性即人的道德人格所决定的。这种道德人格有两个特点:一是有能力获得善的观念,二是有能力获得正义感。

第二个原则则解决了经济领域中分配平等。人人生而平等,如果不考虑任何其他因素,人与人在权利上是不应有差别的。平等理念产生的基础在于人与生俱来的德性以及人德性培养中的认识。然而,人人平等地分配是很难的,因为资源的最初分配总是受到自然和社会偶然因素的强烈影响,如人的才能、天赋、社会地位、家庭、环境、运气等偶然因素都会造成个人努力与报酬的不相等。在罗尔斯看来,这种分配方式是不合乎正义要求的。为此,他主张职位向才能开放之外,再加上"机会的公平平等"原则进一步限定。也就是说,各种地位不仅要在一种形式的意义上开放,而且应使所有人都有平等的机会达到它们,以便尽量减少社会因素和自然运气的影响。为了实现这一点,他强调,自由市场不应是放任的,不能听任毫无限制的自由竞争导致的不公平,必须由以公正为目标的政治和法律制度来调节市场的趋势,保障机会公平平等所需要的社会条件。比如,防止产业和财富的过度积聚,保证所有人受教育的机会平等,如此等等。

罗尔斯提出,每个公民的权利是平等的,每个人都有争取自由与利益的权利,但这种权利并不是不附加任何条件的,它要求每个人在争取自己权利的同时,不得侵害他人的利益,不能将自己的想法强加于任何人,这即是所谓的正义。正义是社会的底线,多数人的利益不能以牺牲少数人的利益为代价。

(4) 罗尔斯正义论的局限

罗尔斯的《正义论》一出版,即刻成为当时西方社会领域最轰动的一件事,引起哲学家、政治家、思想家等的关注和热议。《正义论》抨击了功利主义,全面系统地阐述了自由平等、公平机会、差别对待等直接反映社会现象、影响社会正义的原则,是对当时西方国家社会现实的深刻反思,对社会的发展进步具有十分重要的现实意义。

然而,罗尔斯的正义论同样受到了不少的批评。其中最尖锐的批评之一来自诺齐克(也译,诺奇克,Robert Nozick,1938—2002)。诺齐克于1974年出版《无政府、国家与乌托邦》,轰动了学术界,使其成为新自由主义的代表性人物。诺齐克与罗尔斯的分歧主要发生在国家的经济和社会功能方面。相对于罗尔斯强调正义的首要价值,诺奇克认为是权利而非正义才是首要的社会价值。对于一个现代民主政体来说,权利比正义更显现了它的首要性,因为权利不仅仅不可侵犯,而且至高无上。诺齐克同样主张天赋人权,但与罗尔斯不同,他认为人权的核心不是如何实现正义的问题,而是是否拥有及拥有什么权利的问题。因此,诺齐克认为罗尔斯的正义理论中那有名的"差异原则"是不合理的,因为它要求只有在对社会中最弱势的人最为有利的情况下,经济分配上的不平等才能被允许。但这样一来,便形同强迫那些在社会竞争中占优势的人必须去补贴那些失败者。诺齐克认为这毫无道理。在考虑分配正义时,我们不能只考虑利益受领的一方,还必须考虑施予一方应有的权利。罗尔斯"差异原则"背后,预设的是人们的天赋才能并非属于个人,而是社会的共同财产(common asset),而这恰恰违反了"自我拥有"这个基本人权。诺齐克称他的理论为"资格权理论"(entitlement theory),即一个人所应得的,必然从一开始便严格限制他人可以向其索取的界限。

3.4.5　正义的分类

随着正义研究的深入,人们提出了不同类型的正义,如分配正义、惩罚正义、补偿正义和程序正义等。

分配正义(distributive justice)涉及福利(财富、权利和荣誉等)或负担的公平分配。然而，如何分配才算正义呢？罗尔斯认为，社会生活中通常存在三种分配模式，即"按贡献分配"(实质是一种效率优先的分配制度)、"按努力分配"(接近按道德应得分配)和"按需要分配"(接近于平均主义的分配)。

惩罚正义(retributive justice)要求对犯罪或侵害予以适当的惩罚或惩戒。惩罚是对正义的伸张，康德认为，"任何人违犯了公共法律，做了一个公民不应该做的事情，就构成犯罪。"对于犯罪的公民，就应该惩罚。正义的惩罚原则是平等，即罪与罚应相等。而功利主义者则认为惩罚没有必要与罪过完全相等，比如密尔认为，如果惩罚一个人的目的是为了"杀鸡儆猴"，那么惩罚是非正义的，只有旨在有益于受罚者本人的惩罚，才是正义的。"只要足以使当事者不再重犯并且其他人不再模仿所犯的罪行，对同胞的犯罪施加的惩罚应当越轻越好，无论他犯的是什么罪，否则是非正义的，至少由人施加的过分重罚是非正义的"。当然，当行为人没有选择的空间(没有被选项，只能这样行动)，或者没有选择的能力(没有相应的知识，认知能力或精神状态)，或者没有选择的自由(被胁迫)时，道德责任应该减轻甚至免除。

补偿正义(compensatory justice)要求对受害一方造成的伤害或不正义给予补偿。正义的补偿只限于受害人遭受的损失，重在为受害人恢复原状，因此补偿应该与受害者的损失相当。这就需要考虑到如何补偿、补偿多少合理，以及伤害如何衡量的问题。

程序正义(procedural justice)也称"看得见的正义"，是指决策规则或过程的公平。程序指的是一个机构——一个人或一种制度——向若干其他人分配利益(或负担)的规则或途径。罗尔斯在《正义论》一书提出并分析了程序正义的三种形态：纯粹的程序正义(在纯粹程序正义中，不存在对正当结果的独立标准，而是存在一种正确的或公平的程序，这种程序若被人恰当地遵守，其结果也会是正确的或公平的)、完善的程序正义(先有一个决定什么结果是正义的独立标准，然后设计一种保证达到这一结果的程序)以及不完善的程序正义(有一种判断正确结果的独立标准，但没有可以保证达到它的程序)。罗尔斯认为，可以按照纯粹的程序正义观念来设计社会系统，"以便它无论是什么结果都是正义的"。

3.5 美德伦理

美德伦理，又称德性伦理，是针对现代西方主流伦理学强调规则的普遍性的特点而提出的，被公认为当代西方社会最富影响力、最有前景的伦理学说，也被认为是可以与罗尔斯的正义论抗衡的理论。关于美德伦理学的研究有幸福主义和情感主义等理路。幸福主义可以追溯到古代的柏拉图学派、亚里士多德学派、斯多亚学派和伊壁鸠鲁学派。当代西方美德伦理学研究中占统治地位的幸福主义是新亚里士多德主义，主要代表人物有富特、赫斯特豪斯、麦金太尔、麦克道尔等。关于情感主义我们在前面有所介绍。

功利主义和正义论的方法论关注规则和原则，考虑的是如何做和做什么的实际原因。而伦理则包含一个人究竟应该变成什么类型的人的问题。伦理美德属于哲学伦理，是对品德和人格特征进行一系列完整的描述，并不存在准确的答案，可见下面列出的部分清单

(摘自:Rachels & Rachels,2011),这些品德和人格特征是美好和充实生活的重要组成部分。

仁慈	公正	耐心	文明	友谊	谦虚
同情	慷慨	通情达理	良心	诚实	自律
合作	勤奋	自立	勇气	正义	机智
礼貌	忠诚	慎思	可靠	节制	宽容

不同于功利论和正义论,伦理美德把行动的关键从一个人应该如何做,转移到成为什么样的人。个体作为一个人是由想法、信仰、价值观和态度所决定的,一个人的品质,包含性情、态度、价值观和信仰,通常会成为"个性",区别人与人的独立特征。对很多人来说,自我利益中的"自我"是一个关怀的、谦虚的、不矫揉造作的、利他的自我。对这些人来说,自己利益和利他主义之间就不存在矛盾。个体为他人的幸福去做事的程度取决于一系列因素,例如个体的欲望、信仰、性情和价值观,简而言之,它取决于个体究竟是什么类型的人。

伦理美德更加强调我们品质中情感的一面。伦理美德承认自身品质是根深蒂固的,但同时能够被一些可控因素,例如有意识的个人决策、自我期望和生活、工作、学习的社会机构所塑造。伦理美德有助于我们理解这些品质是如何形成的,哪些品质能支持并决定一种有价值和令人满意的人生。

除了把美德和充实生活的概念连接起来以外,伦理美德同样提醒我们去检验品质特征是如何形成和适应的,当个体的性格特征被父母、学校、朋友和社会影响塑造而逐渐形成之后,其实,强大的社会机构,例如公司和自身特殊的社会角色(如经理、教授、实习生)对于塑造性格特征也具有深远的意义。设想一个会计师事务所招收很多实习生,但是只有其中很少一部分人,将来能够发展成为合伙人。相反,有些公司雇用员工很少,但是每个员工都有充分发展的机会和长期的计划。很多商业实践来自这样的道德困境:企业要求我们成为什么样的人和我们自己想要成为什么样的人。伦理美德的方法能指导商业实践,将自身价值观与工作需要的价值观和社会制度所鼓励的价值观相协调。

美德伦理吸引人之处在于它提供了对道德动机自然而有吸引力的说明。作为一种以主体而不是以行为为中心的伦理学,它不仅关注发生了的行为,而且进一步推及到伴随在行为中的动机、愿望和情感等问题,因而高扬了人作为道德主体的自主自愿的主体精神。同时,对"非人格性"理想的质疑也是美德伦理的重要特点。

"非人格性"是一种认为所有人在道德上都是平等的观念,坚持人们在道德行为选择的过程中,应当平等地对待每一个人的利益。作为母亲,对自己子女的爱自然要比对其他孩子的爱多一些,这是无可厚非的。所有强调"非人格性"的道德学说都很难解释这一点,而美德伦理在处理这个问题时得心应手:一些美德是有偏爱的,而另一些美德则不是。爱与友谊包含对所爱的人及朋友的偏爱,对一般人都讲的仁慈也是一种美德,但却是一种不同类别的美德。

3.6 儒家伦理

中国传统文化在很大程度上可以归结为伦理型文化,其中以儒家伦理为代表。在对儒家伦理思想进行介绍之前,先让我们简单地梳理一下儒学思想的发展历程及其代表人物(见表3-2),这将有助于了解我国古代的商人所生活的主流文化背景。

表3-2 我国古代的儒家代表及其思想

先秦时期	
孔子(公元前551年9月28日—公元前479年4月11日)	追求"仁爱"和"礼法","仁者爱人""己所不欲,勿施于人""己欲立而立人,已欲达而达人""君子成人之美,不成人之恶""君子喻于义,小人喻于利""不义而富且贵,于我如浮云""见利思义,见危授命,久要不忘平生之言,可以为成人矣"
孟子(约公元前372年—约公元前289年)	中心思想"义","性善论""诚者,天之道也""顺天者昌,逆天者亡"
荀子(约公元前313年—公元前238年)	注重"礼""法","先义而后利者荣""天行有常,不为尧存,不为舜亡""制天命而用之""人之性恶,其善者伪也"
汉唐时期	
董仲舒(公元前179年—公元前104年)	"伸天仁民""义利两养""义者心之养也,利者体之养也。体莫贵于心,故养莫重于义。义之养生人大于利矣"
陆贾(约公元前240年—公元前170年)	提倡先道德,后仁义礼法,"治以道德为上,行以仁义为本""夫谋士者不立仁义者后必败"
宋明时期	
周敦颐(公元1017—1073年)	"以诚为本""诚,无常之本,百形之源也"
程颢(公元1032—1085年)和程颐(公元1033—1107年)	强调"克己复礼""存天理,灭人欲""至理""义利云者,公与私之异也",将"诚"看作天理的根本道德属性
朱熹(公元1130—1200年)	"人之初,性本善""格物致知""义者,心之制、事之宜也""善善恶恶为义""循天理""惟仁义""诚者,至实而无妄之谓""匪仁、匪义、匪礼、匪智、匪信,悉邪矣""实胜,善也;名胜,耻也"
陆九渊(公元1139—1193年)	"吾心即是宇宙""明心见性""心即是理""学无深浅,首在辨义利"
王阳明(公元1472—1529年)	"致吾心良知之天理于事事物物,则事事物物皆得其理""知行合一""一念发动处即是行"
刘宗周(公元1578—1645年)	秉持"道德天赋"的观念,"择善非择在事上,直证本心始得",强调"慎独","圣学之要,只在慎独",遵循君子儒,"志仁无恶,正是超凡入圣关""凡钟阳明之气,必为君子,钟阴暗之气,必为小人"

资料来源:作者根据相关资料进行整理。

从孔孟之道的起源到程朱理学的兴盛,儒家思想体系决定了其指导下的道德伦理框架。因为伦理规范在很大程度上能够约束商人在市场中的行为,所以我国的传统文化所推崇的商业模式也深受儒家伦理的影响。在下例中,孔子的弟子之一——子贡便是后世所公认的儒商鼻祖,他不仅是一个优秀的商人,同时也因为自身的卓越学识和优良品格得到了民众和诸侯各国国主的认可和尊重。

儒商鼻祖——子贡 《韩诗外传》曰:"子贡,为之贾人也。"子贡在其二十多岁的时候便继承了祖业,从事经商之事。首先,子贡作为一名商人,有着良好的商业嗅觉。孔子曾称赞子贡善于预测市场,"亿则屡中",能准确把握市场行情。司马迁在其《史记》的仲尼弟子列传中描述道:"子贡好废举,与时转货赀",意即子贡善于将暂时便宜的东西买进来储存,等到东西贵时再卖出去,做到"贱买贵卖"。不仅如此,由于子贡深得儒学真谛,他的志向和修养也因此常被人称赞。《吕氏春秋》中曾记载子贡曾经救人不接受国家赎金,说明他是有仁爱之心的君子,并且为人低调。在其周游列国时,还得到了所到的诸侯国国君的尊重。"结驷连骑,束帛之币以骋享侯,所到,国君无庭与抗礼。"所到之处,因为子贡的仗义,诸侯国的国君之尊与他平起平坐,共谈天下之大事。贾为厚利,儒为名高,这种将儒和商相结合的经商方式,是儒商的来源,子贡也因此被称为后世儒商鼻祖。

儒商,是指具有儒家思想并将其运用到商品经营活动中去的商人,即所谓"以儒术饰贾事"。《大学》中说"生财有大道""仁者以财发身,不仁者以身发财"。强调生财需取之有道,仁者"生财"是用来发展"仁"的事业。"仁"是儒家思想的核心,"生财"是实现"仁"的事业的手段,通过他们"以财行仁"的活动而得民心。儒商的特色价值观在于"以财发身",存有对社会发展的崇高责任感和救世济民的抱负和忧患意识。早期儒家以重建社会秩序为己任,对人进行名分使群的等级划分,如父、子、夫、妇、君、臣等,社会角色的等级划分这一思想一直沿袭到封建社会瓦解。这类严格的角色等级秩序的划分,使得在儒学思想熏陶下的儒商十分重视家族观念,家族的兴旺同个人息息相关。因此,儒商的价值观还存在另外一个特色之处,就是把商业经营活动与家族价值紧密联系起来,力求通过自己的商业活动来创家立业。例如,徽商强调"以诚待人,以信接物",晋商信奉"售货无诀窍,信誉第一条""重信义,除虚伪"等,这些都是在当时的社会文化背景下形成的从商之道。值得说明的是,这种儒商的精神动力是以个人为本位,是强调权利义务的西方公民社会所没有的。

徽商的"儒""商"之术 自古徽州便是个崇尚读书的地方。"十户之村,不废诵读",至今"几百年人家无非积善,第一等好事只是读书"的对联,在徽州许多人家的厅堂里至今还能看到。正是在这种书香氛围中,明清时期的徽州商人一个重要的特色便是"贾而好儒"。因为徽商们大都因家境贫寒、科举失意,或者因子承父业的传统思想等原因导致"被迫从商",因此大多数徽商在经商时,并不会放弃做读书人的追求。"贾为厚利,儒为名高",这就要求儒商遵循"儒士"的风范,在出世入世之间,在提升自身素养的前提下,保证兼济天下的志向不被改变。

除了以上的两个特点,传统儒家伦理还有以下明显的特征:一是儒家伦理重视"以人为本"的"仁爱观"和"人本管理"思想;二是儒家伦理讲求"以德为先"的"义利"观、"诚信"理念、"爱人修己"的自律意识以及"礼、法"兼容的精神;三是儒家伦理推崇"以和为贵"的"和合"思想、"天人合一"的精神以及"和而不同"的理念。

儒家对人的发现以其创始人孔子提出的"爱人贵民"为特色的人本主义管理思想为特征,在中华思想文化史上首创了人本主义的"仁学"。"仁"的最基本含义是爱人,爱人之"道"即君子为仁之方法,就是所谓尽"忠恕之道"。"忠"即所谓"己欲立而立人,己欲达而达人"。"恕"即所谓的"己所不欲,勿施于人"。"忠恕之道"强调对他人情感上的亲爱和实际利益上的惠顾,是利他思想,是人与人的关系变得和谐的途径,而人际关系的和谐正是实行管理的基础,正所谓"不以行政,不能平治天下"。现代市场经济仍应提倡企业和企业家"仁者爱人"的人道主义伦理思想。现代商品经济、市场经济是人(买者和卖者)、财(货币)、物(商品)的运动,人是经济活动的核心,应当尊重人、理解人,也就是儒家所说的"仁者爱人"。

以德为先,源于儒家的"修身齐家治国平天下"的重要思想。孔子说"德者本也",把德作为人的首位。儒家伦理非常注重道德的修养,其"义利"观、"诚信"观、"礼法"观等对现代商业伦理的构建具有十分重要的借鉴作用。孔子的"以义制利,则利不变害","义然后取,人不厌其取"的思想与市场经济条件下的契约原则、诚信原则有着契合性和直接相关性,可为商业伦理道德的重建所借鉴。

孟子认为:"天时不如地利,地利不如人和。"我国"和"文化博大精深,主要可概括为以下几点:一是主张"和为贵,泛爱众",重视建立和谐融通的社会秩序和人际关系;二是主张"天人合一",提倡与自然和谐相处,主张适应客观规律的演变与发展。发扬传统的"天人合一"伦理文化精华,引导企业追求经济利益的同时担负企业社会责任,将经济效益与社会效益相结合;三是主张"和而不同",提倡求同存异,相辅相成,共谋发展。随着全球竞争加剧和和谐社会建设目标的提出,"和"文化这一传统价值观越来越得到社会的普遍认可。

3.7 企业伦理框架

透过对伦理利己主义、情感主义、功利主义、正义论、美德伦理以及儒家伦理思想的了解,可以看出,有关什么样的行为或品性是善的或恶的这个问题,仍属于仁者见仁智者见智。作为一门实践科学,伦理学的这种分歧非常不利于指导现实生活。就企业伦理实践而言,我们需要一个具有较为普遍意义的伦理标准体系。在本节,我们尝试构建一个可以用于指导商业实践的伦理框架。

从前面的介绍中,我们可以看出,目前伦理学的视角主要有两个:一是从行为的角度来探讨什么是善的或恶的行为;二是从行为主体的角度提倡成为"善的"人。对于前者,当今的西方社会主要由功利主义和正义论主导,而对于后者则主要是美德伦理(包括情感主义中有对仁爱、同情等美德的讨论)。据此,有人认为功利主义、正义论和美德伦理是现代西方伦理学的支柱,构成了三足鼎立的局面;也有人把契约论(正义论与契约论存在重叠,本书将它们放在一起介绍)加进来,认为四者是西方现代伦理学的主要进路。

我国的儒家伦理更多的是美德伦理,即倡导的是成为"君子"或"善人"。美德伦理和儒家伦理可以理解为个人伦理发展水平的一个比较高的境界,在这个阶段的个体具有更强的共情能力和同理心,能够推己及人,换位思考。美德值得提倡,但它不能为具体的行为提供判断善或恶的标准。因此，一个合理的企业伦理框架需要从功利主义和正义论的融合中构建起来。

功利主义是目的论或效果论，主要从行为的后果来判断行为的好与坏，善与恶。功利主义对于那些涉及多个利益相关者，需要做出平衡或取舍的行为具有较好的指导价值。当某个行为能够增进多数人的福利，却不得不牺牲少数人的福利时，如果净福利为正，那么这个行为就是道德的、善的。正义论从两个方面补充和完善了功利主义：一是行为动机，二是行为本身的正当性。在动机方面，如果一个行为的动机是恶的，哪怕其后果是善的或好的，也不值得称赞。或者说，善的行为要求行为人的动机或出发点也是善的，如出于责任（康德观点）。在行为本身的正当性方面，一个善的行为要求行为本身具有某种正当性，特别是要遵守必要且正当的程序，尊重他人的权利，不能随意侵犯他人基本的人权，以及当侵害不可避免时，需要做出合适的补偿。除此之外，正义论还提供了一个判断行为正当性的一般性标准：普遍化原则，这个原则跟我们熟悉的"己所不欲勿施于人"有点类似。

基于上述讨论，在商业实践中，判断企业行为的道德性涉及两个标准：(1)一般性标准或称普遍化标准，主要考虑这种行为是否能普遍化，如果一个行为普遍化之后不破坏现有的社会秩序和社会结构，或者你乐意接受其他个人或企业针对你的类似行为，那么这个行为就是道德的。(2)"动机—行为—结果"标准，即综合考虑行为动机、行为本身(包括行为程序)、行为结果的标准。根据动机—行为—结果的标准，道德的商业行为可以大致分为三类：一是理想的道德行为，这类行为要求动机是善的、行为本身具有正当性、行为结果净收益为正；二是通常的道德行为，这类行为不要求动机是善的，但要求行为本身与行为结果具有正当性；三是可接受的道德行为，这类行为要么行为本身具有正当性，要么行为结果具有正当性(见表 3-3)。

表 3-3 企业伦理的标准

	一般性标准		
	普遍化原则：己所不欲，勿施于人（正义论）		
	动机—行为—结果标准		
	行为动机（正义论） • 善的（好心） • 出于责任	行为本身（正义论） • 不侵犯他人权利（在不得已侵犯时，对受害方做出合适补偿） • 遵守正当的程序	行为结果（功利主义） • 净收益（效应）为正
理想的道德行为	√	√	√
通常的道德行为	—	√	√
可接受的道德行为	—	√	
	—	—	√

本 章 小 结

本章主要介绍了伦理利己主义、情感主义、功利主义、正义论、美德伦理和儒家伦理。伦理利己主义主要从对自身是否有利的角度判断一个行为的善与恶;情感主义的核心是从人的情感或直觉角度判断某个行为的道德性,它否认理性在道德判断中的作用;功利主义是一种结果主义或目的论伦理学,它根据行为的结果来判断行为的好坏,不考虑行为本身是否具有正当性;正义论(或称道义论)是非结果主义、非目的论,它重视行为动机和行为本身的正当性;美德伦理和儒家伦理则关注行为的主体——人,强调人自身的品质和素养对行为结果好坏的影响。

目前西方伦理哲学形成了功利主义、正义论与美德(德性)伦理三足鼎立的局面。然而,在指导商业实践方面,功利主义与正义论为我们提供了互补的伦理原则。正义论首先提出行为道德性的一般标准,即普遍化标准,有点类似于儒家的"己所不欲勿施于人";其次,正义论和功利主义融合,可以提炼出"动机—行为—结果"标准。

【本章思考题】

1. "人不为己,天诛地灭"属于什么伦理观点?你有何评论?
2. 请评价功利主义所秉持的"最大多数人的最大幸福"原则。
3. 康德"正义论"的主要观点是什么?
4. 在 2020 年新冠疫情期间,一些西方国家爆发了"要自由、反封闭、反隔离"游行抗议,你怎么评价这些人的诉求?
5. 亿万富翁可耗费昂贵医疗资源以延长没有什么知觉的生命,而贫穷的人却无法支付常规手术的费用,你觉得这公平吗?为什么?

【章末案例】 乐敦中日滴眼液"双重标准"

同款儿童用滴眼液,中国销售的含有防腐剂,而在日本销售的却不含。曼秀雷敦公司旗下的世界销量第一的滴眼液品牌乐敦中日执行双重标准一经曝光,立刻引起公众广泛关注。

中国销售的乐敦滴眼液主要有五种,分别为新乐敦、小乐敦、乐敦清、乐敦莹和乐敦康,均为曼秀雷敦(中国)药业有限公司生产的国药准字号 OTC 外用药品。产品包装上的成分显示,在中国的乐敦系列滴眼液全部添加了防腐剂,并且在这五个产品中,防腐剂的名称全部列在辅料成分中,缺乏化学知识的普通消费者无法辨识。

曼秀雷敦(中国)药业有限公司回应称,日本市场所销售的小乐敦滴眼液是由日本乐敦制药生产的第二代新产品,不含防腐剂。而中国市场的小乐敦滴眼液是由曼秀雷敦(中国)生产的第一代产品,中日两国的小乐敦滴眼液所使用的处方不同。

为什么同一款产品,在国内和国外实行的标准却不一样?不少网民怀疑是中日实行的标准不同,曼秀雷敦也称"不同国家的药事法规不同",然而,记者调查发现,国标并非是造成乐敦中日双重标准的主要原因,中国产乐敦全部添加防腐剂其实是"企业的自我选择"。

在食品、药品领域,即使产品是同一种,安全验证的科学数据也是世界共享的,但不同国家、不同主管部门,制定的"安全标准"也可能会不同。为了满足部分国家和地区设置的一些"安全壁垒",企业有的时候会对销往这些国家和地区的产品的成分和性状做一个改变。然而,业内人士告诉记者,就滴眼液这种产品来说,日本的监管部门并没有规定其中不允许添加防腐剂,事实上,日本销售的部分乐敦滴眼液中同样含有防腐剂,只是针对儿童和青少年使用的滴眼液中都不含防腐剂。

"这里面更多的是体现了企业的自我选择。生产不含防腐剂的滴眼液,乐敦前期的科研费用虽然较高,但是考虑到大工业大规模生产,设备改造的投资很快就能回收,新旧产品的成本差距也不会太大。"

在其官网上,曼秀雷敦(中国)药业有限公司也称其厂内的所有设备均从美国曼秀雷敦公司及日本乐敦药厂引进。曼秀雷敦方面同时表示,曼秀雷敦(中国)药业有限公司也在探索在中国推出不含防腐剂滴眼液产品的可行性。

资料来源:周蕊、赵国华、梁爱平.乐敦中日滴眼液"双重标准"为哪般[N].新华每日电讯,2013-05-09(005).

【案例分析题】

1. 曼秀雷敦为什么要在中、日市场采取不同的产品标准?
2. 曼秀雷敦在中、日市场所采取的双重标准是正当的吗?为什么?
3. 在国际商务中,由于东道国与母国之间发展水平的差异,来自发达国家的跨国公司往往在产品、技术和环境标准等方面面临两种选择:一是采用母国标准(更高标准);二是采用东道国标准。你认为跨国公司应该采取哪种标准?为什么?
4. 如果你是曼秀雷敦中国区的决策者,在面对市场质疑时,你会怎么做?为什么?

【趣味测试】

认清你的价值观

如果你希望你能更好地为工作上或者生活中其他方面的伦理决策做好准备,在你的个人伦理价值观受到严重威胁之前去澄清它们是极其有帮助的。

下面是价值观选择清单(以英文字母顺序排列)。如果你有一个根深蒂固的价值观但是没被列在清单(并不是要力图追求无遗漏)上,你可以自由地加上去。按照优先顺序(1代表最重要的价值观),列出3~6个对你做出决策来说最重要的价值观。这是简单的部分。

下一步,仔细思考一下当2个或者更多的价值之间发生冲突时会出现什么情况。例如,如果你同时看重诚实和财务上的成功,然而它们之间发生冲突了,该怎么办?你会为了对客户和供应商诚实而放弃财务方面的成功吗?

下一步,如果你正在工作,思考一下你个人的价值观和你组织的价值观之间有没有严重的冲突。

最后,列出那些被你选择作为一个理想社会中商业行为基础的价值观,准备讨论。

行动导向	自　　由	尊　　重
利他主义	和　　谐	责　　任
权　　威	帮　　助	冒险精神
同　　情	诚实正直	安　　全
能　　力	荣　　誉	自　　律
顺　　从	谦　　逊	身　　份
创 造 性	主 动 性	成　　功
顾客满意	革　　新	团队合作
多 样 性	温　　和	传　　统
平　　等	新　　颖	财　富(个人的或者股东的)
兴　　奋	顺　　从	胜　　利
实　　验	秩　　序	守　　信
灵活性/适应性		

第 4 章

消费市场中的企业伦理

学习目标：通过本章的学习，可以获得从消费者角度切入的企业伦理认识，掌握有关消费者权利以及在实际情况中企业侵犯这些权利的不道德行为表现等内容。

关键概念：消费者权利；产品质量与安全；虚假广告与宣传；价格歧视与欺诈；限制性消费；信息骚扰与消费者隐私。

【开篇案例】 特斯拉维权案

2021年4月19日，上海车展上一位身穿印有"刹车失灵"T恤衫的车主张某站在特斯拉展台的车顶上，伸开双臂高喊刹车失灵，随后被工作人员拖走。据悉，这名女子2个月前发生过一起交通事故，因此用这种方式给自己维权。张某因扰乱公共秩序被处以行政拘留五日。

知名脱口秀演员史炎对此调侃："特斯拉：顾客高于一切，但不能高过车顶。"

经了解，该车主是在2019年购入一辆白色特斯拉，在2021年2月21日，通过红绿灯路口的时候发现踩刹车时车子并没有减速，随后车子发生了追尾，经医院诊断，车主的父亲轻微脑震荡，而母亲身上则出现多处软组织损伤。之后，该车主就走上了维权之路，曾于2021年3月在河南郑州手持喇叭坐在特斯拉体验中心郑州福塔店进行维权，但是维权之路艰辛无比，维权2个多月，依旧没任何进展。这才有了车展现场的那一幕。

特斯拉回应称，该车主发生交通事故后，交警认定其违反安全驾驶及与前车保持安全距离的规定，对事故承担全部责任。特斯拉还表示，经数据分析，该车相关功能正常工作，未见制动系统异常。

在张某被刑拘期间，特斯拉向媒体公布刹车事故前一分钟的数据，张女士的丈夫表示特斯拉未经车主及家属同意便向媒体公布行车数据的行为欠妥。中国政法大学传播法研究中心副主任朱巍认为这个数据所有权一定是车主的。未经用户数据权利人本身同意，把数据对外公布，侵害了用户消费者的隐私权和个人信息权。

事故前一分钟的数据显示车辆以较高速度行驶，驾驶员开始踩下制动踏板力度较轻，之后，自动紧急制动功能启动并发挥了作用，提升了制动力并减轻了碰撞的冲击力，制动系统均正常介入工作并降低了车速。张女士的父亲坚持认为当时没有超速，车速只有六七十（千米每小时），而且自己是一名30多年驾龄的专职司机，这款新车也经常开、很熟悉，不可能出现致命的错误操作。

4月22日下午，特斯拉提交事发前半小时的车辆原始数据。特斯拉透露，在车辆发生事故前的30分钟内,车辆有超过40次踩下制动踏板的记录。在驾驶员最后一次踩下制动踏板时,数据显示,车辆时速为118.5千米每小时,发生碰撞前,车速降低至48.5千米每小时。

那么车辆行驶过程中到底有没有超速?是特斯拉数据不实?还是张女士无中生有?交管支队答复称一切以《事故认定书》为准,事发地段没有摄像头。

现在特斯拉公布了数据,与司机描述不符,我们是该相信数据还是经验呢?数据永远不会出错吗?

维权仍在继续……

据《纽约时报》消息,4月17日,美国得克萨斯州,一辆特斯拉Model S型汽车突然撞到路边的大树引起爆燃,车内两人当场死亡。4月20日,有消息称美国警方调查人员将在次日对特斯拉发出搜查令,以获取在得州发生事故的车辆的所有数据。

资料来源:[1] "失控"的特斯拉!智能汽车新维权之路何去何从?[N/OL]. 中国青年报,https://baijiahao. baidu. com/s?id=169 798 229 8319 807 915&wfr=spider&for=pc.

[2] 车顶维权女子被拘,特斯拉"不妥协",但股价大跌[EB/OL]. 搜狐网,https://m. sohu. com/a/461 774 533_123 753?_trans_=10 004_pcwzy.

消费者被誉为是"上帝",是企业的"衣食父母",因为消费者的需求最终决定了企业的生存和发展。然而,在企业与消费者之间,存在非常严重的信息不对称问题:企业掌握产品的全部信息,而消费者对产品诸如质量、成本等方面的信息异常有限。正是这种信息的不对称性,导致了一些无良的企业利用自身的信息优势欺骗消费者,侵犯消费者的合法权益。在开篇案例中,特斯拉说刹车没有失灵,并公布行车数据予以佐证。然而,这些数据的真实性如何,以及该如何解读这些数据,仍有待相关部门的调查。不管结果如何,该案例所反映出来的消费者维权难是不争的事实。在本章中,我们将从消费者角度考察市场中常见的企业不道德行为。

4.1 消费者权利概述

消费者是市场经济中不可或缺的主体,在商品流通过程中起着重要作用。国际标准化组织(ISO)的消费者委员会于1978年5月在其首届年会上对消费者给出定义:"消费者是以个人消费为目的而购买使用商品和服务的个体社会成员。"美国《消费者保护法》规定,消费者是指为满足个人和家庭需要而取得和使用贷款,购买动产、不动产和各类服务的个人。俄罗斯联邦《消费者权利保护法》将消费者定义为"使用、取得、定做或者具有取得或定做商品(工作、劳务)的意图以供个人生活需要的公民"。

我国2020年修正版《中华人民共和国消费者权益保护法》[①]虽未直接明确给出消费者的定义,但在其第二条中明确规定"消费者为生活消费需要购买、使用商品或者接受服务,其权益受本法保护;本法未作规定的,受其他有关法律、法规保护"。由此可以看出,我

---

① 《中华人民共和国消费者权益保护法》1993年通过,2009年第一次修正,2013年第二次修正,2020年第三次修正。下文所提到的《消费者权益保护法》均指2020年修正的《中华人民共和国消费者权益保护法》。

国的《消费者权益保护法》对消费者的定义是比较宽泛的,只要是为了生活消费需要而购买、使用商品或接受服务的,都是消费者。因此,当个人为了家庭生活需要而购买、使用商品或接受服务时,个人是消费者;而当单位购买生活消费物资用于单位成员消费时,单位是消费者。

消费者所享有的权益在我国的消费者权益保护法中有明确的规定和体现。根据最新版的《中华人民共和国消费者权益保护法》(2020 年修正),消费者权益主要有九类:安全权、知情权、自主选择权、公平交易权、求偿权、结社权、受教育权、受尊重权、监督权(见表4-1)。其中安全权、知情权、自主选择权、公平交易权、求偿权是人们日常生活中经常会使用到的权利。

表 4-1 消费者权利

消费者权利	2020 版《中华人民共和国消费者权益保护法》条文
安全权	第七条　消费者在购买、使用商品和接受服务时享有人身、财产安全不受损害的权利。消费者有权要求经营者提供的商品和服务,符合保障人身、财产安全的要求
知情权	第八条　消费者享有知悉其购买、使用的商品或者接受的服务的真实情况的权利。消费者有权根据商品或者服务的不同情况,要求经营者提供商品的价格、产地、生产者、用途、性能、规格、等级、主要成分、生产日期、有效期限、检验合格证明、使用方法说明书、售后服务,或者服务的内容、规格、费用等有关情况
自主选择权	第九条　消费者享有自主选择商品或者服务的权利。消费者有权自主选择提供商品或者服务的经营者,自主选择商品品种或者服务方式,自主决定购买或者不购买任何一种商品、接受或者不接受任何一项服务。消费者在自主选择商品或者服务时,有权进行比较、鉴别和挑选
公平交易权	第十条　消费者享有公平交易的权利。消费者在购买商品或者接受服务时,有权获得质量保障、价格合理、计量正确等公平交易条件,有权拒绝经营者的强制交易行为
求偿权	第十一条　消费者因购买、使用商品或者接受服务受到人身、财产损害的,享有依法获得赔偿的权利
结社权	第十二条　消费者享有依法成立维护自身合法权益的社会组织的权利
受教育权	第十三条　消费者享有获得有关消费和消费者权益保护方面的知识的权利。消费者应当努力掌握所需商品或者服务的知识和使用技能,正确使用商品,提高自我保护意识
受尊重权	第十四条　消费者在购买、使用商品和接受服务时,享有人格尊严、民族风俗习惯得到尊重的权利,享有个人信息依法得到保护的权利
监督权	第十五条　消费者享有对商品和服务以及保护消费者权益工作进行监督的权利。消费者有权检举、控告侵害消费者权益的行为和国家机关及其工作人员在保护消费者权益工作中的违法失职行为,有权对保护消费者权益工作提出批评、建议

虽然我国消费者权益保护法及其他相关法律对消费者的权益提供了较为全面的保护,然而,由于对违法商家的处罚力度有限,加上法律不可能完美无缺,侵犯消费者权益的不道德商业行为在我国仍然比较严重。下面我们主要从产品质量与安全、虚假广告与宣传、价格歧视与欺诈、限制性消费、信息骚扰与消费者隐私等角度,介绍现实中较为普遍存在的商业伦理问题。

4.2 产品质量与安全

质量安全是消费者购买产品或享受服务的最基本要求。客观上来说,任何产品都不可能是"完美无缺"和"绝对安全"的。产品质量安全要求产品首先要符合国家相关的法律规定,同时还要满足相关的强制性标准要求,以确保社会公共安全、人身健康安全和生命财产安全。其次,在产品符合国家相关法规政策及可合理预见的情况下,容许不会对消费者造成危害的或轻微程度的合理危险,以保证消费者的人身健康安全。

2018年修正版《中华人民共和国产品质量法》[①]第二十六条明确规定,产品质量应当符合下列要求:(1)不存在危及人身、财产安全的不合理的危险,有保障人体健康和人身、财产安全的国家标准、行业标准的,应当符合该标准;(2)具备产品应当具备的使用性能,但是,对产品存在使用性能的瑕疵做出说明的除外;(3)符合在产品或者其包装上注明采用的产品标准,符合以产品说明、实物样品等方式表明的质量状况。另外,在《中华人民共和国产品质量法》中规定,产品质量安全应该是指商品或服务对人类、环境不存在现实的或潜在的风险、威胁或损害,即使存在但风险很小,可以忽略不计,不足以影响到事物发展的正常轨道,使未来状态处于相对安全即人们可以承受的风险范围以内。

然而,我国市场中产品质量与安全情况不容乐观,市场中流行的"一等品外销二等品内销"现象并没有得到根本的扭转,食品药品领域产品质量安全事故仍然比较频繁,制假售假等违法行为仍比较严重。

4.2.1 假冒伪劣

假冒伪劣产品,包含"假冒"与"伪劣"两个方面。假冒产品俗称"山寨"("高仿品"),主要是指在外部特征上逼真地模仿其他同类产品,或未经授权的情况下对已受知识产权保护的产品进行复制和销售,借以冒充别人的产品。伪劣产品是指在冒用他人名称的基础上,存在质量差、性能不达标、缺乏卫生许可等问题的产品。

假冒伪劣产品,如高仿皮具、箱包、手机、手表、烟酒等,由于满足了一部分消费者的"虚荣心",因此在国内较为泛滥(在很多发展中国家都是如此)。尤其是烟酒这类"快消品",由于"证据"容易消失,更是假冒的重点。2019年12月,浙江台州警方破获特大跨省制售假酒案,涉案金额达6 000多万元,涉及奔富、拉菲等著名红酒品牌。此次假酒案,涉及全国22个省份,警方抓获山东制假窝点张某,北京中间商蒋某,路桥销售商王某等12名嫌疑人,捣毁生产、销售、仓储窝点9个,查获大量假冒奔富、拉菲等品牌红酒,制假原料、红酒空瓶、商标等,涉案金额6 000余万元。2020年1月,株洲警方破获特大假酒案,警方奔赴株洲、湘潭、长沙等地,捣毁制假窝点3个,抓获18名犯罪嫌疑人。收缴包括茅台、五粮液、洋河、泸州老窖、剑南春等品牌名酒4万余瓶,各类假冒商标、酒瓶数万件,涉案金额达150万元。

---

① 《中华人民共和国产品质量法》于1993年第一次通过,2009年第二次修正,2018年第三次修正。下文所提《产品质量法》均指2018年修正版《中华人民共和国产品质量法》。

【案例 4-1】 黑作坊酿"转特供"名酒

2020年4月,北京警方在工作中发现,位于朝阳区高碑店一处经营酒水的门店私下出售"专特供"名酒。民警侦查得知,该门店销售的所谓"专特供"名酒,多数来自丰台、房山等地的黑作坊。经过进一步工作,警方陆续发现在大兴、通州、顺义等地也存在多个制售虚构的"专特供"名酒的犯罪团伙。对此,北京市公安局成立由环食药旅总队等部门及朝阳、丰台、大兴、通州、房山等属地分局参与的专案组,全链条开展侦查打击。

经过4个月的缜密侦查,专案组锁定了17个跨省制售假酒的犯罪团伙。在掌握犯罪证据后,专案组决定收网。2020年8月25日,在公安部食药侦局统筹协调下,专案组联合北京市市场监管综合执法总队,会同贵州等省市公安机关开展集中收网行动,一举打掉17个跨省生产、灌装、销售所谓"专特供"名酒的犯罪团伙,其中负责加工制造包材团伙9个、负责灌装的团伙4个、负责销售的团伙4个,刑事拘留犯罪嫌疑人46名,捣毁黑作坊、黑窝点34处,起获假冒品牌白酒6 600余瓶,外包装材料、标识70余万件(套),生产、灌装、印刷设备99台(件)。

据了解,犯罪团伙多以亲戚、老乡为纽带,团伙内分工明确,团伙与团伙之间相互勾结。有的团伙专门从事倒卖包装材料,如房山分局抓获的蔡某犯罪团伙,从外省市购买商标、瓶盖、防伪标识等包装材料,组装成套后倒卖给灌装窝点。有的犯罪团伙专门负责从部分酒店回收正品酒瓶及包装材料,提供给灌装点。据犯罪团伙成员交代,为达到以假乱真的目的,他们往往会与部分高档酒店服务员勾结,让服务员在打开酒盒时尽量保证酒瓶及包装完好,再用回收来的真酒瓶灌装假酒。有的犯罪团伙专门租赁偏僻农村大院从事假酒的灌装,如石景山分局抓获的麻某犯罪团伙,以15元到35元不等的价格购进低端散装白酒灌入收购来的真瓶中,再使用从蔡某处购进的包材进行贴标组装,然后通过下线经营的酒水门店向熟人或慕名而来的消费者进行售卖。

据办案民警介绍,此次查获的"专特供"名酒,基本采用的都是散装低端白酒,成本也就几十元,经中间商层层分销加价后,卖到消费者手里动辄每瓶上千元,利润高达数十倍,严重侵害了消费者的合法权益。食品领域制假售假犯罪行为严重危害群众健康权益,侵害正规企业的品牌形象,影响经济社会发展。在此次行动中,北京警方除了对相关的涉案嫌疑人进行依法打击,还对非法向嫌疑人出租场所的14名房东进行了行政处罚。

资料来源:董蕾阳,张敬昕. 回收真瓶灌假酒 黑作坊酿"专特供"[N]. 人民公安报,2020-09-14(004).

【案例点评】 假冒著名品牌的品牌名、商标、包装等以混淆消费者视听的行为,不仅严重侵犯了消费者与被假冒对象(正牌企业)的正当权利,而且破坏正常的市场经济秩序,抹黑国家形象,并通过溢出效应损害有海外业务的其他国内企业的利益。对消费者而言,由于是在不知情的情况下被误导,以正品的价格(或稍微便宜的价格)购买了假冒品,因此假冒行为侵犯了消费者的知情权(不知道是假冒的)和公平交易权(质量得不到保障,价格也做不到合理)。而当假冒的商品属于劣质品时,消费者的安全(健康)权也会受到威胁。从被假冒对象角度,假冒行为侵犯了正牌企业的"商标权"(由《中华人民共和国商标法》规范)以及可能的"外观设计"专利权(由《中华人民共和国专利法》规范),并因为消费者的流失(一部分消费者购买了假冒产品,另一部分消费者因为担心买到假货而放弃购买)而侵害了正牌企业应得的利益。从政府的角度来说,假冒行为不仅导致税收的流失,更重要的是破坏了正常的市场秩序,如不严厉打击,各种假冒商品将充斥市场,误导资源配置,严重影响人们的生活。从国家的角度来说,对国外知名品牌商品的假冒有损国家的国际形象,并通过溢出效应间接影响我国其他企业的海外销售。正因为假冒伪劣的这种危害,《中华人民共和国刑法》(2020年修正版)第一百四十条明确规定:"禁止生产者、销售者在产品中掺杂、掺假,以假充真,以次充好或者以不合格产品冒充合格产品。"《中国华人民共和国产品质量法》(2018年修正版)第五条规定:"禁止伪造或者冒用认证标志等质量标志;禁止伪造产品的产地,伪造或者冒用他人的厂名、厂址;禁止在生产、销售的产品中掺杂、掺假,以假充真,以次充好。"因此,市场中生产假冒伪劣产品的行为,不仅是不道德行为,还是违法行为。

4.2.2 仿冒产品

仿冒主要是模仿类似商品的"名称""包装""装潢"等,造成与他人商品相混淆,使购买者误认为是该商品。仿冒往往以损害竞争对手为目的,因而构成不正当竞争。仿冒行为在我国市场中非常普遍,很多知名品牌都遭遇过仿冒,包括蓝月亮、肯德基、红牛、瑞士军刀、创维、康佳、三星、苹果等。专业测评显示,华强北的山寨airpods与苹果airpods相似度高达90%,无论从外观、质量、性能哪方面看,相似度都极高,整体体验感可达到正品体验感的六七成,而价格仅为正品的15%左右。图4-1的几组图片对很多消费者来说可能并不陌生。

"999皮炎平"与"666皮炎平"

"六个核桃"与"大个核桃"

"雕牌"与"周住牌"

"康师傅"与"康帅博"

图4-1 山寨与正品图片对比

【案例4-2】 农村假冒伪劣食品问题频发

2019年3月,市场监管总局、国家知识产权局等六部门公布了农村假冒伪劣食品十大典型案例,假冒低端牛栏山二锅头、"童年记"品牌南瓜子等案例赫然在列。2018年12月以来,农业农村部、商务部、公安部、市场监管总局、国家知识产权局、中华全国供销合作总社6个部门联合开展了农村假冒伪劣食品专项整治行动。

2019年2月,河北邢台市市场监督管理局查处"河北马氏康达食品有限公司"和"河北腾丰食品有限公司"生产侵权"山寨"品牌饼干案。经查,两企业生产并在农村市场销售名为"粤力奥"和"粤力粤"的饼干,外观涉嫌仿冒"奥利奥"品牌饼干。目前,已对两家企业的生产销售台账、办公电脑进行扣留,对库存435箱涉事产品进行异地查封,并作出罚款等相应的行政处罚。

2018年12月至2019年2月,安徽、湖北等地分别查处仿冒"六个核桃"饮料案。其中,安徽淮上区、潜山县、蒙城县等地查处7个农村小商店销售"六个土核桃""六个果仁核桃"等核桃乳饮料,外观涉嫌仿冒"六个核桃"品牌核桃乳。湖北天门市查处吴某在农村销售"养生核桃乳味饮品",外观涉嫌仿冒"养元六个核桃"核桃乳包装装潢。两地共查获侵权"山寨"核桃乳1 000余件。

2018年12月至2019年2月,江苏、宁夏等地分别查处多起农村销售侵权"山寨"饮料案。其中,江苏吴江区查处4家农村小商店销售"椰素海南椰子汁"、"特攻队"生榨椰子汁、"海南特种兵"椰子汁等椰汁类饮料,外观涉嫌仿冒"椰树""特种兵"等品牌产品。宁夏海原县查处史店乡徐坪村路口"志英百货门市部"等销售"果π""芬迪""Cole可乐""可乐ceele""雪柠"等饮料,外观涉嫌仿冒"茶π""芬达""可口可乐""雪碧"等品牌饮料。

资料来源:何可."山寨"食品问题多发[N].中国质量报,2019-03-19(002).

【案例点评】 市场中的仿冒行为具有严重的社会危害性。首先,仿冒产品通常是"三无"产品,游离于市场监管之外,其质量无法得到保证(从这个角度说,仿冒严重侵犯了消费者的公平交易权,该权利要求厂家的质量是有保障的、价格是合理的),因此不仅会给消费者带来财产上的损失,更严重的会危害公众健康。其次,仿冒者不注重产品质量和品牌建设,靠模仿抄袭打擦边球来获取利润,如果不被打击,将严重误导社会风气,助长人们"不劳而获"的思想。长此以往,将出现"劣币驱逐良币"的现象,整个市场将充斥着仿冒伪劣产品。再次,仿冒行为严重损害被模仿对象(通常是知名品牌)的声誉与利益,当消费者误认为"仿冒产品"就是"正牌产品"时(从这个角度说,仿冒行为严重侵犯了消费者的知情权),他们会形成"**品牌质量不行"的错误认知,经由"口口相传",将严重破坏被模仿对象的品牌声誉和利益。鉴于仿冒行为的严重危害,《中华人民共和国反不正当竞争法》(2019年修正)第六条规定:"经营者不得实施下列混淆行为,引人误认为是他人商品或者与他人存在特定联系:(一)擅自使用与他人有一定影响的商品名称、包装、装潢等相同或者近似的标识;(二)擅自使用他人有一定影响的企业名称(包括简称、字号等)、社会组织名称(包括简称等)、姓名(包括笔名、艺名、译名等);(三)擅自使用他人有一定影响的域名主体部分、网站名称、网页等;(四)其他足以引人误认为是他人商品或者与他人存在特定联系的混淆行为。"也就是说,仿冒不仅是不道德行为,更是违法行为。

4.2.3 产品质量问题

产品质量问题或质量不合格,是指企业(正规企业)所生产的产品质量(或构成)没有达到相关的国家或行业标准,或者未达到企业承诺的标准。常见的产品质量问题包括抽检质量不合格、在产品中掺杂掺假、以假充真、以次充好(包括使用劣质原材料)、以不合格产品冒充合格产品等。

产品质量问题在我国异常严重,历年发生的各种食品药品质量安全事故、汽车召回事件、装修材料甲醛超标、婴幼儿玩具抽检合格率低等,都是产品质量问题的写照。每年中央电视台的"3·15"晚会都会曝光大量的产品质量问题,吸引广大消费者的高度关注(见表4-2)。

表4-2 我国3·15晚会曝光的部分产品质量问题(2012—2020年)

年份	被点名企业	曝光原因
2012	麦当劳	违规操作,快到期甜品派换包装再卖
	家乐福	售卖过期鲜肉产品
2013	周大生	周大生品牌黄金掺假
	大众汽车	大众汽车双离合器变速器存隐患
	江淮汽车	采用不合格钢板致车身锈穿
2014	浙江康诺邦健康产品有限公司	鱼肝油含量超标,却变成了针对婴幼儿销售的普通食品
2015	小肥羊、呷哺呷哺	鸭血其实是猪血(假冒)
	路虎	变速箱故障频发
	D&G、H&M、ZARA、ARMANI	质检不合格
2016	北京北口义齿技术研究有限公司、北京瓷都忠诚医疗用品有限公司	使用碎钢制作义齿
	三利厨具、奥特龙电器	产品抽检不合格
	郑州市恒力源食品、重庆御味缘、南宁五里亭市场、甘肃天玛生态食品、安徽忠俊食品、江苏广原油脂公司	食品抽检严重不合格
2017	武汉乐百龄生物科技公司	销售无资质的保健品
	无印良品、永旺超市	销售日本辐射区食品
	耐克	耐克气垫鞋竟然没气垫
2018	大众汽车	大众途锐发动机进水故障导致无法启动
	承德杏仁露等山寨饮料	乡村山寨饮料成大问题(仿冒)
2019	佰斯特卫生用品有限公司、山东郯城金得利卫生用品有限公司	回收的纸尿裤制作成散浆,再制作成纸尿裤等一次性卫生产品
	莲田公司	用斑蝥黄着色添加剂将普通鸡蛋"化装"成土鸡蛋
2020	恒生源海参养殖基地	敌敌畏除去不利于海参生长的生物
	汉堡王	使用过期食材、缺斤短两
	永亮毛巾	使用旧袜子、旧衣物加工的再生棉作为生产原料
	五菱汽车	宝骏560变速箱频繁出故障
	万科、广州鸿力公司	上百个精装修房子卫生间漏水严重

比如,汽车因为安全隐患或质量问题被召回的事情常有发生,据国家市场监督管理局消息,2020年11月6日,丰田汽车(中国)投资有限公司、天津一汽丰田汽车有限公司、四川一汽丰田汽车有限公司、广汽丰田汽车有限公司宣布共召回进口及国产汽车401 873辆,涉及10余种车型,召回原因为搭载了不合格的低压燃油泵,极端情况下,可能会出现车辆无法正常启动或行驶中发动机熄火的情况,存在安全隐患。

【案例4-3】 新能源汽车陷"召回门"

2019年3月,奇瑞汽车股份有限公司按照有关规定,向国家市场监督管理总局备案了召回计划,决定召回2017年12月28日至2018年10月26日生产的瑞虎3 xe纯电动汽车,共计8 580辆。

据悉,本次召回范围内的车辆,在使用过程中差速器后悬置支架与副车架的连接螺栓可能出现松动,加速时底盘出现异响,极端工况下松动的连接螺栓可能脱落,导致后悬置连同差速器整体位置下沉,连接在差速器两端的半轴发生窜动,造成半轴传动失效和车辆行驶中动力中断,存在安全隐患。

事实上,不止奇瑞新能源,其他车企也屡屡爆出新能源汽车召回事件。粗略统计,2018年,纯电动汽车的召回涉及多家车企,包括江淮汽车、众泰汽车、北汽新能源等。

国家市场监督管理总局公布的召回信息显示,2018年,国内新能源汽车召回数量累计达到135 751辆。其中,北汽新能源累计召回69 358辆,众泰汽车累计召回31 338辆,特斯拉累计召回8 905辆,江淮汽车累计召回4 248辆,路虎中国累计召回3 406辆,华晨宝马累计召回2 001辆。召回原因包括高田气囊问题和制动助力真空泵失效等,以及典型的电池问题等。

资料来源:付魁,刘媛媛.奇瑞、特斯拉等陷"召回门" "一路狂奔"的新能源汽车暗藏隐忧[N].中国经营报,2019-03-04(C10).

【案例点评】 产品质量问题严重侵犯了《中华人民共和国消费者权益保护法》所规定的多种"消费者权益"。首先,缺陷汽车(如"安全气囊"不合格的汽车)流入市场将会严重危害消费者的人身安全(侵犯了消费者的"安全权")。其次,汽车质量不合格或没有保障也侵犯了消费者的公平交易权,因为公平交易权要求企业提供的产品或服务质量有保障、价格合理。再次,其他产品可能存在的质量问题,如掺杂掺假、以假充真、以次充好、以不合格冒充合格,还侵犯了消费者的知情权,消费者被欺骗购买了"不合格"产品。此外,产品质量问题也违反了《中华人民共和国产品质量法》的多个条款,如第十二条"产品质量应当检验合格,不得以不合格产品冒充合格产品";第二十六条"生产者应当对其生产的产品质量负责。产品质量应当符合下列要求:(一)不存在危及人身、财产安全的不合理的危险,有保障人体健康和人身、财产安全的国家标准、行业标准的,应当符合该标准……";第三十二条"生产者生产产品,不得掺杂、掺假,不得以假充真、以次充好,不得以不合格产品冒充合格产品";第三十五条"销售者不得销售国家明令淘汰并停止销售的产品和失效、变质的产品"。最后,生产者、销售者在产品中掺杂、掺假,以假充真,以次充好或者以不合格产品冒充合格产品的行为还违反了《中华人民共和国刑法》(第一百四十条)。当然,产品质量问题有的是客观问题,有的是主观问题,"掺杂、掺假,以假充真"就具有主观上的故意性,而缺陷汽车很难界定企业有没有故意。从道德上说,主观故意的问题更应该受到谴责。

4.2.4 食品添加剂问题

食品添加剂问题可以粗略地归为"产品质量瑕疵",但由于它的特殊性,我们单独列出。食品添加剂是为改善食品色、香、味等品质,以及为防腐和加工工艺的需要而加入食品中的人工合成或者天然物质。适量的食品添加剂不会导致食品安全问题,但过量的食品添加剂以及超范围使用食品添加剂(非法添加物,如三聚氰胺、苏丹红等)则会造成安全威胁。我国近些年就发生过多起因为食品添加剂使用不当导致的安全事故,而那些尚未酿成事故的添加剂问题更是无法统计和评估。

【案例4-4】 双汇再曝"瘦肉精"猪肉

2011年3月15日,央视曝光双汇子公司河南济源双汇食品有限公司连续多年收购"瘦肉精"猪肉,沉寂了近两年的"瘦肉精"死灰复燃,引发社会各界广泛关注。

央视报道济源双汇后,济源市政府高度重视,立即责令济源双汇停产整顿。畜牧部门立即组织力量对该公司待宰的689头存栏生猪逐头检测,对确认阳性的17头生猪全部进行了无害化处理;对该公司库存的134吨生鲜肉全部封存并抽取31个样品进行检测,检测结果均为阴性。工商部门对济源市双汇生鲜肉门店进行全面排查,封存冷鲜猪肉1 877.9公斤,共抽检46个样品进行检测,对发现的6个疑似阳性,送河南出入境检验检疫局检验检疫技术中心进行检测,确认为合格肉品。

央视报道播出后,双汇集团立即责令济源双汇停产整顿,对济源双汇总经理、主管副总经理、采购部长、品管部长予以免职,对济源双汇在市场上流通的产品全部下架收回。决定把3月15日定为"双汇食品安全日",自3月16日起提高"瘦肉精"检测比例,由抽检改为"瘦肉精"在线逐头检验。

资料来源:曲昌荣. 河南查清"瘦肉精"制售源头[N]. 人民日报,2011-03-29(013).

【案例点评】 不当的(过量的、超范围的)食品添加剂问题首先侵犯了消费者的安全权。上述案例中提到的"瘦肉精"对人的危害很大,主要表现为:急性中毒时出现心悸,面颈、四肢肌肉颤动,手指震颤,足部有沉感,甚至不能站立,头痛、头晕、恶心、呕吐、乏力,脸部潮红,皮肤过敏性红色丘疹。"瘦肉精"性质稳定,要加热至172℃才会分解,所以普通烹调方法根本无法破坏它的结构。有研究表明,如果长期食用,还会导致染色体畸变的可能,会诱发恶性肿瘤。其次,过量的、超范围的食品添加剂也侵犯了消费者的知情权,因为食品企业向消费者"隐瞒"了企业产品的质量和成分。最后,消费者的公平交易权也受到了侵犯,因为过量的、超范围的食品添加剂导致产品质量无法得到保障。鉴于过量、超范围的食品添加剂对消费者的潜在危害,我国的《中华人民共和国食品安全法》(2018年修正)第三十四条明确规定:"禁止生产经营下列食品、食品添加剂、食品相关产品:……致病性微生物,农药残留、兽药残留、生物毒素、重金属等污染物质以及其他危害人体健康的物质含量超过食品安全标准限量的食品、食品添加剂、食品相关产品;……营养成分不符合食品安全标准的专供婴幼儿和其他特定人群的主辅食品;……病死、毒死或者死因不明的禽、畜、兽、水产动物肉类及其制品;未按规定进行检疫或者检疫不合格的肉类,或者未经检验或者检验不合格的肉类制品;……标注虚假生产日期、保质期或者超过保质期的食品、食品添加剂……。"

4.2.5 转基因食品

转基因食品(genetically modified foods,GMF)是食品安全领域的一个新问题。转基因是利用现代分子生物技术,将某些生物的基因转移到其他物种中去,改造生物的遗传物质,使其在形状、营养品质、消费品质等方面向人们所需要的目标转变。以转基因生物为直接食品或为原料加工生产的食品就是"转基因食品"。转基因种子号称具有产量高、成本低、抗虫抗病毒能力强等优点,但其负面影响同样不可低估。

【案例4-5】 美国转基因食品透明化

全美最大的天然食品和有机食品零售商——全食食品超市(Whole Foods Market)此前宣布,到2018年,美国与加拿大的所有全食食品超市将执行"转基因"标识政策。因该超市销售的食品大多都贴着"有机"或"天然"的标识,所以其价格比其他超市偏高。但有媒体爆料称,全食食品超市将"天然"标识引入了歧途、误导了消费者。因为大部分标有"天然"标识的食品是转基因食品,而且这些食品还含有农药、化肥以及食品添加剂。全食食品超市的这一声明不仅意味着2018年凡是转基因食品或含有任何非自然添加剂的食品,该超市将不会贴上"天然"标签,还意味着美国零售商领域开始打响了"转基因"食品标识战。

美国是转基因食品的诞生地,目前已成为全球最大的转基因食品与产品生产国,并拥有全球最先进的转基因技术与丰富的实践经验。在美国,转基因食品几乎无所不在,就玉米而言,美国食品药品管理局曾表示,市面上出售给消费者的玉米几乎都是转基因玉米,而美国知名的农业科技公司孟山都公司也承认,美国半数农场使用转基因玉米种子。

美国专家对转基因食品是否有损人体健康仍争执不下,美国政府目前对转基因食品的安全性也尚未定论,但美国民众对转基因食品的理念却在发生着深刻变化。由于美国政府并未强制执行转基因食品标识政策,因此民众对于自己购买的食品是否是转基因食品非常困惑。从网络论坛看,由于目前还没有强有力的证据证明转基因食品有害健康,所以美国消费者并非坚决抵制转基因食品,却强烈要求政府出台关于转基因食品标识的法规条例,让转基因食品更加透明化,以备消费者选择是否消费该类产品。

资料来源:王传军. 美国"转基因"食品正在透明化[N]. 光明日报,2013-10-21(008).

【案例点评】 转基因食品的安全性目前尚没有定论,部分从事转基因研究的人声称转基因食品是安全的,但更多的人包括部分科学家、医生和大众对此持怀疑态度。根据《中华人民共和国食品安全法》(2018年修正)第十章附则第一百五十条规定,"食品安全,指食品无毒、无害,符合应当有的营养要求,对人体健康不造成任何急性、亚急性或慢性危害"。但目前的试验证据都无法证明转基因食品是否会对人体健康造成慢性危害,因为绝大多数的实验室试验持续时间都不够长。基因的变异与自然界的进化可能相似,需要从一个更加宏大的和超长的视野来看待。鉴于目前尚缺乏转基因食品安全性的确切证据,我国的《食品安全法》并没有禁止销售转基因食品,但要求在醒目的位置加以标注,从而将选择权交给消费者自己。《中华人民共和国农产品质量安全法》(2018年修正)第三十条也规定:"属于农业转基因生物的农产品,应当按照农业转基因生物安全管理的有关规定进行标识。"而对于转基因食品的标识,由中华人民共和国农业部颁布的《农业转基因生物标识管理办法》(2017年修正)予以规范。

4.3　虚假广告与宣传

企业利用各种信息载体与目标市场进行沟通以达到促销目的,促销方式包括广告、人员推销、营业推广与公共关系等。合适的促销能为企业带来知名度与美誉度,提升企业利润。然而,虚假的、误导性的广告宣传则侵犯了消费者的权利。虚假广告与宣传主要利用了企业自身的信息优势(企业与消费者之间的信息不对称),其表现形式主要有三种:故意隐瞒(欺诈)、虚假宣传、夸大宣传。

4.3.1　故意隐瞒(欺诈)

故意隐瞒是指有意采取沉默的方式,即不履行告知的不作为方式,掩盖产品缺陷,欺骗消费者。这是市场中比较常见的"欺诈"行为。很多商家在给消费者介绍产品时,只讲好的方面,不讲缺陷或不好的方面,从而"误导"了消费者。例如,有些药品因为其特殊的功效是不能长期服用的,其服用的时间间隔也有严格的限制,但许多厂商却只着重强调该药的强效迅速,却没有提示长期服用或两次服用间隔时间过短会对消费者身体构成危害。

【案例4-6】　商家故意隐瞒出售二手事故车

2017年7月2日,吴女士在西安秦川唐都机电汽车配件销售有限公司(以下简称秦川公司),购买了一辆二手奔驰精灵999 cc车,交易价格为7.22万元。该公司二手车经理在介绍车况时承诺该车无事故。

随后,吴女士发现该车经常会无故熄火,便打算将该车出售或置换。2018年3月,在给车辆做置换评估时,一位二手车鉴定评估师告诉吴女士,该车可能发生过重大交通事故,因为汽车的一些重要部件曾被更换过,汽车的前挡风玻璃、防撞钢梁、安全带等标示的出厂日期与整车出厂日期不符,前大灯内侧还发现贴有保险公司的出险查勘专用标。

经查询,西安新丰泰之星奔驰4S店的汽车维修记录系统显示,吴女士购买的这辆车曾于2015年10月在该店进行过一次事故维修,维修项目包括更换前挡风玻璃、主副驾驶安全气囊、仪表台、左前大灯、主副安全带、左前叶子板、吸气管等十几项车辆重要配件,并且还进行了左梁和冷凝器的校正,车辆维修总金额达4万多元。保险公司的理赔系统也显示,2015年10月19日,这辆车曾有一次交通事故出险,汽车被更换了很多重要零部件,单次理赔金额为40 998元。保险理赔记录与4S店的维修记录,在时间、金额和更换部件等方面高度吻合。此后,秦川公司二手车部门经理在与吴女士交涉的过程中也承认,在收购该车时已知该车曾发生过碰撞事故,以及更换了诸多重要零件。

2018年4月,吴女士将秦川公司起诉至西安市新城区人民法院,她认为汽车经销商涉嫌消费欺诈,要求其承担赔偿责任。近日,西安市中级人民法院对该案进行了终审宣判,判决经销商退还吴女士购车款 7.22 万元,并增加赔偿 3 倍的购车价款 21.66 万元。经营者的销售欺诈行为严重侵害了消费者的合法权益,司法应当给予强有力的制裁。

资料来源:徐文智. 买到事故车 消费者获赔 21 万余元[N]. 中国消费者报,2019-05-17(002).

【案例点评】 在产品市场中,生产经营者与消费者之间存在严重的信息不对称问题,特别是那些较为复杂的产品。由于企业拥有信息优势,而消费者处于信息的劣势,为了保障消费者权益,企业被要求降低这种信息的不对称性。《中华人民共和国消费者权益保护法》(2020 年修正)第二十条明确规定,"经营者向消费者提供有关商品或者服务的质量、性能、用途、有效期限等信息,应当真实、全面,不得作虚假或者引人误解的宣传"。《中华人民共和国反不正当竞争法》(2019 年修正)第八条也规定,"经营者不得对其商品的性能、功能、质量、销售状况、用户评价、曾获荣誉等作虚假或者引人误解的商业宣传,欺骗、误导消费者。经营者不得通过组织虚假交易等方式,帮助其他经营者进行虚假或者引人误解的商业宣传。"因此,企业故意隐瞒产品缺陷的行为首先侵犯了消费者的知情权,使消费者无法全面客观地评价所购买的产品。其次,由于在多数情况下,商家隐瞒的是产品的质量缺陷(或药品的不良反应),这些缺陷可能给消费者的人身健康和财产带来损害,因此,企业故意隐瞒产品缺陷的行为还可能侵犯消费者的安全权。此外,企业故意隐瞒产品缺陷还构成了不正当竞争行为,因为这种行为将那些诚实守信的企业(不隐瞒的企业)置于市场竞争的不利地位。因此,企业故意隐瞒产品缺陷不仅是一个道德问题,更是一个法律问题。

4.3.2 虚假宣传

虚假宣传是指经营者为了提高销量或其他目的,明知其陈述的事实是虚假的,仍故意向消费者提供虚假信息,致使消费者形成对产品的错误认知,最终做出购买商品的决策。我们这里主要介绍两类涉嫌虚假宣传的行为:一是悲情营销,二是展示图片与实物不一致。

(1)悲情营销

平常喜欢网络购物的人应该熟悉下面这几张图片(见图 4-2),多个电商平台的卖家

图 4-2 电商平台虚假宣传图片

用同一位老人的同一个表情为自家水果店铺做宣传,宣称年迈果农丰收后却滞销,以此博得消费者的同情,还有利用吸引眼球却不真实的标题来欺骗消费者,例如《痛心！四川大凉山眼看大雪封山,50万斤脆甜丑苹果抢收不及,求你帮老人孩子渡过这个难关!》等等,大搞"滞销悲情套路"虚假宣传,误导和欺骗消费者。

这种对人们朴素情感(同情心)的滥用不但侵犯了消费者的知情权,违反了《中华人民共和国消费者权益保护法》,也违反了《中华人民共和国广告法》(2015修正)第四条"广告不得含有虚假或者引人误解的内容,不得欺骗、误导消费者。广告主应当对广告内容的真实性负责。"这种所谓的悲情营销,破坏了社会的道德底线,是对人类最为可贵的情感之———"同情"与"悲悯"之心的蓄意践踏,将引发严重的伦理后果。一旦人类失去同情,人类也将失去美德(亚当·斯密),人类社会将进入冷酷无情的、自私自利的丛林状态,社会和谐将无从谈起。

(2) 展示图片与实物不一致

除了悲情营销,网络购物中有一类现象比较常见,那就是"网络图片"与"实物"不一致。商家为了吸引消费者,在展示用图片上往往会下很多功夫"精调",让图片上的商品看起来很好、很有吸引力,但实物与图片上的商品有很明显的差异(见图4-3)。

图4-3 "宣传的"(左侧)商品与"实际的"(右侧)商品

【案例4-7】 麦当劳新品被指虚假宣传

2021年1月,因"肉量"与广告图片不符,麦当劳推出的新品"金招牌肉夹馍"被吐槽上了热搜。在麦当劳官方发布的产品海报图上,肉夹馍的肉馅满满,非常扎实。但消费者通过网络展示的实物图片中,却是两片薄薄的馍片中夹了些许的肉酱。网友直言,这"简直是现实版的卖家秀和买家秀"。面对质疑,麦当劳方面回应称"以实物为准",针对网友普遍反映的情况,需要一对一进行处理。

值得注意的是,麦当劳的这款肉夹馍,在不同店面实物是不相同的。在热搜的跟帖中,有网友表示,自己买到的没有那么夸张。此外,有媒体记者出于实证考虑,在线上购买了这款肉夹馍后表示,"虽不像之前网友吐槽的肉酱量那么少,也确实和图片宣传上的肉夹馍有明显的出入"。

那么,作为一家国际连锁快餐巨头,麦当劳对于肉夹馍含肉量是否有规定克重?麦当劳客服表示,公司并没有具体要求,肉夹馍里肉的克重需要咨询门店。麦当劳门店方面则表示,产品是有"规格"要求的,但具体不方便透露,不满意可以退货。有门店店员则表示,盛肉酱有专门的勺子,以一勺子为一个肉夹馍里添加的标准肉酱量,但可能由于不同店员盛法之间的差异,导致肉夹馍里的肉酱量不一。

由此可见,麦当劳对肉夹馍中的肉酱量的规定并不清晰,这和麦当劳以标准化著称的形象不相符。作为食品工业化的巨头之一,麦当劳把食品快餐加工标准化的理念带进了中国:薯条炸制时长,多1秒都不行;汉堡肉饼厚度误差精确到0.1毫米以内,这也带动了中国快餐行业的变化。如今在一款肉夹馍上,却没有具体要求,甚至导致货不对板。

资料来源:岳倩."以实物为准"不能成商家挡箭牌[N].中国质量报,2021-01-21(004).

【案例点评】 像麦当劳这种宣传图片与实物不相符的现象在我国市场中比较常见,但"常见"不代表"合理",更不代表"合法"。网络销售中的商品展示图,或传单上所印刷的图片,都属于广告内容。消费者看到商品首页的产品展示图,理所当然地希望实物与图片一样精美,而当实物与图片不一致时,这张图片就存在欺骗嫌疑。不少网友表示,作为顾客,是被广告图片吸引才去消费的,实物和广告出入过大,就是欺骗,是对消费者权益(知情权)的蓄意践踏。事实上,针对这种网络购物环境中商品宣传图片与实物不符的问题,我国一些地方的法院早就有判例。比如,2017年2月25日,河南许昌的张某从厦门市某科技有限公司注册经营的家具旗舰店购买天然藤椅茶几组合五件套时,因该公司宣传图片与实物明显不符,张某要求退货未获对方答复而提起诉讼。河南省许昌市魏都区人民法院审理后认为,张某提供的实物照片显示,其所购商品明显与网络交易平台中宣传图片不符,且该公司没有向法庭提供所售商品的合格证明,故该公司在经营过程中存在欺诈行为,因此判决该公司赔偿消费者购买商品3倍价款的损失。很多商家为了逃避责任或避免纠纷,在图片上比较隐秘的位置以非常小的字体印有"图片仅供参考""以实物为准""最终解释权归商家所有"等字样,但这样的免责事实上应该是无效的,《中华人民共和国消费者权益保护法》(第二十六条)规定:"经营者不得以格式条款、通知、声明、店堂告示等方式,作出排除或者限制消费者权利、减轻或者免除经营者责任、加重消费者责任等对消费者不公平、不合理的规定,不得利用格式条款并借助技术手段强制交易。格式条款、通知、声明、店堂告示等含有前款所列内容的,其内容无效。"也就是说,如果商家商品在功能、材质、样式等方面与宣传的图文相违背,就算标注了"以实物为准"的说明,同样也涉及虚假宣传。事实上,麦当劳的这种宣传图片与实物不符问题不仅发生在中国,在日本也有发生,尽管标注了"以实物为准",日本消费者保护机构——日本消费者厅(Consumer Affairs Agency)认定麦当劳的宣传涉嫌违法,给予警告,并要求麦当劳立即修改广告或改善产品。

有关广告宣传必须真实,不得误导消费者,在《中华人民共和国广告法》(2015年修订版)、《中华人民共和国反不正当竞争法》(2019年修正版)、《中华人民共和国电子商务法》(2018年)等法律中都有体现和要求(见表4-3中相应的条款),只是法律条款仍有待细化。

表4-3 涉及宣传真实性要求的相关法律条文

法　　律	法　律　条　文
《中华人民共和国广告法》(2015年修订)	第三条 广告应当真实、合法,以健康的表现形式表达广告内容,符合社会主义精神文明建设和弘扬中华民族优秀传统文化的要求。
	第四条 广告不得含有虚假或者引人误解的内容,不得欺骗、误导消费者。广告主应当对广告内容的真实性负责。
	第十一条 广告使用数据、统计资料、调查结果、文摘、引用语等引证内容的,应当真实、准确,并表明出处。引证内容有适用范围和有效期限的,应当明确表示。
	第十二条 广告中涉及专利产品或者专利方法的,应当标明专利号和专利种类。
《中华人民共和国反不正当竞争法》(2019修正)	第八条 经营者不得对其商品的性能、功能、质量、销售状况、用户评价、曾获荣誉等作虚假或者引人误解的商业宣传,欺骗、误导消费者。经营者不得通过组织虚假交易等方式,帮助其他经营者进行虚假或者引人误解的商业宣传。
《中华人民共和国电子商务法》(2018年)	第十七条 电子商务经营者应当全面、真实、准确、及时地披露商品或者服务信息,保障消费者的知情权和选择权。电子商务经营者不得以虚构交易、编造用户评价等方式进行虚假或者引人误解的商业宣传,欺骗、误导消费者。

4.3.3 夸大宣传

夸大宣传事实上也属于"虚假宣传",是经营者故意夸大产品的相关性质(如性能、功效、价格、销量等),做出与实际情况不符的描述。常见的夸大宣传包括"绝对安全""无任何副作用""销售冠军""秒杀全网""全网最低""假一赔百"等等。2019年,欧莱雅(中国)有限公司在重庆某百货有限公司"欧莱雅"专柜发布印刷品广告,其广告内容为"法国碧欧泉8天,肌肤犹如新生愈颜、弹润、透亮源自活源精粹的愈颜力,奇迹水肌底精华露,无论年龄,无论肌肤状态,8天肌肤犹如新生,明星达人挚爱之选,众人见证8天奇迹,肌肤问题一并解决,68 800人已经见证奇迹水带来的肌肤新生……"。经查明,欧莱雅(中国)有限公司属虚构使用商品的效果,其行为违反了《广告法》(2015年修订版)第二十八条第二款第(四)项(虚构使用商品或者接受服务的效果的)之规定,被重庆市江北区市场监督管理局责令停止违法行为,并处罚款20万元。

【案例4-8】 莎普爱思被指夸大宣传

浙江莎普爱思药业股份有限公司生产的苄达赖氨酸滴眼液(商品名:莎普爱思)经常在电视上做"洗脑轰炸"式广告,还邀请了著名体育运动员、教练员担任代言人,"白内障,看不清,莎普爱思滴眼睛"这句广告语耳熟能详。

2017年12月2日,一篇题为《一年狂卖7.5亿的洗脑神药,请放过中国老人》的文章发表在公众号"丁香医生"上,其中通过列举国内多位眼科医生说法和权威文献资料,质疑莎普爱思的广告有虚假夸大成分,涉嫌误导消费者,甚至耽误了患者病情与及时治疗。

随后,莎普爱思公司发布公告回应,称0.5%苄达赖氨酸滴眼液对延缓老年性白内障的发展及改善或维持视力有一定的作用,广告内容与监管部门审批的相应内容一致。

但这一回应仍然受到质疑。同济大学附属东方医院眼科主任崔红平质疑说,从现有学界观点和证据来看,苄达赖氨酸并无治疗白内障的效果,目前治疗白内障唯一的办法就是手术。

资料来源:任震宇. 神药涉嫌夸大宣传 广告忽悠须下猛药[N]. 中国消费者报,2018-03-15(B50).

【案例点评】 夸大宣传问题在保健品、化妆品等行业和网络购物环境中特别严重,这种行为具有严重的社会危害性。首先,夸大宣传误导了消费者,侵犯了消费者受保护(《中华人民共和国消费者权益保护法》)的知情权。而药品、保健品这类产品的夸大宣传行为更可能导致消费者延误治疗、滥用药物的严重后果,影响消费者健康。被上述案例中的"莎普爱思滴眼液"耽误治疗的白内障患者就不在少数。其次,夸大宣传的行为也影响了市场竞争,夸大自己产品的功效或贬低别人产品的功效,都属于不正当竞争行为,损害其他竞争对手的正当权益,都属于《中华人民共和国反不正当竞争法》(2019年修订版,第八条)所规范的范围。夸大宣传的问题直接受《中华人民共和国广告法》(2015年修订版)规范,比如该法第九条规定,广告不得"使用'国家级''最高级''最佳'等用语"等。第十六条规定,医疗、药品、医疗器械广告不得含有下列内容:"表示功效、安全性的断言或者保证","说明治愈率或者有效率","与其他药品、医疗器械的功效和安全性或者其他医疗机构比较","利用广告代言人作推荐、证明"等。第十七条规定,除医疗、药品、医疗器械广告外,禁止其他任何广告涉及疾病治疗功能,并不得使用医疗用语或者易使推销的商品与药品、医疗器械相混淆的用语"。第十八条规定,保健食品广告不得含有下列内容:"表示功效、安全性的断言或者保证","涉及疾病预防、治疗功能","声称或者暗示广告商品为保障健康所必需","与药品、其他保健食品进行比较","利用广告代言人作推荐、证明"等;保健食品广告应当显著标明"本品不能代替药物"。

4.4 价格歧视与欺诈

4.4.1 价格歧视

价格歧视(price discrimination)实质上是一种价格差异,一般是指商家在没有正当理由的情况下,在向购买者销售(质量)完全一样的商品或服务时,对不同的购买者实行不同的销售价格或收费标准。并非所有差异定价都会违反社会伦理道德,比如,风景区"6岁以下儿童免费",坐飞机"儿童半价",公交车"65岁以上老年人免费",等等,商家的这些价格歧视行为不仅不违反社会道德,反而受到社会的好评,因为它们符合"尊老爱幼"等社会基本伦理原则。

不道德的价格歧视主要是指商家在掌握消费者充分信息的基础上,利用信息不对称与消费者自身的差异(如品牌忠诚度、支付意愿等),对不同消费者采取不同定价,榨取消费者剩余价值的行为。价格歧视的典型例子是"大数据杀熟"——企业利用特殊的算法,对消费者的消费记录、上网记录等进行跟踪、分析,绘制出消费者的偏好、习惯、支付能力等画像,通过个性化定价的尝试和验证,获取消费者的最大支付意愿信息,从而为不同的消费者制定不同的价格。

根据澎湃新闻(2020-10-21),自 2018 年 4 月起,消费者投诉平台"黑猫投诉"上关于大数据杀熟的投诉明显上升,截至 2020 年 9 月 21 日,总数多达 456 条(见图 4-4)。不过,网友对于"大数据杀熟"的理解很宽泛,平台随用户多次刷新而涨价、购买后立刻降价、平台标价和官网不同等都被归入"杀熟"之列。所谓"熟客"实际上就是消费意愿更高的人,通常是会员、交易频繁(多次消费)的客户、多次搜索的客户。在这些杀熟投诉样本中,买得多、买得勤、购买愿望很迫切,都可能导向同一个结果——买得贵。

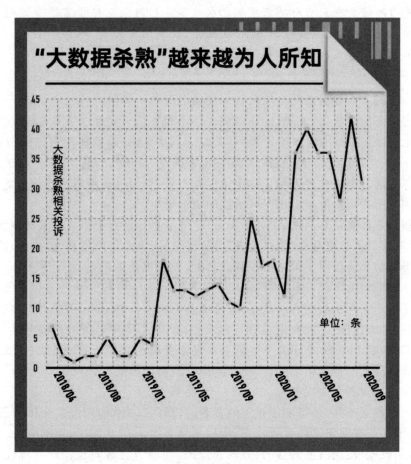

图 4-4　大数据杀熟相关投诉数
资料来源:黑猫投诉。

北京市消费者协会 2019 年 7 月公布的一项调查显示,88.32%的被调查者认为大数据杀熟现象普遍或很普遍,56.92%的被调查者表示有过被大数据杀熟的经历,在网购、在线旅游、网约车领域问题较为突出。2020 年 10 月 19 日,浙江省消费者保护委员会(消保委)发布了 2020 年第三季度受理投诉情况分析,点名了美团、飞猪等网络订房平台存在退订难、虚假宣传、承诺优惠不兑现、大数据杀熟等情况。

【案例 4-9】 多个平台被指"大数据杀熟"

"大数据杀熟"被关注是 2018 年 10 月由知名作家王小山的微博文章引发的。王小山在微博中炮轰飞猪旅行 App 利用大数据杀熟,称飞猪平台杀熟太狠,同一张机票,在别家订仅需 1 300 元,返回飞猪却变成了 2 322 元。

其实早在 2018 年初,网友就曾在网上爆料称,滴滴存在价格杀熟现象。用户在同一地点、同一时间,选择同一起止点,使用不同手机终端,显示的价格差别很大,从几元到十几元不等。此后,"大数据杀熟"问题波及携程、途牛、马蜂窝等 OTA 平台。作家蒋方舟、演员韩雪、微博大 V 王志安等名人纷纷吐槽,不少网友也晒出各自被杀熟的经历。尽管被吐槽的平台纷纷发表声明称从来没有也永远不会利用大数据损害消费者的利益,但消费者们纷纷截屏爆料显示,在线旅游、在线票务、视频网站会员、网络购物、交通出行等众多消费领域网站都涉及大数据杀熟问题。

资料来源:李燕京. 大数据杀熟不厚道 侵权违法屡遭吐槽[N]. 中国消费者报,2019-03-15(A46).

【案例点评】 大数据杀熟是随着技术发展出现的新事物,早在 2000 年亚马逊就因为使用差别定价而饱受争议,亚马逊 CEO 贝佐斯不得不公开道歉。据《华尔街时报》报道,美国在线旅游巨头 Expedia 旗下订票网站 Orbitz,从 2012 起就使用过这种方法:用苹果电脑在 Orbitz 上搜房间,价格就比 PC 端搜出来的贵,哪怕同一时间、同一旅馆、同一间屋也是如此。滴滴打车也被多人曝光称定价因人而异,老用户比新用户的价格更高,使用苹果手机的用户所看到的价格也比安卓手机的用户更高。

大数据杀熟首先是对消费者"公平交易权"的侵犯,因为《中华人民共和国消费者权益保护法》规定消费者有权获得"价格合理"等公平交易条件,而所谓的"价格合理"应该包含了保障同类消费者获得同样价格的权利。其次,大数据杀熟的前提是消费者不知道同一商品或服务有不同的定价,因而间接侵犯了消费者的知情权(《消费者权益保护法》第八条),同时还变相剥夺了消费者的选择权(消费者不知道新老用户、不同手机终端用户的价格不同,因而无法选择)。大数据杀熟还违反了《中华人民共和国电子商务法》(2018 年)的相关规定,如第十八条"电子商务经营者根据消费者的兴趣爱好、消费习惯等特征向其提供商品或者服务的搜索结果的,应当同时向该消费者提供不针对其个人特征的选项,尊重和平等保护消费者合法权益"。

此外,"大数据杀熟"还可能侵犯了消费者的隐私权,《中华人民共和国消费者权益保护法》第二十九条有规定,"经营者收集、使用消费者个人信息,应当遵循合法、正当、必要的原则,明示收集、使用信息的目的、方式和范围,并经消费者同意。经营者收集、使用消费者个人信息,应当公开其收集、使用规则,不得违反法律、法规的规定和双方的约定收集、使用信息"。在"大数据杀熟"中,商家对消费者上网、购物等信息的收集和使用,明显超越了正当和必要的原则。2020 年 7 月 20 日文化和旅游部发布《在线旅游经营服务管理暂行规定》(中华人民共和国文化和旅游部令第 4 号,2020 年 10 月 1 日起施行),第十五条明确规定:在线旅游经营者不得滥用大数据分析等技术手段,基于旅游者消费记录、旅游偏好等设置不公平的交易条件,侵犯旅游者合法权益。这是我国第一次在法律(规章)上明确"大数据杀熟"的违法性。2021 年 2 月 7 日,国务院反垄断委员会发布《国务院反垄断委员会关于平台经济领域的反垄断指南》,明确具有市场支配地位的平台经济领域经营者,不得无正当理由对交易条件相同的交易相对人实施差别待遇,如基于大数据和算法,根据交易相对人的支付能力、消费偏好、使用习惯等,实行差异性交易价格或者其他交易条件,实行差异性标准、规则、算法,实行差异性付款条件和交易方式。

4.4.2 价格欺诈

价格欺诈是指经营者利用虚假或者使人误解的价格条件,诱骗消费者或其他买家与其进行交易的行为。价格欺诈的形式多种多样,根据我国《禁止价格欺诈行为的规定》(2001年发布)第六条、第七条,下列情况都属于价格欺诈:

标价行为方面(第六条):(1)标价签、价目表等所标示商品的品名、产地、规格、等级、质地、计价单位、价格等或者服务的项目、收费标准等有关内容与实际不符,并以此为手段诱骗消费者或者其他经营者购买的;(2)对同一商品或者服务,在同一交易场所同时使用两种标价签或者价目表,以低价招徕顾客并以高价进行结算的;(3)使用欺骗性或者误导性的语言、文字、图片、计量单位等标价,诱导他人与其交易的;(4)标示的市场最低价、出厂价、批发价、特价、极品价等价格表示无依据或者无从比较的;(5)降价销售所标示的折扣商品或者服务,其折扣幅度与实际不符的;(6)销售处理商品时,不标示处理品和处理品价格的;(7)采取价外馈赠方式销售商品和提供服务时,不如实标示馈赠物品的品名、数量或者馈赠物品为假劣商品的;(8)收购、销售商品和提供服务带有价格附加条件时,不标示或者含糊标示附加条件的;(9)其他欺骗性价格表示。

价格手段方面(第七条):(1)虚构原价,虚构降价原因,虚假优惠折价,谎称降价或者将要提价,诱骗他人购买的;(2)收购、销售商品和提供服务前有价格承诺,不履行或者不完全履行的;(3)谎称收购、销售价格高于或者低于其他经营者的收购、销售价格,诱骗消费者或者经营者与其进行交易的;(4)采取掺杂、掺假,以假充真,以次充好,短缺数量等手段,使数量或者质量与价格不符的;(5)对实行市场调节价的商品和服务价格,谎称为政府定价或者政府指导价的;(6)其他价格欺诈手段。

【案例4-10】 购物节"先涨后降"虚假促销

"双11"已然成为大家的购物狂欢节,各商家竞相宣传自己的优惠力度:原价999、现价399;全场五折,买二赠一……然而,看似力度巨大的价格促销,却可能暗藏玄机。据报道,去年(2015年)"双11"期间,有超过一半的促销商品出现了价格"先涨后降"的虚假促销情况。

张先生在一家大型电商平台看中了一口炒锅。网页上显示促销价2 266元,原价4 511元。看到这么优惠,张先生果断"出手"。炒锅买回家,张先生却发现炒锅在促销之前只卖2 000多元,标价4 511元的时候,根本没有人买过,这次所谓的促销属于虚标高价、"先涨价后降价"。张先生觉得上了当,就向自己所在地的市场监督管理局提交了举报材料,并诉至法院要求该平台退还货款并进行3倍赔偿。

价格欺诈是指经营者利用虚假的或者使人误解的标价形式或者价格手段,欺骗、诱导消费者或者其他经营者与其进行交易的行为。根据我国《价格法》《禁止价格欺诈行为的规定》等可知,虚构原价,虚假优惠折扣,诱骗他人购买的,都属于价格欺诈行为。其中"原价"是指经营者在本次促销活动前七日内在本交易场所成交,有交易票据的最低交易价格;如果前七日内没有交易,以本次促销活动前最后一次交易价格作为原价。也就是说,经营者必须在促销前七日内以标注的原价作为最低成交价格发生过真实交易,否则"先涨后降"的行为构成价格欺诈。

资料来源:潘洁莹."先涨后降"消费者可索3倍赔偿[N].工人日报,2016-11-12(005).

【案例点评】 价格欺诈是市场中比较普遍的违法和不道德行为,在上述案例中,商家标示原价4 511元完全属于"虚构",因而构成"价格欺诈"。所谓"原价",不是企业想怎么标就怎么标的,《中华人民共和国价格法》对于"原价"是有明确的要求,必须是促销前7日内有真实成交票据的最低交易价格,或者是促销前最后一次交易价格(当7日内没有交易时)。还有的商家号称"买一送一",却不标明"送的"其实是跟买的不一样的小号赠品;有的商家随意宣传"出厂价"却拿不出任何证据等等,都属于价格欺诈行为。价格欺诈行为违背了诚实信用的市场原则,扰乱了正常的市场秩序,如不严厉打击和控制,社会风气将严重恶化,市场交易成本将被恶意抬高。从消费者角度来说,价格欺诈欺骗和误导了消费者,是对消费者知情权的蓄意侵犯。《中华人民共和国价格法》第十四条第四项明确规定:"经营者不得利用虚假的或者使人误解的价格手段,诱骗消费者或者其他经营者与其进行交易。"

4.4.3 其他价格不端行为

除了价格歧视与欺诈,《中华人民共和国价格法》还罗列了其他的价格违法行为,比如第十四条中还包括如下不法价格行为:(1)串通操纵市场价格;(2)低价倾销;(3)捏造、散布涨价信息,哄抬价格;(4)采取抬高等级或者压低等级等手段,变相提高或者压低价格;(5)违法牟取暴利;(6)法律、行政法规禁止的其他不正当价格行为。

【案例4-11】 市场监管总局严查哄抬价格行为

2020年3月6日至7日,国家市场监管总局对东莞市大成过滤材料有限公司、中间商饶某、深圳市缤纷时尚运动用品有限公司等进行检查。经查,疫情发生前当地熔喷布市场价格在每吨2万元左右,东莞市大成过滤材料有限公司在上游原材料价格未明显上涨的情况下,2月底至3月初生产熔喷布5.5吨,将价格大幅抬高至每吨18万元向中间商饶某销售,而饶某又以每吨30万元的价格向深圳市缤纷时尚运动用品有限公司销售2.5吨、向江西安普康实业有限责任公司销售1吨,以每吨35万元的价格向江西省蓝康实业有限公司和江西鹰潭公司分别销售1吨。而深圳市缤纷时尚运动用品有限公司又将购入的熔喷布中的2吨以每吨45万元的价格销售给深圳市百力和纺织品有限公司。上述当事人涉嫌构成哄抬价格的违法行为,市场监管总局已依法对当事人立案调查。

3月9日,市场监管总局对深圳市恒艺数码印花有限公司进行检查。经查,当事人2月15日按期货方式以每吨9万元的价格购进一批进口熔喷复合无纺布(熔喷布BFE95),以每吨16.5万元的价格向安远县城投贸易有限公司销售4吨,以每吨17万元的价格向佛山市乐康防护用品有限公司销售2吨,以每吨26万元的价格向深圳环能石墨烯科技有限公司销售1吨。当事人涉嫌构成哄抬价格的违法行为,市场监管总局已依法对当事人立案调查。

3月9日,市场监管总局对东莞市得米纳米科技有限公司进行检查,经查,当事人以每吨10万元的价格从深圳市恒艺数码印花有限公司购入15吨进口熔喷复合无纺布(熔喷布BFE95),并约定双方平均分配加价倒卖所得利润,以每吨20万元的价格分别向东莞市佳积智能科技有限公司销售2吨、向东莞市优丝纺织品有限公司销售5吨、向巨一集团有限公司销售2吨、向滁州富洁卫生材料有限公司销售4吨、向杭州康泽亿科技有限公司销售2吨。当事人和深圳市恒艺数码印花有限公司涉嫌构成哄抬价格的违法行为,市场监管总局已依法对其立案调查。

市场监管总局有关负责人表示,这五起案件中,不法经营者层层加码,投机涨价,抬高熔喷布价格,涉嫌构成哄抬价格违法行为,市场监管总局依法对相关企业和个人立案调查。

资料来源:陈晨.哄抬熔喷布价格,严查![N].光明日报,2020-03-13(003).

【案例点评】 在2020年新冠疫情最吃紧的时候,爆发了大量"哄抬物价"的行为,不仅案例中的"熔喷布"一天一个价,"口罩"和"蔬菜"也都卖出了天价。比如北京济民康泰大药房有限责任公司丰台区某分店,由于平时网络售价仅143元的3M防霾口罩8511CN(N95口罩)(10只/盒)卖到了每盒850元,被北京市丰台区市场监管局罚款300万元。河北保定的某超市一颗包菜卖到37.98元,一颗正和牌花菜卖53.68元,一颗正和白菜卖47.27元等,最终被保定市市场监管局罚款200万元。上述哄抬物价的行为使我们想到了这些年不断出现的"姜你军"(姜)、"蒜你狠"(蒜)、"向前葱"(葱)、"豆你玩"(豆)、"糖高宗"(糖)、"苹什么"(苹果)等"囤货居奇、哄抬物价"的行为。哄抬物价是一种扰乱市场秩序的行为,容易引起消费者恐慌,并最终可能影响经济和社会的稳定。这类行为造成价格过高(不合理),因此侵犯了消费者的公平交易权。过高的价格推高了人们的生活成本,拉低了人们的生活水平,特别是将低收入的消费者置于非常不利的处境。从这一点来说,哄抬物价的行为也是不道德的。《中华人民共和国价格法》第二章第七条规定,"经营者定价,应当遵循公平、合法和诚实信用的原则";第十四条规定,"经营者不得捏造、散布涨价信息,哄抬价格,推动商品价格过高上涨"。《价格违法行为行政处罚规定》(2010年修正)第六条规定:"经营者违反价格法第十四条的规定,有下列推动商品价格过快、过高上涨行为之一的,责令改正,没收违法所得,并处违法所得5倍以下的罚款;没有违法所得的,处5万元以上50万元以下的罚款,情节较严重的处50万元以上300万元以下的罚款;情节严重的,责令停业整顿,或者由工商行政管理机关吊销营业执照。"

4.5 限制性消费

限制性消费是指经营者在消费者消费其商品或服务时设置一定限制性条件,以获得自身利益最大化。常见的案例主要是强制性捆绑销售和强制性消费。

4.5.1 强制性捆绑销售

捆绑销售是将两种或两种以上的、可以单独出售的产品捆绑起来进行售卖的销售和定价方式。一般包括以下几种形式:消费者购买产品A时,能以更优惠的价格购买到产品 B;产品 A 与产品 B 不单独标价,而是一起作价出售;产品 A 与产品 B 放在同一包装里出售。捆绑销售不全是消极的、违法的,不具有强制性的捆绑销售既可能提高产品销量,也能增进消费者福利。不道德的甚至可能违法的捆绑销售是强制性的捆绑销售。

【案例 4-12】 4S 店强制捆绑销售保险

车险强监管高压态势从未放松。新快报记者梳理发现,2019 年以来,银保监会已经先后下发多份文件加码车险监管,不仅叫停了 35 家保险机构的车险业务,并且向山西、浙江、安徽等多省地市级监管分局相继开出罚单。尽管监管部门三令五申严格禁止捆绑销售车险等金融产品,并开展 4S 店捆绑保险专项整治行动,但新快报记者近日走访广州多家 4S 店发现,新车捆绑销售保险的情况依然层出不穷。

"买保险也只是顺便的事,还有购车优惠,我们和太平洋保险、众诚保险等多家保险公司都有合作,选哪家公司都由你们来决定。"一家大型合资品牌 4S 店销售人员佟先生明确告诉记者,不管是按揭还是全款,新车保险都必须在 4S 店购买,这在全国都一样。

"如果你强势要求不在 4S 店购买车险也可以,但需要我们老总签名审批,而且无法享受厂家原本给的 7 000 元活动优惠价。"广汽传祺一家 4S 店销售人员文先生甚至对记者直言,客户在买车的同时必须在 4S 店购买车险,如果客户不在店里买保险,销售人员宁愿不卖这一台车。

新快报记者在走访中发现,上述两家 4S 店的做法并不是个案,记者随后走访的多家 4S 店,都明确要求新车车主必须在店内购买保险,这也是目前购车市场的"潜规则"。据汽车投诉网数据显示,2019 年上半年接到有效投诉 4 976 宗,关于销售问题的投诉高达 1 649 宗,占比 34%,呈现不断上升趋势,其中涉及购车搭售保险的不在少数。

资料来源:人民网. 4S 店捆绑销售潜规则:车险卖不出 宁愿不卖车[EB/OL]. http://industry.people.com.cn/n1/2019/ 819/c413883-31302692.html, 2019-08-19.

【案例点评】 对于有车一族来说,购买车险是必然的事。然而,消费者有权根据个人情况自主选择保险公司,有权自主决定投保的商业险别,有权决定如何以最少的钱买到最高的保障。汽车经销商利用"近水楼台"的机会,向汽车购买者推销其代理的保险,这本来是一件好事,对于汽车经销商来说,多了一笔买卖和收益,而对消费者来说则省去了单独购买保险的麻烦。然而,这一搭售的前提应该是买卖双方基于自愿,而非强制。强制捆绑销售(如上述 4S 店将购车与购保险捆绑起来进行销售)的行为无疑限制、侵犯了消费者的自主选择权,因为《中华人民共和国消费者权益保护法》规定"消费者享有自主选择商品或者服务的权利。消费者有权自主选择提供商品或者服务的经营者,自主选择商品品种或者服务方式,自主决定购买或者不购买任何一种商品、接受或者不接受任何一项服务。消费者在自主选择商品或者服务时,有权进行比较、鉴别和挑选。"另外,如果这种强制搭售的售价高于分开定价,那么这一行为还侵犯了消费者的公平交易权。在市场中我们也见到过诸如"牙膏牙刷"捆绑销售的例子(包装在一起),但这种行为并没有剥夺消费者的选择权,因为消费者可以选择只买其中的一个产品(有牙膏或牙刷单卖)。如果这种强制捆绑销售行为发生在具有市场支配地位的企业身上,那么这种行为还违反了《中华人民共和国反垄断法》(2007 年发布),因为该法第十七条第(五)项规定具有市场支配地位的经营者禁止"没有正当理由搭售商品,或者在交易时附加其他不合理的交易条件"。

4.5.2 强制性消费

这里所说的强制性消费,是除了"强制捆绑销售"之外的任何限制消费者选择权的行为,常见的如餐饮服务经营者收取"包间费",规定"最低消费""谢绝自带酒水"等。

【案例 4-13】 迪士尼强制性消费被告上法庭

2019年年初,上海华东政法大学大三学生小王携带零食进入上海迪士尼乐园时被园方工作人员翻包检查,并加以阻拦。小王认为园方制定的规则不合法,导致自己的合法权益受到侵犯,便一纸诉状将上海迪士尼乐园告上了法庭。

1月28日,小王花365元在网上买了一张迪士尼乐园一日游特价票,并于1月30日前往游玩。"在购买门票时,并未见到有'禁带食物'等相关提示。"入园前,小王花了40多元买了饼干等零食,均为未拆封、原包装食品。但在入口处,园方工作人员将小王拦下,要求对其背包进行检查。

据悉,双方当时发生纠纷,小王拨打了110,"跟警方做了笔录。回来后,这件事情并没有解决。"此后,小王还拨打了12345和12315投诉热线进行投诉。"他们告诉我,'禁止携带食物'这个规定是迪士尼乐园制定的,符合法律规定,我跟他们说这明显是违法的。后来也不了了之。"

在多次沟通、投诉无果后,小王委屈地在"小桌子"旁或是狼狈地吃下或是扔掉了自己购买的零食,"没办法,毕竟对方很强势,而且购买的票不能退。"

回校后,小王在上海迪士尼度假区官网的"游客须知"栏中,发现了园方工作人员所说的"规定":"不得携带入园的物品中包括食物。而在入园检查之前,我并没有获得任何相关的提示。"

中国青年报·中国青年网记者了解到,上海迪士尼刚开园时,"禁止自带饮食"的规定因受到公众广泛质疑仅停留在"禁止自带已开封、无包装饮食"阶段,当时上海迪士尼方面的解释是无包装、已开封食品存在食品安全隐患。

但从2017年11月15日起,上海迪士尼对入园游览的游客须知进行调整,比如规定"不得携带以下物品入园:食品、酒精饮料、超过600毫升的非酒精饮料",这与过去允许携带原始包装、密封、未开封及不需任何加工或处理即可享用的食品相去甚远。在上海迪士尼游玩一整天,如果是夏季、人多排队的情况下,游客只能花20元在园区内购买一瓶可乐。

2019年3月5日,小王向上海市浦东新区人民法院提请诉讼,在诉状中提出以下诉讼请求:(1)要求确认上海迪士尼乐园禁止游客携带食品入园的格式条款无效。(2)请求上海迪士尼乐园赔偿原告损失,包括原告在迪士尼乐园外购买却因被告知不合规则而被迫丢弃的食品的费用,共计46.3元。

资料来源:王烨捷. 上海迪士尼禁止自带饮食,被华政大学生告了[N]. 中国青年报,2019-08-14(003).

【案例点评】 上海迪士尼事件虽然以调解收场,但迪士尼的行为明显是不道德行为,甚至是违法行为。这主要表现在:(1)强制开包检查的行为侵犯了消费者的隐私权。即便是国际航班和出入国境,都只是在"电子安检设备报警"或高度怀疑所带物品的情况下,安检人员才会开包检查。很显然,上海迪士尼的行为超过了必要的限度,严重侵犯消费者的隐私。如果说迪士尼可以开包检查,那么购物中心、KTV、餐馆酒吧、办公大楼等,都可以以安全或其他理由对进出人员进行开包检查。(2)"禁止自带食品"侵犯了消费者的自主选择权。既然"餐饮经营者不能禁止消费者自带酒水"(最高人民法院表示,消费者在餐饮经营者提供服务时遭遇霸王条款产生纠纷,可适用《中华人民共和国消费者权益保护法》的规定。最高人民法院进一步指出,"禁止自带酒水""包间设置最低消费",均属于餐饮经营者利用其优势地位,做出的加重消费者责任的不公平、不合理的规定,违反了相关法律规定,属于霸王条款。消费者可以请求人民法院确认霸王条款无效),为什么迪士尼可以禁止游客自带食物?(3)根据中央电视台财经记者的调查,上海迪士尼乐园内的物价是外面的5～10倍(比如可乐20元一瓶),这明显侵犯了消费者的公平交易权("消费者权益保护法"对价格合理的规定),是属于《中华人民共和国价格法》禁止的"违法牟取暴利"的行为。2019年9月6日,在华东政法大学4名学生的司法诉讼以及媒体与网民共同的质疑声中,上海迪士尼终于在禁止游客自带食物入园问题上做出了妥协,对相关规定进行了调整。调整后,除去有刺激性气味、需要再加工的个别食品类目之外,大多数原来不许入园的食品饮料都不再受到限制。

4.6 信息骚扰与消费者隐私

信息骚扰与消费者隐私的侵犯是伴随着移动手机的兴起而出现的,信息骚扰的前提往往是消费者隐私(电话号码)的侵犯,因此,信息骚扰与消费者隐私的侵犯密切相关。

4.6.1 信息骚扰

信息骚扰是指经营者在未经接收者同意的情况下,单方面向接收者拨打电话或发送信息,干扰其正常生活的行为。从消费者角度看,这就是人们常说的垃圾短信和骚扰电话。从经营者的角度看,这是所谓的电话营销和短信营销。

【案例4-14】 短信营销"套路"多

基于移动互联网的各类应用极大便利了我们的吃穿住行,但同时也带来了不少让人烦恼的副产品。垃圾广告短信就是其中之一。

曾经购买过的网店上新品了、网约车平台有了新优惠、银行办信用卡送大礼……只有你想不到,没有垃圾短信发不到。其中,不少垃圾短信的发送者是一些闻所未闻的品牌或商家,他们能准确地报出你的网名或真名。显然你的个人信息又被"卖"了。

一眼看去,这些推销性质的垃圾短信似乎并没有那么"糟糕",大部分短信末尾都按照规定写明了用户退订的方法,例如"回复TD退订""退订回N"等。然而,与垃圾短信交手多了就会发现,其中的浑水之深,套路之多,超乎常人想象。

比如,某网约车平台,用户回复退订短信后,平台又换个号码锲而不舍地骚扰用户;某些商家所谓的退订方法完全无效,用户根本无法通过正常渠道退订;有的短信称"回复 T 即可退订",用户尝试了半天,竟发现要发送"复 T 即可"才能退订。跟"上帝"般的用户玩这样的文字游戏,简直令人怒不可遏。

资料来源:刘峣. 从垃圾短信退订说开去[N]. 人民日报海外版,2016-12-26(005).

【案例点评】 垃圾短信、骚扰电话(有时甚至是诈骗电话)是移动互联时代手机通信的副产品。在现实生活中,绝大多数人都不同程度地受到垃圾短信或骚扰电话的侵扰,推销保险的、卖房子的、放贷的、小孩培优的、炒股票的,等等,不一而足。随着国家加大对垃圾信息的治理,今天的垃圾信息跟过去相比的确少了很多,但还远没有达到令人清静的地步。垃圾信息首先是对消费者"受尊重权"的侵犯,因为《中华人民共和国消费者权益保护法》第十四条要求经营者保护消费者个人信息,而第二十九条第二款规定"未经消费者同意或者请求,或者消费者明确表示拒绝的,不得向其发送商业性信息"。其次,未经消费者同意发送垃圾信息的行为违反了工业和信息化部于 2015 年 6 月 30 日施行的《通信短信息服务管理规定》,其中第十八条规定"短信息服务提供者、短信息内容提供者未经用户同意或者请求,不得向其发送商业性短信息。用户同意后又明确表示拒绝接收商业性短信息的,应当停止向其发送","短信息服务提供者、短信息内容提供者请求用户同意接收商业性短信息的,应当说明拟发送商业性短信息的类型、频次和期限等信息。用户未回复的,视为不同意接收。用户明确拒绝或者未回复的,不得再次向其发送内容相同或者相似的短信息……"。

在面临垃圾信息侵扰时,消费者可以依照 2012 年 12 月 28 日第十一届全国人民代表大会常务委员会第三十次会议通过的《关于加强网络信息保护的决定》第八条的规定(公民发现泄露个人身份、散布个人隐私等侵害其合法权益的网络信息,或者受到商业性电子信息侵扰的,有权要求网络服务提供者删除有关信息或者采取其他必要措施予以制止)采取行动。2020 年 8 月 31 日,工业与信息化部在其官网上发布《通信短信息和语音呼叫服务管理规定(征求意见稿)》,征求意见稿要求短信息服务提供者、语音呼叫服务提供者应当建立投诉处理机制,公布有效、便捷的联系方式,受理并处置短信息、语音呼叫服务中涉及本单位的投诉。同时,征求意见稿明确,用户认为其受到商业性短信息或商业性电话侵扰,或者收到含有法律法规规定的禁止性内容的短信息或电话的,可向 12321 网络不良与垃圾信息举报受理中心进行投诉。

4.6.2 隐私侵犯

隐私是一个范围非常广的概念,一般是指不愿意让别人知道的个人信息,比如姓名、年龄、身份证号码、收入、住址、电话号码、电子邮件、银行账号或卡号、消费记录、上网账号和密码、身体状况等。在现实生活中,一些不良商家对消费者个人信息的过度收集、违法交易或者保管不力,导致消费者隐私权遭到严重侵犯。

中央电视台的 3·15 晚会也多次点名一些企业群发垃圾短信和非法收集、交易、利用消费者信息的问题(见表 4-4)。

表4-4　2012—2020年3·15晚会曝光信息骚扰与消费者隐私有关企业名单

年份	被点名企业	曝光原因
2012	中国电信	群发垃圾短信出售信息通道
	招商银行、工商银行	内部员工被曝兜售客户个人信息
	罗维邓白氏公司	兜售高端消费者信息
2013	高德地图	高德地图的位置共享服务会违规收集用户信息
	网易邮箱	网易可以看到用户的邮件内容,以此来分析用户习惯并发送精准广告
2015	中国移动、中国铁通	为骚扰电话提供各种支持
	联通	联通公司员工为完成开卡任务,偷留消费者信息重复激活开卡,再将卡卖给卡贩子,卡贩子卖给诈骗犯
2017	互动百科	虚假广告垃圾站
	郑州市科视视光技术有限公司	"三无体检队"以检查为名收集学生信息
2019	中科智联科技、壹鸽科技、陕西易龙芯科人工智能科技、秒嘀科技、智子信息科技、凌沃网络科技、声牙科技、碧合科技、财神科技、萨摩耶互联网金融服务、智子信息科技股份有限公司	智能机器人骚扰电话+大数据营销+探针盒子非法获取用户隐私
2020	上海氪信信息技术有限公司、北京招彩旺旺信息技术有限公司	利用SDK插件窃取用户隐私

【案例4-15】　信息遭泄露　消费者成"透明人"

刚生完孩子,卖奶粉的、做胎毛笔的就打电话来了;3年前买了房子,至今还不断有卖商铺、卖装修材料的人打来电话;在网上买了张机票,以后再去买,所有的信息人家都知道,能直接给你念出来;体检某项指标高,卖药的就打电话来了;淘宝上看了看珠子,所有网站的推荐都和珠子有关……

2014年,中国互联网协会曾做过一份关于互联网信息泄露可能性的问卷调查,其中91%的网民认为,自己的身份证和手机号曾经通过网络被公开过;超过80%的网民承认,自己的家庭住址、姓名和银行卡号遭到网络泄露;超过50%的网民确认其学历、医疗、体检记录、个人社会关系、工作单位、婚姻状况和地理位置等重要信息遭泄露。

资料来源:武晓莉. 我咋就成了透明人?[N]. 中国消费者报,2015-03-25(B02).

【案例点评】　在网络时代,由于一些商家对个人信息的过度收集、保护不力,甚至违法交易,导致我们成了"透明人"。对消费者个人信息的过度收集、使用和交易,侵犯了《中华人民共和国消费者权益保护法》有关个人隐私的条款,如第十四条规定消费者"享有个人信息依法得到保护的权利"。第二十九条规定"经营者收集、使用消费者个人信息,应当遵循合法、正当、必要的原则,明示收集、使用信息的目的、方式和范围,并经消费者同意。经营者收集、使用消费者个人信息,应当公开其收集、使用规则,不得违反法律、法规的规定和双方的约定收集、使用信息。经营者及其工作人员对收集的消费者个人信息必须严格保密,不得泄露、出售或者非法向他人提供。经营者应当采取技术措施和其他必要措施,确保信息安全,防止消费者个人信息泄露、丢失。在发生或者可能发生信息泄露、丢失的情况时,应当立即采取补救措施。"以及第五十条规定"侵害消费者个人信息依法得到保护的权利的,应当停止侵害、恢复名誉、消除影响、赔礼道歉,并赔偿损失"。违法收集、使用或交易公民个人电子信息的行为还违反了《关于加强网络信息保护的决定》。消费者个人信息或隐私被过度收集与泄露,容易滋生电信诈骗等各种犯罪活动,危害人们生命财产安全与社会稳定。针对消费者信息泄露问题,除了消费者自身要关注个人信息安全外,还需要商家主动承担信息保护的责任,不断完善"信息保护"的法律体系建设。目前,商家在信息泄露问题上担责并不大,发现问题后主要配合公安机关调查取证,协助定位信息泄露的源头。这种"轻责化"现状使得许多商家在信息收集时"大步前行",但信息保护却又"止步不前"。消费者信息泄露不仅是一个技术问题,更是一个监管问题,从法律层面,对商家责任和执法部门职责进行规范迫在眉睫。

本 章 小 结

本章主要从消费者权利的角度,介绍产品或服务市场中目前较为普遍存在的企业不道德行为同时也是违法的行为,主要包括产品(或服务)质量与安全、虚假广告与宣传、价格歧视与欺诈、限制性消费、信息骚扰与消费者隐私等。针对每一类具体问题,通过一个现实的案例材料,对其中主要存在的伦理问题特别是对消费者权利的侵犯进行剖析,以识别这类问题的危害性。值得指出的是,现实中企业侵犯消费者合法权利的行为远不止我们在本章中所讨论的这些类型,企业决策者需要认识到,对消费者合法权利的侵犯,坑害消费者的行为,最终只能是"搬起石头砸自己的脚",不仅会损害消费者利益,也会使企业失去生存和发展所必需的合法性,是一个"双输"的结局。

【本章思考题】

1. 请概述《中华人民共和国消费者权益保护法》所确定的主要消费者权利。
2. 从理论上讲,任何产品都无法做到100%的安全和可靠,你认为伦理角度的"不合理风险"是指什么样的风险?
3. 假冒与仿冒的区别是什么?
4. 请举出一个日常中你所见到的令你困惑或难以接受的产品广告。
5. 有人反对让转基因食品进入市场,有人力主转基因食品进入市场。你持什么样的观点?为什么?

【思考案例】 滴滴出行如何保障消费者各项权利?

紧随着网约车合法化而来的新闻就是,2016年8月1日,滴滴出行宣布与Uber(优步)全球达成战略协议,双方将相互持股,成为对方的少数股权股东。根据易观智库发布的2015年专车市场报告,滴滴、优步中国合并后,将占据93.1%的市场份额。如此之高的市场份额是否构成法律上的垄断暂且不说,面对三家变两家的网约专车市场,用户仅仅希望,补贴和安全,一个都不要少。

"我喜欢叫车服务,简直是太方便了。"住在北京郊区的姜维律师,每天要上下班或者出去办事,老婆孩子在美国。今年他卖掉了车,成了一个忠实的滴滴专车用户。

约车方便,价格合理,也正因如此,对于姜律师这样的用户来说,涨价就意味着长期多花钱,是他最不乐见的了。但事实上,滴滴优步合并后,各地均有乘客端涨价、司机端降低补贴的情况出现。在乘客端,涨价表现为乘车折扣取消、溢价情况更多以及分享的折扣券折扣明显降低等几个方面。姜律师的一位同学告诉记者:"他(姜律师)每天在群里发优惠券,我们也领着玩儿。但折扣明显少了,以前那种6折7折的,现在根本就没有了。"记者一看,果然都是9.7折、9.5折、9.3折的,优惠力度很小。

而在司机端,一名上海的滴滴司机曾在接受媒体采访时表示,自网约车新政出台后,滴滴也降低了对司机的补贴,以前每单最高奖励可达35元,现在每单奖励的上限是30元,高峰期间对司机端的补贴也降低了。

对于价格问题,滴滴方面表示,在相当长的时间内,作为市场推广的方式之一,针对乘客的红包补贴和司机的奖励将继续发放。而且,此前由于各个城市不同时期的市场和交通情况不同,各地具体的补贴和奖励状况也会根据市场情况波动和调整。

但伴随涨价、降低司机补贴而来的,是一些优秀的司机不再愿意做专车司机了,取而代之的是新手、外地司机等,而不安全、消费感受差等问题随之频繁出现。天津的滴滴司机杨先生说,专车司机赚钱主要靠补贴,但是过去满16单的接单奖励取消了,现在要满26单才会有奖励,早晚高峰的补贴也从1.5倍降到了1.3倍。杨先生说:"现在要比原来多跑4个多小时才能拿到补贴。假如以后收入再降低,就得考虑'跳槽'了。"

记者一位朋友前几天用优步约车,就碰上一个新手。"他显然是新手,不会看GPS、不系安全带、驾驶时长时间接电话,还当着那么多人边追边叫我给他好评价。"记者在广州叫的专车司机,自己说是番禺的,却一口河南口音。自己不认识路,为了省流量,居然建议记者帮他导航。

网约车安全性问题并不是合并的结果,但合并之后出现的外地司机、新手司机增多,审核难度增大等后续问题,无疑给专车安全雪上加霜。

北京的李女士给记者讲了这样一个觉得后怕的经历。

她5月去广州花都出差。晚饭后,她在酒店通过滴滴平台约了一辆出租车,但来酒店接她的出租车号牌和平台显示的车号完全不一样,司机称今天车限号,等上车后她才意识到出租车不限号的,自己可能上了辆冒牌车。车到目的地后,司机也没有主动给发票。

同样情况,李女士在约滴滴快车时也曾遇到过两次,司机的回答都是一样:今天的车限号,开的是另外一辆车。作为乘客的她非常担心,"司机在注册时用一套资料通过审核,而实际情况很难有人知晓。一旦出现问题,后果很难设想。"近日就有报道称,深圳的刘先生去注册网约车时,才发现自己的车牌号已经被人冒用注册过了。而这样的情况在重庆、长沙、广州等地均有出现。

目前网约车暴露出的最大问题就是乘客安全问题。李女士认为,虽然新规对网约车驾驶员的准入资格做出一系列明确规定,如果不加强管理,即使有审核,也容易形同虚设。在安全管理方面,作为新兴业态的网约车不应成为法外之地。

滴滴和优步中国合并后,是否可能在未来提高价格?会不会操纵市场价格?消费者的普遍担心,看上去正在变成现实。

资料来源:武晓莉. 网约车,补贴和安全一个都别少[N]. 中国消费者报,2016-08-18(001).

【案例分析题】

1. 消费者(乘客)乘坐"网约车"时拥有什么样的权利和义务?
2. 针对女性乘客在打车过程中出现的不安全和隐私侵犯等问题,滴滴等网约车平台应该承担什么样的责任?
3. 你认为滴滴等打车平台应该如何平衡消费者、司机以及平台自身的利益?
4. 请对比分析"美国优步(Uber)"与"滴滴"在保障乘客安全和利益方面所采取的措施。

【趣味测试】

道德自我评估测试

下面是关于个人道德的自我评估测试题(世界银行道德知识评估测试):
1. 私营部门应该把重点放在利润最大化而不是其他目标上吗?
2. 私营部门是否应该关注对公民的影响?
3. 组织的道德规范与公司的使命宣言是同样的吗?
4. 合理的道德商业行为是否有利于奠定利润基础?
5. 组织重视道德是否会夺走投入在其他更有利可图的途径中的资源?
6. 财务业绩是决定投资者收益的主要因素吗?
7. 成为一个有道德的人就足以成为一个"好的"管理者吗?
8. 即时媒体和全球新闻的兴起是否对商业道德行为产生了影响?
9. 员工能否仅凭良心做出合理的道德决定?
10. 为员工举办的道德培训讲座是否会影响他们的道德决策?
11. 人们的道德行为是因为他们个人的道德完整性吗?会受到外部环境影响吗?(如国家或雇主)
12. 组织领导的承诺对营造道德氛围有多重要?
13. 组织能够完全合法地遵守它所有的决定,然而仍然是不道德的吗?
14. 组织应该向外界披露不道德的事件吗?
15. 组织应该对其员工的不道德行为负责吗?
16. 既然高级管理人员对他们公司的"道德行为"负有主要责任,那么董事会是否承担了很多责任?
17. 组织伦理计划的主要焦点应该是遵从法律吗?

第 5 章

内部管理中的企业伦理

学习目标：通过本章的学习,可以了解员工所拥有的权利,以及企业在对员工的管理中常见的不道德行为表现。

关键概念：员工权利；就业歧视；工作场所安全；劳动报酬问题；休息权问题

【开篇案例】　　　　　从网易裁员看劳资关系

2019年11月24日,《网易裁员,让保安把身患绝症的我赶出公司,我在网易亲身经历的噩梦》一文在社交平台流传。文章称自己在网易游戏遭遇多种不公平待遇。文中,作者称其查出患扩张型心肌炎后,被公司 HR(人力资源,人事)以一系列威胁和算计行为对待,如：被告知如果要拿 N+1 的离职补偿,会对下一份工作非常不利；被撤掉工位,被踢出工作群；被 HR 告知如果再不请年假,就会被算成旷工；考勤记录平白多出了4次早退记录,被早退；HR 和 HR 总监变相威胁要让保安来清点其个人物品等。文章直指网易在当事人绩效并不差的情况下,对身患绝症的当事员工进行"暴力裁员",并让保安强行将其赶出公司。

根据被开除员工在文中所称,自己2014年从上海交大毕业后就进入网易工作,2019年从网易"离职"时岗位是游戏策划,为正式员工。而在2019年1月底,他被确诊为扩张型心肌炎,医生称几年之后只能靠心脏移植来续命。3月底,这位员工的主管找其谈绩效,说这次准备给他评D绩效。但这名员工表示,自己在组内业绩排名稳定在第二。在随后"被逼离职"过程中,他称曾被威胁"影响下一份工作"(通常企业会询问新员工在上一家公司的表现)。他在文章详述了主管和人事部门相关人员对其进行威胁和逼迫的行为,主管甚至隐晦表达其如果不签字,"接下来就是保安和IT人员的事了"。

网易方面则表示,今年3月底,这位前同事的主管因绩效原因向其提出解除劳动合同。这名员工在文章中展示的"业绩排名",实际为工作量排名,不完全反映工作质量。经复核,其绩效确不合格。但网易表示,此时该主管并没有充分尽责地了解其患病情况。

网易方面还称,在该员工申请的3个月病假期间,公司按时发放了病假工资,并在今年9月19日,一次性给予其 N+1 的补偿。网易方面还称："反思我们的沟通和处理过程,相关人员确实存在简单粗暴、不近人情等诸多不妥行为。对此,我们向这位前同事和他的家人,以及因此受到影响的同事和公众致歉——对不起,我们做错了。"

近期,网易多次被爆出裁员新闻。虽然员工在绩效方面是否合格尚无定论,但不少网友还是倒向了这名员工。网易声明称,将建立对离职员工的沟通及关怀平台。

资料来源：[1] 车辉. 网易前员工发文称企业"暴力裁员"[N]. 工人日报,2019-11-26(001).
[2] 赵语涵. 重症员工竟被"暴力裁员". 北京日报,2019-11-26, http://yuqing.people.com.cn/n1/2019/1126/c209043-31474330.html.

员工是企业最基本和最重要的利益相关者之一。员工出卖劳动力，企业主支付工资，双方形成现代企业中最基本的一组契约关系：劳资关系。由于劳资双方力量的不平衡，因此劳资关系常常呈现不平衡和不和谐，主要表现为力量强势的"资方"对弱势的"劳方"权益的侵犯。正如开篇案例中所显示的，员工可能在绩效评价、离职赔偿等方面面临着企业的不公。尽管从契约双方来看，企业也可能面临来自员工的不当行为的伤害（如贪污受贿、公物私用、磨洋工等），但考虑到双方势力的不平衡性以及本书的主旨，我们这里只考察企业针对员工（包括潜在员工）的不道德行为。

5.1　员工权利概述

5.1.1　雇员、雇主与雇用关系

雇员与雇主是一组相伴概念，有雇员就一定有雇主，反之亦然。雇员是指受雇于个人、企业或其他组织，由雇主提供工作场所、劳动工具和劳动报酬，按照雇主要求向其提供劳动和服务的人员。通常意义上的雇员是指除所有者之外的组织成员，包括管理人员和普通员工。管理层是雇员阶层中比较特殊的群体，他们的话语权比普通员工要高很多，他们代理所有者对公司或组织进行管理。雇主则是雇员的对立面，是购买雇员劳动和服务的人员或组织。在经济组织中，雇主是企业的所有者。雇主与雇员之间形成的劳动契约关系即为雇用关系。由于雇主与雇员之间权利不平衡，因此，为了维护自身利益，雇员通常会联合起来，形成"工会"，以增强自身讨价还价的能力。各个国家的政府也鼓励员工通过工会组织维护自身权益。

在雇用关系中，伦理问题是相互的，既存在雇员对雇主的道德责任，也存在雇主对雇员的道德责任。雇员可能对雇主采取不道德的行为，比如偷盗（通常所说的白领犯罪类型之一）、职务侵占、受贿、泄露公司秘密、公物私用、磨洋工、不服从管理等。反过来，雇主或企业也可能对雇员采取不道德行为，比如故意拖欠工资、强制加班、性骚扰等。在本章中，我们将讨论企业针对雇员包括潜在雇员（求职者）的不道德行为，这既是因为在雇用关系中雇员往往是弱势的一方，更是因为本章的主旨在于讨论企业内部管理中的伦理问题。

与商业伦理领域的其他问题一样，在雇用关系中，伦理管理的核心问题是维护公平、正义和利益相关方的平等权利。雇主与雇员的伦理关系建立在雇用契约基础上。因此，讨论雇主和雇员的伦理关系及道德责任时，通常都强调对契约的尊重和遵守，而他们相互责任的底线被设定为契约责任。

5.1.2　员工的基本权利

在雇用关系中，员工在履行责任的同时，也享有相应的权利。笼统地说，雇主有责任公平和公正地对待雇员，维护雇员的尊严和自由权利。所谓公平和公正，主要是避免一切

不合法的歧视，包括不因年龄、性别、种族、宗教、政治信仰、社会观点的不同而遭受歧视性待遇，也不因个人健康、相貌等原因遭受差别化待遇。公平和正义还反映在雇员有权获得与其劳动相称的薪酬及人道待遇，其薪酬福利应与雇员的能力相一致，并能支持其达到并保持与社会其他成员相一致的生活水平。从根本上说，这不仅是雇主对雇员的责任，也是企业长期竞争力之所在。按照美国总统产业竞争委员会对"竞争力"的解释，所谓"竞争力"不仅是要在全球市场上向顾客提供满意的产品和服务，而且也要能够不断地改善雇员的福利，包括持续增长的工资薪酬和良好的工作环境，以使雇员获得"人类"的尊严和幸福感。

《中华人民共和国劳动法》①明确要求企业、组织或单位应依法维护劳动者权利，不得侵犯劳动者正当合法的权益。《中华人民共和国劳动法》第三条明确指出了劳动者所拥有的权利：劳动者享有平等就业和选择职业的权利、取得劳动报酬的权利、休息休假的权利、获得劳动安全卫生保护的权利、接受职业技能培训的权利、享受社会保险和福利的权利、提请劳动争议处理的权利以及法律规定的其他劳动权利。因此，在雇用关系中，员工的权利可以总结为以下七大项：(1) 平等就业择业权，(2) 合法休息休假权，(3) 劳动报酬权，(4) 劳动安全卫生保障权，(5) 职业技能培训权，(6) 社会保险与福利权，(7) 提请劳动争议处理权（见表5-1）。在我国实践中，涉及前四项权利的争端或纠纷比较突出，这也是我们随后的内容要重点讨论的。

表 5-1　法律视角的员工权利

员工主要权利	2018年新修订版《中华人民共和国劳动法》具体阐释
平等就业择业权	第十二条　劳动者就业，不因民族、种族、性别、宗教信仰不同而受歧视。 第十三条　妇女享有与男子平等的就业权利。在录用职工时，除国家规定的不适合妇女的工种或者岗位外，不得以性别为由拒绝录用妇女或者提高对妇女的录用标准。
合法休息休假权	第四十三条　用人单位不得违反本法规定延长劳动者的工作时间。
劳动报酬权	第五十条　工资应当以货币形式按月支付给劳动者本人。不得克扣或者无故拖欠劳动者的工资。
劳动安全卫生保障权	第五十二条　用人单位必须建立、健全劳动安全卫生制度，严格执行国家劳动安全卫生规程和标准，对劳动者进行劳动安全卫生教育，防止劳动过程中的事故，减少职业危害。 第五十四条　用人单位必须为劳动者提供符合国家规定的劳动安全卫生条件和必要的劳动防护用品，对从事有职业危害作业的劳动者应当定期进行健康检查。
职业技能培训权	第六十八条　用人单位应当建立职业培训制度，按照国家规定提取和使用职业培训经费，根据本单位实际，有计划地对劳动者进行职业培训。从事技术工种的劳动者，上岗前必须经过培训。
社会保险与福利权	第七十八条　社会保险基金按照保险类型确定资金来源，逐步实行社会统筹。用人单位和劳动者必须依法参加社会保险，缴纳社会保险费。
提请劳动争议处理权	第七十七条　用人单位与劳动者发生劳动争议，当事人可以依法申请调解、仲裁、提起诉讼，也可以协商解决。调解原则适用于仲裁和诉讼程序。

---

① 《中华人民共和国劳动法》1994年通过，2009年第一次修正，2018年第二次修正。下文所提到的《中华人民共和国劳动法》均指2018年修正的《中华人民共和国劳动法》。

尽管《中华人民共和国劳动法》对企业员工或劳动者权利提供了较为全面的保护，但我们也应该看到，企业规避法律的行为仍然值得引起重视，比如就业中的学历歧视、年龄歧视、地域歧视等，以及高科技企业中的所谓"996问题"等。

5.2 就业歧视

就业歧视是指没有法律上的合法目的和原因而基于种族、肤色、宗教、政治见解、民族、社会出身、性别、户籍、残障或身体健康状况、年龄、身高、语言等原因，采取区别对待、排斥或者给予优惠等任何违反平等权的措施侵害劳动者劳动权利的行为。

在我国市场中，就业歧视现象屡见不鲜，如招聘中要求"35岁以下""不招河南人/湖北人""非少数民族优先""乙肝、艾滋病等传染病者除外""仅限男/女性""外貌气质佳""身体健康无残疾""985/211优先""未婚优先""男175以上，女160以上"等等。除了个别确因工作需要而需要设立限制条件，其他基本上都涉嫌歧视。

5.2.1 户籍或地域歧视

户籍或地域歧视是指基于劳动者的户籍或出生地（或房产所在地）而给予区别对待。户籍或地域歧视主要有两种：一是城市歧视农村，要求劳动者有城市户口；二是本地歧视外地，要求劳动者有本地户口或住房。这一就业歧视的根源在于我国的户籍制度，强制将人口分为农业户口与非农业（城市）户口，并限制人口的流动。各个地方特别是大城市政府为了保护当地居民，促进当地就业，慢慢地形成了排斥外地民工或外地人的歧视性就业政策，造成了劳动力市场的分割。

【案例5-1】 就业户籍歧视

2019年7月，河南南阳女孩小闫向浙江喜来登度假村投递简历被拒绝，招聘网站上不合适原因一栏赫然写着"河南人"。事件一经曝出，便引发舆论震动。对此，小闫认为其受到了地域歧视，愤怒的小闫将浙江喜来登度假村告上法庭。

11月26日，"河南女孩应聘遭拒案"在杭州开庭，法院当庭宣判被告浙江喜来登度假村有限公司向原告小闫赔偿精神损失费9 000元，公正维权费1 000元，口头赔礼道歉，并在《法制日报》书面向小闫赔礼道歉。

只因是"河南人"，23岁的小闫在职场应聘中便被用人单位直接"踢出大门"。浙江喜来登度假村有限公司这种以地域标签录用工作人员的做法，堪称赤裸裸的地域歧视，被法院依法判决赔偿求职者精神损失费并赔礼道歉，可谓咎由自取。法院的判决表明，地域歧视不仅有违人伦道德，也僭越了法律的底线。这对于那些热衷于以地域标签招录工作人员的企业来说，无疑是一个沉重的警示。

资料来源：[1] 人民日报. 反对"地域歧视"只靠司法维权还不够 [EB/OL]. https://baijiahao.baidu.com/s?id=1651328630427004863&wfr=spider&for=pc,2019-11-27.

[2] 北京青年报. 法律就应对地域歧视坚决说"不" [EB/OL]. http://epaper.ynet.com/html/2019-11/27/content_342768.htm?div=-1,2019-11-27.

【案例点评】 就业中的户籍或地域歧视在我国非常普遍，由来已久，只是随着人们维权意识的提高,这一现象才开始受到大家的关注。毫无疑问,在对应聘者的其他相关能力素质进行考察前,单凭户籍或出身地域这一与岗位职责丝毫无关的指标,就将部分求职者拒之门外,是一种歧视行为,侵犯了应聘者的平等就业择业权。目前的《中华人民共和国劳动法》只是对劳动者的平等就业择业权做了笼统的概述(第三条),在具体表述上没有涵盖户籍或地域歧视(第十二条)。但我国2005年就批准了国际劳工组织《1958年消除就业和职业歧视公约》,按照该公约,凡是基于种族、肤色、性别、宗教、政治见解、民族血统、社会出身7种情况对求职者或雇员进行差别对待,都属于就业歧视。基于地域或户籍的就业歧视应该属于"社会出身"歧视。值得指出的是,这种基于户籍或地域的歧视行为不仅仅发生在就业领域,在教育、社会保障、婚恋等领域,基于户籍或地域的歧视同样不可忽视。比如,某些大城市的女孩要求男方必须拥有当地户口,否则免谈。这种基于户籍或地域的歧视,造成了人为的社会撕裂,破坏了社会的和谐,需要引起各方重视。

5.2.2 性别歧视

1958年国际劳工组织通过的《关于就业和职业歧视公约》中首次提出,"就业中的性别歧视"就是基于性别的任何区别、排斥或特惠,"其后果是消弭或损害就业方面的机会平等或待遇平等"。《中华人民共和国劳动法》第十三条特别强调了妇女享有和男子平等的就业权利,在录用职工时,除国家规定不适合妇女的工种或岗位外,不得以性别为由拒绝录用妇女或提高对妇女的录用标准。然而在现实中,就业中的性别歧视仍然比比皆是,特别是针对女性的就业歧视,尽管针对男性的就业歧视也可能发生。性别歧视主要表现在两个方面:一是在就业或求职过程中存在性别歧视;二是在职人员在薪酬、晋升通道等方面存在性别歧视。

(1)求职中的性别歧视

在就业市场上,明确限制性别的招聘广告比比皆是。很多对性别的限制,并非是基于工作性质(比如力气活、妇产科医生等)的需要而设定的,而是因为刻板印象或避免责任而做出的限制。比如,许多用人单位为了回避《中华人民共和国劳动法》所规定的不得解雇怀孕以及哺乳期妇女的规定,不愿意雇用女性,或者在雇用时对男女求职者采取不平等的标准。许多单位虽然表面没有对性别作出限制,但是一进入面试程序就"男性优先"。这种不是基于工作性质而设定的性别限制,就构成了性别歧视。

【案例5-2】 生育歧视几时休

"我们可以录用你,但做这个工作要扛机器、拍片子,你5年内不能要孩子。"刚毕业的新闻学研究生张纯在面试西部某省级中医院宣传部的一份工作时被如此要求。

"这简直就是就业歧视、生育歧视!"张纯气愤地说,招聘时用人单位还曾明确表示想招男生,"但当时没人报名,不得不录取我"。

时值毕业季,不少应届毕业女生有与张纯类似的经历。2019年5月20日,北京市人社局发布《关于进一步加强招聘活动管理促进妇女就业工作的通知》,直指就业歧视中的种种现象,通知明确要求引导用人单位和人力资源服务机构在拟定招聘计划、发布招聘信息、招用人员过程中,不得性别优先,不得将限制生育作为录用条件。

2019年2月21日,人社部等九部门发布《关于进一步规范招聘行为促进妇女就业的通知》(以下简称《通知》),要求各单位在招聘过程中,不得限定性别(国家规定的女职工禁忌劳动范围等情况除外)或性别优先,不得以性别为由限制妇女求职就业、拒绝录用妇女,不得询问妇女婚育情况,不得将妊娠测试作为入职体检项目,不得将限制生育作为录用条件,不得差别化地提高对妇女的录用标准。"我国现有法律法规虽然明确禁止就业性别歧视,但尚缺乏对就业性别歧视概念的界定和具体歧视行为的列举。"在中国政法大学人权研究院刘小楠教授看来,上述通知进一步明确就业性别歧视行为,通过列举"六不得"进一步明确了就业性别歧视判定标准。尤其是针对现实中普遍存在的问题,明确规定"不得询问妇女婚育情况""不得将妊娠测试作为入职体检项目"等,对现行法律作了进一步明确解释,将有助于缓解当前基于婚育状况的就业歧视。

资料来源:刘言,顾航瑜. 生育歧视几时休[N]. 中国青年报,2019-7-4(01).

【案例点评】 在现实生活中,求职者因为性别原因而被拒之门外的现象屡见不鲜,一些企业甚至在求职者男女双方诸多素质存在较大差别的情形下,仅靠性别来录用员工。企业不是基于工作性质原因设定的性别限制,不管是"明的"还是"暗的",都是对求职者的平等就业择业权的侵犯。对女性求职者来说,就业过程中遭受的性别歧视尤为严重。这种对女性性别的就业歧视可能产生严重的社会后果。首先,性别歧视会增加女性就业压力和就业成本,造成女性人力在某种程度的浪费。其次,就业过程中屡屡受挫会影响女性心理健康,导致部分女性求职者产生焦躁烦闷、对社会不满甚至其他心理问题。再次,就业中的女性性别歧视,可能会加重一些地方早已存在的"重男轻女"现象,导致出生人口性别比率的失调。最后,性别歧视违背了我国一直提倡的男女平等的基本国策(《宪法》对男女平等有明确规定),不利于创建公平、公正、和谐的社会环境。

(2) 职场中的性别歧视

除了在求职过程中可能遭遇性别歧视,很多女性职场人士还可能遭遇薪酬、晋升、岗位调整等方面的性别歧视。同样的职位或工作,女性的薪酬可能比男性低;女性获得晋升的机会比男性少。还有一些私营企业在女职工孕期采取"变岗变薪"的方法侵害女职工的合法权益。

【案例 5-3】 "管道泄漏"和"玻璃墙":女性 CEO 长成之障碍

国际劳工组织近日发布的一份报告指出,当女性在高层管理职位中占30%时,性别多样化的益处就开始累积,可以提高利润,且更容易吸引人才。而这30%的临界值,通常被认为是妇女代表权开始影响一个机构及其决策的临界点。劳工组织这份题为《商业与管理中的女性:变革的商业案例》的报告指出,约60%的企业没有达到这一目标。而导致女性高层比例低的因素,除要求"任何时间、任何地点"都待命的企业文化这一重要原因外,还有不可忽视的"玻璃天花板""管道泄漏""玻璃墙"问题。

对于阻碍妇女获得上层职位的无形障碍"玻璃天花板"这一概念我们并不陌生,也多有分析和批判,而对"管道泄漏"和"玻璃墙"则少有总结和研究,重视不够。而后两者是导致"玻璃天花板"的直接因素之一。

"管道泄漏",指妇女比例随着管理职级升高而下降。麦肯锡公司 2017 年报告发现,全球女性晋升的可能性比男性同行低 18%,因为女性过早落后,并在升职的每一步都失去了基础。那么,如何破除这一现象?"九层之台,起于累土"。企业应有意识和严格地确保平等的招聘和晋升待遇标准,培植高层管理女性的产生土壤,即提高中级、初级管理人员、普通职工中女性比例,使女性职业道路在早期阶段不会出现歧视。劳工组织调查表明,当企业拥有更多女性员工时,她们更有可能拥有女性CEO。当整体劳动力处于性别平衡状态时,即男女比例为40%~60%,女性在中、高级和高层管理职位的代表性可能更好。而在接受调查的约一半公司中,妇女在初级管理人员中的比例不到1/3,这意味着无法向高级管理层输送需要的人才。同时调查表明,全球超过73%的企业拥有平等机会或多样性和包容性政策,但现有的研究表明,至少在统计上,这些政策并没有发挥作用。

"玻璃墙"概念描述了女性管理者倾向于集中在被视为战略性较低的领域,从这些职位上升为首席执行官和董事会成员的可能性较小。"玻璃墙"阻碍了女性通向顶部的通道。劳工组织调查发现,女性和男性集中在不同的管理职能上。妇女在支持管理职能,如人力资源、财务和行政方面的代表人数过多。同时,男性在运营、研究和开发以及损益管理职能方面的代表人数过多,这些职能被认为是企业更具战略意义的职能,通常是CEO或董事会级别职位的跳板。这证实了所谓的"玻璃墙"导致了管理职能的性别隔离,限制了企业能够利用的女性人才库来填补高管和首席执行官的职位。在招聘和晋升过程中,这种性别划分的管理职能引发了可能的性别定型问题。研究还表明,性别分工开始的时间早于管理层。

开展研究并提供妇女领导力解决方案的全球组织Catalyst称,在美国,女性在科学研究和发展领域的工作岗位不到1/3。此外,女性更难进入和更容易退出技术密集型业务角色。在加拿大,只有5%的科技公司有女性创始人或女性首席执行官,53%从科技行业起步的女性最后离开选择了其他行业,相比之下,男性的这一比例是31%。劳工组织调查发现,拥有女性首席执行官,女性担任战略中高级管理职务的可能性更高;当董事会由女性担任主席时,也观察到了积极的影响。相反,当董事会成员都是男性时,企业就不太可能让女性担任组织战略职能的中高级经理。

资料来源:于怀清."管道泄漏"和"玻璃墙",女性CEO长成之障碍[N].中国妇女,2019-6-19(007).

【案例点评】 职场中的性别歧视是一个全球性问题,比如2019年3月美国旧金山招聘公司Hired发布的研究报告(基于对全美2 600名技术人员的调查)显示,美国科技圈内超过半数女性的薪酬低于与她们从事同样工作的男性。美国科技行业平均性别薪酬差距为3%,但Hired的研究显示,LGBTQ(女同性恋、男同性恋、双性恋以及跨性别)女性的这一差距上升到8%,而西班牙裔女性的薪酬比白人男性低9%,非洲裔女性的薪酬仅为他们公司中白人男性的89%。Hired的报告称,美国科技圈65%的女性感到在工作场所受到歧视。2021年3月8日智联招聘发布的《2021中国女性职场现状调查报告》称,我国职场女性的工资比男性平均低12%,但已经较前2次调查的23%和17%进一步收窄。职场中的这种性别歧视,首先侵犯了女性员工依法享有的"公平报酬权"(《中华人民共和国劳动法》第四十六条要求工资分配应当遵循按劳分配原则,实行同工同酬)。而在职业晋升中的性别歧视,尽管我国的"劳动法"中没有特别规定,但《1958年消除就业和职业歧视公约》第一条中对此有明确规定,"基于种族、肤色、性别、宗教、政治见解、民族血统或社会出身等原因,具有取消或损害就业或职业机会均等或待遇平等作用的任何区别、排斥或优惠"都属于"歧视"。在国家大力提倡男女平等的今天,职场中的性别歧视严重威胁到女性员工的心理健康,增加了社会结构的脆弱性,危害社会和谐,是不可接受的。

5.2.3 年龄歧视

就业年龄歧视指的是劳动者由于年龄原因,在就业、劳动条件等方面受到不平等的对待。就业年龄歧视广泛存在于从招聘到入职再到离职的各个阶段,在招聘、试用期、考核、升职、调职或培训、劳动合同条款和条件、裁员、退休政策及申诉程序等方面给予差别待遇。在当今就业形势日益严峻、就业竞争日渐激烈的情况下,越来越多的人群遭遇年龄歧视的问题。年龄歧视已经发展成为一个影响最大的、波及人群最广的歧视现象。

在国内,经常可以看到有关年龄的限制性条件,比如招收文秘人员,一般要求女性,年龄在22～28岁。很多用人单位在招聘信息中明确标明报考的年龄限制,有的在官方网站挂出报考年龄:"研究生学历的年龄必须在35周岁以下,本科学历的年龄必须在30周岁以下。"有的甚至要求研究生学历的年龄必须在28周岁以下,本科学历的年龄必须在25周岁以下,这些现状显示了高校"大龄"毕业生在职场的"尴尬"境地。而事实上,这些年龄界限既无合理性又无合法性,既无伦理依据又无法律依据,只能理解为是"霸王条款"。

除了在招聘条件和面试环节设置年龄障碍,社交媒体正在把问题变得隐蔽化和复杂化。美国威瑞森电信公司通过社交网络"脸书"(Facebook)发布了一则招聘财务规划分析师的广告。广告中,一位漂亮的妙龄女郎面带微笑,用甜美的嗓音告诉人们,这份工作回报有多么丰厚。如果你能看到这个广告,那么恭喜你,你的年龄一定在25～36岁之间,住在或最近去过华盛顿,而且对金融感兴趣。任何一个不符合以上条件的人,都被排除在威瑞森公司招聘广告的受众之外。因此,大多数脸书用户是看不到这则广告的。针对目标客户精准投放信息是脸书的基本商业模式,在招聘中针对特定年龄人群投放广告,有"对年长者不公平"的嫌疑。涉嫌年龄歧视的不只是威瑞森一家公司,根据非营利新闻机构ProPublica和美国《纽约时报》的调查,亚马逊、高盛及脸书等位于全球500强前列的公司都做过这样的广告。

【案例5-4】 面对年龄歧视,你该怎么办

美国《赫芬顿邮报》指出,在35岁以上的人群中,年龄是找工作的最大障碍。45岁以上的人,有2/3遭遇过年龄歧视。如果从事科技或文娱行业,受到年龄歧视的可能性会更大。在硅谷,那些"资深"职场人士"就像又冷又硬的烤面包一样,无人问津"。

2016年7月,谷歌被告上法庭。据福克斯新闻网报道,原告是"在美国申请过谷歌工程师职位并进入面试环节,但最终被拒的40岁以上人士"。

罗伯特·希思是原告之一。2011年,60岁的他应聘谷歌软件工程师职位。他认为以自己多年经验完全能胜任该职位,面试官对他的评价也很好,但谷歌并未聘用他。50岁的程序员谢丽尔·菲利克斯也是原告之一,她说自己参加过4次谷歌的面试,申请过4个不同的职位,然而一个也没录用她。

"像他们这样完全胜任求职岗位却因年龄而被谷歌拒绝的人还有很多。"原告律师丹尼尔·凯琴告诉福克斯新闻网。起诉书指出,根据美国劳工部统计,美国程序员的平均年龄是43岁,而谷歌员工的平均年龄只有29岁。

"在Hubspot,员工的平均年龄是26岁,"曾为Hubspot效力的丹·里昂告诉英国《每日邮报》,"公司首席执行官曾公开表示,他更愿意招聘千禧一代,并打算改变公司文化迎合年轻人。在年龄歧视问题上,这些科技公司连装都懒得装一下。硅谷每个人都了解这一点,也接受这一点。"

里昂认为,公司喜欢雇用年轻人是因为他们"劳动力相对廉价,一般没有家庭或其他负担,可以成天围着工作转"。而且员工越年轻,身体就越好,公司开销也越低。

资料来源:胡文利. 面对年龄歧视,你该怎么办[N]. 青年参考,2018-4-4(08).

【案例点评】 年龄歧视是就业市场和职场中的一个复杂问题,一个人的年龄与他的经验和阅历有关,也与他的体力、精力和创造力有关。因此,企业在招聘研发人员时设定某一年龄要求具有一定的合理性,特别是互联网和高科技企业。不合理的年龄限制是那些与工作性质无关的年龄要求。比如,招聘一个普通的文员,将年龄限制在诸如28岁以下就具有不合理性,因为没有任何证据或理由证明一个年龄超过28岁的求职者不能胜任一个普通文员的工作。又如一些航空公司在招聘空乘人员如"空姐"的时候,对年龄、身高、长相等设置很高的标准,这也是典型的歧视。就年龄而言,没有任何证据说明年轻的空乘比年长的更胜任工作。也许航空公司说年轻、漂亮有助于提升公司形象,但实际情况可能并非如此,比如,一些美国的航空公司就通过雇用年龄偏大的空乘人员,一方面降低了成本,另一方面也因为她们的老练和专业帮助企业树立了不同的形象。与工作性质无关的年龄限制(年龄歧视),首先造成了人力资源的巨大浪费。这在我国人口快速进入老龄化的今天,尤其具有特别的意义。其次,年龄歧视,就其性质而言,侵犯了求职者的平等就业权。但我国的《劳动法》对此没有非常明确的规定,《中华人民共和国劳动法》第十二条规定"劳动者就业,不因民族、种族、性别、宗教信仰不同而受歧视"。其中并没有年龄的规定。国际劳工组织《1958年消除就业和职业歧视公约》也没有具体提"年龄"问题,其第一条只提了"种族、肤色、性别、宗教、政治见解、民族血统或社会出身等"。因此,如何消除职场中的"年龄歧视",仍有待政府和社会各界的努力。

5.3 工作场所安全

工作场所安全,广义上指与工作有关的物理环境和社会环境的安全性保证。狭义上指人的工作地周围的物理环境的安全,如办公室、工厂、车间、工场等。给员工提供安全的工作场所及相关的安全教育,是员工履职的重要前提,是雇主对雇员应尽的义务。然而在现实中,一些企业为了节约成本,或者因为其他原因,忽视甚至恶意侵犯员工权利。比较典型的涉及工作场所安全的伦理问题有安全事故、职业病、性骚扰、员工隐私侵犯等。

5.3.1 安全事故

安全事故,是指生产经营单位在生产经营活动(包括与生产经营有关的活动)中突然发生的,伤害人身安全和健康,或者损坏设备设施,或者造成经济损失的,导致原生产经营活动(包括与生产经营有关的活动)暂时中止或永远终止的意外事件。商业伦理角度的安全事故是指因为企业的疏忽或过失,导致员工生命或健康受到伤害的意外事件。

安全生产事故在我国仍然非常突出,根据国家统计局的统计,2009—2020年全国各类安全生产事故死亡人数呈现连年下降的可喜趋势,但死亡人数仍然高达2.7万多人(见图5-1),安全生产事故仍然不可掉以轻心。

图 5-1　2009—2020 年我国各类安全生产事故死亡人数

【案例 5-5】　重庆煤矿重大安全事故

2020年12月4日17时许,重庆市永川区停产关闭两个多月的吊水洞煤矿,因企业自行拆除井下设备,发生一氧化碳超限事故,24人被困井下。5日晚,救援工作基本结束,其中23人遇难,1人送医救治。

经有关部门调查,11月15日吊水洞煤矿开始回收井下设备,以286万元的折价将井下机电设备、电缆、管道、钢轨等出售给重庆某再生资源回收公司,由公司自行回撤。12月4日上午,这家再生资源回收企业组织19人下井回收设备,吊水洞煤矿5人下井配合。约16时48分,该企业在井下主水仓区域违规动火作业,迅速引燃主水仓漂浮的大量石油(油气),产生一氧化碳等大量有毒有害气体和浓烟,形成火风压。有毒有害气体和浓烟沿巷道顶部逆流出主斜井、副平硐井,造成井下被困24人中23人遇难。

另一起事故发生在两个多月前。9月27日,作为重庆五大国有煤矿之一的綦江区松藻煤矿,因井下传输皮带起火造成一氧化碳超限,17人被困井下。逃出矿井的矿工告诉记者,事发时井下烟雾弥漫,能见度低于1米,照明头灯已无法正常使用,他通过进风口得以逃生。最终,该事故造成16人遇难。

记者调查发现,这两起煤矿事故发生前,已出现风险隐患苗头,如果企业责任落实到位、有效排查并及时解决问题,悲剧是有可能避免的。

据现场知情人士透露,吊水洞煤矿停产后相关设施设备运行不充分,给下井作业带来了风险隐患。松藻煤矿事故也存在类似情况。这家煤矿多位矿工在事故发生后向记者表示,事发矿井存在传输皮带老化等问题。

事实上,松藻煤矿是当地煤监部门的重点监管对象,事发前多次被查处。重庆煤矿安全监察局网站显示,今年以来松藻煤矿已有多次违规处罚记录:今年6月,重庆市煤监局渝南分局对松藻煤矿开展专项检查,共发现安全隐患9条,责令1个掘进工作面停止作业并立案查处;7月16日,渝南分局对松藻煤矿某员工违章作业予以行政处罚;8月17日至

20日,渝南分局检查发现松藻煤矿"矿井安全监控设备(地面中心站)未按规定每月一次进行测试",对其立案调查并罚款。

重庆发生的这两起事故一个是停产煤矿,一个是在产煤矿,有明显风险隐患苗头仍发生重大安全事故,表明部分企业风险隐患排查、安全监管执法存在明显漏洞,需强化监管、严肃问责、夯实责任。

资料来源:新华社. 风险隐患苗头已出现,为何没能有效排查? ——重庆连续两起煤矿重大安全事故追踪[EB/OL]. https://baijiahao.baidu.com/s?id=16854290765968407l2&wfr=spider&for=pc, 2020-12-07.

【案例点评】 安全无小事,安全生产事关员工生命安全,事关社会稳定的大局,是经济持续、快速、健康发展的必要条件。安全事故的发生,尽管有时存在客观的原因,比如意外事故,但在我国发生的多数安全事故,企业都有难以推脱的安全责任,包括安全管理不到位、责任心不强、违章违规操作、安全教育缺失等。安全事故是对人类最高权利——生命权的挑战,因而责任方具有不可推卸的伦理责任。尽管对于企业来说,安全事故的处理最终都是"赔钱"了事,但对于受害者来说,其个人的生命价值、健康价值,以及给家人和亲朋等带来的痛苦,不应该被"漠视"。在发生安全事故后,如果责任人没有良心上的自责和忏悔,哪怕赔偿再多的钱,都不值得被原谅。安全事故的发生严重侵犯了员工的"劳动安全卫生保障权",《中华人民共和国劳动法》第五十二条明确规定"用人单位必须建立、健全劳动安全卫生制度,严格执行国家劳动安全卫生规程和标准,对劳动者进行劳动安全卫生教育,防止劳动过程中的事故,减少职业危害"。第五十四条规定"用人单位必须为劳动者提供符合国家规定的劳动安全卫生条件……"。此外,鉴于安全生产事故的严重性,我国专门出台了《中华人民共和国安全生产法》(2014年修订)来对此进行管理和规范。因此,安全责任事故的发生也违反了《安全生产法》,是严重的违法甚至犯罪行为。

5.3.2 职业病

《中华人民共和国职业病防治法》(2018年修正)规定:职业病,是指企业、事业单位和个体经济组织等用人单位的劳动者在职业活动中,因接触粉尘、放射性物质和其他有毒、有害因素而引起的疾病。在当今社会,"在一个安全和健康的环境中工作是雇员的基本权利"已经成为大多数人的共识。即便如此,在许多特殊工作场景中,员工的健康与安全仍然无法得到保障,例如需要在井下作业的煤矿工人,或是长期忍受粉尘污染的化工厂。在这些特殊的工作场所中,员工的健康与安全得不到保障,甚至在患上不可逆转的职业病后,往往还会踏上漫漫维权路。

根据国家卫生健康委职业健康司司长吴宗之2019年7月30日在《健康中国行动(2019—2030年)》新闻发布会上的介绍,我国是世界上劳动人口最多的国家,工作场所接触各类危害因素引发的职业健康问题依然严重,职业病防治形势严峻、复杂,新的职业健康危害因素不断出现,疾病和工作压力导致的生理、心理等问题已成为亟待应对的职业健康新挑战。实施职业健康保护行动,强化政府监管职责,督促用人单位落实主体责任,提升职业健康工作水平,有效预防和控制职业病危害,切实保障劳动者职业健康权益,对维护全体劳动者身体健康、促进经济社会持续健康发展至关重要。

当前,我国正处在工业化、城镇化的快速发展阶段,前几十年粗放发展下积累的职业病问题集中显现,职业健康工作面临诸多新问题和新挑战。一是职业病报告病例数居高不下,2010年以来,年均报告职业病新病例2.8万例,截至2018年底,我国累计报告职业病97.5万例,其中,职业性尘肺病87.3万例,约占报告职业病病例总数的90%。由于职业健康检查覆盖率低和用工制度不完善等原因,实际发病人数远高于报告病例数。二是存在职业病危害的企业和接触危害因素人数多。据抽样调查,约有1 200万家企业存在职业病危害,超过2亿劳动者接触各类职业病危害因素。

【案例5-6】 东莞市旭顶光电有限公司疑似女工中毒

塘厦镇一家手机屏幕厂生产部的员工陆续出现四肢无力、麻木等症状,至昨日已有10名员工疑似正己烷中毒住进东莞市职业病防治中心治疗。昨日上午,南都记者在采访中获悉,医院住院部还有8名长安镇一家手机屏幕厂员工住院,院方证实也为疑似正己烷中毒,"没有特效药,只能对症治疗"。目前,东莞市安监、卫生等相关部门已经介入调查。

据东莞市旭顶光电有限公司(位于塘厦镇)多名出现病征的女工介绍,工厂大约有200名员工,出现病征的员工均在生产部工作。主要的生产环节为:用抹布蘸上俗名为"抹机水"的液体,擦拭手机屏幕表面,一方面可清洁,另一方面这种液体很快干燥,方便贴膜等下一步生产工序。

"从去年11月开始,就有生产部的女工出现四肢无力、腿脚麻木、蹲下难以站起来等病征。"有住院女工说,到今年春节前,生产部60名左右员工,不少都开始出现类似症状,有些越来越严重,"我们走路的样子和别人不一样,好像要把脚抬得很高才能走路一样。"还有女工说,蹲下后难站起来,或者步子难以迈开,"我回老家,坐长途车,车门都上不去,脚跨不上去。"

据住院女工介绍,今年春节后,有辞职的女工因为四处求医,做过"肌电图"检查后,检查的医生说怀疑是职业病,要求到职业病医院检查治疗。随后,多名女工到东莞市职业病防治中心检查,被诊断为疑似正己烷中毒,陆续有8女1男9名员工住院。至昨日,又有1名女工入院治疗。

昨日上午,南都记者在东莞市职业病防治中心采访10名住院女工时,被诊断为疑似正己烷中毒的女工说,还有8名跟她们情况类似的病患,也是在手机屏幕厂打工,也要用到"抹机水"这种液体。

东莞市职业病防治中心相关主治医师和副院长介绍,除了东莞市旭顶光电有限公司的10名女工被诊断为疑似正己烷中毒外,还有长安一家工厂的8名员工也被诊断为疑似正己烷中毒。"据我们了解,工人使用的抹机水为正己烷。"院方介绍,正己烷进入人体后,主要侵害神经系统,造成多发性周围神经病变,导致病人出现四肢无力、麻木等症状。院方介绍,正己烷中毒的治疗目前没有特效的解毒药,只能对症治疗,目前院方主要通过针灸理疗、营养神经药物和功能锻炼来对症治疗,相关治疗费用,均由工厂承担。主治医生介绍,从医学上来讲,正己烷中毒分轻度、中度和重度中毒,这些员工多为轻度中毒,少数为中度中毒,对症治疗后基本能够恢复,一般不会留下后遗症。

东莞市职业病防治中心相关负责人介绍,职业病的诊断有十分严肃的调查和集体诊断过程,要求确定员工病症和职业环境有直接因果关系。目前陆续入院的员工均已诊断为疑似正己烷中毒,院方按照规定,将这一情况上报给了东莞市安监、卫生等相关部门。

资料来源:寇金明. 18 工人疑似正己烷中毒 负责用"抹机水"擦屏幕. 南方都市报,2014-04-11,http://epaper.oeeee.com/epaper/I/html/2014-04-11/content_2015487.htm?div=-1.

【案例点评】 职业病问题主要是工作场所的不安全引起的,比如劳动者接触粉尘、高温、噪声、各种有毒物质等。这一问题的背后,一方面是企业没有在员工中开展安全教育,导致员工缺乏职业病知识,职业安全意识不足;另一方面是一些企业特别是中小企业设备陈旧、工艺落后、设施简陋,企业法律意识淡薄,为了节约成本而降低对工作场所的卫生要求,不采取职业病防治措施,不组织职工定期开展健康检查,甚至以各种借口,推诿、拖延、拒绝卫生执法人员执法。在这类企业就业的主要是来自农村的务工人员,他们在不良工作条件下从事高强度劳动,患病概率很高;再加上职业病本身具有"潜伏期长""发病滞后"的特点,劳动者自我保护意识薄弱,流动性大,使企业得以用"短期用工"等手段牺牲劳动者健康牟利,而把危害后果转嫁给劳动者和社会。

职业病问题背后折射出严重的伦理问题,很多去这些"危险"工作场所务工的人员,往往家里都很"贫困",属于社会的弱势群体,他们本应该得到社会更多支持,然而现实是,他们是职业病问题的最大牺牲者。工作场所不安全导致的职业病问题,严重侵犯了劳动者的安全卫生保障权,《中华人民共和国劳动法》第五十二条明确规定"用人单位必须建立、健全劳动安全卫生制度,严格执行国家劳动安全卫生规程和标准,对劳动者进行劳动安全卫生教育,防止劳动过程中的事故出现,减少职业危害";第五十四条规定"用人单位必须为劳动者提供符合国家规定的劳动安全卫生条件和必要的劳动防护用品,对从事有职业危害作业的劳动者应当定期进行健康检查"。另外,职业病问题也违反了《中华人民共和国职业病防治法》(2018 年修正)对职业病的管理和防治的相关规定,如第十四条"用人单位应当依照法律、法规要求,严格遵守国家职业卫生标准,落实职业病预防措施,从源头上控制和消除职业病危害"。

5.3.3 性骚扰

性骚扰是违背他人意愿,以与性有关的语言、文字、音像、电子信息、肢体行为等方式实施的侵权行为。性骚扰主要有以下三种形式:(1)口头方式,如以下流语言挑逗对方,向其讲述个人的性经历、黄色笑话或色情文艺内容;(2)行动方式,故意触摸、碰撞、亲吻对方脸部、乳房、腿部、臀部、阴部等性敏感部位;(3)设置环境方式,即在工作场所周围布置淫秽图片、广告等,使对方感到难堪。

职业场所是性骚扰行为的高发区,而女性又是职场性骚扰的主要受害者(女性并非一定是性骚扰的对象)。职场性骚扰通常包括以下两种情形:一是雇主、同事或者第三人对劳动者或求职者实施性骚扰,并以此作为劳动关系或者劳务关系成立、存续、变更、岗位分配、考核、晋升、降职、调动、奖惩等的条件;二是在劳动者履行职务过程中对其实施性骚扰,造成敌意性、胁迫性或者冒犯性的工作环境。

工作场所的性骚扰问题并不一定都是企业的原因,比如同事之间的性骚扰,可能更多的是个人的责任,而非企业的责任。但无论如何,提供一个安全的(包括人际关系安全或社交的安全)工作环境,仍然是企业的责任或义务。

【案例5-7】 全球范围的Metoo运动

Metoo（我也是），是女星艾丽莎·米兰诺（Alyssa Milano）等人2017年10月针对美国金牌制作人哈维·韦恩斯坦（Harvey Weinstein）性侵多名女星丑闻发起的运动，呼吁所有曾遭受性侵犯女性挺身而出说出惨痛经历，并在社交媒体贴文附上标签，借此唤起社会关注。哈维·韦恩斯坦的性骚扰丑闻曝光后，塔拉纳·伯克（Tarana Burke），一个服务弱势女性的纽约社区组织者，提出了#metoo——"我也是（受害者）"口号。2017年10月15日，塔拉纳·伯克的朋友，女星艾丽莎·米兰诺在推特上转发，并附上文字："如果你曾受到性侵犯或性骚扰，请用'我也是'（MeToo）来回复这条推文。"

随后，Twitter、Facebook及Instagram上频频出现见证消息。成千上万的人回复了这条消息。有些人只写了"我也是"，更多的人讲述了他们各自的性侵犯或性骚扰经历。作家、诗人那吉娃·依比安（Najwa Zebian）写道："被指责的是我。人们让我不要谈论这件事，人们对我说这没有多糟糕，人们对我说我应该看淡它。"其他一些男明星也表达了支持，例如，喜剧演员、活动家尼克·杰克·派帕斯（Nick Jack Pappas）写道："男人们，不要说你有妈妈、姐妹、女儿，要说你有一个可以做得更好的父亲、兄弟和儿子。我们都可以。"

自2017年10月5日《纽约时报》发布的调查报告详细记述了好莱坞制片人哈维·韦恩斯坦收到的长达数十年的性骚扰指控后，社交媒体为妇女讨论自身经历提供了一个鼓励性的平台。Twitter通过在旗下策划故事的平台时刻（Moments）上的推广，支持了#MeToo这一话题。该公司指向其上周发表的声明，称它"为能够帮助并支持我们的平台上的声音，特别是那些面对权势说出真相的声音而自豪"。声明同时指出，其首席执行官杰克·多西（Jack Dorsey）已经发布了有关该公司为处理网站上的虐待现象所做的努力的推文。

除好莱坞之外，"#MeToo"宣言还引发了政界、学术界、文化界等各个领域内与性骚扰、性侵犯事件相关的广泛讨论。"打破沉默者"开启了一场拒绝革命，每天都在积蓄力量。仅在2017年12月之前的两个月，她们共同的怒火就已经促成了直接且令人震惊的结果：几乎每天都有首席执行官被解雇、大佬应声倒下、偶像声名扫地。在一些案件中，还有人被起诉。2017年12月，在全美范围内引发了对性骚扰的愤慨的"打破沉默者"当选《时代》杂志2017年"年度人物"。

资料来源：[1] 中青在线. #metoo控诉性骚扰 百万人接龙转发[EB/OL]. http://news.cyol.com/content/2017-11/08/content_16668981.htm，2017-11-08.

[2] 观察者网. 特朗普为大法官候选人辩护：Metoo运动非常危险[EB/OL]. https://news.163.com/18/928/18/DSQED4PN1875O.html，2018-09-28.

[3] 环球时报. 特朗普给"#MeToo"火上浇油？澳媒：有人认为运动"太过了"[EB/OL]. https://world.huanqiu.com/article/9CaKrnK6G3K，2018-02-12.

【案例点评】 性骚扰问题在职场中长期广泛存在，我国的首例性骚扰案发生在2001年，当年7月西安市童女士向西安市莲湖区法院提出起诉，指控她的上司对她进行了性骚扰。因缺少证据的支持，法院最终判决童女士败诉。此后全国陆陆续续的性骚扰案例不断涌现，但绝大多数都以原告败诉而告终。立案难、取证难、赔偿难是性骚扰案的三大特点。基于这个原因，很多性骚扰案的受害者在大众面前一般都保持缄默。2017年，美国掀起了Metoo(我也是)运动,引起了人们对性骚扰问题的广泛关注。

职业场所中的性骚扰不仅影响受害者的工作效率,恶化工作环境,而且往往给受害者带来身体、精神和经济上的多重伤害,危害极大。性骚扰主要侵犯了员工的名誉权、人格权和安全权。《中华人民共和国宪法》(2018年修正)第三十八条明确规定"中华人民共和国公民的人格尊严不受侵犯,禁止用任何方法对公民进行侮辱、诽谤和诬告陷害"。《中华人民共和国民法典》(2021年1月1日起施行)第一千零二十四条规定:"民事主体享受名誉权。任何组织或者个人不得以侮辱、诽谤等方式侵害他人的名誉权。"第九百九十五条对侵害人格权的民事责任有这样的规定:"人格权受到侵害的,受害人有权依照本法和其他法律的规定请求行为人承担民事责任。"《中华人民共和国妇女权益保障法》(2018年修正)第四十条规定"禁止对妇女实施性骚扰"。2012年4月,国务院颁布实施的《女职工劳动保护特别规定》第十一条规定"在劳动场所,用人单位应当预防和制止对女职工的性骚扰"。《中华人民共和国治安管理处罚法》(2012年修正)也有对"猥亵"等方面的规定(第四十四条)。2018年12月,最高人民法院将"性骚扰责任纠纷"列为新增案由,在此之前,由于没有独立案由,性骚扰案件通常以身体权纠纷、名誉权纠纷和一般人格权纠纷等案由进行起诉和审判。2020年颁布的《中华人民共和国民法典》对性骚扰做出了更为明确的表述:违背他人意愿,以言语、文字、图像、肢体行为等方式对他人实施性骚扰的,受害人有权依法请求行为人承担民事责任。机关、企业、学校等单位应当采取合理的预防、受理投诉、调查处置等措施,防止和制止利用职权、从属关系等实施性骚扰。

5.3.4 员工隐私权

隐私权是指自然人享有的私人生活安宁与私人信息秘密依法受到保护,不被他人非法侵扰、知悉、收集、利用和公开的一种人格权,而且权利主体对他人在何种程度上可以介入自己的私生活,对自己的隐私是否向他人公开以及公开的人群范围和程度等具有决定权。工作场所的员工隐私问题主要涉及两个方面:一是企业对员工个人信息的过度收集;二是对员工的监控,特别是未经员工同意的监控。

(1) 员工信息的不当收集

根据《中华人民共和国劳动法》,用人单位有权了解劳动者与劳动合同直接相关的基本情况,包括:①劳动者的姓名、住址和居民身份证或者其他有效身份证件号码;②健康状况,包括身体是否健康,有无疾病或者不适宜用人单位工作的身体方面的问题;③劳动者的劳动技能、工作经验、业务素质、工作态度和专业知识等;④社会保险信息等。然而,一些企业领导人或企业为了个人利益,要求员工提供一些额外的与工作无关的信息,如家庭背景、社会背景、社会资源等。部分用人单位将员工社会背景、资源作为员工考核晋升的依据,而非员工对工作的胜任力,从而引发伦理争议。

【案例5-8】 查员工家谱

近日,一家知名互联网电商的员工向中国之声记者反映称,公司要求部分员工在限定日期内提交与京东其他员工之间的亲属及同学关系信息,这其中就包括直系、三代以内旁系亲属关系以及小学开始的同学关系,并声称如果未按照实际情况提报,将视为违反公司的诚信原则。

查员工家谱,包括直系、三代以内旁系亲属关系以及小学开始的同学关系,都要进行提报,公司方面回应称,这么做是为了提升管理效率,建立一个人际关系简单透明、晋升更加公平的职场环境。员工的亲属关系、同学关系都应该属于个人隐私范畴,虽然该公司查的仅是部分管理人员,但其强制要求员工交代,就有侵犯员工隐私权之嫌。

"热衷"于搜集员工个人隐私的企业还不少,这些企业希望通过掌握员工的隐私信息,来更好"掌控"员工。比如通过掌握员工的个人信息,来防范员工利用关系把亲友安插到企业,防范员工利用亲友关系进行腐败,而掌握了员工的这些隐私,在企业看来,员工就成了"透明人",这样就可以"牵着他们的鼻子走",可以更放心雇用他们。

对于企业来说,通过掌握员工的个人隐私来"控制"员工,这样的想法既违法又愚蠢,要防范腐败,要让员工爱岗敬业,更需要有好的制度设计,要懂得激励员工的工作积极性;侵犯员工的个人隐私,反倒会让员工反感,不利于增强企业的凝聚力、向心力。企业要留住人才、用好人才,需要真正尊重人才、善待人才,不能通过试图"掌控"员工来达到目的,在劳动者维权意识日渐觉醒的今天,这样只会越来越起到适得其反的作用。而对于涉嫌侵犯劳动者隐私权的用人单位,也需要劳动监察等相关部门能够加强监管,帮助劳动者维护自身的合法权益,从而促进营造良好的用工环境。

资料来源:戴先任."查员工家谱"的做法既违法又愚蠢[N].证券时报,2019-03-26(A03).

【案例点评】 企业是否有权利收集或要求员工申报《中华人民共和国劳动法》要求之外的个人信息呢?这样的行为是否侵犯了员工的隐私权呢?《中华人民共和国民法典》第一千零三十二条明确规定"任何组织或者个人不得以刺探、侵扰、泄露、公开等方式侵害他人的隐私权";第一千零三十四条进一步规定"自然人的个人信息受法律保护。个人信息是以电子或者其他方式记录的能够单独或者与其他信息结合识别特定自然人的各种信息,包括自然人的姓名、出生日期、身份证号码、生物识别信息、住址、电话号码、电子邮箱、健康信息、行踪信息等"。然而,在职场环境中,基于管理和员工胜任力评估的需要,《中华人民共和国劳动法》允许企业对必要的劳动者信息进行收集,包括姓名、住址、有效身份证件号码、健康状况、劳动经验技能与知识、社会保险等。

从法律的角度来说,目前并没有专门的法律条文规定企业可以或者不可以收集员工在企业中的个人关系信息,如是否有家人、亲戚或同学在同一个企业工作。从企业角度来说,要求员工特别是管理人员如实申报自己的家人、亲戚和同学在同一单位的任职情况,似乎是有一定道理的,因为这样可以防止员工腐败,避免在某些情况下员工为了个人利益(亲情或友情)而牺牲公司利益,比如任人唯亲不唯贤,在考核、奖励、晋升等方面照顾自己人。"亲属回避制度"(前提是要知道存在亲属关系,这就涉及相关信息的收集)是解决利益冲突问题的通常做法,企业的这种权益应该得到尊重。然而,企业到底在多大程度上拥有这种权利,是否可以不受限制地收集员工的背景信息,比如将申报信息的范围进一步扩大到战友关系、老乡关系、酒友关系等?信息收集的边界在哪里?此外,如何保证企业将所获得的信息不用于别的目的?这些问题都值得探讨,有待进一步规范。但无论如何,当多数员工对企业的做法不认可或不满时,企业至少在道义上有责任就员工的关切做出积极的回应,而且这样做对企业也有利(通过缓和员工的不满情绪而提高效率)。

(2) 员工监控问题

一些企业为了防止员工偷懒磨洋工或在上班时间干私事,会对工作场所或员工行为实施监控,如监测员工所使用的局域网 IP,在办公室内安装电子监控设备,监控员工的即时沟通软件如微信、QQ、邮件,使用移动考勤 App 等,让员工的一举一动都在企业的掌控之中。从企业角度来说,这是防止白领犯罪、确保员工认真履职的有效手段;但从员工角度来说,这样的监控"不近人情",侵犯了员工的隐私,特别是在没有获得员工知情同意的情况下。因此,工作场所的监控问题是一个充满争议的话题。

【案例 5-9】 职场监控问题

三个月前,杨兵突然被公司辞退,事后才知道公司购买了职场监控软件,前脚他投出简历,后脚老板就收到"告密信"。他认为企业侵犯了自己的隐私权,到辽宁省大连市甘井子区劳动人事仲裁院申请仲裁,但他的诉求没有得到支持。

杨兵在大连某品牌连锁咖啡公司从事运营总监工作,月薪 8 000 元。三个月前,两名第三方科技人员在 54 名员工的电脑内安装了一款名为"威眼"的监控软件。听到同行透露,其他公司同岗位的月薪已经涨到 1.5 万元,杨兵便利用午休时间更新了简历,还顺手投了一份。让他没想到的是"威眼"功能如此强大,半小时后他就被开除了。

仲裁院不支持杨兵的裁决依据是,根据《互联网安全保护技术措施规定》第八条,互联网接入单位为落实网络安全保护措施,可以记录并留存用户使用的互联网网络地址,记录、跟踪网络运行状态,监测、记录网络安全事件等。因此,公司在工作场所使用监控软件合法。

职场监控软件是对员工网络行为进行日志监测及分析,或对局域网内的计算机进行实时监视的软件系统。近年来,大数据相关行业的公司遍地生长,而职场监控软件开发及应用作为其中一支,发展尤为迅猛。面对监控软件,企业主认为"全方位看穿员工"有利于强化管理,员工则认为隐私被侵犯。

记者在某职场论坛中发布调查,参与的 64 名网友中,97% 认为单位监控侵犯隐私。94% 的网友表示,如果隐私遭到泄露或公开影响生活,会诉诸法律。

"上淘宝查个快递,临近中午跟同事约个饭,这样的内容有必要监控吗?大家都是为了工作,即使有一两句个人话题,这太正常不过了吧。被监控无异于被人偷看洗澡!"大连某软件开发企业员工蒋子安说。

尽管不少员工认为,职场监控软件的运用侵犯了自己的隐私权,但在司法实践中,被监控员工状告企业却很难胜诉。辽宁青松律师事务所律师王金海解释说,隐私权是个人享有的私人生活安宁与私人信息依法受到保护,不被他人非法侵扰、知悉、搜集、利用和公开的一种人格权。公司规定员工不许在工作时做与工作无关的事,并且明确告知监控的情况下,违规员工的行为是不受法律保护的。

资料来源:刘旭. 职场行为被实时监视,员工被侵权了吗?[N]. 工人日报,2018-11-03(003).

【案例点评】 工作时间对员工进行监控的行为,目前并没有专门的法律或规章对此进行规范。从上述案例中仲裁院并没有支持"杨兵"的诉求来看,企业上班时间监控员工的行为并不违法。而从记者的调查(64 名网友)和员工的反应来看,大家又普遍认为这种监控行为侵犯了个人隐私,那就意味着"违法"。其实,这种认知的差异主要是利益角度的问题,从员工或网友(很多网友也是企业的员工)的角度来说,他们当然不愿意被企业监控,但从企业的角度来说,在工作时间监控员工的行为似乎是可以辩护的。因此,工作时间和工作场所对雇员的监控,核心问题是涉及利益冲突。既然员工是企业最重要的利益相关者之一,他们的关切理应得到企业的重视,企业需要就监控问题,包括监控的必要性、监控时间、监控范围、监控方式等与员工进行沟通与协商。在没有征得员工同意的情况下莽撞地实施监控,结果可能是"劳资双方"的对立,员工工作热情、积极性和主动性都会受到打击,而企业不仅达不到监控的效果,而且可能因为员工的"反抗"而遭受声誉和利益上的损失。而如果企业在没有明确告知员工的情况下就实施监控行为,这可能就涉嫌侵犯员工隐私,涉嫌违法。

因此,企业需要在维护自身利益与保护员工隐私之间寻求平衡。那么,企业对员工行为的监控的限度在哪里呢?在法国发生过的一个案例具有一定的启发性。一名尼康公司(法国)的普通雇员,将尼康公司告上了法庭。其诉称,尼康公司通过截取并阅读了该员工的电子邮件,确认其在工作时间从事私人业务,而将其解雇。该员工以尼康公司侵犯个人隐私,阅读私人邮件为由将尼康公司告上法庭,请求确认解雇违法。本案中心问题在于,当雇主已经明确要求雇员不应在工作时间从事私人事务且不得使用公司提供的电子系统从事私人活动的前提下,该员工仍旧在工作场所内使用用人单位提供的电子邮件发送私人信件。对此,法国最高法院认为,在不影响雇员每日正常生活的前提下,雇主有权对雇员在工作时间是否能够从事私人活动作出限制。并且提出了将雇员网上活动区分"私人"与"工作",并作出标记。同时最高法的判例依据《欧洲人权公约》第八条及《法国民法》第九条规定,明确指出,即使在工作时间、工作场所内,雇员的隐私权也是应该受到保护的,尤其应该保护雇员的电子网络通信秘密。该判决指出,雇员应该享有私人信息受尊重的权利,该雇主不能窥探雇员所接收与发送的信息内容。

法国尼康案的判决具有一定的启发性,比如:(1)是否应该对员工的网上活动进行区分,属于"私人"的网络活动如电子邮件,受隐私保护,企业不得监控;(2)在员工能够正常履职,在工作时间保质保量地完成规定工作的前提下,企业是否可以在一定限度内允许员工处理个人事务,比如机动安排工作时间等。

5.4 劳动报酬问题

劳动报酬权是劳动者的核心权利之一,也是一项重要的人权。劳动者要谋得生存和发展,就必须通过自己的劳动来取得报酬,从而为自己的生活提供保障。劳动报酬权是指劳动者依照劳动法律关系履行相应的义务后,由用人单位结合劳动者所提供的劳动力价值,根据按劳分配原则支付劳动报酬。从商业伦理角度来说,劳动报酬方面的主要问题有两个:一是同工不同酬问题;二是欠薪问题,特别是拖欠农民工工资问题。

5.4.1 同工不同酬问题

同工同酬是指用人单位对于技术和劳动熟练程度相同的劳动者在从事同种工作时,不分性别、年龄、民族、残疾、区域等差别,只要能以不同方式提供相同的劳动量,即获得相同的劳动报酬。同工同酬体现着两个价值取向:(1)确保贯彻按劳分配这个大原则,即付出了同等的劳动应得到同等的劳动报酬;(2)防止工资分配中的歧视行为,即要求在同一单位,对同样劳动岗位、在同样劳动条件下,不同性别、不同身份、不同户籍或不同用工形式的劳动者之间,只要提供的劳动数量和劳动质量相同,就应给予同等的劳动报酬。同工同酬的条件是:(1)劳动者的工作岗位、工作内容相同;(2)在相同的工作岗位上付出了与别人同样的劳动工作量;(3)同样的工作量取得了相同的工作业绩。

然而,在我国现实生活中,同工不同酬的问题非常普遍,特别是在有"编制"的单位。所谓"编制"通常是指组织机构的设置及其人员数量的定额和职务的分配,由财政拨款的编制数额由各级机构编制管理部门确定,各级组织人事部门根据编制调配人员,财政部门据此拨款。编制通常分为行政编制和事业编制。在有编制的单位,由于编制数量的控制,一些单位不得不通过社会招聘的方式补充人员,从而出现了同一个单位两种身份人员:编制人员和非编制人员(非编制人员就是本单位自行外聘的人员,同企业聘用一样,由单位自行规定其待遇,付给其工资,与地方财政没有关系)。在这样的单位,非编制人员的工资待遇一般比编制人员要低很多。

【案例 5-10】 同工不同酬问题

杨子珑是一个典型的"石油子弟",父母在管道局工作了一辈子。2009年7月,杨子珑和数百名石油子弟一起,顺利进入管道局工作,被分配到管道局下属的分公司,用工性质为市场化用工。据他介绍,管道局内部,用工分为合同化、市场化和劳务派遣。合同化员工与管道局直接签订合同,也就是所谓的"正式工"。市场化员工则是与管道局二级单位签订合同。

"那个时候上班,一个月到手1 000元冒个尖儿,有的时候是900多元。但是正式员工,一个月基本工资都要到2 900元,3 000元出头了。这还不算奖金。"刚入职不久,杨子珑就与正式工在收入上拉开了差距。

杨子珑拿出2016年2月的工资数据表格,上面详细记录了他和同一时期、同一岗位正式工的工资数据对比。正式工仅交通补助、误餐费就有760元,加上其他补贴,多出了1 000多元。2009—2014年,杨子珑先后参与建设了陕京三线输气管道工程和天津市滨海新区的浮式LNG输气管道工程。2015年,他回到了管道局下属公司机关的经营管理部,同时负责公司法务。

在负责公司法务的这段时间里,他能够接触到公司的方方面面,对于不同类型员工之间的差异,公司薪酬办法的合法性等问题有了清晰的认识。由于手上没有每名员工详细的工资条,杨子珑在负责公司法务期间,只能一点点搜集证据。

2018年年初,杨子珑自觉准备已较为充分,就开始私下向公司领导反映这一问题,寻求补偿。不过这个过程中,公司一直没有拿出具体的解决方案。杨子珑表示,自己不但没有拿到赔偿,反而被公司安排转岗、待岗等,受到"排挤"。2018年5月开始,杨子珑通过仲裁、诉讼的方式讨薪,而这条路远比他想象的艰难。同工不同酬的问题并不少见,但按照相关司法要求,谁主张谁举证,一般人难以搜集到有力证据。

资料来源:每日经济新闻. 遭法务人员起诉讨薪 石油央企陷同工不同酬纠纷[EB/OL]. http://www.nbd.com.cn/articles/2019-04-29/1326811.html, 2019-04-29.

【案例点评】 同工不同酬问题本质上是一种身份歧视，不过这里的身份不是基于"出身"的身份，而是人为设计的与工作单位和工作性质有关的一种"身份"。拥有"身份"意味着拥有"编制"，属于编制内人员；而没有身份也就是没有编制，属于编外人员。比如，一些地方招聘的"聘任制"公务员、公安部门雇用的"辅警"、学校聘用的"临时工"、部分国有企业聘用的"合同工"等，都属于没有正式编制（或身份）的人员。对于大多数编外人员来说，他们的工资收入要比有编制的人员低很多，即便他们从事的工作与编内人员相同。对于"编内"与"编外"人员同工不同酬问题，客观来说，这种收入的差异具有一定的合理性，因为"编制"或"身份"的获得是有成本的，比如，一个人可能要经过几年的努力才能考上公务员。相对而言，编外人员的成本投入就要低很多。因此，基于投资回报的公平理念，编制内人员理应获得比编制外人员更高的收入。然而，这种合理性有三个重要前提：一是"编制"或"身份"的设计是否合理、必要；二是"编制"或"身份"是否对所有社会成员公平地开放；三是编内人员与编外人员收入差距是否在一个相对合理的范围内。在本案例中，编内人员与编外人员的工资差距过大，是引发争议的首要原因。与"编制"无关的同工不同酬问题，违反了《中华人民共和国劳动法》关于"工资分配应当遵循按劳分配原则，实行同工同酬"的规定（第四十六条），属于违法行为。

5.4.2 欠薪问题

故意拖欠劳动者工资是另一个典型的商业伦理问题。《中华人民共和国劳动法》第五十条规定，工资应当以货币形式按月支付给劳动者本人，不得克扣或者无故拖欠。然而，在现实生活中，拖欠工资的现象常有发生。这种现象的发生一般有两种情况：一是客观原因，比如雇主面临资金周转问题，无法将员工工资及时发放到位；二是主观原因，雇主故意拖延工资支付。当企业确因生产经营困难、资金周转受到影响而无法按时支付员工工资时，根据劳动部（现为人力资源社会保障部）《工资支付暂行规定》，在征得本单位工会同意后，可暂时延期支付劳动者工资，延期时间一般为一个月（具体由各省、自治区、直辖市劳动行政部门根据各地情况确定）。不道德的欠薪主要是指雇主故意拖欠员工工资的行为。

在我国，恶意拖欠工资特别是农民工工资的问题非常严重，国务院新闻办公室数据显示，2011年至2019年9月，人力资源社会保障部门共向公安机关移送涉嫌拒不支付劳动报酬案件26 719件，各级人民法院对7 674名被告人判处有期徒刑、拘役。

【案例5-11】 河南查处拖欠劳动报酬案

2020年1月，河南省周口市人力资源社会保障局陆续接到劳动者投诉，反映周口市磊诺建筑劳务有限公司存在拖欠劳动者劳动报酬问题。经查，周口市磊诺建筑劳务有限公司在承建周口泰和家园部分项目中，拖欠54名劳动者劳动报酬共计146万元。1月19日，周口市人力资源社会保障局依法对该公司作出《劳动保障监察限期整改指令书》，该公司逾期未全部履行，仍拖欠12名劳动者劳动报酬42.9万元。2020年1月22日，周口市人力资源社会保障局以涉嫌拒不支付劳动报酬罪依法将该案件移送公安机关立案查处。1月23日，该公司将所拖欠劳动报酬全部支付完毕。

资料来源：人力资源社会保障部网站，人力资源社会保障部公布2020年第一批拖欠劳动报酬典型案件［EB/OL］. http://www.mohrss.gov.cn/SYrlzyhshbzb/dongtaixinwen/buneiyaowen/202004/

t20200429_366849.html，2020-04-29.

【案例点评】 恶意拖欠员工工资,无论是想榨取应付工资的时间价值,还是想最终赖掉全部或部分工资欠款,都是对劳动者合法权益的侵犯,是不道德的行为,也是违法的行为。员工与企业之间的关系首先是一种合约关系,员工为企业劳动和服务,是以企业及时支付报酬为前提的,恶意拖欠员工工资显然是对这一合约关系的破坏,企业因此需要承担违约责任。其次,恶意拖欠员工工资的行为也是对我国现有法律制度的蓄意践踏,《中华人民共和国劳动法》第五十条明确规定:"工资应当以货币形式按月支付给劳动者本人;不得克扣或者无故拖欠劳动者的工资。"《工资支付暂行规定》第七条也规定:"工资必须在用人单位与劳动者约定的日期支付。如遇节假日或休息日,则应提前在最近的工作日支付。工资至少每月支付一次,实行周、日、小时工资制的可按周、日、小时支付工资。"很显然,恶意欠薪的问题违反了劳动法和《工资支付暂行规定》,是违法行为。最后,恶意拖欠员工工资不仅影响员工的生活质量,破坏诚实守信的市场原则,而且可能激发社会矛盾,影响社会和谐稳定。

在欠薪案中,最为突出的是农民工群体,这批就业人群规模大,维权能力低,成了欠薪问题的最大受害者。为了解决拖欠农民工工资问题,2015年政府工作报告明确要求全面治理拖欠农民工工资问题。2016年1月国务院办公厅印发《关于全面治理拖欠农民工工资问题的意见》,在中央层面建立由人力资源社会保障部、发展改革委等12个部门和单位组成的联席会议制度;在地方层面,要求地方各级人民政府建立健全由政府负责人牵头、相关部门参与的工作协调机制;并建立拖欠工资企业"黑名单"制度。2018年11月1日至2019年春节前,人社部门开展为期百日的农民工工资支付情况专项执法行动,共查处欠薪违法案件3.21万件,向社会公布重大欠薪违法行为1 211件,共为45.6万名农民工追发工资68.3亿元。2019年12月4日,国务院又发布《保障农民工工资支付条例》(自2020年5月1日起施行)。在政府多年的努力下,治理欠薪工作取得了显著成效。

5.5 休息权问题

休息权是指劳动者在劳动中经过一定的体力和脑力的消耗以后,依法享有的恢复体力、脑力以及用于娱乐和自己支配的必要时间的权利。休息权是自然人得以生存和发展的基本权利,属于基本人权的范围。同时,它也是自然人人格权必要的和基本的组成部分,是一项独立的人格权。

《中华人民共和国宪法》(2018修正)第四十三条规定:"中华人民共和国劳动者有休息的权利。国家发展劳动者休息和休养的设施,规定职工的工作时间和休假制度。"同时,《中华人民共和国劳动法》对劳动者的休息权有更明确的规定,其中第三十六条规定"国家实行劳动者每日工作时间不超过八小时、平均每周工作时间不超过四十四小时的工时制度";第三十八条规定"用人单位应当保证劳动者每周至少休息一日";第四十条规定"用人单位在下列节日期间(元旦,春节,国际劳动节,国庆节,法律、法规规定的其他休假节日)应当依法安排劳动者休假";第四十一条规定"用人单位由于生产经营需要,经与工会和劳动者协商后可以延长工作时间,一般每日不得超过一小时;因特殊原因需要延长工作时间的,在保障劳动者身体健康的条件下延长工作时间每日不得超过三小时,但是每月不得超过三十六小时"。

【案例 5-12】 互联网公司陷入"加班文化"怪圈?

加班文化盛行已成互联网行业"毒瘤"。"不是在上班,就是在上班的路上。"不知从何时起,加班与互联网如影随形。

2021年1月3日晚,一则关于"拼多多员工猝死"的消息在社交平台引发热议。据传拼多多一名23岁的多多买菜团队员工,凌晨1点下班路上猝死。在传言持续发酵的过程中,4日下午4点,拼多多作出回应称,北京时间12月29日凌晨1点半,1998年出生的张某霏,在与同事一起走路回家的路上突然捂腹,晕厥倒地。同事立即呼叫120送往乌鲁木齐本地医院,经近6个小时急救依然无效,不幸离世。4日,北京青年报记者从上海市长宁区劳动保障监察大队获悉,接到网络舆情后,劳动保障监察部门已对拼多多公司的劳动用工情况进行调查,会对该公司用人合同、用工时间等情况进行检查。

一直以来,互联网公司的"加班"文化已经成为常态。多个行业人士向21世纪经济报道透露,自己曾经收到过拼多多的Offer(录用通知),但是被要求星期天上班,最终都放弃了机会。"有一些技术类岗位安排两班倒,一批人从早晨七点到晚上七点,另一批从晚上七点到早晨七点。"

资料来源:凤凰网,转引自21世纪经济报道. 拼多多22岁女员工猝死:互联网公司陷入"加班文化"怪圈?[EB/OL]. https://finance.ifeng.com/c/82lK8iR7h0d, 2021-01-04.

【案例点评】 尽管"宪法"特别是"劳动法"中明确规定了员工休息权,但现实中侵犯员工休息权的现象仍然非常普遍,特别是在高科技企业和互联网领域。在企业与员工的博弈过程中,员工始终处于弱势地位,面对企业的加班要求,员工由于担心丢工作或影响自己的事业发展,不得不做出妥协而接受加班。因此,加班事实上是企业利用自身的强势地位,对员工合法权益(休息权)的侵犯,严重影响员工的身体与心理健康。

在BAT(百度、阿里、腾讯的英文首字母的合体)这样的互联网企业中,"996"式的加班文化盛行。所谓"996"工作制,即从早九点至晚九点,每周工作六天。对于"996"加班文化,《人民日报》评论道:对"996"有争议,并不是不想奋斗、不要劳动。没有人不懂"不劳无获"的道理。但崇尚奋斗、崇尚劳动不等于强制加班。苦干是奋斗,巧干也是奋斗;延长工时是奋斗,提高效率也是奋斗。因此,不能给反对"996"的员工贴上"混日子""不奋斗"的道德标签,而应该正视他们的真实诉求。强制推行"996",不仅解决不了企业管理中"委托—代理"难题,也会助长"磨洋工"的顽疾。从企业家和创业者的角度来看,他们身上的极限奋斗精神是可贵的,但要考虑到普通员工的位置不同,强制灌输"996"的加班文化,不仅体现了企业管理者的傲慢,也不实际、不公平。《钱江日报》也评论道:老板们大义凛然,把"996"捧得跟朵花一样,可"996"工作制到底是怎么回事,违不违法,其实并没多少可以讨论的余地。拨开那些围绕在加班问题上的迷雾,在这层绚丽的道德外衣下,是企业对利益的原始冲动。说到底,这不过是一种转嫁经营成本的策略,在不增加用工人数的基础上,将现有员工的利用率最大化,这不是奉献,而是一种压榨。这没什么好骄傲的,相反是一种污点。

本 章 小 结

本章从员工视角探讨了企业的不道德行为。第一节对员工权利进行了概述,接着四节分别从就业歧视、工作场所安全、劳动报酬问题、休息权问题等四个方面,介绍了现实生活中广泛存在的企业不道德行为(多数行为还是违法行为)。在公众社会责任意识高涨、员工知识日益成为企业核心竞争能力的今天,企业需要在自身利益和员工福祉之间实现平衡。过去那种为了企业利益而牺牲员工利益的人员管理方式,不仅蕴含着巨大的道德和法律风险,也不利于员工发挥其积极性、主动性和创造性,阻碍企业竞争优势的建立。只有重视企业的道德主体责任,贯彻"以人为本""人本管理"的理念,将员工视为企业最宝贵的财富,才能真正激发员工的聪明才智和创造力,增强企业活力和可持续发展能力。

【本章思考题】

1. 请概述《中华人民共和国劳动法》所确定的员工的主要权利。
2. 请讨论以下观点:"既然企业是我自己的,我有权利想雇用什么人就雇用什么人。"
3. 鉴于每位员工签订协议时,承诺对雇主忠诚,那么你认为告密合乎道德吗?为什么?
4. 你认为企业应该怎样处理电子监控和个人隐私权保护之间的冲突?
5. 请讨论"996 是福报"的观点。

【思考案例】   与系统做斗争的外卖员

2020 年 9 月 8 日,《人物》刊发报道《外卖骑手,困在系统里》。报道反映了外卖平台算法系统和骑手实际工作的大量冲突,外卖骑手不得不超速、违章,导致安全风险,直接导致外卖员遭遇交通事故的数量急剧上升,使得外卖骑手已经成为最危险的职业之一,引发全网关注。

在美团、饿了么等外卖平台的算法下,外卖骑手的配送时间被大大缩短。同时,平台严苛的配送和评价体系,制造并加剧了骑手与用户之间的矛盾。

文章还指出,在系统的压迫下,外卖骑手受到派送时间不合理、规划路线含逆行、商家出餐慢、超时高额罚款等问题的多重折磨,为了不被系统除名、不影响站点数据,骑手们不得不选择铤而走险,每天都在违反交规、与死神赛跑,外卖员成了高危职业。有外卖骑手如此形容自己的职业:"送外卖就是与死神赛跑,和交警较劲,和红灯做朋友。"

饿了么公司表示,会尽快发布新功能,在结算付款的时候增加一个"我愿意多等 5 分钟/10 分钟"的小按钮。饿了么的新功能引发了多方议论。多数外卖员表示,支持此新功能,有人称,超时有时要扣一半钱,"扣钱和闯红灯二选一,不得已才闯红灯"。有消费者认为,给顾客"谅解按钮",不如平台方多为骑手预留一段时间;也有人认为,要求送餐快和遵守交通规则是矛盾的,自己愿意做出让步。饿了么方面强调,此新功能由客户自主选择是否愿意等,主要考虑那些不着急的用户。

9月9日下午5点左右，上海市消保委通报线上生鲜平台消费评价情况，上海市消保委副秘书长唐健盛分析认为：饿了么的声明实际上在逻辑上是有问题的。外卖骑手的关系，是与企业的关系，外卖骑手相关的这些规则也是企业来定，即平台定。消费者在平台下单，商业行为也是针对平台产生。

美团对此事回应没做好就是没做好，没有借口。美团外卖表示，会更好优化系统：给骑手留出8分钟弹性时间，留给骑手等候延迟的电梯，在路口放慢一点速度；恶劣天气下，系统会延长骑手的配送时间，甚至停止接单；同时升级骑手申诉功能，对于恶劣天气、意外事件等特殊情况下的超时、投诉，核实后，将不会影响骑手考核及收入。安全保障方面，美团外卖将增强配送安全技术团队，重点研究技术和算法如何保障安全。正在研发的用于保障骑手安全的智能头盔，将全力加大产能。

社会学家西弗曾提出过"算法文化"的概念。在他看来，算法不仅由理性的程序形成，还由制度、人类、交叉环境和在普通文化生活中获得的粗糙—现成的理解形成。他认为，算法是由人类的集体实践组成的，并建议，研究者应该在人类学的基础上探索算法。

加强企业内部的培训和价值导向很重要。但目前国内的情况是，编制算法的程序员大部分都是理工科的直线性思维，很少有社会科学的这种思维，所以，他们对于公平和价值的这些问题，理念上都比较欠缺。甚至可以说，企业中的程序员们，不过是根据资本竞争的要求，为平台编纂一个越发优异，越发严苛的计量方式，驱赶甚至逼迫着外卖员在城市中冒险穿梭，争分夺秒。企业的价值导向，一开始就未曾考虑过公平、安全与关怀，在竞争愈发激烈的市场上，速度与效率成了唯一的考量。

这是一个更大，也更不可见的游戏——外卖员每跑一单的任何数据都会被上传到平台的云数据里，作为大数据的一部分。系统要求骑手越跑越快，而骑手们在超时的惩戒面前，也会尽力去满足系统的要求，外卖员的劳动越来越快，也变相帮助系统增加了越来越多的『短时长数据』，数据是算法的基础，它会去训练算法，当算法发现原来大家都越来越快，它也会再次加速。

外卖骑手在送餐过程中产生的数据依然存在所有权争议问题，但骑手们仍在奋力奔跑。据美团最新公布的数据显示，2020年上半年，遍布在全国2 800个县市区的骑手不顾疫情、不分昼夜，将餐、菜、药等生活必需品及时送到了超过4亿的用户手中。

美团市值突破2 000亿美元的新闻发布后，一片惊叹声中，有人再次提及王兴对速度的迷恋，还有他曾提起过的那本对自己影响很大的书——《有限和无限的游戏》，在这本书中，纽约大学宗教历史系教授詹姆斯·卡斯将世界上的游戏分为两种类型：有限的游戏和无限的游戏，前者的目的在于赢得胜利，而后者则旨在让游戏永远进行下去。

系统仍在运转，游戏还在继续，只是，骑手们对自己在这场无限游戏中的身份，几乎一无所知。他们仍在飞奔，为了一个更好生活的可能。

资料来源：[1] IT时代. 外卖骑手 困在系统里. 转引自：人物. 2020-09-10, http://www.ittime.com.cn/news/news_41779.shtml.

[2] 界面新闻. 外卖骑手,困在系统里？美团回应了. 2020-09-09, https://www.jiemian.com/article/4954800.html.

[3] 经济日报. 弹性时间多一点 外卖小哥就安全了吗[EB/OL]. http://paper.ce.cn/jjrb/html/2020-09/11/content_427723.htm, 2020-09-11.

【案例分析题】

1. 你认为"外卖骑手所面临的困境"是如何造成的？主要的责任方有哪些？
2. 美团、饿了么等外卖平台采用"算法"优化外卖员的送餐时间有错吗？如何理解新技术带来的伦理挑战？
3. 你对"饿了么"在系统中增加"我愿意多等5分钟/10分钟"小按钮的做法有何评价？它能解决目前的问题吗？
4. 如果你是外卖平台的规则制定者，你会如何做？

【趣味测试】

测一下你作为员工的道德水平

以下是关于你在工作场景中的一些描述，请如实回答下面问题。如果该陈述非常不符合你的特点，请选择"1"；如果该陈述非常符合你的特点，请选"5"。如果你处于两个极端之间，可以选择中间的数字。

问　　题	1(很不符合)		→		5(非常符合)
1. 当你写完一份公司年终工作总结后，你会反复检查，确认没有错误才上交。	1	2	3	4	5
2. 当领导交给你一项对你来说比较困难的工作时，你会先向领导说明情况，再想尽办法去完成。	1	2	3	4	5
3. 如果在工作中你的业绩不如人，你会努力想办法改变现状。	1	2	3	4	5
4. 如果经理做出一项对公司产生负面效益的决定并委派你执行时，你会说服经理改变决定。	1	2	3	4	5
5. 当你发现一个同事在工作中遇到了困难，而你又具有解决这个困难的能力，你会在完成自己的工作以后，主动去帮助他。	1	2	3	4	5
6. 假设你是公司会计，厂长让你在账目上做些手脚，以减少纳税额，并对你说，若不这样做，你的工作不保，你会坚持不做假账。	1	2	3	4	5
7. 假设小王是你所在单位的好朋友，你发现他利用工作时间干了私活，你会提醒他注意，如果他不改正，你会向领导反映。	1	2	3	4	5
8. 假设上班期间，你正在参加公司的一个重要会议，突然接到公司传达室的电话，告知你的一位很要好的且5年未见的同学找你有事。这时，你会请其他同事帮你接待朋友，自己坚持参加会议。	1	2	3	4	5
9. 假设你是A厂业务员，现从B厂购进一批原材料，B厂为表示感谢，送给你一定数额的酬金，并希望今后能与你继续合作。你会坚决不收，并希望B厂理解。	1	2	3	4	5

续表

问　　题	1(很不符合)──→5(非常符合)				
10. 假设你是公司售后服务人员,对客户提出的不符合公司规定但对客户又很重要的服务要求,你会先向客户做解释,再向公司提出改进有关规定的建议,以尽量满足客户的要求。	1	2	3	4	5

你的总分是:_____

总分最高是50分。总分越高,那么作为员工,你的道德水平越高。思考一下其中的问题,在课堂上讨论一下。

第 6 章

投资关系中的企业伦理

学习目标：通过本章的学习，可以获得有关投资者权利的认识，以及了解在我国市场中企业侵犯投资者特别是中小投资者权利的主要手段。

关键概念：投资者权利；财务欺诈；虚假陈述；违规担保；关联交易；虚假承诺

【开篇案例】　　　　　　　　獐子岛财务造假

在 A 股市场上因为多次制造扇贝漂移闹剧而"大名鼎鼎"的上市公司獐子岛，经过证监会动用高科技手段反复调查，终于证实了其信息披露严重失实的违法问题。日前证监会决定对獐子岛公司给予警告，并处以 60 万元罚款，对 15 名责任人员处以 3 万～30 万元不等罚款，对 4 名主要责任人采取 5 年至终身市场禁入。其中公司原董事长、总裁吴厚刚被处以终身市场禁入。

此前，獐子岛发布了证监会对其的《行政处罚决定书》和《市场禁入决定书》的公告，公告中披露了 2016 年和 2017 年獐子岛对业绩的虚报和对公司及其高层的处罚决定。獐子岛公司在 2014 年、2015 年已连续两年亏损的情况下，利用海底库存及采捕情况难发现、难调查、难核实的特点，不以实际采捕海域为依据进行成本结转，导致财务报告严重失真。

自獐子岛上市以来，共上演了 3 次扇贝死亡或逃走的事件，分别发生在 2014 年、2017 年、2019 年，此次，证监会调查的正是第二次扇贝死亡事件。自第一次"扇贝跑了"事件发生后，獐子岛连续两年亏损，面临强制退市的情况，在此背景下，獐子岛的高层选择了粉饰 2016 年业绩，以便挽救獐子岛。

在证监会介入调查之前，獐子岛对于外界的质疑一直表示出较为强硬的态度，多次通过各种场合表达出扇贝死亡是"天灾"而并非"人祸"。为了证明自己所言并非虚假，董事长吴厚刚曾多次接受媒体专访，向外界说明獐子岛扇贝的情况，甚至邀请了当地海洋专家为其解释和背书，还多次邀请当地媒体直播打捞扇贝，以证明海底扇贝确实已经死亡。

但随着证监会调查结果的出炉，獐子岛的部分真相开始浮出水面，证监会正式提出"公司提到大规模的灾情，与已采捕完毕的海域也没有直接关联性"，否决了獐子岛以自然灾害为理由，对业绩造成巨大的波动。

证监会的调查证明了"人祸"是獐子岛财务造假的最终原因，也确认了獐子岛的高管在财务造假中有着不可推卸的责任。对除了獐子岛镇大耗村村委会主任金显利以外的所有 16 位高管和董事进行了顶格处罚，董事长吴厚刚辞职。9 月 11 日晚间，证监会官方网站发布消息，獐子岛涉嫌构成违规披露、不披露重要信息罪，根据《行政执法机关移送涉嫌犯罪案件的规定》,证监会决定将獐子岛及相关人员涉嫌证券犯罪案件依法移送公安机关追究刑事责任。

资料来源:[1]孙吉正."扇贝跑了"落幕:獐子岛造假终将被追究刑责 财务造假处罚趋严[N]. 中国经营报,2020-09-21(B19).

[2]周俊生. 财务造假的獐子岛就该严惩[N]. 光明日报,2020-07-07(002).

投资者是企业最为重要的利益相关者之一。投资者向企业投入资金,并分享企业收益。一般而言,企业利益与投资者利益是高度一致的,在很多中小型企业或家族企业,投资者不仅投入资金,而且亲自参与企业管理,这时,企业与投资者之间没有利益冲突。然而,在现实中,一些企业的投资者数量可能很多,不可能每个投资者都亲自参与企业管理,特别是在现代大公司中,所有者与经营者的分离使得企业利益(体现大股东意志)与投资者(指中小投资者)利益之间的背离成为可能。在现代公司制度中,大股东通过成立董事会委派董事来确保自身利益,而中小投资者由于缺乏代表(董事),其利益往往得不到保障。因此,本章有关投资关系中企业伦理的讨论,主要是站在中小投资者的角度展开的,企业与投资者之间的利益冲突,本质上是大股东与中小股东之间的利益冲突。在开篇案例中,"獐子岛"财务造假的目的是避免退市,核心是为了维护大股东的利益,而中小投资者因为信息不对称而遭受了欺骗和利益损失。

6.1 投资者权利概述

投资者是指投入现金购买某种资产以期望获取利益或利润的自然人和法人。广义的投资者包括公司股东、债权人(投入的是一定时间内的资金使用权)和利益相关者(投入的是劳动、管理技能、信任等)。狭义的投资者指的就是股东。在本章中,投资者做狭义的理解。常见的投资者包括战略投资者、机构投资者、个人投资者、基金投资者、天使投资者和政府投资者等。其中,除了政府投资者的主要目的是为了宏观经济调控之外,其他类型的投资者均是为了投资收益。因此,在本章中,所涉及的投资者概念不包括政府投资者,而仅指一般的投资者。另外,鉴于信息的可获得性,我们这里只关注上市公司行为。自然人或法人投资于其他项目,如"石油保""期货""外汇""黄金""基金"等,出现的损害投资人利益的行为,不在本章讨论范围。

在证券投资中,投资者的主要权利表现在四个方面:(1)"知情权":由于投资者并不直接参与公司管理,因此,投资者在进行投资决策时,目标公司质量的好坏只能根据公司对外公开披露的信息来进行判断。这就要求公司所披露的信息必须是真实、准确、完整和及时的。此外,在投资过程中,当公司业绩发生显著变化,或者发生影响投资收益(股价)的重大事项时,投资者需要了解这些信息并据此做出正确的决策。我们将企业信息披露义务所对应的投资者权利称为"知情权"。(2)"安全权":主要是指投资或资产的安全权。在投资者投资后,由于投资者把资产的管理权让渡给了企业,因此投资者期望资产管理方(企业)能够"审慎决策",尽量保证投资的安全。(3)"收益权":投资者投资的目的是为了获得收益,企业在使用投资者的资金时,有责任或义务帮助投资者取得合理的投资收益。(4)"求偿权":虽然任何投资都是有风险的,投资者需要独立承担股价下跌造成的损失,但不应该承担因企业（或管理者）过错造成的损失。对于因企业或管理者过错造成的损失，投资者有获得赔偿的权利。投资者所拥有的主要权利具体可见表6-1。

表6-1 投资者所拥有的主要权利

主要权利	《中华人民共和国证券法》（2019年修正）的具体阐述
知情权	（1）发行人及其他信息披露义务人，应当及时依法履行信息披露义务。信息披露义务人披露的信息，应当真实、准确、完整，简明清晰，通俗易懂，不得有虚假记载、误导性陈述或者重大遗漏（第七十八条） （2）发生可能对公司的股票交易价格产生较大影响的重大事件，公司应当立即将有关该重大事件的情况向国务院证券监督管理机构和证券交易场所报送临时报告，并予公告，说明事件的起因、目前的状态和可能产生的法律后果（第八十条） （3）发行人的董事、监事和高级管理人员应当保证发行人及时、公平地披露信息，所披露的信息真实、准确、完整（第八十二条） （4）信息披露义务人披露的信息应当同时向所有投资者披露，不得提前向任何单位和个人泄露。但是，法律、行政法规另有规定的除外（第八十三条） （5）除依法需要披露的信息之外，信息披露义务人可以自愿披露与投资者作出价值判断和投资决策有关的信息，但不得与依法披露的信息相冲突，不得误导投资者（第八十四条） （6）依法披露的信息，应当在证券交易场所的网站和符合国务院证券监督管理机构规定条件的媒体发布，同时将其置备于公司住所、证券交易场所，供社会公众查阅（第八十六条）
安全权	体现在《中华人民共和国公司法》有关股东权利的条款、《中华人民共和国证券法》有关信息披露、投资者保护的条款
收益权	上市公司应当在章程中明确分配现金股利的具体安排和决策程序，依法保障股东的资产收益权。上市公司当年税后利润，在弥补亏损及提取法定公积金后有盈余的，应当按照公司章程的规定分配现金股利（第九十一条）
求偿权	（1）发行人及其控股股东、实际控制人、董事、监事、高级管理人员等不履行公开承诺给投资者造成损失的，应当依法承担赔偿责任（第八十四条） （2）信息披露义务人未按照规定披露信息，或者公告的证券发行文件、定期报告、临时报告及其他信息披露资料存在虚假记载、误导性陈述或者重大遗漏，致使投资者在证券交易中遭受损失的，信息披露义务人应当承担赔偿责任（第八十五条） （3）投资者与发行人、证券公司等发生纠纷的，双方可以向投资者保护机构申请调解（第九十四条） （4）投资者提起虚假陈述等证券民事赔偿诉讼时，诉讼标的是同一种类，且当事人一方人数众多的，可以依法推选代表人进行诉讼（第九十五条）

投资者的上述权利主要在《中华人民共和国证券法》与中国证券监督管理委员会、上海证券交易所和深圳证券交易所的有关政策规章中予以规定和体现，特别是在交易所的"股票上市规则"中。当然，更广泛意义上的投资者权利还体现在民法、公司法、民事诉讼法等法律规范中。需要指出的是，投资者一旦完成对上市公司的投资，他就变成了股东（不管投资金额有多小），而作为股东，投资者就拥有《中华人民共和国公司法》中有关股东的各项权利，如查阅、建议和质询权，表决权等。

尽管我国逐步建立和完善了有关投资者保护的法律法规体系，然而在现实中，财务欺诈、虚假陈述等侵害投资者合法权益的行为屡屡发生。在本章中，我们将侵犯投资者权利的行为粗略地分六类予以介绍：财务欺诈、虚假陈述、违规担保、关联交易（不当）、不履行承诺，以及其他行为。

6.2 财务欺诈

财务欺诈又称"财务造假"或"财务舞弊",是一种故意行为,是行为人在会计账务中弄虚作假,伪造、变造会计事项,掩盖企业真实的财务状况、经营成果与现金流量情况,误导或欺骗财务报表的使用者。财务欺诈主要表现为:(1)虚增盈利,隐瞒亏损;(2)虚计成本,隐瞒利润;(3)虚列资产,低估负债。

6.2.1 虚增盈利,隐瞒亏损

虚增盈利、隐瞒亏损是财务状况不佳的企业常用的造假手段,其具体方法包括跨年度提前确认收入、虚构销售业务、期间费用转入生产成本以虚增期末存货、大额待摊费用长期挂账、利息费用不合理资本化、伪造投资合同以虚构投资收益、非法确认财产重估增值等。

企业虚增盈利、隐瞒亏损的原因之一可能是为了维护甚至抬高公司股价(市值管理),为特定股东和管理层带来利益(比如股东在高位减持、经理人员不会被解雇、满足企业再融资要求等)。另一个重要的可能原因是"避免公司摘牌"。根据2012年以前的股票退市规则,上市公司连续2年亏损将被予以"警示",在股票名称之前加"ST"的符号,连续3年亏损将被暂停上市,连续4年亏损将退市。2012年之后,又增加了净资产为负、营业收入小于1 000万元、连续120个交易日成交量低于500万股、连续30个交易日股票价格低于1元的指标。2018年又进一步增加了重大违法行为退市规则,并把股价低于1元的交易日从30天缩减为20天。2020年的退市规则取消了原来单一的净利润、营业收入指标,转而采用财务组合指标(净利润为负且营业收入低于1亿元),新增"连续20个交易日在本所的每日股票收盘总市值均低于人民币3亿元"指标。企业虚增利润就可以避免"净利润为负"导致被"警示"甚至被"摘牌",尽管按照2020年的规则,财务虚假可能直接导致股票退市(条件:公司披露的营业收入连续两年均存在虚假记载,虚假记载的营业收入金额合计达到5亿元以上,且超过该两年披露的年度营业收入合计金额的50%;公司披露的净利润连续两年均存在虚假记载,虚假记载的净利润金额合计达到5亿元以上,且超过该两年披露的年度净利润合计金额的50%;或者公司披露的利润总额连续两年均存在虚假记载,虚假记载的利润总额金额合计达到5亿元以上,且超过该两年披露的年度利润总额合计金额的50%)。

【案例6-1】 年富供应链虚增利润

2021年1月6号,证监会发布对深圳年富供应链有限公司(以下简称年富供应链)相关人员的市场禁入决定。决定书中公布的年富供应链的违法行为就包括虚增出口代理服务费收入和利润、虚增境外代采业务收入和利润,具体违法行为如下:

2014年7月至2018年3月,在与锐嘉科集团有限公司(以下简称锐嘉科)的出口业务中,年富供应链虚构《补充协议》和《境外供应链服务协议》,在出口环节以服务费的名义,将货物(仅整机,不含物料)的价格在出口委托价的基础上虚增1%、3%或5%,形成报关价,在外贸环节以服务费的名义,将全部货物的价格在报关价的基础上虚增1.95%,形成境外销售价。境外销售金额与出口委托金额(含正常代理服务费)之差为虚增收入,虚增收入等于虚增利润。其中,2014年虚增营业利润3 627.41万元,2015年虚增营业利润9 114.41万元,2016年虚增营业利润3 181.41万元,2017年虚增营业利润1 352.71万元,2018年1月至3月虚增营业利润104.59万元。

2016年12月至2018年3月,在与贵州财富之舟科技有限公司(以下简称贵州财富)的出口业务中,年富供应链在外贸环节虚增境外销售价格,其中2017年9月至11月还在出口环节虚增报关价格,由此虚增对贵州财富的出口代理服务收入,虚增收入等于虚增利润。其中,2017年虚增营业利润5 468.21万元,2018年1月至3月虚增营业利润1 599.86万元。

2016年7月至2018年3月,在与遵义市水世界科技有限公司(以下简称水世界)的出口代理业务中,年富供应链在外贸环节虚增境外销售价格,由此虚增对水世界的出口代理服务收入,虚增收入等于虚增利润。其中,2016年虚增营业利润1 745.52万元,2017年虚增营业利润3 236.17万元,2018年1月至3月虚增营业利润928.57万元。

2017年6月至2018年3月,年富供应链通过虚构与财富之舟科技(香港)有限公司(以下简称香港财富)的境外代采业务虚增境外代采业务收入。香港财富配合年富供应链进行无实际业务的购销。其中,2017年虚构收入200 682.96万元,相应虚增营业利润9 528.42万元;2018年1月至3月虚构收入117 175.99万元,相应虚增营业利润3 726.14万元。

综上,2014年7月至2018年3月,年富供应链虚增营业收入348 217.81万元,相应虚增营业利润43 613.43万元。其中,2014年虚增营业收入3 627.41万元,相应虚增营业利润3 627.41万元,占年富供应链当期披露营业利润的84.50%;2015年虚增营业收入9 114.41万元,相应虚增营业利润9 114.41万元,占年富供应链当期披露营业利润的71.96%;2016年1月至9月虚增营业收入3 678.45万元,相应虚增营业利润3 678.45万元,占年富供应链当期披露营业利润的75.64%;2017年虚增收入107 040.43万元,相应虚增营业利润10 121.87万元,占宁波东力当期披露营业利润的56.54%;2018年第一季度虚增收入119 809万元,相应虚增营业利润6 359.16万元,占宁波东力当期披露营业利润的108.72%。

资料来源:中国证券监督管理委员会〔2021〕2号《市场禁入决定书》.

【案例点评】 上市公司虚增盈利、隐瞒亏损的行为具有严重危害性。从投资者角度来说,这一行为无疑误导了广大中小投资者,使他们的投资暴露于巨大的风险之中,侵犯了他们的知情权和投资安全权。而投资者的知情权和投资安全权正是《中华人民共和国证券法》保护的对象,从这个角度说,虚增利润的行为首先构成了对《中华人民共和国证券法》的触犯。其次,从政府角度来说,虚增利润的行为严重违反了国家的财政税收法规,扰乱了正常的财政收入秩序,触犯了《中华人民共和国会计法》第四十三条规定,即"伪造、变造会计凭证、会计账簿,编制虚假财务会计报告,构成犯罪的,依法追究刑事责任"。此外,上市公司虚增收入和利润的背后,是计税依据的失真,尽管公司会因为虚构利润而多缴纳税款,但这一行为仍可能违反了《中华人民共和国税收征收管理法》第六十四条规定,即纳税人、扣缴义务人编造虚假计税依据的,由税务机关责令限期改正,并处5万元以下的罚款。再次,从市场角度来说,这种财务造假行为会严重打击投资者对股票市场的信心,引发市场信誉危机。最后,从社会角度来说,财务造假触碰了社会诚实守信的底线,是完全不可接受的行为。鉴于其严重危害性,虚构利润的行为是各国证券市场监管机构严厉打击的对象。

6.2.2 虚计成本,隐瞒利润

虚计成本、隐瞒利润是财务欺诈的另一种表现形式,其手段包括跨年度推迟确认收入、资本性支出费用化、多计折旧及摊销、提前结转成本、编造名册虚计工资、利用不平等关联方交易转移利润等。

企业虚列成本、隐瞒利润的原因多种多样。第一种原因是偷税。企业在虚计成本的同时,还可能"虚计收入"或"做低收入",以降低应纳税额,达到不缴或少缴税的目的。第二种原因可能是熨平业绩,使企业看起来经营非常稳健,从而吸引投资者。第三种原因是股权激励,通过人为调节利润,使高管人员能够获得股权等奖励。第四种原因是避免分红,通过隐瞒利润改变公司账面业绩,造成公司人为的盈利能力低下,从而避免分红(将利润留在企业对大股东和高管有好处)。除此之外,可能还存在避免股票被停牌摘牌,高管人员私设小金库和集体腐败等方面的原因。

【案例6-2】 广药涉嫌隐瞒利润被康业元举报

北京康业元投资顾问有限公司系广州白云山医药科技发展有限公司股东之一,拥有白云山科技公司49%的股权。2019年7月18日,康业元官方微博发布《针对广药集团李楚源违法违纪的实名举报信》。在举报信中,康业元称白云山科技旗下产品"金戈"利润巨大,但持有金戈产品权、经营权和收益权49%的康业元没有获得任何收益。上市公司2015年年度报告显示,金戈产品的生产量为1 589万片,营业收入为2.34亿元,毛利率为92.22%,毛利润为2.15亿元。但康业元称从广药集团及金戈产品原料供应商处获得的信息来计算,2015年白云山原材料采购量对应的金戈产品生产量应不少于4 073万片,营业收入应不低于6.38亿元,结合白云山集团披露的92.22%的毛利率,毛利润应不少于5.88亿元。另外,金戈产品中主要成分的药料成本进货价仅为每公斤1 800元,但白云山内部记账成本为每公斤1万元,2014年4月至2016年10月,白云山集团共进货7 600公斤,仅此一项该公司虚增成本达6 232万元,涉及偷税漏税。

资料来源:经济观察网,子公司股东公开举报白云山"多宗罪":隐瞒利润及收入、财务数据造假、偷税漏税[EB/OL]. http://www.eeo.com.cn/2019/719/361545.shtml,2019-7-19.

【案例点评】 虚计成本、隐瞒利润的行为,无论出于何种目的,都是不道德的甚至是违法的。这种行为首先误导了投资者的投资决策,影响了企业的正常分红,侵犯了投资者的知情权和收益权,触犯了《中华人民共和国证券法》。其次,这种行为也违反了《中华人民共和国会计法》对会计凭证、会计账簿、财务会计报告的准确性要求。通过这种方式偷逃税款,还造成政府财政税收收入减少,触犯了《中华人民共和国企业所得税法》,违反了该法有关企业应纳税额的规定。严重的甚至可能触犯《中华人民共和国刑法》有关禁止"虚假纳税申报"等规定。因此,这一行为是严重的违法犯罪行为。对企业自身来说,这一行为也蕴藏着风险。首先,企业隐瞒利润,造成业绩不佳的表象,可能会影响企业信用评估,加大企业融资约束,不利于企业的长久发展。其次,企业的这种行为一旦被曝光,将会严重损害企业形象和声誉,威胁企业的可持续发展。因此,虚计成本、隐瞒利润的行为不仅违法,而且对企业自身也有不利影响。

6.2.3 虚列资产,调低负债

虚列资产、调低负债是财务欺诈的第三种主要形式,通过虚列资产、少记负债,可以降低资产负债率、调节企业的资产收益率和年末净资产,让企业看起来"健康"。从方法上看,凡是导致盈利虚增的手法一般同时带来资产的虚增。此外,企业还利用"一年内到期的长期资产"项目人为调节流动资产比例,通过关联方交易、表外筹资等隐瞒实际债务水平。

企业虚列资产、调低负债的原因可能有以下几个:首先,企业虚列资产、调低负债可以调节"资产负债率",让资产结构看起来更健康,从而降低企业的融资成本。其次,资本结构的健康能够帮助企业维护投资者信心,维护股票市值,维持股价稳定。最后,通过虚列资产低估负债可以让企业避免因为"净资产为负"导致的"股票摘牌"。

【案例6-3】 部分上市房企债务暗存"隐秘的角落"

《经济参考报》记者发现,部分上市房企债务存在"隐秘的角落",这些企业通过增加权益等财务手法,使负债率呈现下降的"假象"。

记者查阅正荣地产2019年财报发现,截至2019年末,正荣地产负债总额为1 381.59亿元,较2018年年末1 169.2亿元增加18.17%。但该公司2019年净负债率为75.2%,相较于2018年的74%仅微增了1.2个百分点。在负债总额和借贷规模不断增加的同时,该公司的净负债率依然保持平稳。

负责正荣财务的人士介绍说,这与该公司少数股东权益的"爆发式"增长密不可分。该公司2019年财报显示,正荣地产少数权益的增加主要源自合并报表中的39项股权占比较小的合营企业和联营企业开发的物业。正荣地产在其中的权益占比大部分为13%~35%,仅有三个项目的权益占比接近50%。

业内人士认为,"谁操盘谁并表"的财务方式可能虚增了所有者权益,实则隐藏了负债。根据净负债率=(有息负债-货币资金)/所有者权益,一些房地产企业通过增大分母,降低了净负债率。

克而瑞研究中心选取的50家典型上市房企的数据显示,截至2019年底,50家典型上市房企的总有息负债规模为46 942亿元,同比增长16.4%,86%的典型上市房企总有息负债增加。

值得关注的是,虽然上市房企的有息负债总量出现"双位数"增长,但总体负债率却表现稳定。据中国指数研究院统计,2019年沪深上市房企的资产负债率均值同比下降0.2个百分点至68.8%,内地在港上市房企的资产负债率均值仅同比上升0.3个百分点至75.5%。

另据克而瑞研究中心统计,2019年上市房企总权益增长21.67%,高于有息债的增幅。业内人士指出,部分上市房企净负债率下降主要是因为权益规模增长显著,高于有息负债的增幅,这一现象值得监管部门警惕。

"房企权益上涨,一方面,来自2019年房企股权融资的上升;另一方面,随着房企间合作或收并购行为不断增多,少数股东的权益规模和占比可能存在重复计算甚至虚报,由此导致其权益虚增、净负债率下降。"一位房企高管表示。

资料来源:郑钧天,梁倩. 部分上市房企债务暗存"隐秘的角落"[N]. 经济参考报,2020-07-14(004).

【案例点评】 资产负债率是衡量企业健康与否及其潜在风险的一个重要指标。资产负债率高意味着企业的资金中来源于债务的资金多,而所有者权益(投入的资金)少,这样的资产结构一是提高了企业破产的风险(资不抵债或因偿债导致的资金链断裂),二是增加了管理人员(包括所有者)投机的可能性。因此,无论是资金出借者还是投资者,都重视企业的资产负债率指标。虚增资产、调低负债的行为首先欺骗了投资者和资金出借者,使投资者的投资和资金出借者的贷款处于潜在的巨大风险之中。因此,这一行为侵害了投资者的知情权和投资安全权,违背了会计记录的谨慎性原则,违反了《中华人民共和国证券法》对信息披露和财务报告的真实性要求,违反了《中华人民共和国会计法》对会计凭证、会计账簿、财务会计报告的准确性要求。为了打击企业通过"调节"资产和负债的方式来避免"股票摘牌",上海证券交易所和深圳证券交易所2020年新修改的"股票上市规则"规定,"公司披露的资产负债表连续两年均存在虚假记载,资产负债表虚假记载金额合计达到5亿元以上,且超过该两年披露的年度期末净资产合计金额的50%"时,股票将被终止交易。

6.3 虚假陈述

按照最高人民法院2003年1月发布的《关于审理证券市场因虚假陈述引发的民事赔偿案件的若干规定》,虚假陈述"是指信息披露义务人违反证券法律规定,在证券发行或者交易过程中,对重大事件作出违背事实真相的虚假记载、误导性陈述,或者在披露信息时发生重大遗漏、不正当披露信息的行为。"所谓的"重大事件",根据《中华人民共和国证券法》第八十条规定,主要包括:(1)公司经营方针和经营范围的重大变化;(2)重大投资行为;(3)订立重要合同、提供重大担保或者从事关联交易;(4)发生重大债务和未能清偿到期重大债务;(5)发生重大亏损或者重大损失;(6)生产经营的外部条件发生重大变化;(7)董事、三分之一以上监事或者经理发生变动,董事长或者经理无法履行职责;(8)持股5%以上股东或者实际控制人持有股份或者控制公司的情况发生较大变化;(9)分配股利、增资的计划,公司股权结构的重要变化,公司减资、合并、分立、解散及申请破产的决定,或者依法进入破产程序、被责令关闭;(10)涉及公司的重大诉讼、仲裁,股东大会、董事会决议被依法撤销或者宣告无效;(11)公司涉嫌犯罪被依法立案调查,公司控股股东、实际控制人、董事、监事、高级管理人员涉嫌犯罪被依法采取强制措施;(12)国务院证券监督管理机构规定的其他事项。

上市公司虚假陈述主要表现为:(1)虚假记载;(2)误导性陈述;(3)重大遗漏;(4)不正当披露信息。

6.3.1 虚假记载

虚假记载是指信息披露义务人在披露信息时,将不存在的事实在信息披露文件中予以记载的行为。虚假记载与财务欺诈(财务造假)是两个相关但又不同的概念。财务欺诈或造假可以通过虚假记载来实现,但虚假记载不能简单地理解为财务欺诈。一般而言,在财务造假或欺诈中,行为人对财务数据进行了篡改;而在虚假记载中,行为人"无中生有",捏造"重大事件"(重大事件是不存在的),从而误导投资者。企业虚假记载的核心目的是"粉饰"财务报告,让企业的资产、收入、利润等"看起来"不错。

虚假记载中最常见的方式是虚构交易或合同。比如,云南"绿大地"在2007年登陆深圳证券交易所中小板之前,通过使用虚假合同、编造虚假会计资料、虚增荒山使用权等手段取得上市资格,在上市后继续采用虚假苗木交易销售、伪造合同和会计资料或通过受绿大地控制的公司将销售款转回等手段虚增收入和资产,2010年被证监会立案稽查。2015年"振隆特产"IPO被发现虚假陈述:一是公司利用销售客户分布海外,不易调查的特点,虚构销售合同,虚增合同销售单价以虚增出口销售收入和利润。二是公司通过调节产品出成率,调低原材料采购单价,增加原材料入库数量,未在账面确认已处理霉变存货损失等方式虚增存货和利润。三是公司虚假披露主营业务模式,通过虚构生产过程的方法进行财务造假,导致招股说明书披露的与主营业务相关的采购原材料种类、工艺流程、生产模式、产品产量和产能利用率等各项重要内容存在虚假。2015年1月至2017年12月,金刚玻璃通过伪造定期存款合同和虚构利息收款方式虚增利息收入,通过虚构销售业务方式虚增销售收入及回款,并通过虚增产量分配真实成本的方式虚增营业成本。通过上述方式,金刚玻璃《2015年年度报告》虚增利润6 205.34万元,占当期披露利润总额的1 072.9%;《2016年年度报告》虚增利润4 987.67万元,占当期披露利润总额的622.26%;《2017年年度报告》虚增利润610.71万元,占当期披露利润总额的28.04%。

虚假记载的例子在我国证券市场不胜枚举,绝大多数财务造假的背后,多有虚构交易的问题。

【案例6-4】 益佰制药虚构合同套取3 300万元给老板买家具

2019年6月11日晚,益佰制药(股票代码:600594)发布公告,公司收到贵州证监局行政监管措施决定书,公司及公司董事长窦啟玲等被出具警示函。

公告显示,贵州证监局在对益佰制药进行现场检查时发现:公司通过与第三方签订虚假工程合同或协议,套取公司资金3 294.87万元。其中,套取募集资金1 749.07万元,套取自有资金1 545.8万元。上述资金被安排用于购买家具、家装用品等,收货地址为公司实际控制人窦啟玲在北京和贵阳的住所。

通过上述虚假工程合同或协议,益佰制药2013年虚增固定资产270.93万元、虚增在建工程1 510.49万元,2014年虚增在建工程1 513.45万元,导致公司2013年至2018年相关信息披露文件不真实。

贵州证监局行政监管措施决定书显示,窦啟玲、王岳华、张林生、郭建兰分别作为公司时任董事长、监事、财务总监,主导或参与了上述违法违规行为,未能履行忠实、勤勉义务,对此负直接责任。上述行为违反了《上市公司信息披露管理办法》第三条、《上市公司监管指引第 2 号——上市公司募集资金管理和使用的监管要求》(证监会公告〔2012〕44 号)第二条等规定。按照《上市公司信息披露管理办法》第五十九条规定,贵州证监局决定对他们采取出具警示函的监管措施。

资料来源:曾剑. 签假合同套 3 300 万给老板买家具 益佰制药收警示函[N]. 每日经济新闻,2019-6-12(12).

【案例点评】 虚假记载通过"捏造"交易或合同等事实,使企业看起来不错,这一行为首先误导了投资者,导致他们做出错误的投资决策。同时,由于这类企业本质比较差,因此投资者的投资安全性无法得到保障。这说明,虚假记载使得投资者的知情权和投资安全权都受到侵犯。其次,其他利益相关者,如银行等贷款机构和供应商,也可能被"误导",从而引发"不良贷款""应收账款"无法收回等一系列问题,这类问题一旦累计,将造成不可估量的后果。最后,虚假记载违背了市场诚实信任的原则,破坏了资本市场正常的定价机制,妨碍了资本市场资源(资本)配置功能的发挥,而且对社会诚信造成不利影响。上市公司的虚假记载行为不仅违反了《中华人民共和国证券法》有关信息披露必须真实的要求,而且可能触犯《中华人民共和国刑法》第一百六十条的规定:"在招股说明书、认股书、公司、企业债券募集办法中隐瞒重要事实或者编造重大虚假内容,发行股票或者公司、企业债券,数额巨大、后果严重或者有其他严重情节的,处五年以下有期徒刑或者拘役,并处或者单处非法募集资金金额百分之一以上百分之五以下罚金。"

6.3.2　误导性陈述

误导性陈述是指虚假陈述行为人在信息披露文件中或者通过媒体,做出使投资人对其投资行为发生错误判断并产生重大影响的陈述。在公司发行上市阶段,误导性陈述表现为发行人在招股说明书中选择性地陈述相关业务,隐瞒公司存在的诸多运营难题以及项目进展状况等。在上市之后,误导性陈述表现为公司在披露信息时采用重点揭露利好讯息,隐瞒不利消息的方式,给投资者传递公司持续向好的信号。

在我国资本市场,存在大量的误导性陈述案例。比如,曾引发社会广泛关注的安硕信息案,就是误导性陈述的典型例子。上海安硕信息技术公司(简称安硕信息)原本仅为一家以金融 IT 软件为主营业务的公司,却在东方证券研究人员浦俊懿、郑奇威的帮助下,贴上互联网金融业务公司的标签,并通过东方证券浦俊懿和郑奇威的夸张性语言蛊惑和误导投资者,使安硕信息股价在 2015 年不到半年涨幅高达 703%,股价最高达 473 元,最终于 2016 年 12 月被证监会处罚。

又如,2020 年 3 月 8 日,深圳证券交易所因"误导性陈述"通报批评 8 家上市公司,包括泰和科技、联创股份、银邦股份、天晟新材、北玻股份、延安必康、中恒电气和永太科技。这 8 家企业之所以被纪律处分,与前期蹭"疫情防控""特斯拉""华为""小米""光伏电池"等市场热点有关。其中,蹭疫情防控热点的有 5 家,蹭特斯拉概念的有 3 家,蹭华为概念的有 2 家,还有 1 家蹭光伏电池概念。3 月 16 日,又有三家企业,包括雅本化学、泰和科技和秀强股份,几乎同时发布公告,因涉嫌误导性陈述等信息披露违法违规,被证监会进行立案调查。

以天晟新材为例,公司高层 2020 年 2 月 19 日参加投资者及媒体线上交流会表示,公司前舱支架缓冲垫产品有望应用于特斯拉 M3,相关样品已经在试制阶段,预计在今年 6 月前后量产;同时,两家全资子公司分别生产呼吸机配件和 5G 光学膜材料。公司股价连续四个交易日涨停。2 月 21 日,天晟新材收到深交所关注函,要求回复产品名称、订单情况及对业绩影响等。随后在关注函中,天晟新材回复称,前舱支架缓冲垫产品"为新开发产品,竞争格局暂未知,暂未了解到是否有相关竞争对手,暂无在手订单,不会对我公司业绩产生重大影响,请广大投资者注意风险"。关于"呼吸机配件",公司也表示"目前销售额不会对公司业绩产生较大影响"。由此,深交所对天晟新材及公司董事长、总经理、董事会秘书通报批评。

【案例 6-5】 中国有 1.4 亿阳痿患者? 常山药业遭顶格处罚

2020 年 12 月 29 日,河北证监局挂出针对常山药业及其董事长、董秘的行政处罚决定书。监管认为,常山药业披露的"国内 ED 患者人数约 1.4 亿人""未来中国潜在的市场规模有望达到百亿元级别,市场空间广阔"等内容构成误导性陈述,对上市公司处以警告+60 万元的顶格处罚,对董事长、董秘二人处以警告及 30 万元的罚款。

事情要追溯到 2018 年 5 月,常山药业公布全资子公司获得药品 GMP 证书的公告,其 GMP 证书认证的车间为固体制剂车间,生产品种为枸橼酸西地那非片剂,该药用于治疗勃起功能障碍(ED)。在公告中,常山药业称,"据统计数据显示,国内 ED 患者人数约 1.4 亿人,假设其中有 30%接受治疗,人数将达 4 200 万人,假设接受治疗的 ED 患者每年都能多次使用药物,未来中国潜在的市场规模有望达到百亿元级别,市场空间广阔。"

在公告后,常山药业股价连续两日接近涨停,股价创下阶段性新高。然而,"中国 1.4 亿 ED 患者"的惊人数据令其公告内容备受质疑。彼时曾有网友调侃,梳理 A 股药企公告得知:阳痿 1.4 亿人,糖尿病 1.1 亿人,不孕不育 2 亿人,乙肝携带者 1 亿人,精神病 1.8 亿人……做人难,做健康的中国人难上加难。

迫于压力,常山药业在后续的补充公告中表示,其数据来源系国信证券 2014 年 5 月底发布的相关研究报告,常山药业所引国信证券 2014 年出具的《医药保健:抗 ED 药物专题研究色不可戒,抢仿来袭》的研报中表示:中国总人口 13.54 亿元,男性占比 51.25%,其中 20 岁以上占 76.98%,20 岁以上 ED 患病率 26.1%。相乘之下,ED 患者人数为 1.4 亿人。类似地,在常山药业意图援引的另一份东吴证券 2017 年的研报中显示,40~70 岁的男性中,不同程度的 ED 比率高达 52%,"中国 ED 患者人数约 1.27 亿人"。

河北证监局指出,常山药业通过互联网公开渠道检索到证券公司研究报告后,选择性引用部分数据,未注明数据来源及充分揭示市场风险,存在不准确、不完整的情形,致使或可能致使投资者对其投资行为发生错误判断,足以对投资者产生误导。

对此,常山药业申辩提出,其是在对市场上相关数据进行比对筛选后,结合行业对市场状况的普遍认识,最终选取了国信证券《抗 ED 药物专题研究》研报中的数据,以作为《公告》中同类药品的市场状况进行披露,相关信息披露与事实情况一致,不构成误导性陈述。

然而,常山药业的理由并未能得到监管部门的认可。河北证监局指出,常山药业的公告是通过互联网公开渠道检索、引用第三方机构研究报告的部分内容制作的,且未注明数据来源。事实上,国内对治疗 ED 药物进行专题研究的机构不止国信证券一家,调研报告也有多个,常山药业并未披露信息来源,导致投资者无法对信息来源进行检索,无法了解确切的计算方法。

此外,常山药业在公告中只是简单提及"据统计数据显示",并没有向投资者揭示相关数据属于研究性结论,准确性待定,可能误导投资者认为国内 ED 人数确为 1.4 亿人。且公告未披露同类药品的市场状况,对同类药物其他生产厂商只字未提。仅凭简单的假设和推测即得出"市场规模有望达到百亿级别",足以对投资者产生误导。

此次行政处罚决定书落地后,常山药业也在第一时间进行了信息披露,并表示对涉及内容高度重视,将积极整改,依法履行信息披露义务,切实提高信息披露质量。

资料来源:证券时报网,刷屏!中国有 1.4 亿阳痿患者?常山药业遭顶格处罚 证监局:误导性陈述不准确!监管持续"打假"[EB/OL].http://t.10jqka.com.cn/pid_144957549.shtml,2020-12-30.

【案例点评】 误导性陈述,从字面意思理解就知道该行为对投资者具有误导性。在本案例中,常山药业因为数字引用不严谨,仅凭简单推测即得出结论,以及披露中的选择性忽视(市场与竞争对手)而受到监管的处罚。误导性陈述,首先违背了上市公司信息披露中应有的真实性、准确性和完整性要求,企业通过向外界传递不准确的信息,误导投资者的投资决策,侵犯了投资者的知情权,没有遵守《中华人民共和国证券法》所要求的信息披露"应当真实、准确、完整,简明清晰,通俗易懂,不得有虚假记载、误导性陈述或者重大遗漏"的规定。其次,误导性陈述加剧了公司股票的波动,特别是在误导性陈述被纠正后,公司股票往往出现大幅度下跌,因而威胁到投资者投资的安全性。再次,在我国的实践中,由于误导性陈述的处罚通常由证券交易所负责,而且仅仅是比较轻微的"公开批评",投资者无法就误导性陈述所造成的损失向公司索赔[索赔的前提是证券监督管理委员会的行政处罚,认定上市公司存在"虚假陈述"(这个前提是最高人民法院最初出台的司法解释,尽管在此后的民事诉讼法修改中把这个前提去掉了,但由于地方法院在审查上市公司虚假陈述上存在难度,因此实践中仍然以此为前提)],因此,投资者的求偿权被"无形"地剥夺。最后,误导性陈述的存在和泛滥,将导致市场价格机制和资源配置机制失去作用,从而扰乱市场正常的经济秩序。因此,企业在信息披露时一定要真实、准确和完整,不得误导投资者。

6.3.3 重大遗漏

重大遗漏是指信息披露义务人在信息披露文件中,未将应当记载的事项完全或者部分予以记载。造成信息披露重大遗漏的情形主要有三个:(1)关联方比如公司实际控制人或持股 5% 以上大股东未将重大变化告诉上市公司,从而导致上市公司信息披露出现重大遗漏;(2)上市公司工作人员因疏忽大意,在信息披露时遗漏了重大事项;(3)上市公司"有意"将负面信息予以隐瞒而导致信息披露出现重大遗漏。当然,在现实中,人们很难对上述三个原因进行严格区分。

【案例 6-6】 索菱股份因信息披露违法受处罚

2020 年 12 月 11 日,深圳市索菱实业股份有限公司(索菱股份)发布公告,称公司于 12 月 10 日收到证监会下发的《行政处罚决定书》(〔2020〕105 号)及《市场禁入决定书》

(〔2020〕22号)。

经证监会调查,索菱股份2016—2018年连续三年年度报告存在虚假记载,2017—2018年两年年度报告存在重大遗漏。在重大遗漏方面,2017年索菱股份未及时入账和披露42 500万元借款,未及时披露担保7 500万元、潜在付款义务11 715万元。2018年,索菱股份未及时入账和披露23 000万元借款。此外,索菱股份2018年年度报告中未披露实际控制人非经营性占用资金的情况:索菱股份通过虚构采购业务、虚列其他应收款等名义向非供应商转出款项8.7亿元,大部分用于前述财务造假行为相关体外资金循环及偿还相关借款。其中,11 042 898.41元用于肖行亦(董事长兼总经理)个人用途,主要包括支付其定增股票借款利息和赔偿员工持股计划损失。据此,证监会对索菱股份给予罚款60万元处罚,对相关责任人员给予警告、罚款及市场禁入处罚。

资料来源:中国证券监督管理委员会. 中国证监会市场禁入决定书〔2020〕22号[EB/OL]. http://www.csrc.gov.cn/pub/zjhpublic/G306212/202012/t20201214_388250.htm,2020-12-08.

【案例点评】 上市公司信息披露必须满足完整性要求,而重大遗漏即意味着信息披露的"不完整"。当上市公司信息披露出现重大遗漏时,投资者是基于"片面"的而且通常是"美化"的信息来开展价值评估并做出投资决策,这样的决策必然不是最优的或令人满意的。因此,重大遗漏的发生侵犯了投资者的知情权,同时也会因投资决策的偏离而侵犯投资者的投资安全权。重大遗漏是《中华人民共和国证券法》所禁止的事项。当然,不同原因导致的重大遗漏,其伦理责任有所不同。当重大遗漏的原因是主要股东单位没有履行告知义务,导致上市公司信息披露出现重大遗漏时,上市公司并不需要承担责任。而当重大遗漏的发生是由上市公司自身原因造成的时,上市公司就有伦理的责任,只不过"疏忽大意"造成的重大遗漏比"故意"造成的遗漏所应该承担的伦理责任要小。从索菱股份的例子来看,重大遗漏通常与我们随后要讨论的"不及时披露"一起出现,在某些情况下,企业可能因为没有及时披露重大事项而被认定为"重大遗漏"。当然,还有情况是企业压根就不想披露而导致"重大遗漏",比如关联关系与关联交易、违规担保、借款、重大诉讼或仲裁、受到的处罚等。

6.3.4 不正当披露

不正当披露是指信息披露义务人未在适当期限内或者未以法定方式公开披露应当披露的信息。不正当披露主要表现为信息披露的不及时、不合适。从信息披露违规被查处的情况看,信息披露不及时主要有:(1)未在规定时间内披露定期报告;(2)未及时披露负面信息,如关联交易、对外担保、重大诉讼或仲裁、重大债务等;(3)未及时披露其他重大事项,导致股票剧烈波动。披露不合适主要有两种情况:(1)对重大事项只在定期报告中予以披露,而没有发布临时公告予以披露;(2)在公司以定期报告或临时公告发布前,公司高管就已经在其他场合或其他渠道(如投资者互动、媒体访问、公司主页等)披露或部分披露重要信息。

上市公司将负面消息瞒而不报、不及时披露的现象比较常见。但也有不及时披露利好消息的,比如熊猫乳品在2020年10月29日收到与收益相关的上市奖励政府补贴900.00万元,按照相关规定,上述补贴应计入熊猫乳品当期损益,预计会增加熊猫乳品

2020年的利润总额900.00万元,占熊猫乳品2019年净利润的13.51%,但直到11月25日,熊猫乳品才发布《关于公司获得政府补贴的公告》对此事进行披露。2020年11月30日,深圳证券交易所给公司下发监管函要求其及时整改。

【案例6-7】 工大高新信批违规被处罚

2020年10月24日,哈尔滨工大高新技术产业开发股份有限公司(工大高新,600701)发布《关于收到黑龙江证监局行政处罚决定书及市场禁入决定书的公告》(〔2020〕2号)。

经中国证监会黑龙江证监局查明,工大高新涉嫌违法违规的事实如下:

一、未及时披露关联方非经营性占用上市公司资金情况。2016年12月至2017年12月期间,工大高新累计向关联方工大集团提供资金10.16亿元,形成关联方占用上市公司资金10.16亿元。工大高新未及时披露上述重大事件,也未在当期半年报、年报中真实、准确、完整披露。

二、未及时披露对外担保情况。2015年12月至2018年1月期间,工大高新及其下属公司对外提供担保(不含对子公司的担保)共计18笔,金额累计达63.1亿元(其中对关联方提供担保17笔,金额62.3亿元)。上述对外担保情况,工大高新未履行内部审议程序,未及时履行信息披露义务,也未在当期半年报、年报中真实、准确、完整披露。

三、未及时披露重大诉讼和仲裁情况。2008年7月至2018年7月期间,工大高新涉及28笔诉讼和仲裁,累计金额达20.35亿元。对上述诉讼和仲裁事项工大高新应履行信息披露义务,工大高新未及时进行信息披露。

四、未及时披露基本账户被冻结情况。浙江省杭州市中级法院作出的协助冻结存款通知书,冻结工大高新开立于建行哈尔滨工大支行,账号为2300×××3460基本账户内的存款1.03亿元。暂停支付该1.03亿元存款的期限为12个月(从2018年1月25日起至2019年1月24日止),逾期或撤销冻结后,方可支付。工大高新未及时披露上述重大事件。

五、未及时披露子公司股权被冻结情况。2018年1月26日,杭州市中级法院向汉柏科技下达了《股权查封告知书》,冻结工大高新持有汉柏科技100%的股份。2018年3月26日、5月14日、5月16日,工大高新所持红博会展100%股权、红博物产64.22%股权、龙丹利民100%股权先后被冻结。工大高新未及时披露上述重大事件。

六、未及时披露重大债务未清偿情况。截至2018年7月1日,工大高新及下属子公司逾期债务共16笔,合计金额13.46亿元。截至2017年10月25日,逾期负债金额累计达到4.45亿元,首次超过2016年度经审计资产(42.11亿元)的10%。工大高新未及时披露上述重大事件,也未在当期年报中真实、准确、完整披露。

七、2016年、2017年年度报告披露内容不真实、不准确。工大高新2016年年报中未确认红博商贸城应支付给省七建工程款2.91亿元、延期付款的利息及仲裁费0.98亿元。上述会计差错影响公司2016年净利润0.98亿元,导致公司2016年净利润降低至−0.61亿元。其中,减少2016年度归属于母公司的净利润0.63亿元,减少金额占更正后归属于母公司净利润0.14亿元的450%。工大高新2017年年报中对被工大集团占用的资金未入账。上述会计差错影响公司2017年净利润0.52亿元,导致公司2017年净利润降低至0.78亿元。其中,减少2017年归属于母公司的净利润0.52亿元,减少金额占更正后归属于母公司的净利润 1.27 亿元的 40.94%。

黑龙江证监局决定：对工大高新罚款 60 万元，对相关责任人员予以警告并罚款 5 万～30 万元不等。

资料来源：中国证券监督管理委员会. 中国证券监督管理委员会黑龙江监管局行政处罚决定书〔2020〕002 号[EB/OL]. http://www.csrc.gov.cn/pub/heilongjiang/hljjxzcf/202010/t20201022_384865.htm，2020-10-22.

【案例点评】 不正当披露最常见的表现形式是不及时披露或延迟披露，正如本案例中所提到的情况。信息披露的不及时使外部利益相关者特别是投资者无法及时了解公司状况，从而影响了他们的投资决策。更糟糕的是，上市公司不及时披露的信息一般都是"负面"信息，这些信息的隐瞒和不及时披露，不仅侵犯了投资者的知情权，而且也侵犯了他们的投资安全权。信息的不正当披露首先违反了《中华人民共和国证券法》，因为该法要求上市公司对可能较大影响股票交易价格的重大事件，需要立即报告并予以公告（第八十条）；同时，法律要求"发行人的董事、监事和高级管理人员应当保证发行人及时、公平地披露信息，所披露的信息真实、准确、完整"（第八十二条）；"信息披露义务人披露的信息应当同时向所有投资者披露，不得提前向任何单位和个人泄露"（第八十三条）。其次，情节较为严重的情况下，该行为还构成了《中华人民共和国刑法》的"违规披露、不披露重要信息罪"（第一百六十一条）。当企业对依法应当披露的重要信息不按照规定披露，严重损害股东或其他人利益或有其他严重情节时，就构成了"违规披露、不披露重要信息罪"，将对责任人员处以三年以下有期徒刑或者拘役，并处或者单处二万元以上二十万元以下罚金。总之，上市公司信息披露的不正当触犯了上市公司守法合规、诚实信用的行为底线，是对证券市场法律规则严肃性的严重藐视，也是对广大投资者特别是中小股东合法权益的严重损害。对于这种行为，绝对不能容忍。

6.4 违规担保

违规担保，一般是指上市公司违反《中华人民共和国公司法》和公司章程的有关规定，未经公司特定决策机构或决策程序的决策而对外提供担保。《中华人民共和国公司法》第十六条明确规定："公司向其他企业投资或者为他人提供担保，依照公司章程的规定，由董事会或者股东会、股东大会决议；公司章程对投资或者担保的总额及单项投资或者担保的数额有限额规定的，不得超过规定的限额。公司为公司股东或者实际控制人提供担保的，必须经股东会或者股东大会决议。前款规定的股东或者受前款规定的实际控制人支配的股东，不得参加前款规定事项的表决。该项表决由出席会议的其他股东所持表决权的过半数通过。"第一百二十一条规定："上市公司在一年内购买、出售重大资产或者担保金额超过公司资产总额百分之三十的，应当由股东大会作出决议，并经出席会议的股东所持表决权的三分之二以上通过。"

在现代市场经济中，为了快速获得贷款资金支持，正常的对外担保是必要的，因为企业在给其他企业担保的同时，也可以获得对方的担保。然而，在我国上市公司中，违规担保事件经常发生，这些担保通常是给上市公司的大股东或实际控制人（或大股东与实际控制人的其他关系企业)提供担保,这些担保既没有按规定履行决策程序,也没有对外及时披露(通常也无法对外披露)。

【案例 6-8】 ST 金花为控股股东提供违规关联担保导致公司相关信披前后不一致

ST 金花于 2021 年 1 月 5 日公告,公司于 2020 年 12 月 31 日收到上交所纪律处分、监管关注决定,公司、公司控股股东金花投资、实际控制人暨时任董事长吴一坚、时任董事兼总经理张梅、时任财务总监侯亦文、时任监事葛秀丽被给予通报批评处分(4 人目前均已离任上市公司董监高职位);公司时任副总经理兼董秘孙明(去年 10 月辞职)、国金证券保荐代表人王翔、邹丽萍被予以监管关注。2019 年 3 月、2020 年 3 月,上市公司旗下金花酒店分别以名下 6 800 万元定期存单为控股股东金花投资提供关联担保,未履行董事会、股东大会决策程序,也未及时履行信披义务(目前相关违规担保均已解除)。2020 年 3 月,公司公告称控股股东不存在非经营性资金占用、违规担保等侵害公司利益的情形;2020 年 4 月,公司在 2019 年年报中对相关资金占用、违规担保事项进行了披露。

资料来源:华夏时报网,违规占款、关联担保逾 3 亿元 ST 金花及实控人等被证监会处罚后再遭通报批评 数百投资者已报名索赔[EB/OL]. https://www.chinatimes.net.cn/article/103579.html,2021-01-07.

【案例点评】 违规担保的核心是未经法定机构和法定程序决策,通常情况下也不会对外公告(构成信息披露违法)。违规担保行为首先侵犯了投资者的投资安全权。担保实际上是一种信用风险转移行为,当被担保方(如实际控制人)不能如期履行偿债义务时,作为担保方的上市公司就必须承担连带责任,为被担保方的失信"买单",这将严重损害中小股东利益。其次,当上市公司不披露违规担保信息时(通常会这样,因为这些担保是"见不得光"的),投资者的知情权就遭到了侵犯,投资者就无法对公司做出准确的评价。再次,当公司因为违规担保而承担连带还款责任,导致无法分配红利时,投资者的收益权就受到了侵犯;而当违规担保信息的披露没有被证监会"行政处罚",投资者不能索赔时,投资者的求偿权也遭到了侵犯。从法律上说,违规担保行为最直接的是违反了《中华人民共和国公司法》(第十六条),也可能违反了证监会等监管机构发布的相关法规规章,如《关于上市公司为他人提供担保有关问题的通知》《关于规范上市公司与关联方资金往来及上市公司对外担保若干问题的通知》(2018 年修正版)、《关于规范上市公司对外担保行为的通知》等。而违规担保涉及的信息披露问题则涉嫌违反了《中华人民共和国证券法》(属于重大遗漏或不正当披露)。

为了防止法定代表人随意代表公司为他人提供担保给公司造成损失,损害中小股东利益,2019 年 11 月 14 日,最高人民法院正式发布《全国法院民商事审判工作会议纪要》,在该纪要中,最高人民法院认为,关于公司为他人提供担保的合同效力问题,审判实践中裁判尺度不统一,严重影响了司法公信力,有必要予以规范。其中涉及公司法定代表人违规或越权的规定主要有 3 条(如下)。

【违反《公司法》第 16 条构成越权代表】 为防止法定代表人随意代表公司为他人提供担保给公司造成损失,损害中小股东利益,《公司法》第 16 条对法定代表人的代表权进行了限制。根据该条规定,担保行为不是法定代表人所能单独决定的事项,而必须以公司股东(大)会、董事会等公司机关的决议作为授权的基础和来源。法定代表人未经授权擅自为他人提供担保的,构成越权代表,人民法院应当根据《合同法》第50条关于法定代表人越权代表的规定,区分订立合同时债权人是否善意分别认定合同效力:债权人善意的,合同有效;反之,合同无效。

【善意的认定】 前条所称的善意,是指债权人不知道或者不应当知道法定代表人超越权限订立担保合同。《公司法》第16条对关联担保和非关联担保的决议机关作出了区别规定,相应地,在善意的判断标准上也应当有所区别。一种情形是,为公司股东或者实际控制人提供关联担保,《公司法》第16条明确规定必须由股东(大)会决议,未经股东(大)会决议,构成越权代表。在此情况下,债权人主张担保合同有效,应当提供证据证明其在订立合同时对股东(大)会决议进行了审查,决议的表决程序符合《公司法》第16条的规定,即在排除被担保股东表决权的情况下,该项表决由出席会议的其他股东所持表决权的过半数通过,签字人员也符合公司章程的规定。另一种情形是,公司为公司股东或者实际控制人以外的人提供非关联担保,根据《公司法》第16条的规定,此时由公司章程规定是由董事会决议还是股东(大)会决议。无论章程是否对决议机关作出规定,也无论章程规定决议机关为董事会还是股东(大)会,根据《民法典》第61条第3款关于"法人章程或者法人权力机构对法定代表人代表权的限制,不得对抗善意相对人"的规定,只要债权人能够证明其在订立担保合同时对董事会决议或者股东(大)会决议进行了审查,同意决议的人数及签字人员符合公司章程的规定,就应当认定其构成善意,但公司能够证明债权人明知公司章程对决议机关有明确规定的除外。

债权人对公司机关决议内容的审查一般限于形式审查,只要求尽到必要的注意义务即可,标准不宜太过严苛。公司以机关决议系法定代表人伪造或者变造、决议程序违法、签章(名)不实、担保金额超过法定限额等事由抗辩债权人非善意的,人民法院一般不予支持。但是,公司有证据证明债权人明知决议系伪造或者变造的除外。

【权利救济】 法定代表人的越权担保行为给公司造成损失,公司请求法定代表人承担赔偿责任的,人民法院依法予以支持。公司没有提起诉讼,股东依据《公司法》第151条的规定请求法定代表人承担赔偿责任的,人民法院依法予以支持。

6.5 关联交易

关联交易是指公司(或附属公司)与存在关联关系的企业之间所进行的交易。而所谓关联关系,根据《中华人民共和国民法典》,是指公司控股股东、实际控制人、董事、监事、高级管理人员与其直接或者间接控制的企业之间的关系,以及可能导致公司利益转移的其他关系。但是,国家控股的企业之间不能因为同受国家控股而被认定为具有关联关系。

关联交易的主要形式有:(1)购销商品;(2)购销商品以外的其他资产;(3)提供或接受劳务;(4)租赁(如上市公司租赁控制股东的设备资产)和许可(如商标使用许可);(5)代理;(6)提供资金;(7)抵押和担保;(8)关键管理人员报酬(比如公司高管不在上市公司领取报酬)等。

关联交易通常是大股东侵犯甚至掏空上市公司的重要手段,最常见的关联交易问题有:(1)上市公司高价购买或租赁大股东(控股股东或实际控制人)的商品、劳务或其他资产,或低价出售或出租商品、劳务或其他资产给大股东;(2)上市公司提供资金给大股东,特别是大股东非经营性占用资金;(3)上市公司给大股东违规担保(这个在上一节有论述)。

【案例 6-9】 中珠医疗被认定八大违规

2020 年 3 月 31 日晚间,中珠医疗(600658)发布公告称,上交所对公司及控股股东和有关责任人下达纪律处分决定。公司被认定存在八项违规行为。

(一)控股股东及其关联方非经营性资金占用。

自 2018 年 2 月起,公司及下属子公司向控股股东中珠集团额外支付收购意向金 5 000 万元,向关联方开具商业承兑汇票 5 000 万元,购买信托理财产品 3 亿元,对外融资租赁放贷 3.1 亿元;根据中珠集团及中珠医疗实际控制人许德来授意,相关资金最终实际流向控股股东中珠集团,形成控股股东非经营性资金占用。根据公司 2018 年年度报告问询函回复公告,2018 年度,上述资金占用款项累计发生 7.1 亿元,占 2017 年期末经审计净资产的 11.86%;截至 2018 年 12 月 31 日,资金占用余额 7.1 亿元。直至 2019 年 5 月 29 日,上述款项才全部归还。

(二)控股股东对公司大额欠款,未按承诺及时还款也未在到期前及时履行延期还款决策程序。

2016—2017 年,公司及其全资子公司向控股股东中珠集团及其关联方转让所持地产和矿业公司股权,形成控股股东及其关联方对公司及其全资子公司的欠款,初始本金为 98 943.7 万元。中珠集团于 2017 年 12 月 31 日出具还款承诺,承诺于 2018 年 12 月 31 日前还款 50%,于 2019 年 12 月 31 日前还清剩余的 50%。截至 2018 年 12 月 31 日,中珠集团未能按期偿还上述款项,剩余欠款本息余额为 88 771.45 万元,占当期净资产的 21.90%。截至 2019 年 6 月 20 日,公司披露中珠集团及其关联方仍有剩余 50 737.45 万元欠款未偿还。公司于 2019 年 6 月 20 日、8 月 1 日披露中珠集团拟变更原还款承诺,拟对还款期限进行两次延期,但中珠集团未在欠款到期前提交公司股东大会审议。直至 2019 年 8 月 16 日、9 月 5 日,公司董事会和股东大会才审议通过控股股东变更还款承诺的议案,将还款计划变更为 2019 年 12 月 31 日前偿还 2 亿元欠款,2020 年 6 月 30 日前偿还剩余部分欠款。目前,中珠集团及其关联方未偿还 2019 年 12 月 31 日到期的 2 亿元欠款。控股股东中珠集团大额欠款超期未偿还,未按期承诺履行还款义务,未及时披露延期还款计划并提请股东大会审议。

(三)公司违规为控股股东提供关联担保。

(四)公司全资子公司违规为第二大股东及其关联方提供担保。

(五)重大关联交易未及时履行决策程序及信息披露义务。

(六)签订合作意向书相关信息披露不完整,风险提示不充分。

(七)重组相关事项未履行决策程序,且未及时披露信息。

(八)日常关联交易未及时履行信息披露义务。

资料来源:[1]伍月明,曹学平. 公司成大股东"提款机"中珠医疗被立案调查. 中国经营报,2019-07-15(B11).

[2]东方财富网,转引自金陵晚报. 中珠医疗被认定八大违规. https://finance.sina.com.cn/stock/relnews/cn/2020-04-02/doc-iimxxsth3178831.shtml,2020-04-02.

【案例点评】 关联关系是企业之间一种较为常见的相互关系,关联交易也并不必然都是不道德的或违法的。然而,关联交易的存在的确为关联方特别是大股东或实际控制人侵害上市公司利益提供了"通道"和便利,因此,关联交易问题受到了企业利益相关者特别是投资者的广泛关注。在我国证券市场上,存在大量大股东或实际控制人通过关联交易损害中小投资者利益的现象,包括本案例中所展示的大股东非经营性占资、欠款不还以及违规担保等问题。不正当的关联交易,是以上市公司利益为代价对大股东的"支持",因此这一行为首先侵犯了投资者的投资安全权和收益权。当上市公司对这类关联交易隐瞒不报时,投资者的知情权也受到了侵犯。同时,由于目前我国证券监管机构对"不严重"的关联交易的处罚比较"温和",投资者因为关联交易遭受的损失可能无法索赔,因此这一行为还可能侵犯投资者的求偿权。由于关联交易极容易导致关联方对上市公司利益的侵犯,因此《中华人民共和国公司法》第二十一条规定:公司的控股股东、实际控制人、董事、监事、高级管理人员不得利用其关联关系损害公司利益。此外,证监会和证券交易所也分别出台法规和政策来规范关联交易,如 2018 年修订的《关于规范上市公司与关联方资金往来及上市公司对外担保若干问题的通知》,2010 年发布《关于开展解决同业竞争、减少关联交易,进一步提高上市公司独立性工作的通知》,2018 年修订的《上市公司治理准则》,以及证券交易所"股票上市规则"等。不当关联交易是对上述法律法规的贸然侵犯。因此,上市公司应该尽量减少关联交易,而证券监管机构应该强化监管,比如强制上市公司披露关联交易的公允性(上市公司必须举证证明关联交易是公平公正的)。

6.6 虚假承诺

虚假承诺,是指不履行或者不完全履行承诺的行为。尽管不履行承诺的行为可能存在客观原因,但多数属于主观故意。虚假承诺可能涉及上市公司高管、上市公司自身、上市公司大股东或实际控制人以及上市公司交易对方。与上市公司相关的典型承诺包括:公司高管承诺增持股票或承诺不减持股票;上市公司承诺回购股票;大股东或实际控制人承诺增持股票,或不减持股票,或注入资产,或解决同业竞争问题,或解决关联交易问题等;上市公司收购资产时收购对象做出的业绩承诺等。

在我国,涉及上市公司的虚假承诺非常普遍,比如唐德影视于 2018 年 7 月 2 日披露《关于公司董事、监事、高级管理人员计划增持公司股份的公告》,称公司实控人、董事长兼总经理吴宏亮、董事赵健等高管拟在未来 6 个月内增持公司股份不低于 1 亿元,12 月 13 日又发布增持计划延期公告,将计划延期到 2019 年 4 月 30 日。然而增持人之一的赵健却于 2018 年 12 月 24 日通过大宗交易减持公司股份 1 200 453 股,占公司总股本的 0.30%。2019 年 1 月 4 日,深圳证券交易所给唐德影视下发关注函,要求说明增持人之一赵健于 2018 年 12 月 24 日减持公司股份的原因,是否违反了其做出的承诺,是否存在通过披露增持计划炒作股价、损害中小投资者利益的情形。

又如,2015 年 7 月 8 日,海通证券披露回购股份预案,拟采用集中竞价交易、大宗交易或其他监管允许的方式回购公司 A 股或 H 股股份,预计可回购股份不超过 11.5 亿股,回购 A 股股份的价格为不超过 18.80 元/股。预计回购的资金总额不超过 216 亿元,资金来源为公司自有资金。2015年11月2日,海通证券称债券持有人会议上,未能就《海通证券股份有限公司拟进行部分A股或H股股份的回购》的议案形成有效决议,决定终止回购计划。然而在最初的公告中,该回购方案实施的先决条件非常简单,"尚需经股东大会审议通过,并报中国证监会备案无异议方可实施",并不需要经过债权人会议决议。

同样,柳化股份曾于2015年7月8日发布控股股东柳化集团的增持计划,柳化集团计划在未来6个月内增持不低于2 284万元,但是8个月过去后,柳化股份却发布公告称,公司于2016年3月9日收到柳化集团的通知,柳化集团由于财务状况持续恶化,融资困难,截至目前仍然没有筹措到增持所需资金,所以导致增持计划一直无法实施。

【案例6-10】 国旅联合因控股公司未兑现业绩承诺与对方对簿公堂

2020年10月13日晚,*ST联合(600358.SH)发布涉及诉讼公告,公司近日作为原告,向北京润雅捷信息咨询中心(有限合伙)、粉丝投资控股(北京)有限公司、汪迎、北京嘉文宝贝文化传媒有限公司、北京粉丝科技有限公司、北京汉博赢创商业管理有限公司、吕军等七名被告,就粉丝科技2018年业绩补偿事宜提起诉讼。

资料显示,*ST联合原名为国旅联合,2017年寻求战略转型的时候看中了文化产业类的资产。2017年5月,当时的国旅联合通过股权转让及增资的方式出资5 495.51万元投资粉丝科技,其中,公司出资2 252万元向粉丝控股购买其持有的粉丝科技28.15%的股权,出资270万元向嘉文宝贝购买其持有的粉丝科技3.4%的股权,出资196万元向汪迎购买其持有的粉丝科技2.45%的股权;在购买的部分股东股权转让完成后,公司拟出资2 775.51万元以溢价方式向粉丝科技增资,其中433.68万元计入粉丝科技注册资本,其余2 341.83万元计入粉丝科技资本公积。投资完成后,国旅联合持有粉丝科技51%股权。在当年的业绩承诺中,粉丝控股、嘉文宝贝、汪迎、润雅捷(该四方合称:"业绩承诺人")及粉丝科技拟与国旅联合签订《利润补偿协议》,2017年至2019年,每一年扣非净利润分别不低于1 500万元、2 300万元和2 760万元,并同意在业绩承诺期内任一会计年度实际净利润(扣非)未达到承诺净利润(扣非)的情况下对国旅联合进行相应补偿。2017年,粉丝科技完成当年业绩承诺。但是,2018年,粉丝科技没完成业绩承诺。

为了解决粉丝科技2018年业绩补偿事项,2019年8月,国旅联合分别与粉丝控股、润雅捷签署了《关于〈利润补偿协议〉的补充协议》,约定粉丝控股、润雅捷按比例回购国旅联合持有的部分粉丝科技股权。但是,万万没想到,粉丝科技2019年的业绩更惨,直接亏损2 181万元,间接导致国旅联合2019年业绩亏损。由于国旅联合2018年和2019年连续两年净利润为负,该股在2020年5月6日被实施退市风险警示,股票简称变更为*ST联合。

截至2020年10月13日,嘉文宝贝、粉丝控股、汪迎、润雅捷都没有按约向*ST联合回购股权。*ST联合不得不将上述四个业绩承诺人告上法庭,诉讼请求达11项,其中主要的是请求法院判令嘉文宝贝、粉丝控股、汪迎、润雅捷四个业绩承诺人回购*ST联合所持粉丝科技的股权,向公司支付股权回购款,并承担相应的税费与违约金。

资料来源:21世纪经济报道. 热门IP凉凉!粉丝科技未完成业绩承诺不兑现补偿 *ST联合一怒之下对簿公堂[EB/OL]. https://finance.sina.com.cn/stock/relnews/cn/2020-10-14/doc-iiznctkc5 385 934.shtml, 2020-10-14.

【案例点评】 孔子曰:"人而无信,不知其可也。"信守承诺是一个人为人之本,也是一个企业生存的根基。市场经济本质上是信用经济,诚实守信是现代市场经济正常运行的必要条件。虚假承诺行为违背了市场经济应有的诚实守信原则,扰乱了正常的市场经济秩序,误导了投资者的投资决策,侵犯了投资者的投资安全权。而且,鉴于目前我国证券管理监督机构对虚假承诺的"低调"处理,因此,虚假承诺行为也侵犯了投资者的求偿权。然而,尽管这一行为的危害性清晰可见,我国目前的法律并没有针对虚假承诺的规定,关于虚假承诺涉及的法律问题,主要有三种观点:(1)可以按"虚假陈述"进行规范,因为承诺涉及信息的披露,虚假承诺事实上是披露了"不实"的误导性信息,因此可以归入信息披露违规;(2)可以通过"合同法"来规范,特别是资产收购或重组时的业绩承诺,实际上构成合同的"要约";(3)可以按"市场操纵"来处理,因为承诺影响了股票价格,特别是公司股东或高管利用承诺拉高股价并趁机减持股票的行为,就具有较为明显的"市场操纵"嫌疑。还有学者提出虚假承诺属于欺诈行为,可能构成诈骗罪等。然而,在现实中,多数的虚假承诺并没有按照上述的方式进行处理,很多都是证券交易所采取发警示函等行政措施。因此,加大对虚假承诺的治理与打击力度,是我国监管机构未来努力的方向。

6.7 其他行为

与上市公司有关的侵害中小投资者利益的行为还有很多,我们这里无法一一予以介绍。这里仅介绍三种行为:募集资金使用不当、股东虚假出资、忽悠式重组。

6.7.1 募集资金使用不当

中国证监会和证券交易所都对上市公司所募集的资金的使用和管理有统一要求,不满足这些要求的行为被定义为募集资金使用不当。关于募集资金管理和使用的规则主要包括:中国证监会发布的《首次公开发行股票并上市管理办法》《首次公开发行股票并在创业板上市管理暂行办法》《上市公司证券发行管理办法》《上市公司监管指引第 2 号——上市公司募集资金管理和使用的监管要求》《关于前次募集资金使用情况报告的规定》《关于进一步规范上市公司募集资金使用的通知》;上海证券交易所发布的《上海证券交易所股票上市规则》《上海证券交易所上市公司募集资金管理办法》;深圳证券交易所发布的《深圳证券交易所股票上市规则》《深圳证券交易所主板规范运作指引》《深圳证券交易所中小板规范运作指引》等。

募集资金使用不当实际包括了管理不当和使用不当两个方面。资金管理不当主要是募集资金没有开立或没有按程序开立专项账户,或者与非募集资金混合管理。这与证监会《上市公司监管指引第 2 号——上市公司募集资金管理和使用的监管要求》要求上市公司"将募集资金存放于经董事会批准设立的专项账户集中管理和使用,并在募集资金到位后一个月内与保荐机构、存放募集资金的商业银行签订三方监管协议。募集资金专项账户不得存放非募集资金或用作其他用途"等规定相违背。比如,2018 年 8 月 2 日,中国证监会广西监管局给东方时代网络传媒股份有限公司(东方网络)出具警示函,其中一个原因就是公司募集资金专户设立程序不规范。监管称,东方网络在桂林银行城中支行开设的募集资金专户(账户:169326300351)未经公司董事会审议,不符合《上市公司证券发行管理办法》第十条、《上市公司监管指引第 2 号——上市公司募集资金管理和使用的监管要求》第四条规定。而募集资金使用不当的情况比较多,比如没有专款专用(改变资金用途)、被大股东占用、补充流动性没有经过审批程序或没有及时返还到专项账户、使用闲置募集资金购买理财产品没有经过审批程序或没有及时收回等。

【案例 6-11】 健民集团及高管被上交所监管关注

2020 年 3 月 30 日,上海证券交易所披露监管措施决定,对健民集团(600976.SH)及其时任董事会秘书胡振波、财务总监程朝阳予以监管关注。

经上交所查明,2020 年 1 月 8 日,健民集团披露《关于运用闲置募集资金投资银行理财产品的补充公告》称,董事会对使用闲置募集资金理财的授权期限于 2019 年 8 月 1 日到期。决议到期时,公司募集资金本息总计 9 821.42 万元,其中 8 900 万元用于理财,理财产品尚未到期。直至 2019 年 9 月 19 日,公司才全部收回到期的理财资金。2019 年 9 月 27 日,公司在未履行相关决策程序和披露义务的情况下,分别使用 8 900 万元、1 012 万元购买两笔银行理财产品,并于 2019 年 12 月 26 日、31 日收回到期本息。

上交所表示,健民集团使用闲置募集资金投资产品,应当经董事会审议通过,独立董事、监事会、保荐机构发表明确同意意见,并在董事会会议后 2 个交易日内公告。但公司在前次董事会授权到期后,未就上述使用闲置募集资金投资银行理财产品事项履行董事会决策程序和信息披露义务,直至 2020 年 1 月 7 日才补充履行董事会决策程序并披露,同时明确授权期限自前次董事会授权期限届满之日起顺延 2 年,到 2021 年 8 月 1 日止。综上,公司募集资金使用和管理不规范,信息披露不及时,其行为违反了《上海证券交易所股票上市规则》和《上海证券交易所上市公司募集资金管理办法》。

资料来源:中证网,募集资金使用不规范 健民集团及其董秘等被监管关注. http://www.cs.com.cn/ssgs/gsxw/202003/t20 200 330_6 040 486.html,2020-03-30.

【案例点评】 募集资金使用不规范,尽管并不必然有损投资者利益,但这类行为的确提高了"损害"投资者利益的可能性,同时,这类行为因为没有遵守必要的法律和规章而面临着一定的合法性风险,因此增加了投资者投资回报的不确定性,侵犯了投资者的投资安全权。鉴于募集资金使用不当行为可能给投资者利益带来损害,《中华人民共和国证券法》第十五条明确规定:"公司对公开发行股票所募集资金,必须按照招股说明书所列资金用途使用。改变招股说明书所列资金用途,必须经股东大会作出决议。"《上市公司监管指引第 2 号——上市公司募集资金管理和使用的监管要求》也要求加强上市公司对募集资金的监管:"上市公司的董事、监事和高级管理人员应当勤勉尽责,督促上市公司规范使用募集资金,自觉维护上市公司募集资金安全,不得参与、协助或纵容上市公司擅自或变相改变募集资金用途;上市公司募集资金应当按照招股说明书或募集说明书所列用途使用。上市公司改变招股说明书或募集说明书所列资金用途的,必须经股东大会作出决议;上市公司募集资金原则上应当用于主营业务。除金融类企业外,募集资金投资项目不得为持有交易性金融资产和可供出售的金融资产、借予他人、委托理财等财务性投资,不得直接或间接投资于以买卖有价证券为主要业务的公司。"

在我国，除了上述案例，类似的募集资金使用不当的例子还有很多，如 2018 年 2 月 8 日，深圳证监局给深圳市证通电子股份有限公司（证通电子）发送"采取责令改正措施的决定"，认定证通电子 2013 年非公开发行股票的研发中心募投项目存在列支与研发中心建设无关的费用的情况，如 2015 年至 2016 年使用研发中心项目募集资金支付办公楼装修款、人力资源部家具款、员工宿舍空调购置费等，合计金额 174.76 万元，占研发中心募投项目预算总金额的 2.34%。又如，2017 年 7 月 14 日，武汉光迅科技股份有限公司（光迅科技）收到《湖北证监局关于对武汉光迅科技股份有限公司采取出具警示函措施的决定》（〔2017〕17 号），原因之一是光迅科技第四届董事会第十四次会议审议通过公司使用暂时闲置的募集资金 2 亿元补充流动资金，使用期限自 2015 年 4 月 16 日起不超过 12 个月，实际上公司将该笔资金用于购买证券公司发行的收益凭证。公司信息披露与实际情况不符。

6.7.2 股东虚假出资

虚假出资是指上市公司在设立或增资配股中，大股东名义上向上市公司投入了所认缴的资本或现金，但实际上实物资产或现金的产权并未交割至上市公司户头，而仍然保留在原来大股东的企业中。大股东虚假出资后，并没有对上市公司实质投入资产或者现金，但是却拥有对上市公司的股权。总体而言，上市公司涉嫌虚假出资的案例比较少，特别是近些年来。然而，在我国的金融行业特别是保险业，虚假出资问题仍然存在，而且比较严重。

【案例 6-12】 赛麟汽车王晓麟虚假出资事件

2020 年 4 月 27 日，江苏赛麟前高级法务经理乔宇东在微博上实名举报王晓麟涉嫌虚假投资。乔宇东称，王晓麟通过其实际控制的"空壳公司"，于 2016 年以不具备出资要件的授权许可使用的技术作为出资财产虚假出资，将历史购入价格为 2 050 万美元的非自有的专有技术使用权，作价接近 66.6 亿元增资入股，在不具备向江苏赛麟办理其作为出资的专有技术使用权的财产权转移手续的能力的情况下，在江苏赛麟却占据了约 66% 的股份。国内媒体曾报道："2014 年，王晓麟说服赛麟汽车创始人史蒂夫·赛麟，收购赛麟汽车。这使他掌握了多个车系的产品和技术资源。"但根据美国赛麟在美国证监会网站发布的年报信息，美国赛麟和赛麟国际之间并没有股权关系。"因王晓麟实际控制的公司不具备向江苏赛麟办理其作为出资的他人授权许可使用的专有技术的使用权的财产权转移手续的能力，已涉嫌构成虚假出资。"乔宇东称。7 月 2 日晚间，如皋经济技术开发区管委会针对该事进行通报。在通报中，管理委员会表示，如皋经济技术开发区管理委员会责成南通嘉禾科技投资开发有限公司通过依法依规对江苏赛麟进行全面的审计、核查，发现江苏赛麟董事长、首席执行官王晓麟等人涉嫌提供虚假证明文件、利用职务之便挪用江苏赛麟巨额资金等问题和重要线索。公告最后，管理委员会表示，对此南通嘉禾及时向公安机关报案，而公安机关业已受理并正在对相关人员涉嫌犯罪的行为依法开展侦查。

资料来源：第一财经.争议王晓麟：2050 万美元如何撬动 66 亿元人民币[EB/OL].https://www.yicai.com/news/100625064.html,2020-05-11.

【**案例点评**】 虚假出资属于严重的欺诈行为,它首先侵犯了投资者的知情权,误导了投资者的投资决策。它也侵犯了投资者的投资安全权,让投资者承担了巨大的法律和市场风险。虚假出资行为也是我国刑法和公司法规范的对象。《中华人民共和国刑法》第一百五十九条第一款中对虚假出资、抽逃出资行为做出了明确规定:"公司发起人、股东违反公司法的规定未交付货币、实物或者未转移财产权,虚假出资,或者在公司成立后又抽逃出资,数额巨大、后果严重或者有其他严重情节的,处5年以下有期徒刑或者拘役,并处或者单处虚假出资金额或者抽逃出资金额2%以上10%以下罚金。"《中华人民共和国公司法》第二十八条第二款规定,"不按规定缴纳所认缴的出资,应当向已足额缴纳出资的股东承担违约责任。"该款适用于公司股东签订了设立协议的情况,而无论当事人之间的这种纠纷是发生在公司设立期间还是发生在公司设立成功之后,只要纠纷所涉及的利益是股东的利益,即可提起违约之诉。公司法第三条规定:"公司是企业法人。有独立的法人财产,享有法人财产权。"股东的虚假出资行为侵害了公司的法人财产权,为此,违法股东应当补交相应的出资及法定利息。因违法股东出资不到位的侵权行为还可能给公司的生产经营造成经济损失,也应当予以赔偿。

2017年开始,中国银行保险监督管理委员会持续开展金融市场乱象整治,虚假出资被监管层列在保险行业违法违规危害性的首位,集中表现在保险公司股东利用保险资金自我注资、循环使用,通过增加股权层级规避监管、使用非自有资金出资,入股资金未真实足额到位或抽逃资本金。

2020年6月24日,中国银行保险监督管理委员会发布《关于开展银行业保险业市场乱象整治"回头看"工作的通知》,涉及保险市场乱象整治"回头看",在公司治理方面,重点整治内容包括:股东虚假出资、循环注资、抽逃股本;股东资质不符合要求,入股资金来源不合法;股权关系不透明、不清晰,违规股权代持,隐藏实际控制人,隐瞒关联关系等等。2020年12月16日,中华人民共和国财政部官方网站发布《财政部关于国有金融机构聚焦主业、压缩层级等相关事项的通知》,通知指出,国有金融机构及其所属各级子公司之间不得进行虚假注资、循环注资,一般不得通过股权质押进行融资。

6.7.3 忽悠式重组

上市公司的股东包括持有股份的高管,可能利用"资产重组""引入战略投资者"等消息,刺激公司股票价格,然后乘机减持股份来获得利益。而事后找各种理由解释"资产重组"或"引入战略投资者"等没有成功,或者方案有变。这类行为被称为"忽悠式重组"。

【**案例6-13**】 三五互联并购MCN机构折戟——"忽悠式重组"再现?

五次重组仅成功一次,实控人却至少套现2.33亿元。

这是否一次有预谋的炒作?当看到称要收购MCN机构上海婉锐的三五互联宣告重组折戟时,股民不禁疑惑。

上市公司实控人不过打了几通电话,和标的股东碰面后便匆匆签下收购意向书,而1月22日收购预案披露后,三五互联连拉8个涨停。既然涉及重大资产重组,三五互联为什么没有停牌消化市场情绪?更吊诡的是,当股价维持高位时,实控人龚少晖选择了减持。

从飞速披露收购预案搭配股价飞升,旋即上市公司高管套现,最终收购失利。一系列剧情下,股价起起落落,市场对关联交易、信披违规的质疑声不断。

一场牵扯5个月的"罗生门"

在解释终止重大资产重组的缘由时,三五互联独立财务顾问国金证券认为,上市公司及中介机构对上海婉锐公司尽职调查程序推进缓慢,相关核查工作尚未完成。三五互联会计事务所天职国际称"上海婉锐无法按照要求配合对前十大客户进行必要的调查",上海婉锐给予坚决否认。

7月30日,上海婉锐发布声明称,从4月2日起,三五互联实质重组工作陷入停滞,意在将核查工作未能完成的源头指向三五互联。双方各执一词,一场罗生门。

回归事件本身,双方对交易对价的估值基础有分歧是分道扬镳的原因。天职国际在公告中指出,上海婉锐因客户稳定性导致收入增长可持续性、核心资产网红IP生命周期和可持续性、应收账款、资金占用、税收、成本完整性均存在一定问题。国金证券表示,2019年上海婉锐将网红IP孵化费用按照5年摊销,影响2019年度净利润819万元。同时,2019年上海婉锐需提坏账准备约190万元。

但就在5个月前(3月2日),国金证券还表示,相比同行业多数机构,标的公司在IP运营、IP数量、平台资源、内容创作、商业变现等方面形成了一定的优势,公司经营模式较为稳定,具备持续经营能力。

临近解禁就提重组

这次重组,或许龚少晖是最着急的一个人,只用了6天便敲定收购预案。深交所在发函问询时毫不客气,直接点出是否涉嫌忽悠式重组、炒热点。这或与龚少晖"前科"有关。

2013年4月,三五互联因拟以2.1亿元收购中金在线100%股权,连拉5个涨停。值得一提的是,龚少晖的限售股解禁时间为2013年5月10日。当年10月,重组失败。事后,三五互联股价飞舞,从收购中金在线预案前3.97元/股一路升至当年最高位13.43元/股。

图穷匕见是减持。查阅此前公告可知,自2013年6月起,龚少晖多次在股价高位减持1710万股,累计直接间接套现1.96亿元。

如今,历史重现。今年一季度,龚少晖有1亿限售股可以上市流通。

尽管,重组屡屡不成功,但多次重组计划披露的时间点,都与龚少晖限售股解禁的时间线相当接近,而且五次披露重组预案后的第一个交易日中,除了两次出现停牌后补跌情况外,其余三次均收获涨停。

违法成本不足获利1/60

在一位金融监管单位人士看来,"如果被证监会立案调查,信披违规顶格处罚只有60万元,违法成本还是太低"。要知道,诸多操作后,龚少晖此次套现金额高达3733.97万元。处罚费用不足其获利的1/60。如果加上之前减持所得,至少套现2.33亿元。

资料来源:IT时报.三五互联并购MCN机构折戟——"忽悠式重组"再现?http://epaper.it-times.com.cn/shtml/itsb/20200810/23648.shtml,2020-08-10.

【案例点评】 在本案例中,三五互联的实际控制人一临近股票解禁就匆忙"收购重组",而等到股份减持后,就宣布重组失败。这种"忽悠式重组"非常可恶,很容易误导不知情的投资者,给他们的投资安全性造成威胁(股价随着重组的发布和失败大起大落)。这类行为既有"虚假陈述"的性质,也有"操纵股价"的嫌疑,但由于缺少证据,因此很难在法律上进行处罚。2017年9月22日下午,证监会公告称,为提高并购重组效率,打击限制"忽悠式""跟风式"重组,增加交易的确定性和透明度,规范重组上市,对《公开发行证券的公司信息披露内容与格式准则第26号——上市公司重大资产重组(2018年修订)》进行了相应修订。新规共分为八大章、七十六条,自公布之日起开始施行。新规要求未取得许可证书或相关主管部门的批复文件,未披露历史沿革及是否存在出资瑕疵或影响其合法存续的情况等相关信息的(如涉及),上市公司应作出"标的资产××许可证书或相关主管部门的批复文件尚未取得,××事项尚未披露,本次重组存在重大不确定性"的特别提示。同时,也要求披露"上市公司的控股股东及其一致行动人对本次重组的原则性意见,及控股股东及其一致行动人、董事、监事、高级管理人员自本次重组复牌之日起至实施完毕期间的股份减持计划。上市公司披露为无控股股东的,应当比照前述要求,披露第一大股东及持股5%以上股东的意见及减持计划"。证监会披露,下一步将继续加强对并购重组的监管,在提高并购重组服务实体经济能力的同时,严厉打击虚假重组、规避监管等行为,切实保护投资者合法权益。

本 章 小 结

本章主要从投资者角度,探讨现实中企业伦理问题的表现。首先,作为一个公平的市场,需要维护投资者特别是中小投资者应有的知情权、投资安全权、投资收益权与求偿权。接着分别从财务欺诈、虚假陈述、违规担保、关联交易、虚假承诺以及其他行为六个方面,介绍了当前我国证券市场存在的主要企业违法和不道德行为,分析了这些行为的法律和伦理责任(对投资者权利的侵犯)。

【本章思考题】

1. 请概述投资者的主要权利。
2. 请阐述什么是"忽悠式重组"。
3. 在你进行投资决策时(你作为中小投资者),目标公司的品质(如诚实)重要吗? 为什么?
4. 请从公司治理的角度阐述为什么中小投资者的利益经常受到侵犯。
5. 你认为我国证券市场中上市公司违法违规行为泛滥的主要原因是什么? 请依重要性(从高到低)列出3个。

【思考案例】　　*ST墨龙张氏父子违规套现3.6亿元
　　　　　　　　涉嫌虚假陈述等多项欺诈或遭索赔

加强对市场的整顿,证监会开出专项执法行动首批雷霆处罚令。*ST墨龙、雅百特因信披违规成为证监会今年(2017年)该项行动第一批案件中首批收到处罚告知书的公司。因虚增净利润、公司创始人和实际控制人张恩荣及其子张云三"精准踩点"减持等违法行为，*ST 墨龙累计处罚金额超亿元。

证监会查明，*ST 墨龙自 2015 年以来，为了粉饰季度报告、半年报财务数据，通过虚增售价，少结转成本等手法，虚增净利润，将 2015 年、2016 年的一季报、半年报、三季报净利润由亏损披露为盈利。*ST 墨龙 2016 年三季度末发生重大亏损并持续至 2016 年全年重大亏损属于《证券法》规定的内幕信息。

此次，*ST 墨龙引起资本市场关注，主要源于公司业绩变脸和公司董事长及高管的违规减持。公司董事长、实际控制人张恩荣及总经理张云三父子二人在内幕信息敏感期内减持 *ST 墨龙（当时山东墨龙），减持金额分别为 27 750 万元和 8 227.5 万元，避损金额分别为 2 032.41 万元和 1 792.94 万元。张恩荣、张云三父子作为一致行动人，所持 *ST 墨龙已发行的股份比例累计减少 5% 时未进行报告和公告。

去年 10 月 26 日，公司发布的三季报预计 2016 年净利润同比扭亏为盈，净利润金额为 600 万~1 200 万元。然而时隔几个月后，公司对去年全年净利润的再披露就已是巨亏。今年 2 月 3 日，*ST 墨龙发布 2016 年业绩修正预告，当期实现归属于上市公司股东的净利润为 -6.3 亿~-4.8 亿元。在预盈公告发布后以及业绩"变脸"公告发布前，张恩荣、张云三父子进行了大规模减持，则踩点极为精准。数据显示，张氏父子分两批进行减持，合计套现 3.6 亿元。去年 11 月 23 日，张云三通过大宗交易减持 750 万股，减持均价 10.97 元，套现逾 8 000 万元。今年 1 月 13 日，张恩荣再以大宗交易方式减持公司无限售条件的流通股 3 000 万股，占总股本的 3.76%，减持均价为 9.25 元，套现近 2.8 亿元。

自 *ST 墨龙对业绩预告进行修正后，公司股价就一路下跌。1 月 26 日，*ST 墨龙收盘价是 9.34 元。在春节假期休市之后开盘的第一天，也就是 2 月 3 日，受业绩变脸影响，公司股票当天下跌 8.89%。在公司接连被立案调查、"戴帽"等负面消息影响下，股价持续下跌，5 月 12 日盘中创下历史低点 4.33 元/股，1 月 26 日至今，公司股价跌去一半之多，跌幅达 54%。

北京市盈科律师事务所律师臧小丽认为："*ST 墨龙的违规行为，给投资者带来了巨大的损失，有意索赔的投资者正在增多。"

据了解，在 2016 年 3 月 31 日到 2017 年 3 月 22 日之间买入 *ST 墨龙股票，并且在 2017 年 3 月 22 日后卖出或继续持有 *ST 墨龙股票，符合虚假陈述索赔条件的投资者，可发起此次索赔。而在 2016 年 10 月 1 日到 2017 年 4 月 3 日之间买入 *ST 墨龙股票，并且在 2017 年 2 月 3 日后卖出或继续持有 *ST 墨龙股票、符合内幕交易违规的索赔条件的投资者，也可以发起索赔。

资料来源：贾丽. *ST 墨龙张氏父子违规套现 3.6 亿元　涉嫌虚假陈述等多项欺诈或遭索赔[N]. 证券日报，2017-05-15(C01).

【案例分析题】

1. *ST 墨龙及其背后的大股东和实际控制人违反了《中华人民共和国证券法》的哪些规定？

2. 因公司大股东或实际控制人和高管的错误而处罚上市公司，你认为合理吗？为什么?

3. 如果你是*ST墨龙的投资者(小散户),符合虚假陈述索赔的条件,你会发起索赔吗?为什么?

4. 有人建议通过互联网平台、建立道德数据库来追踪不道德和轻微犯罪的公司以推动股东解决内部人控制的问题,你对此有何看法?

【趣味测试】 伦理信念快速测验

请根据你的第一反应回答下列问题,答案是1~4,1代表"完全同意",4代表"完全不同意"。

	1(完全同意)→4(完全不同意)			
1. 我认为金钱是工作的第一动因	1	2	3	4
2. 为了保住工作我会隐瞒有关某人、某事的真实情况	1	2	3	4
3. 撒谎是成功的必要因素	1	2	3	4
4. 要在商场上出人头地就得置对手于死地	1	2	3	4
5. 只要不是犯罪,为了得到迁升我将不择手段	1	2	3	4
6. 与家人和朋友相处时讲道德和在工作中讲道德是不可相提并论的	1	2	3	4
7. 规则是为那些并不真想将其用于公司高层的人制定的	1	2	3	4
8. 我相信"黄金定律"* 是指那些拥有黄金定律的人	1	2	3	4
9. 我认为伦理应该属于家庭教育范畴,而不属于职业教育或高等教育的内容	1	2	3	4
10. 自认为属于那种不惜一切代价定期完成工作的人	1	2	3	4

* "黄金定律(The Golden Rule)":"要想别人对自己好就得自己对别人好。"这包括不要故意伤害别人。

将全部答案得分加总。得分越低说明你对商业行为的伦理领域越有问题。最低是10分,最高是40分。请在班级讨论会上解释答案选择的原因。

第 7 章

市场竞争中的企业伦理

学习目标：通过本章的学习，可以了解市场竞争中企业所拥有的权利，以及在实际生活中竞争对手侵犯这些权利的不道德行为表现。

关键概念：市场竞争中的企业权利；市场垄断；商业贿赂；商业诽谤；商业秘密

  【开篇案例】　　　　　腾讯与今日头条互相起诉

在腾讯、今日头条持续爆发几轮口水战后，"鹅头大战"再度升级，腾讯、今日头条互相起诉，这或是继3Q大战（腾讯与奇虎360的争端）后，腾讯与其他互联网公司爆发的最激烈的一次冲突。

腾讯起诉今日头条

腾讯方面表示，2018年5月以来，"今日头条"及"抖音"系列产品的实际运营者北京字节跳动科技有限公司、北京微播视界科技有限公司通过其自有新闻媒体平台等渠道大量发布、传播贬损诋毁腾讯公司的言论、文章或视频。5月30日，今日头条甚至通过故意修改标题、篡改文章来源的方式，在其自己控制运营的数亿级新闻媒体平台上大范围主动推送文章《要多少文件腾讯才肯收手》，严重侵害了腾讯的公司声誉。以上种种行为，不仅对腾讯公司构成不正当竞争及侵权，也严重破坏了商业合作的信任基础。

对此，腾讯向北京市海淀区人民法院正式提起诉讼，要求两公司赔偿人民币1元，并在自有新闻媒体平台全量推送公开道歉。腾讯同时宣布暂停与北京字节跳动科技有限公司、北京微播视界科技有限公司的合作。

记者向腾讯方面确认"停止合作"的相关细节，腾讯方面表示，将暂停与今日头条系的相关合作，包括商业采购、投放资源以及其他商业服务性质的合作等。腾讯公司公关负责人张军表示，"至少广告现在是不会再投了"。而此前他曾表示，"据说我们在头条上投放的广告还不少"。至于微信及QQ是否会封杀今日头条系的分享内容，张军则表示，微信没有封杀今日头条系App分享到微信朋友圈，"我可以肯定，我们没有取消这个功能"。

今日头条起诉腾讯

对于腾讯起诉且暂停广告合作的做法，今日头条方面回应称："对头条营收目前没法评估，但对用户的损害却是天天发生。腾讯具有市场垄断地位，封杀行为，每天都在影响千万用户正常的分享通信。"

今日头条表示，针对"腾讯QQ空间拦截、屏蔽头条网页链接""腾讯安全管家作为安全软件拦截、屏蔽头条网页链接"，今日头条已经起诉腾讯，目前两案都已于6月1日获得海淀区人民法院立案。今日头条相关负责人称,今日头条要求腾讯公司立即停止一切不正当竞争的行为,公开赔礼道歉,同时赔偿今日头条公司共计 9 000 万元人民币的经济损失。

资料来源:[1] 人民网,快讯:腾讯起诉今日头条,要求道歉,http://it.people.com.cn/n1/2018/601/c1009-30029686.html,2018-06-01.

[2] 人民网,腾讯今日头条互相起诉[EB/OL]. http://m.people.cn/n4/2018/604/c157-11088133.html,2018-06-04.

竞争是市场经济的基本特征,是各个企业或经济利益主体为了争取经济活动中的优势地位和有利条件所进行的较量。良性的市场竞争能够驱使企业不断改进产品质量、降低生产成本、提高服务水平,实现企业之间的优胜劣汰和生产要素的优化配置。然而,在我国市场经济的发展过程中,由于各种各样的原因,恶性的不正当的竞争仍然较为常见(如开篇案例中所显示的),主要表现在诸如市场垄断、商业贿赂、商业诽谤、侵犯商业秘密等方面。不正当竞争行为不仅严重破坏正常的市场经济秩序,妨碍经济稳定快速发展,而且也可能严重损害广大消费者的合法权益。

7.1 竞争中的企业权利

市场经济是一种竞争经济。社会主义市场经济的根本目的是提高经济效益,发展生产,满足人民群众日益增长的物质和文化生活需要。而要实现这一目标,竞争是必不可缺的活力机制。通过公平合理的市场竞争,优胜劣汰,能够提高社会生产的运行效率,推动企业不断提高产品和服务质量、降低成本,更好地满足人民群众的生产生活需要。

公平合理的竞争是相对于"不正当竞争"而言的,它要求竞争主体(企业)在参与市场竞争时,应当遵循自愿、平等、公平、诚实信用的原则,遵守公认的商业道德,不得通过"不正当的手段"排挤、打压竞争对手,不得损害其他经营者的合法权益,扰乱社会经济秩序。因此,在市场竞争环境中,市场参与主体拥有两种典型的权利(见表 7-1)。

表 7-1 竞争中企业所拥有的权利

权 利		法 律	具 体 条 款
公平参与权		《中华人民共和国反垄断法》(2008 年实施)	(1) 具有市场支配地位的经营者,不得滥用市场支配地位,排除、限制竞争(第六条) (2) 行政机关和法律、法规授权的具有管理公共事务职能的组织不得滥用行政权力,排除、限制竞争(第八条)
公平竞争权	反商业贿赂	《中华人民共和国反不正当竞争法》(2019 年修正)	经营者不得采用贿赂手段谋取交易机会或者竞争优势(第七条)
	商标标识		经营者不得实施混淆行为,引人误认为是他人商品或者与他人存在特定联系(第六条)
	声誉名誉		经营者不得编造、传播虚假信息或者误导性信息,损害竞争对手的商业信誉、商品声誉(第十一条)
	商业秘密		经营者不得侵犯权利人的商业秘密(第九条)

(1) 公平参与权:企业拥有向市场提供产品或服务,公平参与市场交易的权利(资

格),这种权利不应该受到排挤、打压甚至剥夺。

(2) 公平竞争权:企业拥有与其他企业公平竞争的权利,不应受其他竞争者不当竞争手段的侵害,诸如对商标专利、商业秘密、名誉信誉的不当侵害。

企业所拥有的上述两项权利,分别由《中华人民共和国反垄断法》[①]和《中华人民共和国反不正当竞争法》[②]确立和保证。其中《中华人民共和国反垄断法》明确要求经营者不得达成垄断协议,不得滥用市场支配地位,以及不得实施具有排除、限制竞争效果的集中。而《中华人民共和国反不正当竞争法》则明确规定了经营者之间不得实施不正当竞争行为,包括不得实施混淆行为,如模仿他人商标、包装等;不得贿赂竞争对手中的或有职权及影响力的单位或个人;不得对其商品的真实信息弄虚作假误导消费者;不得侵犯竞争对手的商业秘密;不得编造、传播虚假信息或者误导性信息,损害竞争对手的商业信誉、商品声誉;不得利用技术手段影响用户选择或实施行为妨碍、破坏其他经营者的产品或服务。

除了上述两部法律,其他方面的民事法律比如《中华人民共和国商标法》(2019 修正)、《中华人民共和国专利法》(2020 修正)、《中华人民共和国著作权法》(2020 修正)、《中华人民共和国民法典》(2020 年发布)等,也从各自的角度对公平竞争问题做出规范。

当然,表 7-1 中所列出的不正当竞争手段只是部分的,还有一些不正当竞争手段没有列出,比如竞争对手采取欺骗性手段夸大自身产品的功效,这一行为虽然没有"贬低"竞争对手,但也可以使其他企业处于不利竞争地位。因为这种不正当竞争行为的直接受害者是消费者,所以我们把这类行为归入"产品市场中的企业伦理"问题,放在第 4 章中介绍。同样,侵犯商标或标识的行为,从产品市场来看,就是假冒仿冒问题,我们已经在第 4 章中介绍过,因此这里不再赘述。

需要指出的是,维护市场公平合理的竞争秩序,不仅是市场参与主体(企业)的义务,也是市场监管主体——政府——的责任。

7.2 市场垄断

垄断(monopoly)是一个经济学术语,是指独占或缺乏竞争的状态。在市场中,经营者为了获得高额利润,利用自身的市场支配地位,或通过协定、联合、同盟、参股等方法,限制甚至排除竞争的行为,都属于垄断行为。

垄断一般是指卖方垄断,即处于产业链上游的企业独占或控制供应,迫使竞争性的下游企业或者消费者处于被支配地位。比如石油输出国组织(OPEC)垄断了国际石油供应的约 60%,从而对国际石油价格产生重要影响。又如,国际高端光刻机几乎被荷兰 ASML 垄断,下游几乎所有芯片加工企业都需要向其采购高端光刻机。在理论上讲,垄断也可以是买方垄断,即购买者独占或控制购买,而供应者之间通过彼此竞争为购买者提

[①] 《中华人民共和国反垄断法》2007 年通过,2008 年实施。下文所提到的《中华人民共和国反垄断法》或《反垄断法》均指 2007 年通过的《中华人民共和国反垄断法》。

[②] 《中华人民共和国反不正当竞争法》1993 年通过,2017 年第一次修正,2019 年第二次修正。下文所提到的《中华人民共和国反不正当竞争法》均指 2019 年修正的《中华人民共和国反不正当竞争法》。

供产品或服务,供应者处于被支配地位。政府的购买行为具有买方垄断的性质,特别是在某些政府或国家控制的领域。

垄断既有程度上的差异,如完全垄断和寡头垄断;又有形式上的差异,如卡特尔(垄断联盟)、辛迪加(大企业联合统一采购和统一销售)、托拉斯(同类企业通过收购、托管、合并等形成巨无霸企业)、康采恩(通过参股或合同等方式组成"利益共同体")等。垄断的出现与法律规范密切相关,随着各个国家法律的不断完善,企业之间通过各种明显方式排斥或限制竞争的行为已经很难实施。本节中所要讨论的垄断主要包括自然垄断与互联网垄断。除此之外,我们还将讨论一种容易被忽视的垄断行为:经销商管理中的垄断问题。

7.2.1 自然垄断

自然垄断的出现主要是因为规模经济效应的存在,规模经济主要是指企业的生产成本随着生产规模的扩张而持续降低的现象。正是因为规模经济效应的存在,使得企业可以通过不断扩大规模来取得成本优势,其最终结果是生产的高度集中。

自然垄断并不一定是坏事,事实上,通过合理的机制设计,可以同时增进企业与消费者福利,实现双赢。基于此,很多具有自然垄断性质的行业,一般都由政府控制,比如电力、铁路、电信、天然气供应等。然而,在很多的发展中国家,由于立法建设滞后,对自然垄断的危害认识不足或为了地方经济发展屈从于垄断企业,自然垄断企业就会利用其垄断地位,排挤竞争,攫取垄断利润。

【案例 7-1】 微软的垄断问题

微软的垄断地位是顺应经济规律、自然而然形成的,是因自由竞争、市场开拓、技术领先、特殊机遇而形成的,这种垄断被称为自然垄断(natural monopoly)。例如于 2009 年 10 月正式发行的 Windows 7 系统,先后推出简易版、家庭普通版、家庭高级版、专业版、企业版等多个版本。因为简单、易用且高效率等特点,Windows 7 成为 Windows 系统中公认的主流系统之一,鼎盛时期的市场份额一度超过 60%。根据市场调查机构 Netmarketshare 报告,2019 年 12 月,Windows 10 系统市场份额占比 54.62%,排名全球第一,Windows 7 以 26.64%的市场份额,位居第二,远高于第三名 macOS X 10.15 的 4.23%。

微软曾凭借 Windows 垄断地位,将 IE 浏览器与 Windows 捆绑搭配,使其他浏览器在 Windows 平台上不能很好地运行等,把其他浏览器挤出了市场。这一行为违反了美国 1890 年通过的《谢尔曼反垄断法》,遭到美国司法部的调查和起诉,美国司法部计划将微软一分为二,即一个经营操作系统业务的公司和一个经营应用软件及互联网业务的公司,并且规定分拆后的两家公司在 10 年内不得合并。不过后来在微软支付 18 亿美元的代价后最终与美国司法部和解,避免了被分拆的命运。

资料来源:[1] 人民网.微软停更 Windows 7.[EB/OL]. http://it.people.com.cn/n1/2020/115/c1009-31548901.html,2020-01-15.

[2] 李梦婷.浅析微软反垄断案的经济影响[J].知识经济,2016(10):80-81.

[3] 何欣.网络经济背景下的竞争性垄断分析——以微软公司为例[J].商业经济,2020(08):115-117.

【案例点评】 尽管微软被罚的案例发生在美国,但它涉嫌垄断的问题具有普遍教育意义。微软在个人电脑操作系统(Windows)领域具有明显的垄断地位,微软利用这种垄断地位采取"捆绑"的方式将 IE 浏览器一起出售(或者赠送),或者让其他浏览器在 Windows 平台不能很好运行(兼容性差),这是典型的滥用市场支配地位的行为(在我国,该行为违反了《中华人民共和国反垄断法》),限制了消费者的选择范围,妨碍了市场竞争。尽管这种行为明显地违反了《反垄断法》,国家工商总局曾在 2014 年 6 月和 2016 年 1 月两次对微软公司涉嫌垄断的行为,如 Windows 操作系统和 Office 办公软件相关信息没有完全公开造成的兼容性问题、搭售播放器和浏览器以及文件验证问题等,展开调查,但时至今日仍未有任何的结论或处罚。类似的案例还有谷歌等互联网巨头(谷歌垄断了搜索及相关产业,Facebook 垄断社交媒体,Amazon 垄断电子商务),谷歌控制着近 92% 的搜索市场,2017 年 6 月,谷歌在搜索结果中提升谷歌购物功能,欧盟指控其涉及垄断行为,罚款 24.2 亿欧元。2018 年,谷歌在安卓系统自动捆绑谷歌搜索、Chrome 浏览器及其 Google Play 应用商店,涉嫌滥用安卓系统垄断地位,被欧盟罚款 43 亿欧元,并被要求改变在安卓系统预装谷歌软件的做法。2019 年 3 月,谷歌又因与广告主签订的合同中含有排他性协议被欧盟罚款 14.9 亿欧元。

7.2.2 互联网垄断

随着互联网行业的蓬勃发展,出现了一种新的垄断形式,即互联网垄断。在本书中,我们将互联网垄断定义为互联网企业实施的限制或排斥竞争的行为。互联网垄断不是中国特有的现象,事实上,正如我们前面案例中所提及的,美国微软、谷歌、亚马逊等互联网巨头,都曾涉嫌滥用市场支配地位而被处罚。在我国,由于法律规制的滞后,互联网企业更是野蛮生长。一些平台企业利用自身的支配地位,强迫商家选边站,搞大数据杀熟(在第 4 章中我们介绍过),搜索降权(主要是搜索引擎),品牌屏蔽,流量限制,软件不兼容等,大搞不正当竞争。

【案例 7-2】 "二选一"是垄断行为还是市场行为?

最近几年,每逢电商平台创造的与百姓生活密切相关的"双 11""6·18"购物狂欢节前,"二选一"的话题都要热议一阵。

几年来,京东诉天猫借商户"二选一"滥用市场支配地位案一度陷入法院管辖权之争。2019 年 10 月 9 日,最高人民法院在中国裁判文书网公布的一份管辖权异议裁定书,二审认定北京市高院对此案有管辖权,驳回天猫上诉,将京东起诉天猫的"二选一"诉讼置于公众视野,也让这个话题热度更高了。

裁定书显示,京东将天猫与商家的独家合作概括为"二选一"。京东起诉称,2013 年以来,天猫不断以"签订独家协议""独家合作"等方式,要求在天猫商城开设店铺的服饰、家居等众多品牌商家不得在京东商城参加促销活动,不得在京东商城开设店铺进行经营。

"二选一"行为是否属于垄断行为?领域专家的看法不一。

张伟(北京市政协委员、北京雷杰展达律师事务所执行主任):"二选一"实质是一种限定交易行为,其目的非常明确,既不是为了"剥削",也不是为了限制上下游市场的竞争,而是为了排挤竞争对手,即通过将交易相对人锁定在己方身上,限制行为人所在市场的竞争。"二选一"行为显然违背了公平竞争的市场准则。

刘德良(亚太网络法律研究中心主任、北京师范大学法学院教授)："二选一"表面看是平台与入住商家之间的合同关系,因此,很多人将"二选一"与传统独家销售协议、独家授权许可等合同相提并论。实际上,传统的独家销售、独家授权的选择权属于居主导地位的卖方(权利人),是其自由行使(所有权或知识产权)权利的行为。而"二选一"则是电商平台要求入驻商家在自己与竞争对手之间做出不能"脚踏两只船"的选择。这里的"选择权"名义上属于入驻商家,实际属于电商平台。现代竞争法的核心理念是提倡并促进公平合理的市场竞争,制止不正当的竞争行为。

郑文科(首都经济贸易大学法学院副院长、教授):第一,涉案电商平台是否具有市场支配地位。可根据电子商务法第22条和第35条来判定。第二,平台是否具有强制缔约义务。合同法中,只有在涉及民生领域时才允许强制缔约。第三,平台"二选一"是否损害商户和消费者权益。我国市场巨大,消费者和商户的选择并不会局限于某个平台。因此,"二选一"只是平台的一种经营方式和营销模式,具有正当性。

王维维(中闻律师事务所合伙人):"二选一"作为平台之间争夺稀缺的优质商家资源的竞争行为,更应该属于经济学的概念。独家交易与强制交易之间最大的区别在于双方是否自愿。从法律角度去看"二选一",这种行为必然包含一些民事法律关系,如双方的合同关系,关键要看商家做出选择某平台的商业决策是否基于自主选择;另外,商家有选择平台的自由,平台也有选择合作商家的权利。双方合同的达成是在平等、自愿的基础上完成的,"二选一"就属于正常的市场竞争行为。市场经济自有其规律。要严格区别垄断状态和垄断行为。企业首先要构成在相关市场的市场支配地位,进而存在利用市场支配地位对其他平台采取的侵权行为,才构成垄断行为。"二选一"并不必然构成滥用市场支配地位的垄断行为。

资料来源:徐艳红."二选一"是垄断行为还是市场行为?[N].人民政协报,2019-11-12(012).

【案例点评】 本案例所反映的是大家比较熟悉的平台"二选一"问题。所谓"二选一"就是在合作过程中,你要么跟我合作,要么跟他合作。对于平台"二选一"是不是垄断行为,大家的看法并不一致,从目前的法律(《中华人民共和国反垄断法》)来看,要认定为垄断行为,需要满足平台具有"市场支配地位"。而市场支配地位如何认定,《中华人民共和国反垄断法》(第十九条)有明确的表述:市场支配地位,是指经营者在相关市场内具有能够控制商品价格、数量或者其他交易条件,或者能够阻碍、影响其他经营者进入相关市场能力的市场地位。以下情形可以推定经营者具有市场支配地位:(1)一个经营者在相关市场的市场份额达到二分之一;(2)两个经营者在相关市场的市场份额合计达到三分之二;(3)三个经营者在相关市场的市场份额合计达到四分之三。有前款第二项、第三项规定的情形,其中有的经营者市场份额不足十分之一的,不应当推定该经营者具有市场支配地位。因此,在本案例中,要推断"天猫"是否有市场支配地位,需要看它是否在相关市场具有能够控制商品价格、数量或其他交易条件,或能够阻碍、影响其他经营者进入相关市场的能力,或者占到相关市场50%的市场份额。而这里,"相关市场"的提法又比较模糊,这就造成了一些困扰。针对此问题,2020年11月10日市场监管总局起草了《关于平台经济领域的反垄断指南(征求意见稿)》向社会公开征求意见,2021年2月7日,国务院反垄断委员会正式发布《国务院反垄断委员会关于平台经济领域的反垄断指南》(该指南对具有市场支配地位的平台企业所实施的常见不正当竞争行为都有规定),明确"界定平台经济领域相关商品市场和相关地域市场需要遵循《反垄断法》和《国务院反垄断委员会关于相关市场界定的指南》所确定的一般原则,同时考虑平台经济的特点,结合个案进行具体分析"。而对经营者市场支配地位的认定,可以考虑经营者的市场份额以及相关市场竞争状况、经营者控制市场的能力、经营者的财力和技术条件、其他经营者对该经营者在交易上的依赖程度、其他经营者进入相关市场的难易程度,以及其他因素来综合考虑。不管法律最终如何来认定平台企业的"市场支配地位",具有市场影响力的平台要求商家"二选一"的问题已经直接影响到大量平台商铺的生存和发展,因此,这一行为具有伦理上的不正当性。

2020年12月24日,国家市场监管总局根据举报,在前期核查研究的基础上,对阿里巴巴集团控股有限公司实施"二选一"等涉嫌垄断行为立案调查。2021年4月10日,国家市场监管总局根据《中华人民共和国反垄断法》第四十七条、第四十九条规定,综合考虑阿里巴巴集团违法行为的性质、程度和持续时间等因素,依法作出行政处罚决定,责令阿里巴巴集团停止违法行为,并处以其2019年中国境内销售额4 557.12亿元4%的罚款,计182.28亿元。同时,按照《中华人民共和国行政处罚法》坚持处罚与教育相结合的原则,向阿里巴巴集团发出《行政指导书》,要求其围绕严格落实平台企业主体责任、加强内控合规管理、维护公平竞争、保护平台内商家和消费者合法权益等方面进行全面整改,并连续三年向市场监管总局提交自查合规报告。

2021年3月3日,国家市场监督管理总局公布,因实施不正当价格行为(主要是补贴导致的低价竞争行为),橙心优选、多多买菜、美团优选、十荟团、食享会5家社区团购企业被处罚,其中食享会被处以50万元罚款,其余4家分别被罚150万元。3月12日,国家市场监管总局对银泰商业(集团)有限公司收购开元商业有限公司股权案、腾讯控股有限公司收购猿辅导股权案等十起违法实施经营者集中案件立案调查。当天,市场监管总局根据《中华人民共和国反垄断法》第四十八条、第四十九条作出行政处罚决定,对银泰商业(集团)有限公司等十二家企业分别处以50万元人民币罚款。4月26日,国家市场监管总局发布通知,根据举报依法对美团实施"二选一"等涉嫌垄断行为立案调查。4月30日,国家市场监督管理总局对腾讯控股有限公司收购Bitauto Holdings Limited股权案、腾讯控股有限公司收购上海阑途信息技术有限公司股权案、林芝腾讯科技有限公司与大连万达商业管理集团股份有限公司设立合营企业案、上海汉涛信息咨询有限公司收购上海领健信息技术有限公司股权案、嘉兴创业环球有限公司与丰田汽车公司设立合营企业案、嘉兴创业环球有限公司收购赢时通汽车租赁有限公司股权案、滴滴智慧交通科技有限公司与济南浪潮智投智能科技有限公司设立合营企业案、苏宁润东股权投资管理有限公司收购上海易果电子商务有限公司股权案、弘云久康数据技术(北京)有限公司与上海云鑫创业投资有限公司设立合营企业案等九起违法实施经营者集中案件立案调查,认为这九起案件均违反了《中华人民共和国反垄断法》第二十一条,构成违法实施经营者集中,对各企业分别处以50万元人民币罚款。

放眼全球,反垄断是国际惯例,有利于保护市场公平竞争和创新,维护消费者权益。面对互联网这个"超级平台",世界各国和经济体反垄断执法机构均采取了严格的监管态度和制约措施。加强反垄断监管,保护消费者合法权益,维护公平竞争市场秩序,激发市场活力,已成为大势所趋、人心所向。美国是世界上首个出台反垄断法的国家,近年来,美国不断加大对互联网科技巨头的反垄断调查力度,调查重点指向科技巨头滥用市场支配地位、打压竞争者、阻碍创新、损害消费者利益等。2020年12月15日,欧盟公布《数字服务法》和《数字市场法》,旨在遏制大型网络平台的不正当竞争行为。近4年来,谷歌、苹果、脸书、亚马逊等科技巨头在全球范围内遭到反垄断调查,其中欧盟自2017年至2019年连续三年对谷歌进行反垄断处罚,累计金额超过90亿美元。

7.2.3 经销商管理中的"垄断"问题

对经销商进行统一管理,维护产品价格体系,通常被认为是企业所拥有的正当权利。然而,如果生产企业与经销商之间达成协议约定最低销售价格,或明确要求经销商不得低于某个特定价格销售产品,那么,生产企业的行为就涉嫌违法了。

【案例7-3】 长安福特垄断协议案

2017年12月,国家反垄断执法机构依法开展反垄断调查。经调查,2013年至2017年期间,长安福特汽车有限公司在重庆地区销售"福特"牌汽车时,通过制定并下发《价格表》、要求经销商签订《价格规范自律协议》、制定车展期间价格政策以及限制经销商网络最低报价等方式,与经销商达成了限定向第三人转售整车最低价格的垄断协议。在长安福特汽车有限公司的价格控制下,下游经销商基本按照其限定的整车最低转售价格对外销售。长安福特汽车有限公司为加强对下游经销商的控制,聘请了第三方公司对经销商的报价和实际零售价格进行监控,并对不按最低价格政策销售汽车的经销商,通过扣除保证金、暂停供货等措施进行处罚。

长安福特汽车有限公司限定经销商整车最低转售价格的行为违反了《反垄断法》。2019年6月,市场监管总局依法责令长安福特汽车有限公司停止违法行为,并处以罚款1.628亿元。

资料来源:市场监管总局发布2019年反垄断执法十大典型案例[N].人民日报,2020-12-26(006).

【案例点评】 强势的生产企业要求经销商执行公司的定价政策,基本上是一种行业潜规则。从生产商的角度来说,这一要求似乎是合理的:如果某个经销商把价格调低,那么其他经销商可能不得不跟进,调价的结果导致所有经销商的利润都很薄,严重降低经销商的积极性。然而,这一行为首先侵犯了经销商的自主经营权。经销商是独立的经营单位,它对于购进的商品以什么样的价格出售,具有完全的自主权。从经销商角度来看,不同地区市场需求有差异,成本也有差异,需要通过适当调整价格来满足不同市场需求。生产商如果不认可经销商的做法,完全可以通过其他方式(比如说数量折扣、经销奖励等)来达到自身的目的,而不能侵犯经销商应有的权利,使原本相对独立的经销商变成制造商的附庸。其次,限制价格或规定最低限价的行为直接侵犯了消费者的权益,竞争的存在是消费者能享受到更低价格更高品质服务的前提,生产商与经销商之间谋求固定价格的行为,限制了经销商之间的竞争,使消费者失去了享受更低价格更高服务的可能性。鉴于生产商通过书面或口头协议的方式限定经销商的最终价格侵犯了经销商和消费者权益,破坏了市场该有的竞争秩序,因此这一行为是《中华人民共和国反垄断法》明确禁止的行为。该法第十四条的前两款规定:"禁止经营者与交易相对人达成下列垄断协议:(1)固定向第三人转售商品的价格;(2)限定向第三人转售商品的最低价格。"在本案例中,由于经销商分散而且处于被动地位,经销商没有被认定违法。

7.3 商业贿赂

商业贿赂是贿赂的一种形式,是指经营者以排斥竞争对手为目的,为使自己在销售或购买商品或提供服务等业务活动中获得利益,而采取的向交易相对人及其职员或其代理人提供或许诺提供某种利益,从而实现交易的不正当竞争行为。

商业贿赂具有以下特征:(1)进行商业贿赂行为的主体是经营者,可以是组织,也可以是个人;(2)商业贿赂的目的是为了争取交易机会,即销售或购买商品、提供或接受经营性服务;(3)商业贿赂的对象为交易对方,或交易经办人,或对交易有影响的个人或组织;(4)商业贿赂行为主体在主观上是故意的,不存在过失问题;(5)商业贿赂的手段多样化,包括各种财务手段(假借科研费、劳务费、咨询费、赞助费、促销费、佣金等名义)和非财务手段(如旅游、度假、免费考察、提供物使用权、性贿赂等)。

在我国,商业贿赂几乎到处存在,尤其在医药行业、工程基建、物资采购等领域或环节更为突出。以医药行业为例,根据中国裁判文书网不完全统计,从 2004 年到 2019 年 11 月被查出的医药领域商业贿赂案件 3 219 起,其中从 2013 年以来尤其高发,超过 3 000 起。大量国内医药企业研发投入严重不足,而销售费用则居高不下。拿我国比较有名的几家药企来说,2019 年,恒瑞医药的研发经费投入接近 39 亿元,而销售费用则高达 85.25 亿元;复星医药的研发投入约 20.4 亿元,其销售费用接近 98.5 亿元;上海医药的研发费用仅为 13.5 亿元,而其销售费用高达 128.56 亿元。引发社会广泛关注的步长制药,2018 年销售费用高达 80.36 亿元,其中"市场、学术推广费及咨询费"占到销售费用的 93.15%,为 74.86 亿元。这些费用的背后,大量是无法说得清楚的"商业贿赂"。

除了国内医药企业,众多外国医药巨头也"入乡随俗",比如德国西门子医疗集团在 2003 年至 2007 年间,向 5 家中国医院行贿逾千万美元,最终获得高额医疗设备订单。全球制药巨头礼来、辉瑞、强生等都被美国证券交易委员会指控在包括中国在内的国家行贿,以获得订单。

【案例 7-4】 葛兰素史克(中国)商业贿赂案

说起葛兰素史克(英文简称为 GSK),可能很多人会觉得陌生,但提起该公司在中国生产的药品新康泰克、芬必得、百多邦等,很多人都熟悉。它是一家拥有 300 多年历史的著名跨国药企,2013 年位列世界 500 强《财富》排行榜第 253 位。就是这样一家著名跨国药企,现在不仅遭人诟病,还触犯了法律。7 月 11 日,据公安部通报,葛兰素史克(中国)投资有限公司(以下简称"GSK 中国")部分高管因涉嫌严重商业贿赂等经济犯罪,被公安机关立案侦查。公安机关调查有何进展? GSK 中国如何通过商业贿赂使药价虚高?

2013 年 7 月 11 日,公安部通报 GSK 中国部分高管因涉嫌严重商业贿赂等经济犯罪,被依法立案侦查。透过已经查明的案件细节可知,GSK 中国为达到打开药品销售市场、提高药品售价等目的,利用旅行社等渠道,向政府部门官员、医药行业协会和基金会、医院、医生等行贿。截至 2013 年 7 月 14 日,包括 GSK 中国 4 名高管在内,20 多名医药公司和旅行社工作人员被警方立案侦查,包括上海临江国际旅行社有限公司在内,至少 4 家旅行社涉案。涉案的 GSK 中国高管涉嫌职务侵占、非国家工作人员受贿等经济犯罪。旅行社相关工作人员则涉嫌行贿并协助上述高管进行职务侵占。

临江等旅行社通过虚报会议人数套现,将收入转汇至 GSK 中国部分高管手中。2009 年至今,临江旅行社承接了 GSK 中国多个部门各项会议、培训项目后,通过各种方式返给 GSK 中国部分高管的金额达 2000 余万元。在为期半年的调查中,警方发现,GSK 公司涉嫌通过 700 多名中间人向部分政府官员、医药行业协会和基金会、医院等大肆行贿以要求他们向病人开 GSK 生产的药物。而巨额贿赂费用最终都体现在高于成本数倍、数十倍的高药价之中,转嫁到广大患者身上。包括行贿费用在内的各种运营成本助推了药价虚高,据保守估计"运营成本"占到药价成本的 20%～30%。一些利益链上的内部人士还在警方前期调查中通风报信,将公安调查的消息,泄露给相关跨国药企,使行动中多次出现"严重泄密"的情况。此外,该公司还涉嫌"涉税犯罪"。

资料来源:王昊魁,龚亮,王文硕. 葛兰素史克(中国)涉嫌严重经济犯罪的背后[N]. 光明日报,2013-07-18(005).

【案例点评】 商业贿赂是典型的不当行为和违法行为,该行为首先侵犯了其他竞争对手公平参与市场竞争的权利。个别企业通过商业贿赂的方式获得招标方或采购方的"优待",逃避市场竞争,属于典型的不正当竞争行为,违反了《中华人民共和国反不正当竞争法》第七条有关禁止商业贿赂的规定,即经营者不得采用财物或者其他手段贿赂交易相对方工作人员、受交易相对方委托办理相关事务的单位或者个人、利用职权或者影响力影响交易的单位或个人,以谋取交易机会或竞争优势。其次,商业贿赂行为损害消费者利益。商业贿赂增加了交易成本,而这些成本最终会转嫁到消费者的身上,加重消费者的负担。正如被查的葛兰素史克副总裁、运营总经理梁宏介绍的,送出去的钱只能摊在成本里,最终埋单的只能是患者。更有甚者,一些企业行贿后变得有恃无恐,通过降低产品或服务质量或者通过大肆提高售价等方式牟取暴利,这些行为最终损害的是消费者利益。这样一来,本来 30 元钱的药卖到 300 元,药品售价高出真正的成本十倍甚至数十倍的现象,也就不足为奇;药价居高难下,也就在所难免。如果没有这些乱七八糟的运营费用,药价至少降低 20%。最后,商业贿赂破坏市场竞争应有的公平规则,扰乱市场秩序,阻碍市场正常的优胜劣汰机制和资源配置效率,严重破坏商业信用和商业道德,败坏社会风气。

早在 2005 年 12 月 20 日,中共中央政治局召开会议,决定把治理商业贿赂作为 2006 年反腐败工作的重点,接着中共中央纪委发出《关于开展治理商业贿赂专项工作的意见》,由中央纪委牵头成立"反商业贿赂领导小组",其成员也由原来的 18 个部委扩充到 22 个部委。工程建设、土地出让、产权交易、医药购销、政府采购、资源开发和经销等六大领域被确定为治理商业贿赂行为的重点领域。通过十多年的专项治理,我们商业贿赂案的高发态势得到了一定程度的遏制,但从医药行业的现状来看,这一任务仍然任重道远。

7.4 商业诽谤

商业诽谤也称为商业诋毁,指经营者通过捏造、散布虚假事实等不正当手段,对竞争对手的商业信誉、商品声誉进行恶意诋毁、贬低,以削弱其市场竞争力,为自身谋取不正当利益的行为。在商业诽谤案件中,行为主体是经营者或其代理人,与被诽谤企业之间构成竞争关系。行为人主观方面表现为故意而不是过失,其目的是为了削弱竞争对手的市场竞争能力,并谋求自己的竞争优势。行为的客观方面表现为捏造、散布虚假事实或者对真实的事件采用不正当的说法,对竞争对手进行贬低、诋毁,给其造成或可能造成一定的损害后果。

由于诽谤具有成本低、效率高、隐蔽性强、查处困难(特别是针对口头诽谤)等特点,因此商业诽谤在市场中非常普遍。特别是在网络自媒体时代,信息的快速流动大大强化了商业诽谤的破坏力。而且,由于网络信息源太多,经多次转载后难以准确追踪源头,因此给一些不良商家利用网络水军进行商业诽谤提供了空间。

比如,2010年10月20日,伊利集团公共事务部相关负责人在接受记者采访时称7月中旬在部分网络媒体发现大量攻击伊利产品、品牌的言论、报道,已于7月30日正式报案。经警方侦查,这起利用网络媒体恶意损害伊利商业信誉、商品声誉的案件已被侦破,此案涉及蒙牛乳业、北京博思智奇公关顾问有限公司、北京戴斯普瑞网络营销顾问有限公司相关人员。22日,蒙牛集团在其官网上发布《关于"安勇事件"及诽谤与被诽谤的声明》,就其员工安勇"对相关方面及消费者造成的不良影响","深表歉意!"该声明称,安勇是蒙牛集团液态奶事业部的一个产品经理,2010年7月,安勇在未向任何上级请示的情况下,擅自与合作公司联系,发表了鱼油中含有的EPA成分(二十碳五烯酸的英文缩写,是鱼油的主要成分)对婴幼儿健康不利的言论。目前,安勇已被呼和浩特市公安机关批捕,并已被蒙牛集团除名。蒙牛集团公司高管胡苏东在接受新华社记者电话采访时表示,蒙牛会以此次事件为切入点,加强员工职业道德教育,坚决杜绝此类事情的发生。

事实上,伊利"被黑"事件并非是我国乳业的第一次,几年前就有过北京某公关公司涉案被调查的先例。在圣元深陷激素风波时,也曾疑似有神秘群发邮件"黑"贝因美。一封题为"揭露贝因美在商业竞争中的卑劣手段"的邮件被发送到全国乳业线记者的邮箱,斥责"贝因美为了提高自己的品牌知名度,占据市场份额,近几年对多家企业进行暗地的攻击。不止一次采用群发短信、打印同行负面材料并在卖场派发给消费者等恶劣行为来达到自己的目的"。而不久前雅士利"回溶粉换包再销售"的假新闻,同样被怀疑是有人策划炒作。

著名乳业专家王丁棉直言不讳地将乳业巨头互指诬陷的口水战定义为"狗咬狗",并且指出这一不正常现象"不是今天才有"。王丁棉分析:"这些年中国乳业祸事不断,与企业'背后给一刀'互扯后腿难脱干系。片面追求业绩快速增长的经营思想,导致企业一边在上游拼抢奶源,带来哄抬收购价、放松质量要求等问题,一边又在下游抢夺市场份额,不惜使用不正当手段恶意伤害竞争者。'双抢'行为反映出企业很浮躁。"面对企业恶斗,王丁棉痛心地表示,本来消费者信心还比较脆弱,产品质量方面还有许多工作要做,品牌间却互相抹黑,让人觉得整个中国乳业都失去了诚信,最后谁都要倒霉。"窝里斗的另一个结果,就是把辛辛苦苦打下的江山拱手让人,被外资品牌坐收渔利。"王丁棉说。

【案例 7-5】 网络"黑稿"何时休

近两年,自媒体和企业之间的纠纷呈明显上升趋势,多个自媒体账号因涉嫌发布"黑稿"等不实文章,被企业诉上法庭。

今年 3 月,美团点评向北京市海淀区人民法院提起诉讼,起诉自媒体"互联网分析师于斌",称其在多个账号内发布与事实不符的文章,侵犯了美团点评的名誉权,要求对方立即停止侵权、赔礼道歉、消除影响,并索赔人民币 1 000 万元。今日头条也将这篇文章定义为"黑稿",并给予该作者 4 天内不得发布消息的处罚。

今年 2 月,优信二手车起诉自媒体"互联网热点分析",认为其发布的文章不实,企图误导公众、营造企业负面形象,要求被告立即删除账号相关侵权文章,停止对原告名誉权的侵害。

今年 1 月,淘宝公司起诉自媒体人冯东阳,认为其文章故意混淆淘宝和天猫两家主体,要求冯东阳在媒体中刊登公开道歉声明,以消除对淘宝的不利影响。

时间倒回到 1 年多以前,万达集团也曾"怒怼"自媒体。2015 年 11 月,微信公众号"顶尖企业家思维"发布一篇文章,冒用王健林名义发布"犀利"言论。万达集团随即发布声明,称该文误导读者,侵害王健林名誉权,要求公开道歉,索赔 1 000 万元。

除了企业与自媒体的"交战",不少企业间也频频因"黑稿"引发口水战。从手机、电商到共享单车,台前称"友商"、背后"捅一刀"的公关伎俩,让人看得云里雾里。

在企业竞争中,利用抹黑对手的"黑稿"进行商业诋毁,是近年来新出现的互联网乱象之一。"黑稿"泛滥,演变成不正当竞争的"黑武器",不仅侵害了相关企业的商业信誉,也搅乱了新媒体行业秩序。业内人士呼吁,共同打击商业诋毁乱象,促进新媒体行业的健康发展。

日前,多家互联网企业联合发布《反商业诋毁自律公约》,引发业内外广泛关注。这一公约旨在呼吁倡导文明的商业环境,联合打击商业诋毁,保护消费者合法权益,促进互联网健康发展。

资料来源:刘峣.网络"黑稿"何时休[N].人民日报海外版,2017-07-17(008).

【案例点评】 利用抹黑对手的"黑稿"进行商业诋毁,是近年来新出现的互联网乱象之一。阿里与京东的"互撕"让"黑公关"问题再次进入人们的视线,"黑公关"是指利用失实的报道内容,有组织地恶意歪曲或诋毁品牌。背后也往往并非企业个体,而是一条由推手、枪手、打水军组成的庞大的邪恶链条。2017 年 8 月,在线学习辅导市场也曾掀起"互黑公关战","小猿搜题"指控竞争对手"作业帮"恶意在小猿搜题应用内发布色情信息,并向媒体公开部分证据。作业帮则回应称小猿搜题陈述与事实相悖。随后,双方进入互黑模式。类似"黑稿"这样的商业诽谤,首先侵犯了竞争对手(被诽谤对象)的商业信誉和商品声誉,可使竞争对手遭受严重经济损失,如失去交易机会,造成产品退货和滞销,导致融资困难,严重的乃至引发破产。其次,商业诽谤还给消费者及其他利益相关者带来困扰,增加了他们的心理负担和交易成本。最后,黑稿等商业诽谤还会破坏公平竞争的市场秩序,销蚀人们的信任心理,降低社会信任水平。因此,《保护工业产权巴黎公约》及世界知识产权组织的《对反不正当竞争的保护示范法》,均将商誉侵害视为不正当竞争行为。在我国,商业诽谤违反了《中华人民共和国反不正当竞争法》第十一条的规定"经营者不得编造、传播虚假信息或者误导性信息,损害竞争对手的商业信誉、商品声誉"。情节严重的还可能违反了《中华人民共和国刑法》第二百二十一条有关损害商业信誉、商品声誉罪的规定:"捏造并散布虚伪事实,损害他人的商业信誉、商品声誉,给他人造成重大损失或者有其他严重情节的,处二年以下有期徒刑或者拘役,并处或者单处罚金。"

7.5 商业秘密

在商业竞争中,通过各种方式收集有关竞争对手的情报,从而在市场竞争中谋取优势,是一种古老而常见的竞争手段。然而,不当的情报(商业秘密)刺探行为不仅不道德,而且可能构成违法甚至犯罪。

商业秘密是指不为公众所知悉,能为权利人带来经济利益,具有实用性并经权利人采取保密措施的设计资料、程序、产品配方、制作工艺、制作方法、管理诀窍、客户名单、货源情报、产销策略、招投标中的标底及标书内容等技术信息和经营信息。《中华人民共和国反不正当竞争法》所定义的商业秘密"是指不为公众所知悉,具有商业价值并经权利人采取相应保密措施的技术信息、经营信息等商业信息"。商业秘密首先是不为公众所知悉,其他人不能从公开渠道直接获得这些秘密。其次,商业秘密具有价值性,能够给权利人带来现实的或者潜在的经济利益或者竞争优势。最后,权利人应该是采取了适当的防护措施来防止信息的泄露,包括订立保密协议、建立保密制度及采取其他合理的保密措施。

一般而言,侵犯商业秘密的行为主要有三种:(1)通过商业间谍活动来获取交易对手或竞争对手情报;(2)通过网络技术"偷窃"竞争对手商业秘密;(3)通过"挖走"竞争对手的骨干人员获取竞争对手商业秘密。

7.5.1 商业间谍

目前,大企业之间的商业间谍活动日益频繁,侵犯商业秘密犯罪数不胜数。据美国媒体报道(中国新闻网,2009-7-17),位列"财富500强"的大公司,几乎每家都设有"竞争情报"部门,从事商业情报信息的间谍业务。像可口可乐、3M、通用电气和英特尔等公司,都派重要人物负责调查商业竞争对手正在干些什么,甚至偷窥对手的策略和动向。IBM公司有12支情报队伍,他们分工明确,盯住IBM不同的对手。摩托罗拉公司则从美国中央情报局挖来专业情报和侦探人员,组建起公司的情报部门。

因不当商业间谍活动导致的事件或纠纷也常见于媒体,比如,2001年初,宝洁(P&G)与联合利华(Unilever)公司之间爆发了情报纠纷事件。2001年4月,面对主要竞争对手联合利华的强烈质疑,宝洁公司公开承认,该公司员工通过一些不太光明正大的途径获取了联合利华的产品资料,而这80多份重要的机密文件中居然有相当比例是宝洁的情报人员从联合利华扔出的"垃圾"里找到的。后来,宝洁公司归还了那些文件,并保证不会使用得来的情报,闹得沸沸扬扬的"间谍案"就此不了了之。

2002年,甲骨文公司(Oracle)的CEO拉里·埃里森面对外界的追问承认,甲骨文一直在雇用私人侦探调查微软的违法行为,比如派私人侦探去翻竞争技术协会的垃圾桶,试图找到微软公司向这个组织行贿以便影响其反托拉斯案审理的证据。埃里森的做法暴露了企业竞争潜规则,在大多数情况下,利用一切可以利用的手段来尽可能多地获取外界的信息也是每家公司每天都必须要做和正在做的事情。

【案例7-6】 力拓间谍案

2009年7月5日,力拓哈默斯利铁矿业务总经理胡士泰(Stern Hu),以及上海公司刘才魁、王勇、葛民强,均被公安部门拘留。据力拓内部人称,这四人是力拓中国铁矿石部门"核心团队最得力的干将"。

7月8日,多个知情人士向本报透露,几乎同一时期,首钢国际贸易工程公司矿业进出口公司总经理谭以新也被北京警方拘留;另外,济南钢铁、莱钢公司的下属国贸公司负责人也受到牵连。据悉,谭以新是首钢国际贸易工程公司(中首国际)总经理助理、矿业进出口公司总经理,主要从事进出口贸易、海外工程承包、房地产开发等业务。上述知情人称,谭以新是涉嫌商业犯罪被拘留,同时涉案的,还有山东一家大型钢铁企业负责船运管理的人士。原因是:涉嫌向力拓提供重要生产资料和机密数据。

上海市国家安全局相关负责人也证实,这四人是采取不正当手段,通过拉拢收买中国钢铁生产单位内部人员,刺探窃取了中国国家秘密,对中国国家经济安全和利益造成重大损害。业内人士称,企业高管之所以有这样的动作,是因为不仅可以从中得到个人好处,也可以从力拓那里争取矿石。

这些消息在业内引发轩然大波,甚至有人称,中方谈判组的每次会议纪要都被放在了力拓的办公桌上。力拓则通过这些非正常途径掌握的资料,轻而易举地了解了国际铁矿石谈判的中方价格底线、钢企库存状况、生产成本、生产安排周期、对铁矿石价格的承受能力等各项重要信息。

机密遭窃,让力拓摸清了中国钢铁业的谈判底线,中方被动不言而喻。自2002年以来,铁矿石价格飙升,除2007年的谈判中方居于主动外,其余年份均处于被动。测算显示,中方为此累计多支付7 000亿元。

资料来源:[1] 万晓晓,高琨. "间谍门"中的力拓面孔[N]. 经济观察报,2009-07-13(030).

[2] 程刚. 中国国家经济安全体系几为空白[N]. 中国青年报,2009-07-24(008).

【案例点评】 力拓案是西方跨国公司在我国从事商业间谍活动的典型案例。据《环球时报》报道,中国国家保密局网站刊登署名"蒋汝勤"的文章,指被捕的力拓4名驻华员工以"拉拢收买、刺探情报、各个击破"等手段,从事经济间谍活动长达6年,此案已让中国损失7 000亿元人民币。力拓案还引发国际广泛关注,澳大利亚政府对此做出强烈反应,中国外交部进行表态,中澳关系一度陷入紧张状态。尽管"间谍"一词在我国日常用语中带有贬义色彩,但"收集"竞争对手的情报并不必然违法,也并不必然不道德。如果是通过竞争对手公开的信息来对其进行画像和分析,这是完全可以接受的。不道德甚至违法的间谍活动主要是针对情报收集的不正当手段而言的。在本案中,力拓员工通过"拉拢收买"等不正当手段来获取中国钢铁行业情报,就属于不道德的间谍行为,严重损害了中国钢铁行业的利益,是属于《中华人民共和国反不正当竞争法》(第九条"经营者不得侵犯权利人的商业秘密")明确禁止的行为。而且,鉴于本案情节的严重性,力拓员工的行为更是违反了《中华人民共和国刑法》(第二百一十九条),属于"侵犯商业秘密罪"(2020 年刑法修正后,属于"侵犯知识产权罪")。2010 年 3 月 29 日下午,力拓案在上海市第一中级人民法院正式一审宣判,力拓(中国)四名员工因"非工作人员受贿罪"和"侵犯商业秘密罪"被判入狱,刑期从 7 年到 14 年不等。

7.5.2 网络侵入

随着个人电脑的普及化,大量的商业秘密被以电子文档的方式保存在电脑上。同时,个人电脑基本上都是通过互联网与外界相连接,这就出现了新的侵犯商业秘密的手段和形式。比如,通过采用"黑客"、病毒、密码破译软件等,盗取商业秘密。

比如,2007 年 3 月,美国甲骨文(Oracle)公司向法院提起控诉,称德国软件巨头思爱普(SAP)非法破解了甲骨文的密码,并强行下载了数千份甲骨文客户数据和数百份编程文档。甲骨文表示,早在 2006 年 11 月就发现了可疑情况,因为该公司的文件突然被大量下载。其中一个用户账户在四天内被下载了 1 800 次,正常情况下,每月下载量不超过 20 次。甲骨文后来证实,下载来源于该公司的一个前分支机构,该分支机构于 2005 年被卖给了 SAP。尽管下载者是客户公司的内部员工,但其 IP 地址等都与 SAP 网络相连。尽管 SAP 承认下载文件,但它坚持认为这是正常的商业行为。2010 年 11 月,美国加州奥克兰地方法院陪审团做出裁决,判德国 SAP 侵犯甲骨文版权罪名成立,SAP 必须赔偿甲骨文 13 亿美元损失。

【案例 7-7】 武汉某公司用爬虫技术盗用他人数据

深圳谷米公司和武汉元光公司分别研发了"酷米客"和"车来了"App 软件,二者均向用户提供实时公交地理位置查询等服务。2015 年 5 月,深圳谷米公司与深圳东部公交公司签订协议,约定,深圳谷米公司在深圳东部公交公司所属深圳市内行使的公交车上安装 GPS 设备,用于获取公交车运行线路、到站时间等实时数据信息。2015 年 11 月至 2016 年 5 月,武汉元光公司的法定代表人为了提高"车来了"App 软件在市场上的用户量和信息查询的准确度,指使公司员工利用网络爬虫软件技术,通过模拟深圳谷米公司的"酷米客"客户端 IP 地址,并不断更换爬虫程序内的 IP 地址,在深圳谷米公司无察觉的情况下向其发出数据请求,破解"酷米客"App 软件的加密系统,大量爬取深圳谷米公司"酷米客"App 服务器中的实时数据,并将爬取的大量公交车行驶实时数据,直接用于武汉元光公司的"车来了"App 中。深圳谷米公司向广东省深圳市中级人民法院提起诉讼,认为其向客户提供的实时公交位置数据具有较大商业价值,武汉元光公司的行为构成不正当竞争,要求被告承担停止侵权、赔偿损失的法律责任。

法院经审理认为,深圳谷米公司与武汉元光公司在提供实时公交信息查询服务领域存在竞争关系。武汉元光公司利用网络爬虫技术大量获取并无偿使用"酷米客"App 实时公交信息数据的行为,是一种不劳而获的行为,破坏他人的市场竞争优势,具有主观过错,违反了诚实信用原则,扰乱了竞争秩序,构成不正当竞争。酌定武汉元光公司赔偿深圳谷米公司经济损失及维权合理费用 50 万元。

资料来源:祝建军.利用爬虫技术盗用他人数据构成不正当竞争[N].人民法院报,2019-05-23(007).

【案例点评】 不管是以传统方式还是网络方式侵犯其他企业的商业秘密,都是不道德的,也是违法的。通过电子(网络)入侵的方式获取竞争对手的商业秘密,可以简单理解为"偷窃",属于典型的侵权行为。这种行为的存在助长了社会不良风气,破坏了市场公平竞争规则,违反了诚实信任的市场原则,是《中华人民共和国反不正当竞争法》乃至《中华人民共和国刑法》规范的对象。《中华人民共和国反不正当竞争法》第九条明确规定,经营者不得实施下列侵犯商业秘密的行为:(1)以盗窃、贿赂、欺诈、胁迫、电子侵入或者其他不正当手段获取权利人的商业秘密;(2)披露、使用或者允许他人使用以前项手段获取的权利人的商业秘密;(3)违反保密义务或者违反权利人有关保守商业秘密的要求,披露、使用或者允许他人使用其所掌握的商业秘密;(4)教唆、引诱、帮助他人违反保密义务或者违反权利人有关保守商业秘密的要求,获取、披露、使用或者允许他人使用权利人的商业秘密。经营者以外的其他自然人、法人和非法人组织实施前款所列违法行为的,视为侵犯商业秘密。第三人明知或者应知商业秘密权利人的员工、前员工或者其他单位、个人实施本条第一款所列违法行为,仍获取、披露、使用或者允许他人使用该商业秘密的,视为侵犯商业秘密。侵犯商业秘密导致严重后果的,依照《中华人民共和国刑法》第二百一十九条,以"侵犯知识产权罪"论处。

7.5.3 人员跳槽

核心骨干人员的跳槽,是商业秘密流失的重要原因。在我国商业实践中,据不完全统计,95%的商业秘密流失与内部员工有关,职工跳槽时"顺手牵羊"带走是主要形式。其中绝大部分又是被同行以高薪或许诺给予干股等形式挖走。

2002年5月,美国通用汽车公司起诉其一名前主管(洛佩兹)和德国大众汽车公司,据信,洛佩兹在1996年被德国大众挖走时带走了12箱"个人文件"和几名高级助手。该主管带给大众的文件包括通用汽车新车型计划、供货价格和新车型生产线的详细计划,这些都是通用的最高机密。在法庭上,检察官指出,洛佩兹获取的信息对德国大众汽车具有很大的情报价值,该公司可以充分利用这些文件来规划新车设计的方向,制定未来的经营战略,干涉通用汽车原材料市场,扰乱通用汽车的销售。该案最终达成了庭外和解,德国大众公司同意解雇洛佩兹,并赔偿通用汽车公司1亿美元。

【案例7-8】 为跳槽而盗取商业秘密

2013年4月19日泉州市公安局丰泽分局接到福建南方路面机械有限公司报案称,该公司技术部工作人员钟某涉嫌窃取公司的商业秘密。

在检察机关与公安机关的高效配合下,案件情况逐渐明晰。2010年8月,犯罪嫌疑人钟某到福建南方路面机械有限公司工作。案发时,钟某是干粉事业部系统室工程师。

"近年来,南方路机公司在科技研发方面投入了大量人力物力,几项核心技术在全国范围内均属顶尖。国内有几家同行业的竞争对手,经常用高薪挖走南方路机公司的技术人才。"陈炳森介绍。为了防止技术秘密被泄露,南方路机公司与钟某签订了就业协议及保守商业秘密、维护知识产权和竞业限制约定等相关文件,钟某书面承诺:对公司任何具有商业秘密的相关资料、物品等进行保密;在劳动合同期间及离任两年内,不得为个人目的和利益使用公司商业秘密;未获公司书面许可不得披露商业秘密。

然而,2013年3月初,钟某与湖南某集团工作人员徐某取得联系,表示可以携带部分商业秘密资料跳槽至该集团工作。从2013年3月2日至4月1日,钟某不顾与南方路机公司签订的保密约定,采取破解公司电脑USB接口、盗取同事账号密码等非法手段,登录公司电脑主机,窃取了南方路机公司部分核心产品的设备图纸、材料配比方案、生产线图纸及培训资料等文件,解密后通过单位内部邮箱发送到个人电脑及手机上储存。经查,钟某私自带出公司的文件包括图纸858张、文档144份及照片197张。

2013年5月30日,钟某被公安机关抓获归案。然而,钟某拒不认罪,辩称自己只是为了学习才下载了公司的文件和图纸,而且这种行为并没有给公司带来损失,不构成犯罪。为此,办案人员远赴湖南,找到了与钟某接触的湖南某集团工作人员徐某,通过调取双方的QQ聊天记录,证实钟某的确是出于要跳槽的目的才窃取公司的文件和图纸。

但钟某还没来得及跳槽就被公司发现,是否属于侵害商业秘密罪?丰泽区检察院通过多方查证,最终结合本案案情,即钟某客观上给南方路机公司带来了损失,作出认定钟某侵害商业秘密的决定。2014年12月,丰泽区人民法院判处钟某有期徒刑一年,并处罚金人民币10万元。

资料来源:钟自炜. 他为了跳槽盗窃秘密[N]. 人民日报,2016-11-16(019).

【案例点评】 员工跳槽带走设计图纸、客户资料等侵犯商业秘密的现象非常普遍。一般来说,企业为了防止商业秘密的泄露,会要求涉密的员工签署保密协议和竞业禁止协议。竞业禁止是指根据法律规定或用人单位通过劳动合同、保密协议或竞业禁止协议约定,禁止劳动者在本单位任职期间同时兼职于与其所在单位有业务竞争的单位,或禁止他们在从原单位离职后一段时间内从业于与原单位有业务竞争的单位,包括劳动者自行创建的与原单位业务范围相同的企业。《中华人民共和国劳动法》(2019年修正)第二十二条规定"劳动合同当事人可以在劳动合同中约定保守用人单位商业秘密的有关事项"。《中华人民共和国劳动合同法》(2012年修订)第二十三条进一步明确,"用人单位与劳动者可以在劳动合同中约定保守用人单位的商业秘密和与知识产权相关的保密事项。对负有保密义务的劳动者,用人单位可以在劳动合同或者保密协议中与劳动者约定竞业限制条款,并约定在解除或者终止劳动合同后,在竞业限制期限内按月给予劳动者经济补偿。劳动者违反竞业限制约定的,应当按照约定向用人单位支付违约金。"该法第二十四条进一步就竞业限制的范围和期限进行了明确。

在本案例中,钟某为了跳槽,不顾自己签署的保密协议,采取非法手段获取所在单位的商业秘密,这一行为不仅属于违约(违反了《中华人民共和国劳动法》和《中华人民共和国劳动合同法》),而且侵犯了原单位的"商业秘密",是《中华人民共和国反不正当竞争法》明确禁止的行为,严重者甚至触犯了《中华人民共和国刑法》。而钟某准备跳槽的下家"湖南某集团",虽然因为原单位的及时发现并报警而没能雇佣钟某并使用钟某窃取的商业秘密,但其意图雇用钟某的行为仍然应该受到谴责。一个重视商业道德的公司是不可能允许钟某这种"背信弃义"的人存在的。在这个方面,百事可乐的做法值得我国企业借鉴。

2006年5月19日,百事可乐纽约分公司向可口可乐公司提供了一封信的复印件,那封信的原件装在可口可乐公司的商业信封中,收件人是百事可乐公司。寄信人在信中自称"德克",是"可口可乐公司高层工作人员",能向百事可乐提供"特别详细的秘密信息"。接到百事可乐的通报后,可口可乐公司立即将这一事件报告给联邦调查局,联邦调查局调查后发现所谓的"德克"是易卜拉欣·迪姆松,并确定何亚·威廉斯(可口可乐公司执行行政助理)是秘密信息的来源。2006年10月,迪姆松及其同伙认罪,被判处10年监禁。2007年5月,威廉斯被判处8年监禁。百事可乐发言人戴夫·德塞科表示,在同可口可乐公司与调查人员合作问题上,百事公司只是做了任何负责任的公司所能做的。"竞争有时候会很激烈,但必须公平、合法,"德塞科说,"我们很高兴当局和联邦调查局能确定那些应为此承担责任的人。"

本 章 小 结

在市场竞争中,商业伦理要求企业恪守正当而公平的竞争规则,不得以不正当的手段侵犯其他企业的合法权益。一般来说,企业拥有两项与市场竞争相关的权利:一是公平的市场参与权,二是公平竞争权。

公平的市场参与权主要与市场结构有关,垄断的存在极大地制约了企业公平参与市场的权利。没有市场参与就没有竞争,而没有市场竞争就没有效率。不受干预或控制的垄断,必然导致低效甚至无效,成本高企,质量下降,消费者福利损失。企业的公平竞争权主要与竞争对手的不正当竞争有关,诸如假冒仿冒、商业贿赂、商业诽谤、侵犯商业秘密等,都是对企业公平竞争权的严重侵犯。这些行为不仅制造了不公平,而且侵犯了企业的专有权利。

值得指出的是,不正当竞争是一种非常短视的企业行为。这一行为不仅会损害竞争对手的利益,而且会导致其他企业"以邻为壑"的竞争策略,最终结果是整个行业的恶性竞争,谁也得不到好处。

【本章思考题】

1. "垄断本身就是一种不道德",你同意这种论述吗?请加以论证。
2. 请举出市场中存在的至少3类"不正当竞争行为"。
3. 在一个贿赂文化盛行的国家中进行商业活动,你会使用商业贿赂手段吗?
4. 2021年4月,国家市场监管总局对阿里巴巴做出行政处罚,因涉平台二选一等不正当竞争行为,阿里巴巴被罚款182.28亿元。你对互联网垄断有何看法?
5. 评估以下监控技巧的道德性:①在竞争对手办公室安装窃听器;②为了估计竞争对手销售量,派人观察并计算对手产品出售情况;③营销经理在听歌剧的时候从竞争对手的谈话中偶然听到他们视为机密的信息;④使用摄像等方式获取对手的订货情况;⑤通过观察对手配货车辆的数量估计其销售情况。

【思考案例】 社区团购案例

近半年来,社区团购赛道可谓火热。

2020年6月,滴滴上线"橙心优选",创始人程维表示对社区团购"投入不设上限";7月,美团也成立优选事业部,并表示将社区团购作为"一级战略";8月,拼多多旗下社区团购项目"多多买菜"上线;10月,苏宁菜场社区团购平台上线。12月11日,京东集团表示,将向社区团购平台兴盛优选投资7亿美元。此外,阿里、腾讯也纷纷入场投资,比如腾讯7月跟投兴盛优选,阿里领投十荟团。

对于这一核心业务,互联网巨头沿用了一贯打法——补贴。

社区团购的"玩法"一般是先用低价销售方式吸引用户流量,再通过去除中间批发环节来控制成本。社区团购的创新在于采用了团长制、集采集配和预售制,分别带来了流量成本、履约成本、生鲜损耗的降低。

作为连接消费者的渠道,团长是社区团购能够运转的关键。招商证券研报显示,美团优选主要以地推、扫街、拜访的方式获取团长,拼多多则通过电话拜访的方式;美团地推每拓展一位团长,奖励160元,滴滴的"橙心优选"和拼多多的"多多买菜"是130元。

互联网巨头在用补贴向菜市场要用户的同时,也触及了广大经销商、代理商、菜摊商贩等角色的利益,部分供应商在反抗。

"木耳产地采购价35元1斤,他们(指社区团购平台)网上卖25元(1斤)。"河北沧州市华海顺达粮油调料有限公司(下称"华海顺达")董事长钱清华在接受第一财经采访时表示,公司是做品牌的,社区团购平台这样做,导致一些供货客户反应强烈。

华海顺达12月12日发出通知称,以多多买菜、美团优选等为代表的社区团购平台出现严重低价现象,甚至个别产品远低于出厂价,影响严重,损害客户利益,为此,针对经销商操作社区团购平台提出:任何客户操作社区团购平台,必须有我司授权,否则视同窜货;不管平台有没有补贴,价格不得低于我司终端零售价,否则视同低价;影响恶劣的,取消经销权!

刘春泉表示,如果国家不干预,互联网平台很可能通过社区团购的方式,用资金优势先低价打垮竞争对手,待到垄断市场后再攫取高额利润。网经社电子商务研究中心特约研究员、北京盈科(杭州)律师事务所律师严哲瑪也认为,社区团购如果只是利用高额补贴、低价商品竞争手段快速打开市场,挤压其他市场经营者的生存空间,而不是从流通效率、产品质量透明度等方面提升发展,从本质上来说,这不是一个良性的竞争发展模式。

12月22日下午,市场监管总局联合商务部组织召开规范社区团购秩序行政指导会,阿里巴巴、腾讯、京东、美团、拼多多、滴滴6家互联网平台企业参加。会议要求依法加强社区团购价格行为和反不正当竞争监管,规范社区团购市场秩序,维护公平竞争市场环境,确保民生得到有效保障和改善。

会议充分肯定了互联网平台经济发展的积极意义和重要作用,并严肃指出当前社区团购存在的低价倾销及由此引起的挤压就业等突出问题,希望互联网平台企业在增创经济发展新动能、促进科技创新、维护公共利益、保障和改善民生等方面体现更多作为、更多担当。

会议强调,互联网平台企业要严格规范社区团购经营行为,严格遵守"九个不得":一是不得通过低价倾销、价格串通、哄抬价格、价格欺诈等方式滥用自主定价权。在依法降价处理鲜活商品、季节性商品、积压商品等商品外,严禁以排挤竞争对手或独占市场为目的,以低于成本的价格倾销商品。二是不得违法达成实施固定价格、限制商品生产或销售数量、分割市场等任何形式的垄断协议。三是不得实施没有正当理由的掠夺性定价、拒绝交易、搭售等滥用市场支配地位的行为。四是不得违法实施经营者集中,排除、限制竞争。经营者集中达到国务院规定申报标准的,应当事先申报,未申报的一律不得实施集中。五是不得实施商业混淆、虚假宣传、商业诋毁等不正当竞争行为,危害公平竞争市场环境。严禁编造、传播虚假信息或进行引人误解的商业宣传,损害竞争对手的商业信誉、商品声誉,欺骗、误导消费者。六是不得利用数据优势"杀熟",损害消费者合法权益。七是不得利用技术手段损害竞争秩序,妨碍其他市场主体正常经营。不得利用服务协议、交易规则以及技术等手段,对平台内经营者在平台内的交易、交易价格以及与其他经营者的交易等进行不合理限制或附加不合理条件,或者向平台内经营者收取不合理费用。八是不得非法收集、使用消费者个人信息,给消费者带来安全隐患。九是不得销售假冒伪劣商品,危害安全放心的消费环境。

会议要求各地市场监管部门积极回应社会关切,加强调查研究,研判掌握社区团购市场动态,针对低价倾销、不正当竞争等问题,创新监管方式,加大执法办案力度,依法维护社区团购市场秩序。

资料来源:[1] 王海,孙维维,陆涵之. 反垄断监管重拳出击 "首战"锁定社区团购混战[N]. 第一财经日报,2020-12-24(A01).

[2] 陈晨. 依法加强社区团购价格行为和反不正当竞争监管[N]. 光明日报,2020-12-23(004).

【案例分析题】

1. 社区团购的"补贴"打法可能带来什么样的伦理问题?
2. 如何评价"低价倾销"行为,它是正当的吗?你认为什么情况下的低价倾销才是合理的?
3. 从监管的角度,尝试分析如何在让消费者享受更低价格的同时,又避免出现平台垄断。

【趣味问题】

思考下面的道德困境

1. 送不送礼

送礼是从古至今建立与维系人际关系的方式之一。虽然在某些文化中,交换昂贵的礼物是一种习惯,但许多跨国公司的总部(更不用说政府道德规范监管机构)可能会把交换重要礼物解读为贿赂。当一个把送礼当成贿赂的国家的跨国公司在一个把送礼当习惯的国家开展商业活动时,要不要送礼?

2. 合同与握手

许多文化习惯基于信任与友谊来建立业务关系,在这种情况下,握手即可以达成协议,不需要书面的合同。相反,在这些国家,签订正式的合同可能会被视作不信任的表现。在这样的国家开展商业活动时,要不要签合同?不签订合同能约束对方的不道德行为吗?

3. 该不该给好处费

一家著名的跨国公司的销售部经理正在努力争取一个大客户,使他能把一个大订单给他们公司,而不是给两家主要竞争对手。有一天,该客户公司负责采购的副总裁约见了这位经理,他表示愿意取消与另两家公司的业务往来,因为他清楚地看到该公司的产品要优于其他两个竞争对手,但希望能给个人一些好处,并指出这种做法在当地是很普遍的。如果好处费达到订单的8%,该公司就可以成为唯一的供货者。同时,他还暗示,另两家竞争企业似乎很理解这种做法。该公司该怎么办?

道德困境解决方法

很少有公司提醒员工当他们面对工作中的道德困境时应该考虑什么或者应该问自己什么问题。

以下是一个"道德快速测试":

1. 这种行为合法吗?
2. 这符合我们的价值观吗?
3. 如果你这样做了,你会感到难过吗?
4. 登在报纸上看起来怎么样?
5. 如果你知道这是错的,就不要去做!
6. 如果你不确定,就去问。
7. 继续问下去,直到你得到答案。

第 8 章

环境视角的企业伦理

学习目标：通过本章的学习，可以获得环境视角下的企业伦理认识，了解环保方面企业不道德行为的表现，以及这些环境不道德行为的危害和后果。

关键概念：环境责任概述；污水排放；大气污染；工业噪声；固废处理

【开篇案例】　　　　　紫金矿业污染事件

在造成福建汀江重大污染9天后，2010年7月12日，福建省环保厅对福建上杭的紫金山铜矿污染事件作出通报。通报称，7月3日，紫金山铜矿湿法厂污水池突发渗漏环保事故，目前这一事故已导致当地棉花滩库区死鱼和鱼中毒约达378万斤，废水渗漏量达到9 100立方米。

紫金矿业13日表示，针对这起事故暴露出来的施工管理、生产管理和环保安全管理问题，将对全矿环保系统进行重新规划；对事故造成的损失将根据事故调查结论承担赔偿责任。紫金矿业集团股份有限公司总裁罗映南13日说，目前，发生事故的铜矿湿法厂已经停产，在全面完成整改和有关部门验收合格之前，无限期停产。

"6月初村旁的汀江里的鱼都毒死了很多，我们现在洗衣服都不敢用这里的水了。小孩用水洗澡后，满身长水痘子。"下村村的村民林吉祥无奈地告诉《经济参考报》记者。

武平县中堡镇下村村位于紫金山脚下，山上就是福建紫金矿业集团股份有限公司（以下简称紫金矿业）的子公司上杭县紫金山矿业公司和武平县紫金矿业公司的冶炼基地。由于两矿主要生产黄金、银、铜等重金属材料，尾矿库被当地环保部门列为重大危险污染源，尾矿所涉及的有毒物质有氰化钠、醋酸铅、硫酸铜等，是极易造成水土污染的剧毒化学元素。

多年来，下村村的村民一直被笼罩在污染的阴影中。村民林吉祥的儿媳告诉《经济参考报》记者，她的老家在山的对面，污染更加严重，禾苗基本不长稻穗；患癌症的人逐渐增多，村民养的牲畜也不敢喝河里的水，让人很担心。当地居民也多次找到武平县环保局，可得到的答复是：此事已上报到龙岩市环保局，让居民等待答复。但至今当地居民没有得到来自上一级环保部门的回复。

武平县和上杭县是邻县，距离只有40公里。多年来，紫金矿业污染问题一直困扰着两县居民。由于上杭县在紫金山下汀江河的下游，这里的居民遭受的困扰尤为严重。《经济参考报》记者在上杭县对多户居民进行采访，结果发现超过九成的居民不会用自来水厂的水煮饭。这些居民都将问题的焦点指向紫金矿业。在他们看来，紫金山金铜矿位于汀江河上游,由于提炼矿石要用剧毒化学品,河水可能会被污染。

《经济参考报》记者从紫金矿业了解到,紫金山金铜矿是紫金矿业的支柱企业,也是被国土资源部认定的中国黄金储量最大的矿区,素有"中国第一大金矿"之称。

针对紫金矿业而言,渗漏液污染此前时有发生,企业周边居民一直怀疑,但难以获得确凿证据。事实上,早在2007年,原环保总局首次发布对37家上市公司的环保审查结果,对其中10家不予通过或暂缓通过上市核查,其中便有紫金矿业。直到今年5月末,环保部发文通报11家存在严重环保问题的上市企业,存在较大环境风险、名列榜首的正是紫金矿业。通报显示,紫金矿业共有7家子公司因尾矿库渗滤液排放污染环境等原因被要求整改。环保部责成紫金矿业在6月25日前拿出整改方案,地方环保部门也应严加督查并上报相关情况。

资料来源:郭煦.紫金矿业:淘金背后的污染困局[N].经济参考报,2010-07-14(002).

自然环境是人类生存、繁衍的物质基础;保护和改善自然环境,是人类维护自身生存和发展的前提。对自然环境的过度开发、破坏与污染等问题严重威胁公众健康,威胁生态安全,损害经济社会的可持续发展能力(正如开篇案例所展示的,严重的环境污染威胁着当地居民健康,破坏了当地生态,后果非常严重)。因此,任何个人和组织,包括工商企业,都有责任保护自然环境免遭不可逆转的破坏。在本章中,我们将阐述企业的环境责任,以及从水污染、大气污染、工业噪声和固体废弃物污染等几个方面,介绍我国企业主要涉及的环境伦理问题。

8.1 企业环境责任概述

18世纪60年代,第一次工业革命率先在英国发起,万能蒸汽机让煤逐步取代之前的有机物能源,使得英国达到了"日不落帝国"最为鼎盛的时期。但由此导致的环境污染则耸人听闻,泰晤士河的鱼类几乎绝迹,伦敦也变成"雾都"。1952年12月伦敦爆发了历史上有名的"伦敦烟雾事件",当时伦敦被浓厚的烟雾笼罩,交通瘫痪,空气中弥漫着臭鸡蛋的气味,拦路抢劫、入室抢劫、盗窃案件频发,许多市民因烟雾感到身体不适,比如呼吸困难和眼睛刺痛等。据统计,当月因此次大烟雾导致的死亡人数高达4 000人。英国也不得不由此开始了漫长的治理之路。环境问题作为工业时代之殇,往往被企业视作不必要的负担甚至是经济增长的阻碍,由此引发企业与环境执法机构之间的博弈。

企业的环境责任,是基于环境破坏和污染的侵权而形成。环境权利,或称环境权,是指每个人享有与生俱来不可剥夺的健康生态环境的权利,环境权利来源于人的生存权利,一个健康的外部环境是人类生存和发展的必须,因此环境权利应当属于人类的基本权利范畴。1972年,联合国第一次人类环境会议通过了《人类环境宣言》,对环境权利予以正式承认。《人类环境宣言》明确指出:人类环境的两个方面,即天然和人为的环境,对于人类的幸福和对于享受基本人权,甚至生存权利本身都是必不可少的。人类有在一种有尊严的和福利的生活环境中,享有自由、平等和充足的生活条件的基本权利。我国的《中华人民共和国环境保护法》侧重于从健康权角度定义环境权利,该法第一条明确环境保护的首要目的是"保障公众健康"。

具体到企业的环境污染或破坏行为,它主要涉及人类的三种权利:生存权(或生命权)、健康权和财产权(见表8-1)。生存权或生命权是指环境污染或破坏可能直接威胁到部分人群的生命安全(如核泄漏、危险化学品泄漏或爆炸等),或间接威胁到其他人的生命安全(如植被破坏导致发生泥石流);健康权是指环境污染可能直接(如将废水排放在水源地)或间接(如废水通过地下渗漏而影响地下水源)影响人们的健康;而财产权是指环境污染或破坏可能直接或者间接导致特定人群的财产受到损失。

表 8-1 企业环境污染的侵权责任

权 利	权利的侵犯原因
生存权	环境破坏或污染直接威胁周围人群的生存(生命安全),或间接威胁到人类的生存(如引发地震、山洪、泥石流等)
健康权	环境污染直接导致周围人群的身体健康问题,或通过引发生态功能退化等间接影响人类的健康
财产权	环境污染或破坏直接或间接导致的财产损失(如池塘里的鱼因污水排放而死亡,属于直接财产损失;用污染后的鱼做饲料喂养其他动物如鸡鸭而导致鸡鸭死亡,属于间接财产损失)

当然,谈企业的环境责任并非完全不允许污染环境。环境和土地、资本、劳动一样,都是财富创造和生活消费的必要资源。企业从事任何生产经营活动都离不开对"环境"的使用,讲环境责任,不是不允许排污,而是要合理、不过度使用环境,不超出环境承载能力,同时在经济活动中要将环境成本计入生产经营决策。

当前,我国对环境问题空前重视,党的十九大(2017年)报告指出,"生态文明建设功在当代、利在千秋。我们要牢固树立社会主义生态文明观,推动形成人与自然和谐发展现代化建设新格局,为保护生态环境作出我们这代人的努力",将建设生态文明作为中华民族永续发展的千年大计。第十三届全国人民代表大会第一次会议(2018年)通过的《中华人民共和国宪法修正案》将"生态文明"写入《中华人民共和国宪法》。在环境污染或破坏的治理方面,国家先后出台了《中华人民共和国环境保护法》《中华人民共和国水污染防治法》《中华人民共和国大气污染防治法》《中华人民共和国固体废物污染防治法》等法律法规进行规制,同时采取了开展环境保护大督查、强化环境信息披露等一系列措施。然而,即便如此,我国的环境污染问题仍然相当严重,其中涉及企业的环境污染事件与行为不在少数。

8.2 污水排放问题

水体污染是指水体因某种物质的介入,超过了水体的自净能力,导致其物理、化学、生物等方面特征的改变,从而影响到水的利用价值,危害人体健康或破坏生态环境,造成水质恶化的现象。污水中的酸、碱、氧化剂,以及铜、镉、汞、砷等化合物,苯、二氯乙烷、乙二醇等有机毒物,会毒死水生生物,影响饮用水源、风景区景观。污水中的有机物被微生物分解时消耗水中的氧,影响水生生物的生命,水中溶解氧耗尽后,有机物进行厌氧分解,产生硫化氢、硫醇等难闻气体,使水质进一步恶化。

8.2.1 地表水质划分标准

2002年由国家环保总局与国家质量监督检验检疫总局联合修订通过的《地表水环境质量标准》(GB3838—2002),依据地表水水域环境功能和保护目标,将水质情况按功能高低依次划分为五类。

Ⅰ类:主要适用于源头水、国家自然保护区;

Ⅱ类:主要适用于集中式生活饮用水地表水源地一级保护区、珍稀水生生物栖息地、鱼虾类产卵场、仔稚幼鱼的索饵场等;

Ⅲ类:主要适用于集中式生活饮用水地表水源地二级保护区、鱼虾类越冬场、洄游通道、水产养殖区等渔业水域及游泳区;

Ⅳ类:主要适用于一般工业用水区及人体非直接接触的娱乐用水区;

Ⅴ类:主要适用于农业用水区及一般景观要求水域;

劣Ⅴ类:指那些达不到前述五类水质的水,或者说污染程度超过五类的水,这类水除调节局部气候外,几乎无使用功能。

2020年,1940个国家地表水考核断面中,水质优良(Ⅰ~Ⅲ类)断面比例为83.4%,同比上升8.5个百分点;劣Ⅴ类为0.6%,同比下降2.8个百分点。主要污染指标为化学需氧量、总磷和高锰酸盐指数。

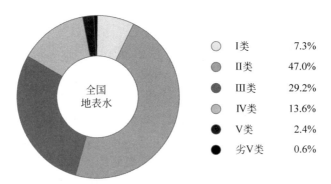

图 8-1　2020年全国地表水水质状况

数据来源:2020年《中国生态环境状况公报》。

注:因四舍五入,数据之和可能不等于100%。

8.2.2　工业废水

水污染主要是由人类活动产生的污染物造成,包括工业污染源、农业污染源和生活污染源三大部分。其中与企业行为有关的主要是工业污染源,重点是工业废水。

工业废水(industrial wastewater)包括生产废水、生产污水及冷却水,是指工业生产过程中产生的废水和废液,其中含有随水流失的工业生产用料、中间产物、副产品以及生产过程中产生的污染物。工业废水种类繁多,成分复杂。例如电解盐工业废水中含有汞,重金属冶炼工业废水含铅、镉等各种金属,电镀工业废水中含氰化物和铬等各种重金属,石油炼制工业废水中含酚,农药制造工业废水中含各种农药等。由于工业废水中常含有多种有毒物质,严重污染环境,危害人类健康,因此《中华人民共和国水污染防治法》(2017年修订)第四章第二节专门针对工业废水的收集、处理与排放原则进行明文规定,要求国务院有关部门和县级以上地方人民政府合理规划工业布局,督促要求造成水污染的企业进行技术改造,采取综合防治措施,减少废水和污染物排放量;排放工业废水的企业应采取有效措施,收集和处理产生的全部废水,并对严重污染水环境的落后工艺和设备实施淘汰制度等。2015—2019年工业废水排放量变化趋势见图8-2。

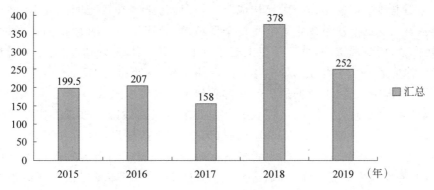

图 8-2　2015—2019年工业废水排放量变化趋势(单位:亿吨)

数据来源:前瞻产业研究所。

我国工业废水排放主要集中在石化、煤炭、造纸、冶金、纺织、制药、食品等行业。《中国环境统计年鉴2020》数据显示,造纸和纸制品行业废水排放量占工业废水总排放量的16.4%,化学原料和化学制品制造业排放量占总排放量的15.8%,煤炭开采和洗选业排放量占总排放量的8.7%。我国政府一直非常重视工业废水的治理技术研发与应用,自20世纪70年代起,国家就集中科研院所、大学等优势力量,投入大量人力、物力、财力,开展工业废水处理技术研究,着力解决一批占国民经济比重较大工业的废水处理技术难题。

【案例8-1】　电镀厂违规排放废水造成水污染

2019年7月2日,沈阳市生态环境局经济技术开发区分局对沈阳电镀有限责任公司停产情况进行现场检查,该单位5号镀锌生产车间清洗车间地面、清洗电镀和酸洗周转槽产生的废水,经5号镀锌生产车间南侧墙下雨水收集井,未经过该单位污水治理站处理直接排入雨水管网后排入细河,造成细河排污口废水超标,检测结果显示锌排放值超过了《电镀行业污染物排放标准》(GB21900—2008)表3排放限值10倍以上。针对该单位上述逃避监管的严重环境违法行为,沈阳市生态环境局经济技术开发区分局于2019年7月3日对该单位生产设施予以查封,并移交公安部门。

资料来源:沈阳市生态环境局.沈阳市公布10起环境违法典型案例[EB/OL]. https://baijiahao.baidu.com/s?id=1633212451565515964&wfr=spider&for=pc,2019-7-22.

【案例点评】　企业污水不经处理直接排放,是现实中比较常见的一种环境污染行为。污水的处理对于企业来说意味着成本的增加,因此,在没有外部强制的情况下,企业往往不会主动对污水进行无害化处理。不仅如此,一些企业通过将排污口设置在很隐蔽的地方,或者在夜间排放,来逃避监管。工业废水未经无害化处理即排放的行为(正如本案例中所显示的),严重威胁人们的健康(侵犯健康权)。《中华人民共和国民法典》第1229条明确规定:"因污染环境、破坏生态造成他人损害的,侵权人应当承担侵权责任。"也就是说,不论侵权人(本案例中:沈阳电镀有限责任公司)是故意还是过失,都需要承担侵权责任。《最高人民法院、最高人民检察院关于办理环境污染刑事案件适用法律若干问题的解释》(2017年1月1日施行)第一条规定:"排放、倾倒、处置含镍、铜、锌、银、钒、锰、钴的污染物,超过国家或者地方污染物排放标准十倍以上的",可认定为"严重污染环境"。在本案例中,沈阳电镀公司的排污行为已构成"严重环境污染",涉嫌犯罪。根据《中华人民共和国刑法》第三百三十八条规定,"严重污染环境的,处三年以下有期徒刑或者拘役,并处或者单处罚金;情节严重的,处三年以上七年以下有期徒刑,并处罚金;有下列情形之一的(特别严重的情形——笔者注),处七年以上有期徒刑,并处罚金"。

在上述案例中,细河下游的居民健康都受到了排放废水的威胁,但由于人们日常的吸入量少、发病病理复杂,因此,要从侵权的角度要求企业赔偿困难重重。这是环境污染的一个显著特点。尽管《中华人民共和国民法典》第1230条规定:"因污染环境、破坏生态发生纠纷,行为人应当就法律规定的不承担责任或者减轻责任的情形及其行为与损害之间不存在因果关系承担举证责任。"但《最高人民法院关于审理环境侵权责任纠纷案件适用法律若干问题的解释》(2020年修正,2021年1月1日实施)第六条要求"被侵权人根据民法典第七编第七章的规定请求赔偿的,应当提供证明以下事实的证据材料:(1)侵权人排放了污染物或者破坏了生态;(2)被侵权人的损害;(3)侵权人排放的污染物或者其次生污染物、破坏生态行为与损害之间具有关联性"。这意味着,只有环境污染累积到了非常严重的程度,较为严重地损害了人们的健康的情况下,人们才能进行维权。这极大地挫伤了老百姓参与环境污染治理的积极性。因此,政府成了环境污染防治的核心。

8.3 大气污染问题

大气污染是指大气中污染物质的浓度达到有害程度,以致破坏生态系统和人类正常生存和发展的条件,对人和物造成危害的现象。大气污染源分为天然污染源和人为污染源两种。天然污染指在大自然环境中,通过自然现象向环境产生的浓度低、污染物种类少的大气污染物,包括森林火灾释放的烟尘、植物释放的二氧化碳、火山喷发物中含有二氧化硫(增加形成酸雨的可能性)等;人为污染源主要包括燃料燃烧,工业生产过程中排放的有害物质,现代交通运输工具排放的一氧化碳、二氧化碳、有机化合物等有害物质,农业中过量施加化肥和农药等。通过大气传播,天然污染源和人为污染源加重了全球气候变暖,给人类的生活和工作带来了严重的影响。大气污染物按状态划分,可以分为颗粒污染物与气态污染物。其中,按来源和物理形式划分,颗粒污染物包含粉尘、烟、飞灰、雾等;气态污染物系以分子状态存在的污染物,如含硫化学物、含氮化合物、碳的氧化物、有机化合物等。

8.3.1 空气质量指数

空气质量指数(air quality index,AQI)是反映一个地方空气质量好坏的综合指数,参与空气质量评价的主要污染物为细颗粒物（PM2.5）、可吸入颗粒物（PM10）、二氧化硫（SO_2）、二氧化氮（NO_2）、臭氧（O_3）、一氧化碳（CO）等六项。在具体计算时，先对照各项污染物的分级浓度限值分别计算得出空气质量分指数（individual air quality index，简称IAQI），然后再整合形成空气质量指数。根据空气质量指数，我国将空气质量分为6个等级，如表8-2所示。

表8-2 空气质量分类

空气质量指数AQI	空气质量级别	空气质量含义及表示颜色		对健康的影响	建议采取的措施
0~50	Ⅰ	优	绿色	空气质量令人满意，基本无空气污染	各类人群可正常活动
51~100	Ⅱ	良	黄色	空气质量可接受，某些污染物对极少数敏感人群健康有较弱影响	极少数敏感人群应减少户外活动
101~150	Ⅲ	轻度污染	橙色	易感人群症状有轻度加剧，健康人群出现刺激症状	老人、儿童、呼吸系统等疾病患者减少长时间、高强度的户外活动
151~200	Ⅳ	中度污染	红色	进一步加剧易感人群症状，会对健康人群的呼吸系统有影响	儿童、老人、呼吸系统等疾病患者及一般人群减少户外活动
201~300	Ⅴ	重度污染	紫红色	心脏病和肺病患者症状加剧，运动耐受力降低，健康人群出现症状	儿童、老人、呼吸系统等疾病患者及一般人群停止或减少户外运动
>300	Ⅵ	严重污染	褐红色	健康人群运动耐受力降低，有明显强烈症状，可能导致疾病	儿童、老人、呼吸系统等疾病患者及一般人群停止户外活动

2020年，全国337个地级及以上城市平均优良天数比例为87.0%（见图8-3），同比上升5.0个百分点。202个城市环境空气质量达标，占全部地级及以上城市数的59.9%，同比增加45个。PM2.5年均浓度为33微克/立方米，同比下降8.3%；PM10年均浓度为56微克/立方米，同比下降11.1%。

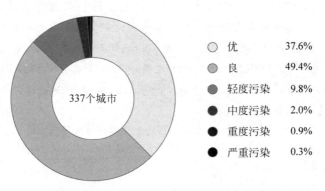

图8-3 2020年337个城市环境空气质量各级别天数比例

数据来源：2020年《中国生态环境状况公报》。

随着工业化的快速发展，工业废气排放加剧了大气污染程度。当前我国工业废气排放的污染源主要来自电力、蒸汽热水供应业、石油加工、炼焦、水泥制造、煤化工等行业,排放的污染物主要为二氧化硫、氮氧化物、烟粉尘等。

8.3.2 颗粒污染物——粉尘污染

粉尘污染是指粒径为1~75微米的颗粒物对大气的污染,是工业废气污染的主要污染物之一。粉尘主要来源于燃烧和某些工业生产过程,燃烧1吨煤可排出大约2公斤的粉尘。据估计,全世界每年排入大气中的粉尘可达1亿吨。粉尘污染是我国城市大气污染的主要形式,而煤炭、矿石燃烧过程中的尘源扩散往往构成粉尘污染的主体。

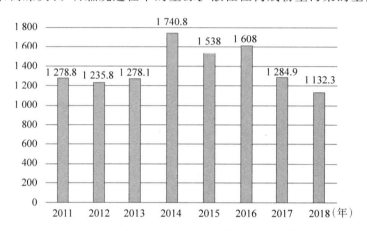

图 8-4　2011—2018年中国烟粉尘排放量趋势变化(单位:万吨)

数据来源:《中国环境统计年鉴2019》。

从图8-4可以看出,2011—2018年间,我国烟粉尘排放量在2014年达到峰值,为1 740.75吨,自2016年起烟粉尘排放量呈逐步下降趋势,这表明我国近年来各地区工业产业发展变化的趋势以及治理水平的进步提升,直接影响了工业粉尘的排放量。

【案例8-2】 工业粉尘直排污染环境

2017年8月,北京市大兴区环保局对辖区内某涂料公司进行日常执法检查,发现该公司在生产过程中未对车间进行密闭,收尘设施未运行,导致产生的粉尘直接排入大气环境。根据"暂行办法"第七条第(四)项的规定:在生产经营或者作业过程中,停止运行污染物处理设施的,符合不正常运行防治污染设施等逃避监管的方式违法排放污染物的情形。

大兴区环保局依法对该公司处以罚款,并将此案件移送公安部门处理。公安部门依法对该单位相关责任人予以行政拘留。

资料来源:北京市生态环境局.北京市2017年固定源环境行政处罚超1.8亿　发布十起环保、公安联合执法典型案例[EB/OL]. http://sthjj.beijing.gov.cn/bjhrb/index/xxgk69/zfxxgk43/fdzdgknr2/xwfb/828 990/index.html,2018-02-01.

【案例点评】 工业粉尘不经处理(除尘)直接排入大气,是严重的不道德行为和违法行为。工业粉尘首先严重侵犯人们的健康权,在粉尘所笼罩的地方,人们的呼吸道、眼睛等器官受到直接危害,增加了人们患呼吸道疾病(如尘肺病)、心血管病等相关疾病的风险。而且,粉尘的聚集形成雾霾,严重影响人们的生活和交通出行。而粉尘逸散到大气中后又会通过降尘对土壤、植物、河流产生不利影响,破坏区域环境。鉴于工业粉尘的危害,《中华人民共和国大气污染防治法》第四十三条规定:"钢铁、建材、有色金属、石油、化工等企业生产过程中排放粉尘、硫化物和氮氧化物的,应当采用清洁生产工艺,配套建设除尘、脱硫、脱硝等装置,或者采取技术改造等其他控制大气污染物排放的措施。"对于违规排放的行为,《中华人民共和国大气污染防治法》第一百零八条(五)规定:"钢铁、建材、有色金属、石油、化工、制药、矿产开采等企业,未采取集中收集处理、密闭、围挡、遮盖、清扫、洒水等措施,控制、减少粉尘和气态污染物排放的,由县级以上人民政府环境保护主管部门责令改正,处二万元以上二十万元以下的罚款;拒不改正的,责令停产整治。"而更严重的行为可能构成"破坏环境资源保护罪",《中华人民共和国刑法》第三百三十八条规定:违反国家规定,排放、倾倒或者处置有放射性的废物、含传染病病原体的废物、有毒物质或者其他有害物质,严重污染环境的,处三年以下有期徒刑或者拘役,并处或者单处罚金。情节严重的,处三年以上七年以下有期徒刑,并处罚金。有下列情形之一的,处七年以上有期徒刑,并处罚金:(1)在饮用水水源保护区、自然保护地核心保护区等依法确定的重点保护区域排放、倾倒、处置有放射性的废物、含传染病病原体的废物、有毒物质,情节特别严重的;(2)向国家确定的重要江河、湖泊水域排放、倾倒、处置有放射性的废物、含传染病病原体的废物、有毒物质,情节特别严重的;(3)致使大量永久基本农田基本功能丧失或者遭受永久性破坏的;(4)致使多人重伤、严重疾病,或者致人严重残疾、死亡的。

8.3.2 气态污染物——废气排放

废气是指人类在生产和生活过程中排出的有毒有害的气体,特别是化工厂、钢铁厂、制药厂以及炼焦厂和炼油厂等,排放的废气气味大,严重污染环境和危害人体健康。

《中国环境统计年鉴2019》显示,2010年至2015年间,我国的工业废气排放总量总体而言呈现出上升趋势。而《2016—2019年全国生态环境统计公报》显示,2016—2019年间,工业源二氧化硫排放量逐年下降,从2016年的770.5万吨,下降为2019年的395.4万吨,工业源氮氧化物排放量均逐年下降,2019年为548.1万吨,移动源氮氧化物排放量总体持平,2019年为633.6万吨。由以上数据可以看出,我国工业废气排放造成的环境污染问题仍然非常严峻;废气治理投资额占工业污染治理投资总额的60%,说明我国政府对工业废气的治理非常重视。

【案例8-3】 废气污染

2017年2月,北京市环境监察总队对平谷区某酒店燃煤锅炉房进行日常执法检查,发现该单位燃煤锅炉正在运行,废气处理设施喷淋系统的循环水静止、无流动迹象,用于提升循环水的水泵现场听不到运行声音,循环水泵未接通电源。经检查,发现该单位脱硫除尘系统的循环水泵没有正常开启,导致废气未经过脱硫除尘处理直接排放,环保部门依法对该酒店锅炉房运营单位处以罚款并将案件移送至公安部门,公安部门依法对该单位相关责任人予以行政拘留。

资料来源:北京市生态环境局.北京市2017年固定源环境行政处罚超1.8亿 发布十起环保、公安联合执法典型案例[EB/OL]. http://sthjj.beijing.gov.cn/bjhrb/index/xxgk69/zfxxgk43/fdzdgknr2/xwfb/828990/index.html, 2018-02-01.

【案例点评】 锅炉是现代工业生产过程中常用的能量转换设备之一,这一设备的出现为人们生活、工业生产提供了良好的能量支持。但是锅炉大多使用煤作为燃料,在运行过程中会产生大量的烟尘和有毒气体,这不仅会影响相关工作人员的人身安全,若这些有毒气体直接排放至空气中,还会对周边居民的身体健康造成不良影响。案例中的酒店为节约成本,擅自停止废气处理设施的运转,将废气直排至空气中,这一行为是对周围居民健康权的肆意践踏。这一行为还直接违反了《中华人民共和国大气污染防治法》和《中华人民共和国环境保护法》。《大气污染防治法》第二十条规定:"……禁止通过偷排、篡改或者伪造监测数据、以逃避现场检查为目的的临时停产、非紧急情况下开启应急排放通道、不正常运行大气污染防治设施等逃避监管的方式排放大气污染物。"而《环境保护法》第六十三条第三项规定:"通过不正常运行防治污染设施等逃避监管的方式违法排放污染物的生产经营者,除依照有关法律法规规定予以处罚外,由县级及以上人民政府环境保护主管部门或者其他有关部门将案件移送公安机关,对其直接负责的主管人员和其他直接责任人员,处十日以上十五日以下拘留;情节较轻的,处五日以上十日以下拘留。"

8.4 工业噪声问题

噪声是环境污染的一种重要形式。2021年发布的《中国环境噪声污染防治报告》显示,据不完全统计,2020年,全国省辖县级市和地级及以上城市的生态环境、公安、住房和城乡建设等部门,合计受理环境噪声投诉举报约201.8万件,其中,社会生活噪声投诉举报最多,占53.7%;建筑施工噪声次之,占34.2%;工业噪声占8.4%;交通运输噪声占3.7%。2020年,生态环境部门"全国生态环境信访投诉举报管理平台"共接到公众举报44.1万件,其中噪声扰民问题占全部举报的41.2%,排各环境污染要素的第二位。广西、重庆的环境噪声投诉举报占本地各类环境污染举报的比例,甚至接近或超过60.0%。为防治环境噪声污染,保护和改善生活环境,保障人体健康,促进经济和社会发展,1996年全国人民代表大会常务委员会通过《中华人民共和国环境噪声污染防治法》(2018年第十三届全国人民代表大会常务委员会对该法作出修改)。

8.4.1 噪声排放标准

根据我国《声环境质量标准 GB 3096—2008》,声环境功能区按照噪声限值高低被划分为5个类别,如表8-3所示。不过,机场周围区域受飞机通过(起飞、降落、低空飞越)噪声的影响,不适用于本标准。

表8-3 环境噪声限值及功能区分类　　　　　　　　　　　　　　　单位:dB(A)

| 声环境功 | 时段 | | 功能区定位 |
能区类别	昼间	夜间	
0类	50	40	康复疗养区等特别需要安静的区域
1类	55	45	以居民住宅、医疗卫生、文化教育、科研设计、行政办公为主要功能,需要保持安静的区域

续表

声环境功能区类别	时段 昼间	时段 夜间	功能区定位
2类	60	50	以商业金融、集市贸易为主要功能,或者居住、商业、工业混杂,需要维护住宅安静的区域
3类	65	55	以工业生产、仓储物流为主要功能,需要防止工业噪声对周围环境产生严重影响的区域
4a类	70	55	高速公路、一级公路、二级公路、城市快速路、城市主干道、城市次干路、城市轨道交通(地面段)、内河航道两侧区域
4b类	70	60	铁路干线两侧区域

除此之外,《社会生活环境噪声排放标准 GB 22337—2008》对营业性文化娱乐场所和商业经营活动中可能产生环境噪声污染的设备、设施边界噪声排放限值和测量方法进行了规定;而《工业企业厂界环境噪声排放标准 GB 12348—2008》规定了工业企业和固定设备厂界环境噪声排放限值及其测量方法。

2020年,全国共有311个地级及以上城市报送了功能区声环境质量监测数据,各类功能区共监测23 546点次,昼夜各11 773点次。昼间共有11 143个监测点次达标,达标率94.6%;夜间共有9 427个监测点次达标,达标率为80.1%。总体来看,全国城市功能区声环境质量昼间点次达标率高于夜间,3类功能区(工业、仓储物流区)昼间点次达标率在各类功能区中最高,0类功能区(康复疗养区)、4a类区(道路交通干线两侧区域)和1类区(居住文教区)夜间点次达标率较低,见表8-4。

表8-4 2020年全国城市各类功能区检测点次达标情况

功能区类别	0类 昼	0类 夜	1类 昼	1类 夜	2类 昼	2类 夜	3类 昼	3类 夜	4a类 昼	4a类 夜	4b类 昼	4b类 夜
监测点次	94	94	2 766	2 766	3 969	3 969	2 275	2 275	2 552	2 552	117	117
达标点次	71	54	2 465	2 084	3 763	3 498	2 250	2 090	2 482	1 606	112	95
达标率/%	75.5	57.4	89.1	75.3	94.8	88.1	98.9	91.9	97.3	62.9	95.7	81.2

资料来源:2021年《中国环境噪声污染防治报告》。

8.4.2 工业噪声污染

工业噪声是指工厂在生产过程中由于机械震动、摩擦撞击及气流扰动产生的噪声。例如化工厂的空气压缩机、鼓风机和锅炉排气放空时产生的噪声,都是由于空气振动而产生的气流噪声。球磨机、粉碎机和织布机等产生的噪声,是由于固体零件机械振动或摩擦撞击产生的机械噪声。由于工业噪声声源多而分散,噪声类型比较复杂,因生产的连续性声源也较难识别,治理起来相当困难。

造成我国城市工业噪声污染的主要原因包含如下两个方面:我国多数机电产品缺乏噪声限值作为产品考核指标之一;产品的低噪声化未引起应有的重视,而某些机电设备尚未有成熟的噪声控制技术,致使噪声级过高。诸多行业和工种均存在一定程度上的工业噪声污染,卫生部于2002年颁布的《危害因素分类目录》中,列举了61个可能导致噪声聋的行业工种。如机械加工行业机械的撞击、摩擦和转动而产生的噪声;织布机、球磨机、电锯、锻锤、冲压、破碎、爆破等产生的噪声;气体压力发生突变引起气流的扰动而产生的噪声,如鼓风机、汽笛、喷射器、离心风机、空气压缩机、锅炉排气放空等所发出的噪声;由于磁场脉动、电源频率脉动引起电器部件震动而产生的噪声,如发电机、变压器、整流器等所发出的噪声。

【案例8-4】 黄浦江畔噪音轰鸣

在村民闵继贤的记忆里,黄浦江畔的塘口村曾是宁静的,可近十几年来,随着周边快速发展,这份宁静荡然无存,"有时晚上睡觉,会被各种轰鸣声吵醒,剧烈时,甚至感到床在晃!"

好好的黄浦江两岸,哪来的刺耳轰鸣?闵行区环保局工作人员坦言,起初,他们接到的大量投诉指向不明,不少居民抱怨有强烈的轰鸣声,但说不上具体从哪里传来,只是推测声源可能在黄浦江沿岸。经过多次走访和蹲守,环保执法人员最终锁定了塘浦路以西黄浦江畔的3家水泥和混凝土搅拌站。

2016年12月4日,在陈行公路的最西端,执法人员发现上海昊城混凝土有限公司正在进行生产。根据《工业企业厂界环境噪声排放标准》,该企业昼间的厂界环境噪声排放值不得超过60分贝(A),但经现场监测,其噪声超标,达到了66分贝(A)。根据《上海市环境保护条例》,工业企业噪声超过国家和上海规定的环境噪声排放标准的,由市或者区环保部门责令改正,处2万元以上20万元以下罚款。闵行区环保局对其做出顶格处罚,罚款20万元。

据了解,上海昊城混凝土有限公司从2004年开始从事商品混凝土生产,生产设备流水线有4条,年产量约30万立方米。执法人员发现,约2015年下半年后,该企业建设项目的规模发生了重大变化,但在配套建设的环保设施未经环保部门验收的情况下,就私自投入了混凝土扩大规模生产,被闵行区环保局处以罚款10万元的顶格处罚。

和治理昊城混凝土公司的做法相同,闵行区环保局对上海浦莲预拌混凝土有限公司、上海亚力水泥制品有限公司混凝土生产中噪声超标的违法行为分别罚款20万元;对这两家企业配套环保设施未经验收、擅自投入混凝土生产的违法行为分别罚款10万元,同时责令停止混凝土生产。

案例来源:[1]陈玺撼. 黄浦江畔这堵180米长的高墙居然不煞风景,村民反而拍手称快[EB/OL]. https://www.jfdaily.com/staticsg/res/html/web/newsDetail.html?id=62816,2017-08-24.

[2]闵行浦江两岸噪音扰民得到治理 涉案企业建隔声墙.解放日报,2017-08-25.

【案例点评】 自工业革命以来,机器和机械设备在现代生产中的大规模使用,一方面创造了巨大的财富,为人类带来了繁荣和进步,但同时也形成了工业噪声污染源,给周围声学环境造成了污染。工业噪声具有声源固定、影响范围固定和作用时间持久连续的特点,是环境噪声的主要污染源之一,它直接危害职工的身心健康,干扰周围人群的正常生活。噪声对人体听觉器官危害程度与噪声强度、暴露时间、噪声的频谱特性,以及接噪者个体敏感程度等因素有关,接触噪声强度愈强,暴露时间愈长,接噪者的高频听损和语言听损的阳性率愈高。在工业生产过程中,产生噪声是很正常的,但企业有责任将噪声污染降低到一个合理的可接受的范围内。在本案例中,3家混凝土搅拌企业制造的噪声超过了《工业企业厂界环境噪声排放标准》,根据该标准,2类功能区昼间最高排放限值为60分贝。3家企业的行为不仅给周围居民的生活带来困扰,对他们的身心健康造成潜在的危害,而且也违反《中华人民共和国环境噪声污染防治法》,既不道德也不合法。

【案例8-5】 工业噪声吵死鸡被判赔

在最高法此次发布的典型案例中,一起噪声污染导致蛋鸡死亡的纠纷案颇引人关注。案件中,中铁五局(集团)有限公司(以下简称中铁五局)、中铁五局集团路桥工程有限责任公司(以下简称路桥公司)施工期间,距离施工现场约20~30米的吴国金养殖场出现蛋鸡大量死亡、生产软蛋和畸形蛋等情况。

事后,吴国金聘请三位动物医学和兽医方面的专家到养殖场进行探查,认为蛋鸡不是因为疫病死亡,而是在突然炮声或长期噪声影响下受到惊吓,卵子进入腹腔内形成腹膜炎所致。吴国金提起诉讼,请求中铁五局、路桥公司赔偿损失150万余元。

针对该诉讼,贵州省清镇市人民法院一审认为,吴国金养殖场蛋鸡的损失与中铁五局、路桥公司施工产生的噪声之间具有因果关系,中铁五局、路桥公司应承担相应的侵权责任。按照举证责任分配规则,吴国金应证明其具体损失数额。

虽然吴国金所举证据无法证明其所受损失的具体数额,但中铁五局、路桥公司对于施工中产生的噪声造成吴国金损失的事实不持异议,表示愿意承担赔偿责任。但在此情况下,一审法院依据公平原则,借助养殖手册、专家证人所提供的基础数据,建立计算模型,计算出吴国金所受损失并判令中铁五局、路桥公司赔偿35万余元。

贵州省贵阳市中级人民法院二审肯定了一审法院以养殖手册及专家意见确定本案实际损失的做法,终审判令中铁五局、路桥公司赔偿吴国金45万余元。

最高法认为,案件中,受案法院并没有机械地因为吴国金证据不足,判决驳回其诉讼请求,而是充分考虑噪声污染的特殊性,在认定蛋鸡受损系与二被告施工噪声存在因果关系的基础上,通知专家就本案蛋鸡损失等专业性问题出庭作证,充分运用专家证言、养殖手册等确定蛋鸡损失基础数据,并在专家的帮助下建立蛋鸡损失计算模型,得出损失数额,并判决支持了吴国金部分诉请,在确定环境损害数额问题上做了有益尝试。

案例来源:中国新闻网. 最高法发环保典型案例:噪音致蛋鸡死亡被判赔45万[EB/OL]. http://www.cankaoxiaoxi.com/china/20151229/1040311.shtml, 2015-12-29.

【案例点评】 噪声污染索赔是一件非常困难的事情,首先,存在污染源的确定难题,特别是在城市中,声污染源可能很多,很难确定某一个噪声源导致了损害的发生,也很难确定不同噪声源的责任的分配。其次,即便能够确定噪声源,但要确定噪声造成的损失,同样困难,往往需要通过技术手段鉴定。大多数时候由于鉴定困难、鉴定成本过高或不宜进行鉴定的原因,导致受噪声影响的人群不堪其扰却难以举证维权。不同于其他影响更为显著的污染类型,噪声污染带来的危害更加难以考证,这就使得许多工业企业忽略噪声污染这一环境责任,肆无忌惮在生产过程中排放噪音。在本案例中,贵州省清镇市人民法院认为,《中华人民共和国侵权责任法》第六十五条规定,"因污染环境造成损害的,污染者应当承担侵权责任"。中铁五局作为工程承包人,中铁五局、路桥公司作为工程具体实施人,在道路施工过程中应采取合理措施,以保证在施工过程中产生的噪声符合国家相关标准。养殖场主能够证明开办养鸡场在先,而铁路公司施工行为在后,在铁路公司施工期间噪声污染严重情况下其养殖的蛋鸡出现异常死亡,并提交专家论证报告及其自行记载的蛋鸡死亡数量。针对难以举证证明损害的具体数额,本案例法院最后的判决在充分考虑噪声污染的特殊性、认定蛋鸡受损系与二被告施工噪声存在因果关系的基础上,采信或部分采信了专家模型,在确定环境损害数额问题上做了有益尝试。

噪声污染是一个侵权容易而维权困难的社会问题,令人欣慰的是,2021年3月公布的国家"十四五"规划和2035年远景目标纲要,明确提出"加强环境噪声污染治理",为环境噪声污染防治工作指明了方向。这是环境噪声污染治理有关内容首次纳入国民经济和社会发展规划。全国人大常委会已将修改环境噪声污染防治法列入2021年度立法工作计划。据悉,修改将围绕强化规划源头防控、明确相关部门监管职责、准确界定防治对象、完善主要噪声源管理措施、强化违法处罚等方面展开,力争解决困扰噪声污染防治的问题,为社会生产生活的安静环境保驾护航。

8.5 固废处理问题

固废即固体废弃物,是人们在生活、生产中所产生的物质统称,其日产量大,成分繁杂,种类多样,难以依据某种特定性质进行界定。目前根据来源,固体废弃物可分为以下四大类:工业固废、生活垃圾(包括餐厨垃圾)、医疗废物、危险固废。固体废物管理与大气、水、土壤污染防治密切相关,是整体推进环境保护工作不可或缺的重要一环。

工业固体废弃物是指工矿企业在生产活动过程中排放出来的各种废渣、粉尘及其他废物等,主要包括:(1)冶金废渣,指在各种金属冶炼过程中或冶炼后排出的所有残渣废物。如高炉矿渣、钢渣、各种有色金属渣、铁合金渣、化铁炉渣以及各种粉尘、污泥等;(2)采矿废渣,在各种矿石、煤的开采过程中,产生的矿渣的数量极其庞大,包括的范围很广,有矿山的剥离废石、掘进废石、煤矸石、选矿废石、选洗废渣、各种尾矿等;(3)燃料废渣,燃料燃烧后所产生的废物,主要有煤渣、烟道灰、煤粉渣、页岩灰等;(4)化工废渣,化学工业生产中排出的工业废渣,主要包括硫酸矿烧渣、电石渣、碱渣、煤气炉渣、磷渣、汞渣、铬渣、盐泥、污泥、硼渣、废塑料以及橡胶碎屑等。在工业固体废物中,还包括有玻璃废渣、陶瓷废渣、造纸废渣和建筑废材等。工业固废可以分为一般工业废物和工业有害固体废物。我国工业固废产生量呈逐年上升趋势,而综合利用量和利用率始终不高(见表8-5)。

当前,我国大部分工业固废管理单位的固废处置能力较弱,缺乏先进的技术手段,普遍采用填埋或焚烧等方式对其进行处理。同时,由于受到技术方面的限制,在进行工业固废的焚烧过程中,由于无法保证固废完全燃烧,未能对尾气进行有效处理,进而造成较严重的二次污染。在进行工业固废的填埋过程中,缺乏合理的防渗漏措施,对周边的生态环境造成较大影响。此外,工业固废的运输成本及末端处置费用高,给固废生产企业带来较大挑战。

表 8-5　工业固体废物产生及利用

指标	单位	2016	2017	2018	2019
一般工业固体废物产生量	亿吨	37.1	38.7	40.8	44.1
一般工业固体废物综合利用量	亿吨	21.1	20.6	21.7	23.2
一般工业固体废物处置量	亿吨	8.5	9.4	10.3	11.0
工业危险废物产生量	万吨	5 219.5	6 581.3	7 470.0	8 126.0
工业危险废物综合利用处置量	万吨	4 317.2	5 972.7	6 788.5	7 539.3

数据来源：《2016—2019 年全国生态环境统计公报》。

【案例 8-6】 山东诸城违法倾倒化工废料事件

2021 年 1 月 31 日，山东诸城舜王街道发生一起违法倾倒化工废料事件，已致 4 人死亡。经相关专家紧急现场勘查，中毒初步确定系违法倾倒的化工废料挥发产生的有害气体所致，其他有中毒症状人员无生命危险，正在医院观察治疗。公安机关已立为刑事案件，相关责任人已被控制。

事发后，诸城市第一时间成立了医疗救治领导小组，中毒病人全部转送到了诸城市人民医院进行治疗，截至目前，还有 3 人尚未脱离生命危险。诸城市人民医院院长张毅说："主要的就是头疼、头晕、恶心，眼部的刺激症状和咳嗽——呼吸道的刺激症状，重症的病人直接过来就是昏迷，伴有呼吸功能的障碍。最重的病人来了以后就马上开通呼吸道上了呼吸机了。"

案例来源：新华网. 山东诸城违法倾倒化工废料案件已抓获犯罪嫌疑人 16 名[EB/OL]. http://www.xinhuanet.com/politics/2021-02/02/c_1127056227.htm，2021-02-02.

【案例点评】 企业是环境污染的制造者，因此它们天然地有责任将这种污染的影响降到最低。在本案例中，企业为了节省运输与处理成本，非法倾倒化工废料，给当地居民的生命财产安全带来巨大伤害，严重侵犯了人们的生命权和健康权，突破了企业行为应有的道德底线。这一行为严重违反了《中华人民共和国固体废物污染环境防治法》，该法第一百零二条（七）规定："擅自倾倒、堆放、丢弃、遗撒工业固体废物，或者未采取相应防范措施，造成工业固体废物扬散、流失、渗漏或者其他环境污染的，处所需处置费用一倍以上三倍以下的罚款，所需处置费用不足 10 万元的，按 10 万元计算。"不仅如此，这一行为也违反了《中华人民共和国刑法》，可能构成多重罪行，比如构成"破坏环境资源保护罪"中的"污染环境罪"，或"危害公共安全罪"中的"投放危险物质罪"或"重大责任事故罪"。如果以"污染环境罪"论处，《刑法》第三百三十八条规定"违反国家规定，排放、倾倒或者处置有放射性的废物、含传染病病原体的废物、有毒物质或者其他有害物质，致使多人重伤、严重疾病，或者致人严重残疾、死亡的（第四种情形），处七年以上有期徒刑，并处罚金"；如果以"投放危险物质罪"论处，《刑法》第一百一十五条规定，"放火、决水、爆炸以及投放毒害性、放射性、传染病病原体等物质或者以其他危险方法致人重伤、死亡或者使公私财产遭受重大损失的，处十年以上有期徒刑、无期徒刑或者死刑"。

随着我国工业经济的持续发展,工业固废的管理受到我国人民的高度关注,需要对城市工业固废管理进行强化,降低工业固废造成的环境污染,实现对工业固废的合理利用,使工业固废管理的价值得以充分体现。为促进城市工业固废管理的规范化发展,需要充分了解城市工业固废管理的现状及相关问题,不断提高信息化水平、查清工业固废情况,增强政府及企业内部的管理能力,完善相关法律法规、提高管理水平,优化环境污染治理模式、加强固废收集点建设,通过各种措施提高城市工业固废规范化管理水平,为城市工业的可持续发展提供有力支持。

本 章 小 结

本章主要从环境侵权的角度,介绍和分析了水污染、大气污染、噪声污染和固体废物污染,尽管环境污染的来源有多种,但企业生产运作过程中所排放的污染物,一直是环境污染的重要源头。如果环境问题是因企业而起,那么企业就有天然的责任将环境问题的负面影响降到最小。这既是一种道义的义务,也是一种法律的责任。然而,大量的事例表明,我国很多企业都没有承担起应有的环境责任,在环境问题上消极对待,甚至冒着违法犯罪的风险排放污染物,给人们的生命健康和财产带来巨大损失,给生态环境造成难以估量的影响,给我国的生态文明建设蒙上了阴影。从目前来看,环境保护和污染治理仍需要加大力度,需要形成多方共治的合力。

【本章思考题】

1. 环境污染侵犯了人们的什么权利?
2. 除了对人类,企业对其他生物是否有直接的道德责任?动植物和生态系统是否有不受破坏的权利?
3. 如何理解"绿水青山就是金山银山"?
4. 企业应该在环境保护中发挥什么样的作用?
5. 如何平衡经济发展和环境保护之间的关系?

【思考案例】 日本核污水排入海洋

2021年4月13日,日本政府召开内阁会议正式决定,福岛第一核电站核污水经过滤并稀释后将排入大海,排放将于约两年后开始。此举遭到日本国内和国际社会的一片反对,但日本推进核污水排海的步伐仍在继续。

德国海洋科学研究机构给出了他们的评估:由于福岛沿岸拥有世界上最强的洋流,从排放之日起57天内,放射性物质将扩散至太平洋大半区域,10年后蔓延全球海域,危险性不言而喻。

我们不禁要问:这样一个引发各国严重关切、引起包括日本本国人民在内的全球网民抗议的排核废水方案,日本政府是怎么敢冒天下之大不韪通过出台的呢?

2011年3月11日,一场特大地震袭击了日本东北沿海。地震和随之而来的海啸导致东京电力公司运营的福岛第一核电站因海水灌入发生断电,其4个核反应堆中有3个先后发生爆炸和堆芯熔毁,造成灾难性核泄漏。

东电大而不倒,日本核电的发展,却因此受到了毁灭性打击。

2012年5月,日本的核反应堆全部停工。

2014年,日本核能发电全部"清零"。

2015年,日本核电陆续重启,但发电占比只有0.5%。

2019年,也才恢复到6%。

核电"离场"之后,日本逐渐陷入电荒。

2021年1月,严寒重击之下,日本电价一天内飙涨27%,达到1995年以来的最高水平。为了应对"电荒",东京电力、东北电力等公司又开启了尘封已久的燃煤电站。

对日本来说,重启核电已经是迫在眉睫,但它前面,还横着核电站废墟上的百万吨废水。十年来,为了防止发生进一步爆炸,海水不断地注入机组安全壳,溶解了大量的放射性物质的海水,储存在特制的储水罐里。

到今年3月,核电站里已经储存了125万吨核废水。

2021年2月13日,7.3级大地震之后,核电站里上千个储水罐,有53个发生了位移。

2021年4月,日本首相菅义伟宣称,解决福岛核泄漏十年来积攒的废水,已经"不能推迟"。

在日本提交给原子能机构的报告和核电站退役路线图中可以看到,拟定的备选方案原本有五种。

备选方案	费 用	耗费时间	面 积
向深层地下泵入	几千亿日元	2年以上	2000平方米以上
向海洋排放	17亿～34亿日元	16个月	300～500平方米
蒸发释放	几百亿日元	2年以上	2000平方米以上
电解为氢气释放	几百亿日元	2年以上	2000平方米以上
地下掩埋	几千亿日元	2年以上	28万平方米

资料来源:[1]华商韬略.让百万吨核污水入海,它才是全球最邪恶的公司[EB/OL]. https://baijiahao.baidu.com/s?id=1697435635662654737&wfr=spider&for=pc,2021-04-19.

[2]人民网.将核废水排入海,如此极其不负责的方案怎敢出笼?[EB/OL]. http://world.people.com.cn/gb/n1/2021/414/c1002-32077837.html,2021-04-14.

【案例分析题】

1. 日本为什么要选择将核污水排入海洋这种方式而不是其他方式来处理福岛核废水问题?

2. 谁是日本核污水排入海洋的受害者?

3. 日本有权利将核污水排入海洋吗?为什么?

【趣味问题】

请讨论劳伦斯·萨默斯的下述观点!

劳伦斯·萨默斯(Lawrence Summers,世界银行首席经济学家,后担任奥巴马政府白宫国家经济委员会主席)曾写过一封信,讨论向不发达国家(less developed countries,LDCS)倾倒有毒垃圾的经济价值。

劳伦斯·萨默斯认为,世界银行应该鼓励肮脏行业向不发达国家转移,理由有三:(1)损害健康的污染成本的衡量取决于发病率和死亡率增加所放弃的收益。从这个角度来看,一定量的有害健康的污染应该在成本最低的国家进行,也就是工资最低的国家。我认为,在这个工资最低的国家倾倒有毒废物背后的经济逻辑是无可挑剔的,我们应该正视这一点。(2)污染成本可能是非线性的,因为污染的初始增量可能具有非常低的成本。我一直认为非洲人口不足的国家污染程度太低;与洛杉矶或墨西哥城相比,他们的空气质量利用效率过低。只是令人遗憾的是,如此多的污染是由非贸易行业(运输、发电)产生的,以及固体废物的单位运输成本如此之高阻止了空气污染和废物的有利于增强世界福利的贸易。(3)出于美观和健康的原因,对清洁环境的需求可能有很高的收入弹性。人们对一种能引起前列腺癌百万分之一概率变化的药物的担忧,在一个人们从前列腺癌幸存下来的国家显然要比在5岁以下死亡率为200‰的国家高出许多。同样,人们对工业大气排放的大部分担忧是关于损害能见度的微粒。这些排放可能对健康的直接影响很小。显然,涉及美学污染问题的商品贸易可以增进福利。虽然生产是可移动的,但好的空气的消费是不可交易的。反对所有这些在不发达国家增加污染的建议(某些商品的固有权利、道德理由、社会关切、缺乏足够的市场等)的论据所存在的问题,可以被扭转,并或多或少地有效地用于反对世界银行的每一项自由化提议。

资料来源:Let them eat pollution. *The Economist*, vol. 322, no. 7745, 8 Feb. 1992, p. 66.

第 9 章

企业伦理问题的根源

学习目标:通过本章的学习,可以对我国企业伦理问题产生的原因,包括制度的、社会的、企业的和个体的原因,有较为全面的了解和把握。

关键概念:理性道德模型;有限道德模型;制度原因;社会原因;组织因素;个体因素

【开篇案例】　　　　　　　情理法如何平衡

近日,罹患肝癌的翟一平被上海市警方刑拘,涉嫌触犯的罪名是销售假药罪。据悉,翟一平自 2016 年起从国外代购国内没有的抗癌药 PD-1 回国,在原售价基础上加价 5%卖给了病友,患者使用该药后,病情得到有效控制。"希望能理解我们这些生活在悬崖边上的人,毕竟在抗癌路上'恋秋'(翟一平的网名)一直都在无私地帮助各位病友。"有病友在为翟一平的求情信中表示。据悉,已有来自广东、海南等地的病友自发写了 163 封求情信,希望能对翟一平"网开一面"。情节与电影《我不是药神》类似,使该事件受到多方关注。

"翟一平案"是"陆勇案"的再次上演? 2015 年 2 月下旬,湖南省沅江市检察院的一则不起诉释法说理书引起了诸多关注,被各方纷纷点赞,认为是对法律和事实的充分尊重,体现了司法理性和人文关怀。

电影的原型,来自于真实的案件,"陆勇案"。"抗癌药代购第一人"、江苏省无锡市慢粒白血病患者陆勇,曾帮助上千名病友购买印度廉价抗癌药。为方便给印度汇款,陆勇从网上买了 3 张信用卡,并将其中一张卡交给印度公司作为收款账户。2013 年 8 月下旬,沅江市公安局在查办一网络银行卡贩卖团伙时,将陆勇抓获。公安机关移送审查起诉后,2014 年 7 月下旬,沅江市检察院以涉嫌妨害信用卡管理罪、销售假药罪对陆勇提起公诉。2015 年 1 月下旬,沅江市检察院向法院请求撤回起诉,法院作出准许裁定。2015 年 2 月下旬,沅江市检察院对"陆勇案"作出最终决定,认为其行为不构成犯罪,决定不起诉。

对那些吃不起天价救命药的患者而言,能够买到仿制药的代购者就是他们的"救世主"。然而,患者之所以能吃到救命药,是因为企业为第一颗药进行了花费数十亿美元的高价研发。个人的英雄主义可以在一定范围内去缓解这个困境,但它所起到的作用总体是有限的。

"陆勇们"错了吗?

资料来源:史兆琨.现实版"药神"被刑拘,情理法如何平衡?[N].检察日报,2018-08-16(A001).

伴随着信息技术的发展,以互联网为代表的媒体渠道频频爆出各类商业丑闻,如"毒奶粉""瘦肉精""塑化剂""毒胶囊"等,引发了公众对企业伦理道德的强烈拷问。那么,为什么会出现如此众多的商业丑闻呢?是什么因素导致了企业违法和不道德行为在我国的频发呢?在本章中,我们将分别从理论、制度、社会、企业以及个人的视角,分析企业不道德行为产生的原因。

9.1 企业伦理问题的理论解释

本节梳理了商业伦理问题的几个常见理论或模型,包括理性道德模型中的坏苹果理论、坏桶效应;以及有限道德模型、个人—情境交互模型、问题/事项权变模型、压力—机会—素质模型等,为人们理解商业伦理问题的产生提供理论基础。

9.1.1 理性道德模型

不道德行为的产生来自人对道德的判断,那么,影响道德判断的究竟是情绪还是认知?理性道德模型是假设个体在道德决策过程中是绝对理性的,不道德行为是诸多因素影响下个体有意而为之。理性道德模型是一个广泛的理论框架,在解释不道德行为的产生机制上,存在多种理论取向(Kish-Gephart et al., 2010; Maheshwari & Ganesh, 2004)。

(1) 烂苹果理论(Bad Apples)

烂苹果理论来自华盛顿大学的一项研究,研究显示,如同一个烂苹果会把一整箱苹果带坏一样,企业中一两个不良的员工就足以败坏整个企业的风气,与之相反,少数好的员工无法带好整个风气。研究人员发现,团队中只要出现一个"有害"或表现不佳的成员,整个团队的表现就会逐渐下滑。绝大多数参与调查的人,都能辨别出同事中影响集体的那个"烂苹果"。

"烂苹果理论"的核心观点是把不道德行为的产生归因于组织中令人讨厌的或者品质不好的个体,认为组织中那些不道德的个体不仅会影响组织内个体间的合作,同时也会在组织内带来一种不良影响,从而污染组织的道德风气。中国的俗语"一粒老鼠屎坏了一锅粥""一条鱼腥满锅汤"也是指同样的道理。"烂苹果理论"主张应该从个体消除不道德行为的源头,密切关注那些腐败变质的"烂苹果"式成员,比如企业应该严格员工的甄选,尽量选择道德修养较高的员工,以减少或消除组织的不道德行为。但该观点的缺陷在于,忽视了组织对个体的影响,一个有原则的组织可以对其成员施加足够大的压力影响他们的行为,从而满足组织的利益。

而个体从事不道德行为的原因,则依赖于成本—收益框架,当不道德行为的收益超过成本时,个人就会干坏事;而当成本超过收益时,个人就不会从事不道德行为。

(2) 染缸效应(Bad Barrels)

染缸效应的核心观点在于重视环境在引发不道德行为中的作用。"染缸效应"认为组织环境为个体的不道德行为提供了一定的机会和资源,或者说其他个体或整个环境默许了个体的不道德行为,因此,不能单纯归咎于个体原因,组织环境要对个体的不道德行为负主要责任。例如,一个组织的道德氛围就与组织成员的不道德行为显著相关。道德氛围反映的是员工对组织期望的道德推理和行为标准的共同知觉,相较于处于关爱、制度化、规则化和自主道德氛围中的员工,那些处于工具性道德氛围中的员工产生不道德行为的可能性更高。这说明积极良好的组织文化可以减少组织内部不道德行为的发生。

美国学者阿米尔泰有句名言:"清除腐败,不仅仅是挑出一个坏苹果,更应该检查放置苹果的筐子。"周围的环境就像一个大染缸,里面的各种对与错就像染料,环境可以影响人。美国安然(Enron)公司的例子表明:当外部的经济环境变差,业绩压力进一步增大之后,会有员工选择拉帮结派,以避免被公司排斥,增加自己的安全感。这样的风气发展下去,排除异己以保护"自己人"的做法越来越多,以至于有的管理人员与关系亲近的员工勾结,修改业绩纪录,赶走那些与自己不合作的人。造假的氛围一经形成,很快就成为上下人员的"共识"。

9.1.2 有限道德模型

理性道德模型认为行为者在做道德决策时是完全理性的,但实际上,很多不道德决策和行为其实是缺乏深思熟虑的情况下做出的,偏向直觉化、自动化和情绪化。因此,人们对不道德行为的研究视角从完全理性转变为有限理性。道德判断十分重要,但是其他因素对于决策来说同样重要,忽略其他因素来探讨行为动机过于片面,因为人总是需要在遵守道德和自我欲望的矛盾中做出选择。人们单独面临道德选择时总是理性的,因为可以通过自律来约束不道德行为。然而,当人们面临道德和其他同样重要的选择时(如成功、金钱和名誉等),就会表现出有限道德的一面,默认和接受不道德行为。

Simon(1956)认为人的理性是介于完全理性和非理性之间,受到情境的制约,决策容易受到知觉偏差的影响。Chugh,Bazeman 和 Banaji(2005)针对决策领域的有限性提出了有限道德(Bounded Ethicality)的概念,认为有限道德是有限理性在道德判断与决策领域的迁移,并将有限道德定义为一种系统的和可预测的心理过程,导致人们做出与自身的道德准则相违背的行为。因此,很多不道德行为实际上是"无意识"的。在有限道德的视角下,个体在无意识的心理过程中做出不道德行为,事实上却造成了违背道德标准和损害他人利益的后果。

(1) 个人—情境交互模型

个人—情境交互模型由 Treviño(1986)提出,他认为道德决策是建立在道德认知的基础之上,同时受到个体因素和情境因素交互作用的结果。Treviño 认为道德决策的过程起始于决策两难问题,进而形成道德意识阶段,个人对道德的认知阶段决定了个体怎样看待道德两难,以及认为什么是正确的或者错误的决策过程。但是,个体对道德两难的认知水平不足以解释和预测道德决策行为,个体因素和其他情境因素会相互作用影响个体对道德两难的认知和反应。当个体面临道德困境时,决定其是否会产生不道德行为的因素,除了个体道德认知以及其他个体因素(如自我强度、环境依赖、控制源)之外,还包括情境因素(如工作背景、组织文化、工作性质)。个人—情境交互模型是"烂苹果"理论和"染缸"效应的综合反映,是一个较为系统性的解释模型。

个体因素包括自我强度(ego strength)、环境依赖(field dependence)和心理控制源(locus of control),这些因素对个体关于道德两难困境的判断或认知有影响。情境因素包括即刻的工作背景、组织文化和工作性质。情境因素会通过影响工作经历进而影响个体的道德发展。在道德决策中,当人们的自我强度比较高的时候,他就会较少地受到别人的影响,并且更加相信自己的价值观念,在道德判断和道德行为方面也更加一致。当人们的环境依赖程度比较低的时候,他往往会自己亲自收集所需要的信息,所以在面临决策时,会更加依赖自己的价值观念。控制源是指人们相信可掌握自身命运的程度,当人们属于内在控制源时,他们往往相信可以掌握自己的命运,这时候就会按照自身的价值观念来进行决策,从而使道德行为和道德判断更加趋于一致。这一模型的主要特色是明确地提出道德认知发展水平这一个体因素对道德行为的重要影响,而情境因素和个体因素对这种影响过程具有调节作用。个人—情境交互模型可以用图 9-1 表示。

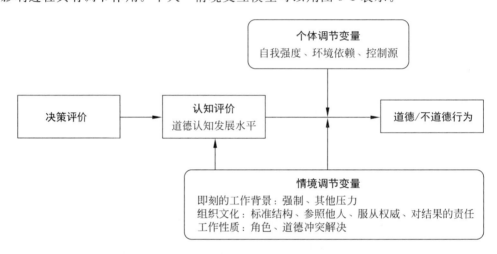

图 9-1　个人—情境交互模型(Treviño,1986)

(2) 问题权变模型

问题或事项(issue)权变理论(模型)把道德问题本身作为影响道德决策和行为的权变因素,并依据具体的道德问题而有所不同。道德决策起源于决策者对情境中所包含道德问题的感知,决策者根据问题的特征来判断道德问题存在与否,而且道德问题的特征会影响决策者进行道德判断、形成道德意图和实施道德行为。1991 年,Jones 从分析道德问题本身特性对道德决策的影响的角度,建立了一个以道德问题为导向的组织内个人道德决策模型。该模型建立在 Rest(1986)的四阶段决策模型基础上,即道德决策包括意识道德问题、做出道德判断、建立道德意图和实施道德行为四个阶段。Jones 认为人们更经常意识到具有高道德强度的道德问题,而高道德强度的道德问题比低道德强度的道德问题会带来更高的道德推理,并且道德意图建立更经常出现在道德强度较高的情况下,同时道德问题具有高道德强度时,道德行为更容易被观察到。

由此,Jones 提出了道德强度的 6 个维度:(1)后果大小(magnitude of consequence),即该行为可能造成的伤害或益处的总和,总和值越大,表示后果越严重,道德强度也就越高;(2)社会共识(social consensus),即社会上对该行为是道德的还是不道德的认同程度,社会共识越高,道德强度越大;(3)效应可能性(probability of effect),即该行为实际上会带来伤害或益处的可能性,可能性越大,其道德强度就越高;(4)时间即刻性(temporal immediacy),即该行为与行为结果之间的时间跨度,当这个时间跨度越小,表示产生行为结果越快,道德强度越大,反之,则道德强度越小;(5)亲密性(proximity),即决策者与行为的受害者或受益者在社会、文化、心理或生理上的亲密度,亲密度越高,道德强度越大;(6)效应集中性(concentration of effect),即一定的伤害或益处大小所涉及的受影响人群的数量,受影响人群的数量越少,表示结果的集中性越高,道德强度越大,结果的集中性会产生较高的道德强度是因为人们会憎恨高集中性的结果。道德强度对伦理决策过程(认识道德问题、做道德判断、建立道德意向以及从事道德行为)的每一环节都有直接的影响。组织因素只是对道德决策过程的后两个阶段即"建立道德意向"与"从事道德行为"有直接的影响。组织潜在的压力会决定个人的道德目的,而组织明晰的因素不管目的是好还是坏,都会导致道德的或不道德的行为。问题权变模型如图 9-2 所示。

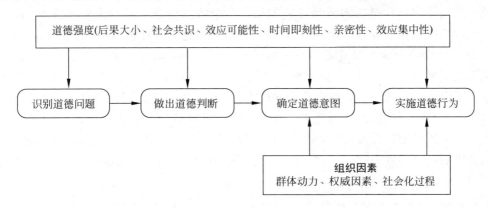

图 9-2　问题权变模型(Jones,1991)

问题权变模型的最重要贡献在于,指出道德问题本身也是影响道德决策的一个重要因素,并引入了"道德强度"(moral intensity)这一概念。通过引入权变思想,不道德行为的解释模型趋于完善。

(3)"压力—机会—素质"模型

压力(pressure)—机会(opportunity)—素质(predisposition)模型由 Baucus(1994)提出,常被用来解释企业违法或不端行为的产生。

压力产生于当个人或组织将紧急需要或限制(constraints)置于一个企业身上,驱使企业雇员以某种方式做出回应时。比如,供应商、债权人、管制机构等组织可能利用资源的可获得性、执法威胁等手段迫使一个企业以某种特定的方式行动。企业里更高层次的经理经常要求更低层次的员工有更高的绩效,从而产生压力。环境特征可以通过提高企业面临的不确定性来制造违法的压力。市场竞争、环境的异质性(heterogeneity)以及稀缺性(scarcity)能够提高企业的不确定性。企业意图控制或适应环境的不确定性,而这种尝试可能导致不端行为。法律或管制环境也能够驱使企业违法或采取不端行为。管制机构为企业设立了绩效标准,比如环保标准或消费安全标准,强调满足这些标准将为企业目标的实现带来压力。组织可能有意无意地向监管机构提供虚假的绩效信息。当守法的成本超过违法导致的可能损失时,企业违法行为极有可能发生。法律和规制的频繁变化也提升了企业获取良好绩效的压力和障碍。法律的变化驱使企业分配更多的精力和资源制定防御性策略。企业违法行为是企业应对法律环境带来的压力和不确定性降低的需要的可能反应。而组织特征,如要求更高业绩的压力、糟糕的财务绩效,以及有限的冗余资源同样给企业带来压力,从而可能导致不端行为。

机会条件类似于 Szwajkowski(1985)提出的使不端行为成为可能(capacity)的结构或情景的概念,发生于当环境要素使得违法活动成为可能,或阻止违法活动失败时。特定的环境特征,比如不激烈的竞争、慷慨的(munificent)资源、快速变化的条件(conditions)等为企业违法创造了机会。新的、复杂的和模糊的法律,管制机构的执法依赖于企业提供的信息,也增加了不端行为的机会。此外,企业特征,如实施增长性战略、复杂性、大规模以及创新等,也给企业违法创造了机会。

素质是环境和企业中的某些因素能够训练、社会化或以某种方式使组织成员对某些涉及违法或无意导致违法的活动形成偏见。一个特定行业中经理人员所共有的行业文化、规范、价值观以及信仰,容易诱发经理们从事不端行为。在组织内,员工不满意可能导致违法行为,但主要是职务型犯罪——为了自身利益的行动——而非企业违法。反过来,对企业高度承诺的员工,则可能将企业命令(dictates)置于个人伦理或社会命令之上,从而导致亲组织的违法行为。而企业文化产生"素质",影响员工的高承诺。组织可能社会化(socialize)员工,让他们认为违法也是工作任务可以接受的或正常的部分;共同的价值观和规范可能强调目标的达成,而忽视达成目标的手段。此外,高管也能影响"素质":频繁的高管更替会导致失控,从而增加的企业不端行为。"压力—机会—素质"素质模型如图9-3所示。

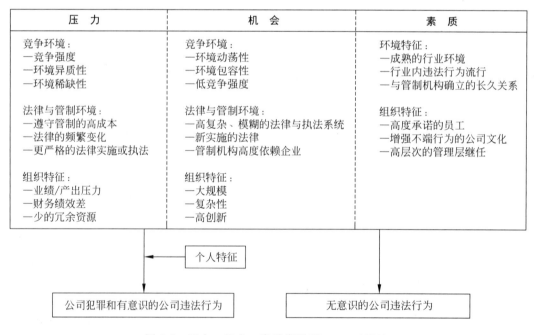

图9-3 压力—机会—素质模型(Baucus,1994)

压力、机会与素质既可以解释无意的企业违法行为,也可以解释有意的企业违法行为。但在解释有意的企业违法行为时,个人特征会起到调节作用。也就是说,在面对压力、机会和素质带来的影响时,不同个体的反应是不同的,有的员工会从事违法行为,而有的员工会抵制甚至举报违法行为。影响个体反应的主要特征包括:控制点(locus of control)、认知伦理发展(cognitive moral development)和性格特点。总体来说,外部控制点、认知伦理发展水平低、马基维利(Machiavellian)倾向的个人更倾向于做出违法反应。

当然,在过往的文献中,还有一些学者提出了有关企业违法或不端行为的解释模型,我们这里不一一介绍。总的来说,企业不道德行为是个人与环境因素交互作用的结果,因此,需要从法律制度、社会风气、企业特征、个人因素等多个层次多个角度展开分析。

9.2 企业伦理问题的制度原因

法律是最低的道德。在我国,大量的企业不道德行为其实都是违法行为。从这个意义上说,如果不能从法律的角度构筑起企业不道德行为的严密防线,道德就很难对行为起到约束作用。当前,我国的立法建设取得了伟大成就,有关企业行为的法律规范日趋完善。然而,我们也应该看到,企业不法与不道德行为仍然非常普遍,法律制度仍然存在一些不完善的地方,主要表现在:部分法律制度有待进一步完善、违法处罚的力度有待加强以及执法水平有待提高。

9.2.1 法律制度有待进一步完善

世界各国沿用的法律体系基本上可分为两类:大陆法系和英美法系。大陆法系又称罗马法系、民法法系、法典法系或罗马日耳曼法系,是承袭古罗马法的传统,仿照《法国民法典》和《德国民法典》的样式而建立起来的法律制度。大陆法系的特点是,在漫长的历史长河中通过无数司法实践和法律精进,一步步制定并完善了一整套成文法典,法官断案完全依法而行。英美法系又称英国法系、海洋法系、普通法系或判例法系。其特点是,法官断案主要依据一系列判例,依例而行而不是依法而行。而那些判例都是历史上千锤百炼、具有广泛共识的判例,它们的形成既有法官的创制,也有人民陪审员依据其良知和常识所作出的贡献,因此具有广泛的法理和民意基础。

中国大陆采用的基本上是大陆法系,尽管最高人民法院有时也通过判例来指导基层法院的判决。大陆法系的一个突出特点就是立法的滞后性。正如意大利著名刑法学专家菲利所说,"法律总是具有一定的粗糙与不足,因为,它必须在基于过去的同时着眼未来,否则就不能预见未来可能发生的全部情况。现代社会变化之疾之大使刑法即使经常修改也赶不上它的速度。"这种情况在我国比较突出,一方面是我国法制建设总体比较落后,我国是从 20 世纪 80 年代才开始正式进入立法建设(1986 年才颁布《民法通则》)。另一方面是我国正处在社会转型期,而西方很多发达国家已经进入成熟期。社会转型加上技术的突飞猛进,带来了一系列新的社会问题,更加凸显了法律建设的滞后。比如,2018 年 7 月 15 日长生生物被曝疫苗造假,引发滔天民意,然而按照当时的法律法规,证监会和交易所无法让其"退市"。为此,2018 年 7 月 27 日,证监会发布《关于修改〈关于改革完善并严格实施上市公司退市制度的若干意见〉的决定》,将危害国家安全、公共安全、生态安全、生产安全和公众健康安全等领域的重大违法行为纳入强制退市中来。这才让长生生物"满足"强制退市要求。另外,在我国社会引发广泛讨论的针对上市公司违规的集体诉讼、基因编辑技术、人工智能(如无人驾驶)甚至高考顶替事件等等,仍基本上处于"无法可依"的状态。

大陆法系的另一个特点是法律的不完善性,因为制定法律的人也存在认知能力局限。正如英国法学家帕特里克·阿蒂亚所说:"制定法律的过程的确是一个十分复杂的过程。有时发生意外之事,使判决或法规产生并非期望的结果,而这些结果如果制定法律者具有远见卓识的话那也是可以预见的。一种很普通的情形是,在大多数场合运用得挺好的总则在极少见的和预料不到的情况中产生了不公正。两千年来所有人类经验都证实,无论立法的准备工作多么小心周到,预料不到的副作用还是会发生。"

在我国,法律不完善的例子也时有发生。比如,2009年修正前的《中华人民共和国刑法》第二百零一条有关"偷税罪"的规定是:纳税人采取伪造、变造、隐匿、擅自销毁账簿、记账凭证,在账簿上多列支出或者不列、少列收入,经税务机关通知申报而拒不申报或者进行虚假的纳税申报的手段,不缴或者少缴应纳税款,偷税数额占应纳税额的10%以上不满30%并且偷税数额在1万元以上不满10万元的,或者因偷税被税务机关给予二次行政处罚又偷税的,处三年以下有期徒刑或者拘役,并处偷税数额一倍以上五倍以下罚金;偷税数额占应纳税额的30%以上并且偷税数额在10万元以上的,处三年以上七年以下有期徒刑,并处偷税数额一倍以上五倍以下罚金。扣缴义务人采取前款所列手段,不缴或者少缴已扣、已收税款,数额占应缴税额的10%以上并且数额在1万元以上的,依照前款的规定处罚。对多次犯有前两款行为,未经处理的,按照累计数额计算。

而公安机关在查处一起经济犯罪案件时,发现犯罪嫌疑人隐匿收入,进行虚假的纳税申报,少缴应纳税款,遂一并立案侦查。经侦查查实,犯罪嫌疑人偷税数额约9万元,占应纳税额的12%。根据刑法的上述条款,审判机关可以判处三年以下有期徒刑或者拘役,并处偷税数额一倍以上五倍以下罚金。公安机关侦查终结后将该案移送人民检察院审查起诉。在审查起诉过程中,检察官发现,该案其他犯罪事实清楚,但偷税犯罪一节遗漏了部分事实,遂自行补充侦查。最终查实,偷税数额共计15万元,占同期应纳税额近20%。此时,问题发生了,我国当时的刑法没法对偷税15万元占应纳税额约20%的行为进行处罚,因为根据刑法的条款,偷税10万元以上与占应纳税额30%以上两个条件是"并列"的关系,需要同时满足。而本案中只能满足其中的一个条件,因此无法定罪。这显然有违立法精神。

9.2.2 法律处罚的力度有待加强

企业违法或不端行为被认为是企业"收益—成本"衡量的结果:当违法的收益超过由此造成的成本时,企业会从事违法或不端行为。因此,对企业违法或不端行为进行严厉惩处,体现法律应有的威慑力,被认为是控制企业违法或不端行为的必要手段。

在我国,法律对企业违法或不端行为的处罚相对温和,导致企业不端行为层出不穷,有的企业甚至连年违法。比如,在2019年《中华人民共和国证券法》修订之前,对上市公司财务造假的顶格处罚(对公司而言)是罚款60万元,对负责人的最高处罚是"终身禁入",这被很多人认为是"鼓励造假"。我们对比看看2001年美国对安然公司财务造假(安然自 1997 年至 2001 年破产前,共虚报利润 5.86 亿美元)的处罚,当时为安然提供审计服务的安达信被美国证券交易委员会罚款 700 万美元,并被禁止 5 年内从事任何交易,随后宣告破产。花旗集团、摩根大通、美洲银行等投行因帮助安然隐瞒债务等欺诈行为,向安然破产的受害者分别支付了 20 亿美元、22 亿美元和 6 900 万美元的赔偿金。安然公司 CEO 杰弗里·斯基林(Jeffrey Skilling)被判刑 24 年并罚款 4 500 万美元,CFO 安得鲁·费斯托(Andrew Fastow)被判处 6 年监禁外加 2 380 万美元罚金;创始人因为去世则免于刑事指控,但仍被追讨 1 200 万美元的赔偿金。

2019 年修订的《中华人民共和国证券法》加大了对上市公司违法的惩罚力度,即便如此,与西方国家如美国的法律相比,处罚的力度仍然比较有限。表 9-1 对比了美国《萨班斯法案》和我国证券法对上市公司违法的处罚。由表 9-1 可以看出,我国对上市公司违法的处罚以经济处罚(罚款)为主,基本上不涉及刑法;而美国是罚款与刑责并用,而且处罚相当严厉。此外,美国的法律有专门针对举报人的保护性条款,而我国的法律没有这样的条款。

表 9-1 中美上市公司违法处罚对比

	美 国	中 国
处罚依据	2002 年《萨班斯法案》	2019 年修订的《中华人民共和国证券法》
财务虚假的处罚	公司高管须对财务报告的真实性宣誓;公司高管提供不实财务报告将获 10 年监禁,或 100 万美元罚款,或并罚;带有主观故意的可以判处不超过 20 年监禁,罚款 500 万美元,或并罚	高管应当对证券发行文件和定期报告签署书面确认意见;报送的报告或者披露的信息有虚假记载、误导性陈述或者重大遗漏的,对相关责任人员给予警告,并处 50 万～500 万元罚款
证券欺诈的处罚	故意进行证券欺诈的犯罪最高可判处 25 年入狱;对犯有欺诈罪的个人和公司的罚金最高分别可达 500 万美元和 2 500 万美元	欺诈发行处以非法所募资金金额 10%以上一倍以下的罚款。对相关责任人员处以 100 万～1 000 万元的罚款 信息披露义务人报送的报告或者披露的信息有虚假记载、误导性陈述或者重大遗漏的,公司最高罚款 1 000 万元,个人最高罚款 500 万元
资料保存的处罚	执行证券发行的会计师事务所的审计和复核工作底稿至少应保存 5 年,任何故意违反此项规定的行为,将予以罚款或判处最高 10 年入狱,或予以并罚	发行人、证券登记结算机构、证券公司、证券服务机构未按照规定保存有关文件和资料的,责令改正,给予警告,并处以 10 万～100 万元的罚款
资料破坏的处罚	故意破坏或捏造文件以阻止、妨碍或影响联邦调查的行为将视为严重犯罪,处以罚款或判处 20 年入狱,或予以并罚	泄露、隐匿、伪造、篡改或者毁损有关文件和资料的,给予警告,并处以 20 万～200 万元罚款;情节严重的,处以 50 万～500 万元罚款,并处暂停、撤销许可或者禁止从事相关业务。对相关责任人员给予警告,并处以 10 万～100 万元的罚款
举报者的保护	对检举公司财务欺诈的公司员工实施保护措施,并补偿其特别损失和律师费;对举报者打击报复的刑事责任,最高可处 10 年监禁	

9.2.3 执法水平有待进一步提高

针对企业违法或不端行为的执法,既涉及国家行政机关及其工作人员,也涉及国家司法机关及其工作人员。然而,无论是行政执法还是司法执法,我国目前都面临着执法水平不足的问题。

(1) 行政执法方面

在行政执法方面,随着行政执法体制改革,我国过去存在的"多龙治水"现象有了显著改善,初步形成大市场、大环保、大文化、大交通、大农业的综合执法格局。然而,行政执法中存在的"运动式执法"、执法人员素质低、执法不规范、执法积极性不高、执法手段有限等问题仍然比较突出。

运动式执法,是指执法机关为解决某一领域内存在的突出问题而通过集中优势人力、物力,采取有组织、有目的、规模较大的执法活动行为。目前,我国不少地方政府在环境卫生治理、交通治理、食品安全等领域开展了大量的专项整治、专项执法、集中整治等行动。这种运动式执法有利于打破行政边界,灵活调剂各层级各部门执法力量与资源,同时通过群众举报等方式将社会力量引入其中,对于突发事件或需短期内解决的事项可以起到良好的效果。然而,"运动式执法"恰恰是"懒政"的体现,平常疏于管理,导致问题积累到非要"集中"整治的地步。而且,每次"运动"过后,一切如常,这极大地助长了违法者的投机心理。此外,"运动式执法"容易出现重效率轻公平现象,对执法期间的违法"从重处罚",违背了法律应有的正义和公平。"运动式执法"的背后,反射出"常态机制"的缺乏。

行政执法中的另一个问题涉及执法人员素质,一些地方执法机构人员素质偏低,执法"粗暴"。城管"粗暴执法"、房屋"强拆"、聘用临时工执法(协管、辅警)等事件在网络上时有报道。2020年新冠疫情期间发生的几个事件充分反映了执法人员素质低、执法简单粗暴的问题:

【事例一】 湖北孝感,一家三口在家里正打着麻将。几个戴着红袖章的防疫人员径直进屋,拿起麻将就摔。儿子气不过,也甩了麻将牌"反击"。结果更多"红袖章"冲出来,连扇了儿子三耳光,最后就连麻将桌也被砸得稀烂。儿子最后反问:"难道一家人不可以一起吃饭吗?"

【事例二】 江西丰城,一名教师因为在空旷无人的小区跑步没戴口罩,结果被强制隔离14天,还挨了单位处分。工作人员根本不听他的辩解,尽管这"辩解理由"是钟南山的权威说法——"在家中和人流不密集的地方不需要戴口罩"。

这样的执法在多个地方都存在,以至于公安部不得不下发文件,要求整改。公安部要求执法中坚持宽严相济,多一些柔性执法,多一些说理执法和人文关怀,尽量化解掉旧矛盾,不产生新矛盾。

行政执法中还存在执法不规范问题,除了上面的"粗暴执法",还较普遍地存在案件取证调查不充分、执法程序不规范、人情执法、以言代法、滥用裁量权等问题。正是因为广泛存在的执法不规范问题,国务院办公厅于2018年12月5日正式印发《关于全面推行行政执法公示制度执法全过程记录制度重大执法决定法制审核制度的指导意见》,要求全面推行行政执法公示制度、执法全过程记录制度、重大执法决定法制审核制度。从强化事前公开、规范事中公示、加强事后公开三个方面,对行政执法信息公示的主体、内容、形式、程序、职责等作出规定。

行政执法存在的另一个问题是,地方政府在某些事项上的执法积极性不高,比较典型的是"环保执法"。在一些经济不发达、财政收入有限的地方,地方政府对少数企业的依赖性过高,包括经济(GDP)、税收、就业等多方面依赖。这种依赖性显著降低了地方政府的执法积极性,对企业的不法或不道德行为"睁一只眼闭一只眼",一般只有到非查不可的地步(如上级政府下令或督办)才会真正查处。

最后,行政执法的手段比较有限,特别是在一些企业违法和不端行为非常隐蔽,执法异常困难的情况下。比如獐子岛造假事件中,獐子岛公司利用海底库存及采捕情况难发现、难调查、难核实的特点,从2014年编造所谓的冷水团事件,到2019年因所谓海水温度变化等原因致使扇贝再次大量损失,六年上演四次扇贝大逃亡,屡次引发外界高度关注。2018年,中国证监会正式启动对獐子岛的调查,通过走访渔政监督、水产科研等部门寻求专业支持,借助卫星定位数据,对獐子岛公司27条采捕船只数百余万条海上航行定位数据进行分析,委托两家第三方专业机构运用计算机技术还原了采捕船只的真实航行轨迹,复原了獐子岛公司最近两年真实的采捕海域,进而确定实际采捕面积,并据此认定獐子岛公司成本、营业外支出、利润等存在虚假。獐子岛事件中,虽然证监会最终借助卫星定位数据查实了獐子岛造假问题,但该事件也正好反映出寻求多元化执法手段的重要性。

(2) **司法执法方面**

除了行政执法之外,我国司法执法(主要指审判)问题也急需改善和提升。英国哲学家培根说,"一次不公正的司法判决,其恶果甚于十次犯罪,因为犯罪只是弄脏了一支水流,而错误的司法判决则是污染了整个水源"。因此,司法执法问题不可小觑。目前,我国的司法执法主要存在三个比较突出的问题:第一是执法的自由裁量权问题;第二是执法手段与能力问题;第三是司法腐败问题。

首先,法官在司法判决中享有比较大的自由裁量权。我国法律通常是规定根据违法犯罪的情节轻重,分别给予一定范围的不同处罚。以《中华人民共和国刑法》第141条"生产、销售假药罪"为例,"生产、销售假药的,处三年以下有期徒刑或者拘役,并处罚金;对人体健康造成严重危害或者有其他严重情节的,处三年以上十年以下有期徒刑,并处罚金;致人死亡或者有其他特别严重情节的,处十年以上有期徒刑、无期徒刑或者死刑,并处罚金或者没收财产"。这里面有两个自由裁量点:一是情节轻重的判断;二是具体量刑的判断。巨大的自由裁量权导致司法领域腐败案件丛生。更有甚者,同一个案件,不同的法院给出的判决完全相反,严重损害司法权威。

【**案例9-1**】 **澳柯玛与经销商官司引争议**

乔红霞,甘肃秦安人,1997年3月至1999年6月间,乔红霞以甘肃海欣工贸有限责任公司法定代表人的身份与澳柯玛集团销售公司签订数份购销合同,为澳柯玛集团在兰州、秦安等地销售家电。合作过程中,双方因货款及返利等问题产生纠纷。1999年10月,澳柯玛集团向青岛市市南区人民法院提起了民事诉讼,请求法院判令乔红霞偿付所欠货款600余万元。后该案转由青岛市中级人民法院审理。

2000年3月,乔红霞以澳柯玛集团销售公司欠其返利款为由,向兰州中院提起民事诉讼。同年5月,兰州中院作出一审判决,判令澳柯玛集团销售公司偿还乔红霞多付的货款、折扣款及返利款共计1557万元。甘肃省高级人民法院作为二审法院于同年11月作出了维持原判的判决。

青岛中院在审理此案件的过程中发现,乔红霞向该院提交的合同中有编造、添加的嫌疑,于是将案件移交青岛市公安局展开刑事侦查。2002年11月5日,乔红霞被逮捕。2003年11月,青岛中级人民法院以诈骗罪判处乔红霞无期徒刑,并处罚金500万元。乔红霞不服判决,上诉至山东省高院。

此案经媒体报道,在社会上引起了广泛关注。在最高人民法院、最高人民检察院的监督下,山东省高级人民法院于2005年1月4日作出裁定,撤销青岛中院对乔红霞的有罪判决,发回青岛市中院重审。为避免司法公正受地方保护影响,最高人民法院、最高人民检察院指定乔红霞案由天津司法机关管辖。后经过两次补充侦查,天津市检察院第二分院认为乔红霞不构成犯罪,不符合条件,将案件退回青岛公安局。2005年10月14日,乔红霞被青岛警方从天津押回青岛。同年12月14日,青岛市公安局对乔红霞的强制措施变更为监视居住。2006年6月14日,公安局又将监视居住变更为取保候审。但截至目前(2006年9月),乔红霞仍被"关押"在青岛市黄岛经济开发区区政府迎宾馆内,青岛市公安局委托澳柯玛公司派保安"看守"。

"乔案"发生后,在社会上引起了关注,中国最权威的8名法学专家拍"案"而起,联名呈书:"青岛中院在甘肃高院对乔红霞的民事判决已经生效的情况下,对其直接作出犯诈骗罪并处以无期徒刑的判决,严重违反程序法。"

孙洁、雷菊芳、董钢、李梅、安永红、王利民、马彩云、刘卫红、王锡武、穆涛、杨晓燕、苏广林、哈琼13位全国人大代表,联名向最高人民法院、最高人民检察院发出反映函。他们认为:"对同一事实和纠纷,青岛中院在甘肃高院的民事判决已经生效的情况下,直接作出犯诈骗罪并处无期徒刑的判决,违反了司法公正的基本要求,严重损害了司法权威。"

资料来源:[1] 陶春苗,王颖. 甘肃经销商与澳柯玛的官司:两地判决两重天[N]. 21世纪经济报道,2004-02-19.

[2] 陈述. 青岛澳柯玛公司与甘肃经销商官司始末[N]. 中国工业报,2004-03-23.

类似澳柯玛这样的案件也绝非孤案,广州日报(2008-12-19)曾报道广州顺德区法院对两宗同类型官司的判决截然不同,在一宗幼儿园园长因劳动纠纷状告顺德乐从镇新隆村民委员会的案件中,法院判决幼儿园园长败诉,理由是村委会"并不具备用人单位的主体资格";而另一个在卫生站和水管站工作的普通工人因退休金状告新隆村民委员会,法院判决村委会败诉,法院的判决是根据《中华人民共和国劳动合同法》,"村委会的性质是用人单位"。《成都商报》(2015-06-09)也曾报道不同地方受害判赔相差几十倍的问题。2019年,对于职业打假人士属不属于消费者,是否可以要求商家10倍赔偿,山东青岛与北京出现了完全相反的判决。2019年3月6日,山东省青岛市中级人民法院作出([2019]鲁02民终263号)民事判决书认为,职业打假人属于消费者,并且认定知假买假行为可获10倍赔偿。而当年12月31日,北京市第三中级人民法院作出的([2019]京03民终6950号)民事判决书认为,职业打假人以索赔为目的进行的购买商品等活动,不应认定其属于消费者,要求10倍赔偿的请求不予认定。

其次,我国司法执法手段与能力仍有待提高。比如,广受关注并被自媒体号称"致使国人道德倒退数十年"的南京"彭宇案"(2006年),折射出基层法院法官的素质与能力问题。在彭宇案中,老人徐寿兰在南京市水西门广场一公交站台被撞倒摔成了骨折,徐寿兰指认撞人者是刚下车的小伙彭宇,彭宇则予以否认。当时,既没有直接证据(包括目击者)证明彭宇撞倒了老人徐寿兰,也没有直接证据证明彭宇没有撞到徐寿兰,在这种情况下,一审法院法官运用了"不是你撞的你为什么扶"式的推理,判决彭宇给付受害人损失的40%,共45 876.6元,引发舆论哗然和公众批评。用某位网友的话来说,"彭宇案"是中国道德滑坡的里程碑事件之一。

类似的案件还有很多,比如2017年5月发生在河南郑州的"电梯劝烟猝死案",医生杨先生因在电梯里劝阻69岁的肖某不要抽烟引发争执,后来肖某情绪激动心脏病发作离世。肖某的家属把杨先生告上法庭,索赔40余万元。2017年9月4日,郑州市金水区法院做出一审判决,判决杨欢向死者家属补偿1.5万元。肖某家属不服一审判决,上诉至郑州市中级人民法院。2018年初,郑州市中院撤销一审要求杨欢补偿死者家属1.5万元的民事判决,驳回肖某家属的诉讼请求。同样是在2017年5月,广东省广州市花都区某村村民吴某私自爬上村委会在河道旁种植的杨梅树采摘杨梅,不慎跌落受伤,经抢救无效死亡。其近亲属以村委会未采取安全风险防范措施、未及时救助为由,将村委会诉至花都区人民法院。一审、二审认为吴某与村委会均有过错,酌定村委会承担5%的赔偿责任,判令向吴某的亲属赔偿4.5万余元。直到2020年1月广州市中级人民法院再审才改判村委会无责(人民法院报,2020-02-29)。广州中院认为,村委会作为该村景区的管理人,虽负有保障游客免遭损害的义务,但义务的确定应限于景区管理人的管理和控制能力范围之内。不能要求村委会对景区内的所有树木加以围蔽、设置警示标志。吴某作为具有完全民事行为能力的成年人,应当充分预见攀爬杨梅树的危险性。该村村规民约明文规定,村民要自觉维护村集体的各项财产利益。吴某私自上树采摘杨梅的行为,违反了村规民约,损害了集体利益,导致了损害后果的发生。吴某跌落受伤后,村委会主任及时拨打了急救电话,村委会不存在过错。这两个案件最初的判决,没有体现出法律或司法维护社会道德、守护社会底线的立场,折射出基层法院法官对立法精神理解不到位,执法能力有待提高。

最后,司法执法还存在腐败问题,云南的"孙小果案",北京"郭某某案"[2020年3月14日在北京东城区的一家超市,郭某某排队结账时摘下口罩,一名72岁的老人段某好心提醒他"公共场所应该戴上口罩",引发郭某某不满,后郭某某将老人推倒并殴打致死。郭某某曾在2004年因故意杀人罪(杀害女朋友)被判无期,服刑期间获得9次减刑,2019年7月24日刑满释放],被举报"家产200亿"的海南高院副院长等等,都反映出司法领域存在的腐败问题。

9.3 企业伦理问题的社会原因

人是社会的动物,人们的价值观、态度信念与行为,都受到周围环境的影响和熏陶。

当今社会是多元主体多元价值构成的复杂机体,传统文化与现代文明并存,西方文化和中国文明并存,这种历时性和共时性的时代背景,使人们对当今社会感到怀疑和困惑,也对未来社会感到迷茫和没有信心,这种冲突使得人们在行动过程中常处于矛盾的状态,在价值判断上也发生了变化。当前我国社会存在的短期主义、享乐主义、拜金主义以及娱乐至上主义等价值取向,构成了企业违法与不端行为的社会背景。

(1) 短期主义

短期主义,类似于"急功近利",是指行为人着眼于眼前利益而忽视长远利益。与短期主义相对应的长期主义则致力于可持续发展。

人类行为的短期化有一定的客观必然性。在技术高速发展,社会日新月异的今天,人类未来充满着不确定性。这种不确定性既孕育着机会,也孕育着风险。但我们中的很多人都是风险规避型的,与其冒险博取可能的收益,还不如见好就收,"落袋为安"。未来越是充满不确定性,人类行为越是表现出短期化。

当前,我国仍处于经济社会转型期,成熟的有中国特色的社会主义市场经济体制尚未完全建立,国家或社会治理体系尚不完善、治理能力仍有待提高,政府政策与产品市场双重不确定性叠加,导致企业行为的严重短期化倾向。

很多企业不重视产品质量的持续改进、不重视研发投入提升企业竞争能力、不重视品牌建设,甚至不守法律不讲信用;而是喜欢"造概念""玩噱头""走关系""钻空子",严重的甚至坑蒙拐骗。比如在我国药品行业,大量的企业"销售费用"惊人,而研发投入则少得可怜。像"神药"莎普爱思、"神酒"鸿茅药酒、"脑白金""负离子磁卫生巾""五十六位帝皇丸"……,这些"玩概念"、虚假宣传,甚至明目张胆的造假在国内大行其道,充分反映出市场的不规范和企业行为的短期化。

(2) 享乐主义

享乐主义(hedonism)又叫伊壁鸠鲁主义(Epicureanism),是一种哲学思想,认为享乐或快乐是人类最重要的追求。享乐主义使人们尽情地追求物质上的享受和肉体上的快乐,容易使人们陷入意志消沉、缺乏进取精神的状态之中。

当前,享乐主义思想在我国比较流行,无论是在党员干部还是人民群众中。首先,在党员干部中,"四风问题"(形式主义、官僚主义、享乐主义、奢靡之风)盛行。以政府办公楼为例,《法制晚报》记者曾在 2014 年根据媒体公开报道盘点了近几年媒体曝光过的"政府豪华办公大楼",花费最低的也超过 500 万元,耗资巨大的动辄上亿元甚至几十亿元,在 26 个盘点的办公楼中,造价超过亿元的至少有 13 个,最高花费 40 亿元。有 4 个国家级贫困县也建造了与实际级别不符的办公楼。面对各地攀比成风的豪华政府办公楼,国务院不得不于 2017 年 10 月公布《机关团体建设楼堂馆所管理条例》予以严厉控制。

除此之外,公款吃喝、公款旅游、超标接待蔚然成风。2013 年 6 月 18 日,在"党的群众路线教育实践活动工作会议"上,习近平总书记强调要集中解决四风问题。然而,时至今日,享乐主义和奢靡之风仍然较为突出。根据中央纪委国家监委网站(中国纪检监察报,2019-1-20),2018 年全国共处理违反中央八项规定精神人员 92 215 人,其中省部级 6 人、地厅级 1 166 人、县处级 9 467 人、乡科级及以下 81 576 人。

2019 年全国共查处享乐主义、奢靡之风问题 6.14 万起,处理党员干部 8.62 万人。

2019年的统计将原数据统计指标中的9类问题调整为"违规收送名贵特产和礼品礼金""违规吃喝""违规操办婚丧喜庆""违规发放津补贴或福利""公款旅游以及违规接受管理和服务对象等旅游活动安排""其他"6类问题。

不仅如此,在中央反四风的高压之下,一些地方仍然没有收敛,或者搞"上有政策下有对策",开始使歪招、玩变通,要彻底纠正"四风问题"仍任重道远。

其次,享乐主义也同样在老百姓特别是年轻人中流行。比如,湖南《三湘都市报》曾经报道:"随着学生返校,沉寂了一个暑假的大学校园又热闹起来了。长沙地区一些高校学生挪用学费吃喝玩乐,买高档消费品,却少交或拖交学费。长沙河西高校周边的饭店近日生意格外红火,分别一段时日的大学生们三五成群,围成一桌,点菜、上酒,吃得天昏地暗。网吧里更是人满为患,玩游戏的、聊天的,一坐就是几个小时。歌厅、跳舞吧、精品屋等也是人流如织。一些大学生告诉记者,这些消费大多是挪用学费。"近年来,大学生"校园贷"事件频发,许多大学生对香奈儿、迪奥等高档消费品了如指掌,一味追捧,更是有学生为了一部高档手机、一件奢侈品去借高利贷甚至卖肾,把自己和家庭卷入巨额债务的旋涡。

(3) 拜金主义

拜金主义也称货币拜物教、金钱拜物教,指认为金钱货币不仅万能,而且是衡量一切善恶是非的价值标准。所谓拜金主义,就是盲目崇拜金钱、把金钱价值看作最高价值、一切价值都要服从于金钱价值的思想观念和行为,是一种认为金钱可以主宰一切,把追求金钱作为人生至高目的的观念。

莎士比亚曾说过:"金钱能使黑的变成白的,丑的变成美的,懦夫变成勇士。"这是对拜金主义的绝妙讽刺。

拜金主义在我国由来已久,关于拜金的俗语非常普遍,《增广贤文》就有"人为财死,鸟为食亡""有钱道真语,无钱语不真,不信但看筵中酒,杯杯先劝有钱人""人情似纸张张薄,世事如棋局局新"等耳熟能详的俗语,无一不显示出人们对拜金主义的推崇。

如今,拜金主义在我国大有愈演愈烈之势,"网络炫富""天价彩礼""国民老公"、留守女孩考取北大考古专业被认为没有"钱"途等网络话题,背后反映的正是现代人对金钱的狂热追求。

拜金主义在我国婚姻市场体现得淋漓尽致。在一些农村地区,天价彩礼让"嫁女"变成了"卖女";而在城市,对男方收入的过高要求导致了所谓的"剩女"问题。在某些地方,甚至出现了"笑贫不笑娼""没钱可耻"等"怪论",金钱成了衡量一个人的"才能"和"成功与否"的唯一尺度。

【事例一】 甘肃庆阳地区,有一个彩礼口诀"万紫千红,一动不动"。在当地的说法中,"万紫"是指一万张5元的人民币叠在一起,"千红"意味着一千张100元人民币,彩礼钱达15万元,"一动"是一辆小轿车,而"不动"自然就是房产。而在鲁西南地区部分农村,彩礼是拿着秤称的。一般是3斤3两(百元大钞的重量),加起来10多万元;也有的讲究"万紫千红一片绿",即1万张5元钞票,共5万元,1 000张百元大钞,共10万元,50元钞票看着给,彩礼15万元起价。

【事例二】 作为中国最早最大的红娘网站,珍爱网(www.zhenai.com)对单身人群进行了一项调查,在《2019 Q1 单身人群调查报告》中,我们看到这样一组有趣的数据:从全国平均来看,有四成单身女性对另一半的月收入要求在 8 000 元以上。从地域划分来看,一线城市单身女性普遍要求在 13 000 元,新一线城市的要求在 8 000 元,小镇青年的普遍要求则为 3 000 元左右。但与此不同的是,单身男性对未来另一半的收入要求相对就会特别宽泛。可以看出,现代人婚姻观中,"金钱至上"的观念越来越强。

(4) 娱乐至上主义

娱乐至上,或者说娱乐至死(来自[美]尼尔·波兹曼(Nell Postman)的著作《娱乐至死(Amusing ourselves to death)》),是一种危险的社会现象和价值取向,即社会公共话语权的特征由曾经的理性、秩序、逻辑性,逐渐转变为脱离语境、肤浅、碎化,一切公共话语以娱乐的方式出现的现象。娱乐至死反映的是娱乐成为这个时代的传媒霸权,尼尔·波兹曼希望借此帮助人们认识到媒介危机。

尽管今天的娱乐世界与尼尔·波兹曼所刻画的电视娱乐有很大的拓展和不同(当今更多的是互联网娱乐),然而,娱乐至上或娱乐至死的现象或观念则更加流行。也许,这正是布热津斯基"奶嘴战略"的成功。David Held 和 Anthony McGrew 在《反全球化》著作中提到,1995 年 9 月 27 日至 10 月 1 日,美国旧金山举行过一次集合了全球 500 多位政治、经济精英的会议,主题为"如何应对全球化"。与会者一致认为,全球化会加剧贫富差距,会使财富集中在全球 20% 的人手上,而另外 80% 的人被"边缘化"。那么,如何化解这 80% 的人和 20% 的精英之间的冲突?如何消解这 80% 人口的多余精力和不满情绪,转移他们的注意力?当时的美国高级智囊布热津斯基认为,唯一的方法,是给这 80% 的人口,塞上一个"奶嘴",让他们安于为他们量身订造的娱乐信息中,慢慢丧失热情、抗争欲望和思考的能力,这就是闻名遐迩的"Tittytainment"战略[由 Titty(奶嘴)与 Entertainment(娱乐)合成]。

在今天的中国,娱乐至上主要体现在以下几个方面:(1)娱乐明星获得超高的影响力(粉丝数量惊人,最高的据说拥有粉丝上千万人)、吸引超多的流量(媒体整天报道的都是明星的家长里短或八卦新闻)、赚取超高的收入(演一部电影收入高的达几千万元甚至上亿元人民币);(2)娱乐明星"偶像化":全民追星,无论是五六十岁的大妈,还是正在上学的小学生,都成了追星族,成了青少年人生追求的目标(长大后想当明星的青少年不在少数);(3)"低头族"日益庞大:大多数年轻人整天捧着手机,读八卦新闻、看视频、玩游戏,过着肤浅和"自我麻痹"的生活。

【事例一】 为了所谓的"流量"和"热度",除了少数媒体以外,绝大多数新闻媒体的头条新闻都与娱乐明星有关。拥有数十亿用户的"微博",绝大多数热搜都是关于娱乐明星的,大红大紫的娱乐明星,随便一张自拍都能获得数十万上百万的点赞、评论和转发,更有某刚出道的小生,在微博上发了一张自拍设置付费查看,一觉醒来竟凭此收入数十万元,此种现象,令人啼笑皆非。也是这个每天处理数十亿次访问依然保持顺畅运行的"微博",竟因为两名娱乐明星突然公布婚讯而一度陷入瘫痪,可见人们对娱乐明星的关注度之高,娱乐明星在社会上的影响之大。

【事例二】 近十年来,从最开始全民短信投票参与超级女声、快乐男声到如今大火的真人秀类的节目,如"跑男""爸爸去哪儿"等,娱乐类综艺节目在电视节目中一直占据了很大的比例,同时拥有超高的收视率。这类综艺节目利用娱乐明星的社会影响力和粉丝的数量,来提高节目的关注度,增加热度,提升收视率。有一些粉丝对娱乐明星狂热到对错不分、是非不明,完全无视其道德败坏。娱乐明星吸毒是因为压力大,可以轻易原谅,更有甚者,曾遭媒体大幅报道的某女性,为了追星,不顾一切,致使自己学业荒废,前途尽毁,家破人亡,却依然毫无悔意。这些粉丝扭曲的价值观极有可能影响到这些娱乐明星的未成年崇拜者,从而给他们心理方面的健康发育造成不可估量的负面影响。

在"娱乐至上"这一不健康的观念下,历史可以被戏说,经典可以被篡改,崇高可以被解构,英雄可以被调侃。从电视到电影,从报刊到新兴媒体,各类媒体渠道上无不充斥着以感官刺激、卖弄噱头为手段的新闻和报道,这些被利益驱动的文化娱乐产品,逐渐形成了颓废低俗的文化环境,侵蚀着人们的精神家园。长此以往,人们的审美观念将被颠倒,社会价值观将出现扭曲,社会信仰将会崩塌,恶搞、低俗、混乱、失范将充斥着我们的生活。

9.4 企业伦理问题的组织因素

企业伦理问题的产生,不仅受到制度与社会环境的影响,而且与组织自身的因素紧密相关。在本节中,我们探讨几个可能影响企业伦理决策的主要因素,包括企业伦理文化、伦理氛围、组织目标设置、薪酬激励以及组织政治等。

(1) 企业伦理文化

企业文化是一个组织由其价值观、信念、仪式、符号、处事方式等组成的特有文化形象。其中价值观是企业文化的核心,是企业生存、竞争和发展的灵魂,是一种"企业软文化",它包括各种行为规范、价值观念、企业的群体意识、职工素质和优良传统等。企业文化代表着全体员工共同接受的传统观点、行为准则和价值观念。

企业伦理文化是指企业在生产经营过程中所遵循的道德规范和伦理责任价值观,主要包括生产伦理文化、营销伦理文化、竞争伦理文化和管理伦理文化。作为规范企业员工行为的要求和准则,企业伦理文化贯穿于企业经营活动的始终,对企业文化的其他因素以及整个企业活动都有着深刻的影响,犹如企业的方向标,指引着企业及员工朝着某个方向前进。例如,谷歌的"不作恶"文化为谷歌的快速发展提供了良好的背景,并作为企业的坚定信念,推动着员工和企业的发展。

【事例一】 谷歌开始上市时,谷歌的创建者在公司的发起书上写下了这样的话"永不作恶",他们希望"不作恶"能够成为公司员工的基本价值观或遵守的基本规则,希望员工在制定代表谷歌形象的决策时能够以此为指导。比如进行一项产品研发时,所考虑的是产品未来的用户如何看待产品,产品能够为这个社会带来什么样的好处。"不作恶"似乎是谷歌默认的行为准则,已经形成了谷歌的文化信条,自2000年起设立,深刻影响着一代人。

然而,并非所有企业都能建立和发展积极的伦理文化,一些企业的伦理文化建设要么流于形式，要么出现了严重的变异。比如，"把公司当家"原本是一种比较积极的企业文化，然而到如今俨然变成了企业压榨员工的理由。富士康十三跳（指2010年上半年富士康在大陆各地工厂的员工发生的连续13起跳楼自杀事件）、拼多多员工加班猝死等，都是对企业伦理文化建设的莫大讽刺。又如，贵州某建材城负责人组织的"通过吃泥鳅、喝鸡血来刺激这些基层负责人提升业绩"的企业培训活动；某火锅店的员工在沈阳铁西建设大路与爱工街路口广场跪地磕头，高喊"感谢老总，给我工作"。如此等等，都折射出企业伦理文化的缺失。

此外，一些企业过度关注业绩目标的达成而忽视达成目标的行为与过程，这种功利主义做法催生了不道德的企业文化。在这种文化中，大家只看结果不管过程，从而导致不道德行为丛生。而互联网技术的发展原本可以给我们的工作带来积极的影响——弹性工作制，然而，在互联网环境中，使命必达、随时在线的工作状态则成为企业要求员工加班的理由。从前的"八小时工作制"已形同虚设，以加班文化为实质的"弹性工作制"成为互联网相关企业的普遍模式。加班文化同样是一种不道德的企业文化，严重侵犯员工权益，而且容易引发负面事件。

【事例二】 近年来，加班似乎成为了各大企业的潜规则，"996"加班模式也快速成为一种潮流。"996"互联网加班模式，通俗地讲就是早九点工作，晚九点下班，一周工作六天。互联网加班文化本身并不是一种文化，而是企业的一种隐秘的宣言。在各种法律以及公司制度中，"加班"似乎从来都没有出现在字里行间中，但不可否认的是，它就是一种"秘而不宣"的制度。

企业伦理文化的缺失、扭曲或变异，会带来价值观的误导，使企业产生不道德行为，不利于企业的长远发展。正因如此，企业伦理文化建设一直是企业文化建设当中的重要部分，正确的伦理文化有利于企业伦理氛围的培育，使企业树立良好的企业形象，保证企业坚持正确的经营方向。

（2）企业伦理氛围

企业伦理氛围是一种微观的道德文化，这一概念首先由维克多（Victor）和库伦（Cullen）于1987年提出。他们把伦理氛围定义为组织内关于什么是伦理行为和对伦理问题如何处理的共同认识，并提出由伦理标准和伦理关注点（Locus of Analysis）两个维度构成的伦理氛围理论模型。所谓伦理标准是指用来评判事物伦理特性的方法或思想，伦理关注点是指在处理伦理问题时关注的是哪类群体。

Victor 和 Cullen 根据三种伦理理论即利己主义论（egoism）、功利主义论（utilitarianism）和义务论（deontology）提出三个不同的伦理标准来划分伦理氛围，即利己主义标准、慈善标准（benevolence）和原则标准（principled）。利己主义标准的依据是自我利益；慈善标准（功利主义的标准）的依据是他人利益；原则标准（义务论的标准）则根据规则和法律。伦理关注点表示决策者在伦理分析中参考的三个不同层次：个人、公司、社会。个人层次只考虑自己；公司层次以局部利益为目标，关心的是公司的利益；社会层次以整体为目标，考虑的是整个社会的利益。

据此，Victor 和 Cullen 得出了9种理论上的伦理氛围：自我利益、友谊、个人道德

(personal morality)、公司利润、团队利益、规则和程序、效率、社会责任、法律和专业规范(professional codes)(见表9-2)。最终通过因子分析，得出现实中存在5种伦理氛围，即工具主义的伦理氛围、关怀的伦理氛围、独立性的伦理氛围、尊重组织规则的伦理氛围和尊重法律和规范的伦理氛围。

表 9-2　Victor 和 Cullen 的九维度组织伦理氛围

伦理标准	分析层次		
	个体	组织	社会
利己主义	自我利益	公司利润	效率
功利主义—慈善标准	友谊	团体利益	社会责任
义务论—原则标准	个人道德	规则和程序	法律和专业规范

工具主义的伦理氛围：在企业中利己主义成为行为的主要准绳，企业和个人的自我利益得到特别强调，企业活动中以最大化个人利益为主，而不管其他方面的利益。

关怀的伦理氛围：在企业中慈善性标准成为行为的主要准绳，即企业谋求最大多数人的利益。

独立性的伦理氛围：在企业中尊重个人的道德价值观，组织成员做自己认为正确的事情，当然组织成员的个人道德价值观遵循了一定的道德规范，符合一定的道德原则。

尊重组织规则的伦理氛围：在企业中特别强调组织的规则或规章，一切活动必须遵循组织的规章或规定。

尊重法律和规范的伦理氛围：在企业中对原则性标准的尊重蔚然成风，并由此产生一种对社会法律和专业规范的积极态度，企业活动以遵循法律和规范为最主要的标准。

企业伦理氛围与员工工作态度、组织承诺、不道德行为、离职意向等都存在相关关系。尽管企业间的伦理氛围千差万别，但由于受组织伦理文化、拜金主义和儒家文化的影响，我国不少企业的伦理氛围多体现为工具主义的和关怀的伦理氛围，重视个人利益和小团体利益，也在一定程度上重视友谊，但不太重视规则和规范。通常是，"领导的话就是规则"。

（3）组织目标设置

组织目标是组织希望努力争取达到的未来状况，目标提供了衡量组织活动成功与否的标准和组织活动的动力。一般情况下，各类组织成员都处于试图实现组织目标的努力与期待之中，为完成组织目标，组织成员要付出一定的代价。尽管一个组织的目标可能多种多样，包含财务绩效目标、市场份额目标、客户满意度目标，甚至员工满意度目标等，然而，不可否认的是，企业最核心的目标仍然是财务绩效和市场份额方面的目标。

当组织所设置的业绩目标(财务的或市场的)过高，员工很难达成却又不得不达成时，欺骗、造假等不道德行为就会发生。即便对没有达成目标的员工处罚不严厉，但如果对达成目标的奖励可观，同样会诱发员工的不道德行为。因此，我们大致可以得到下面的等式：

等式一：过高的业绩目标 ＋ 对不达目标的严厉惩罚 ＝ 员工的不道德行为
等式二：过高的业绩目标 ＋ 对达成目标的可观奖励 ＝ 员工的不道德行为

由于企业为了促进业绩目标的达成,通常会制定相应的激励措施,包括对达成目标或超额完成目标的奖励和对未达成目标的惩罚,因此,员工不道德行为的产生与过高的目标设定紧密相关。当员工经过努力仍然无法达成目标时,压力和随之而来的负面情绪会引发反生产的或不道德的行为,在一个只注重结果而不重视行为过程的组织文化中尤其如此。值得指出的是,员工的不道德行为不仅可能针对企业自身,而且可能作为企业的代理人而针对其他利益相关者。

【事例一】 20世纪90年代,施乐百(Sears Roebuck)公司主管为汽车技工设定的业绩目标是每小时营收147美元,用意在于提升修理速度。然而,员工为了达到目标不是靠加快修车速度,而是溢价收取服务费,并故意去"修理"没坏的东西。

施乐百的故事清楚地表明,尽管主管提高绩效目标的意图没错,但过高的目标引发了员工的不端行为,最终损害公司利益、破坏公司形象。施乐百公司的这种情况,在现实中的很多企业中存在。

过去人们总认为业绩差的企业更容易违法或犯错,Mishina等人(2010)则指出,那些业绩优良的公司,同样可能违法或从事不道德行为。这主要是因为经理人员面临巨大的压力来维持良好的绩效,甚至被要求达成更高的绩效目标。由此可以看出,过高的绩效目标,无论对业绩好的企业还是业绩不好的企业,都可能诱发员工的不道德行为。

(4)薪酬激励

薪酬又称薪资或待遇,它是指雇员作为雇用关系的一方,通过劳动或工作换来的各种直接或间接的货币收入,经济性的工作报酬。薪酬激励与员工行为密切相关。

首先,过低的薪酬(特别是与竞争对手或同地区企业比较而言)容易导致员工的不满,从而引发员工的违法和不道德行为。在西方,过低的薪酬可能引发罢工和工会抵制,而在我国,则容易引发"白领犯罪"或"职务犯罪",以及员工的反生产行为、拿回扣以及欺骗行为等。

比如,我国国有企业领导人的"59岁现象"(即在法定60岁退休前,一反几十年守法和努力工作的常态,趁机大肆谋取私利的现象;后来演变为不肯退休或"退而不休"),就与国有企业偏低的薪酬有一定关系。1999年1月,云南红塔集团原董事长褚时健因贪污罪被判处无期徒刑。有人把褚时健心态称为"59岁现象",警示人们要"保住晚节"。褚时健的辩护律师马军曾算过这样一笔账:他当了17年厂长,红塔创造利税800亿元,褚17年收入约80万元,企业每创造1亿元,自己收入1 000元;如果加上"红塔山"品牌352亿元,收入比例更降至649元。马军长叹道:"为民族工业做出如此巨大贡献的国企领导,一年收入竟不如歌星登台唱一首歌!"

其次,薪酬结构不合理,如高管薪酬与普通员工薪酬差距过大、固定薪酬与变动薪酬比例过低、不同岗位薪酬差距过大等,也容易引发员工的不满情绪,并最终可能导致不道德行为的发生。Trevino和Youngblood(2005)的研究揭示,组织内的薪酬结构显著地影响组织成员的道德行为决策以及组织成员对于同事不道德行为的监督。

最后,正如我们前面提到的,薪酬激励如果与过高的业绩目标结合起来,可能导致员工的不道德行为。此外,薪酬激励普遍存在结果导向,只奖励好的结果(或惩罚坏的结果),不奖励好的决策(或惩罚坏的决策),长此以往,这种功利主义导向可能导致无人关注决策本身的道德性,甚至鼓励不道德的决策(只要能获得好结果)。

哈佛大学心理学教授费尔瑞·库许曼(Fiery Cushman)和他的同事曾经讲过两个坏脾气兄弟的故事。他们的名字分别是江恩与马特,脾气都很暴躁,但都没有犯罪前科。有一次,有人出言侮辱他们的家人。江恩气得要杀死对方,他扣下扳机,但枪没有射准,对方并未受伤。马特只是想吓唬一下对方,但枪支不小心击发,把人打死了。根据美国和其他许多国家的法律,马特的刑法比江恩重很多。很显然,法律在惩戒坏的结果,而不是坏的意图。

(5) 组织政治

"组织政治"一词,源于 Burns(1961)的研究,是指员工为了在激烈的竞争中胜出,而采取特别有利于自身的活动和行为。简单地说,组织政治是指不是由组织正式角色所要求的,但影响或试图影响组织中利害关系和利益分配的活动。就个体而言,是仔细计划的有步骤的努力,通过激发情绪、建立联盟、理性劝说等活动来施加影响,以权力为基础并能巩固权力。组织情境的政治性程度,受组织资源多少、任务角色清晰程度和组织文化等因素的影响。

组织政治是组织中普遍存在的现象,员工为了达到一定的目的,在选拔、培训、考核、晋升等环节,或在奖励、惩罚、其他重大事项中,展开游说、建立联盟、排斥他人,这种现象并不少见。对于组织政治的后果,有消极、积极、中立三种观点。持消极观点的学者将组织政治视为谋取个人或集体私利的自利行为,具有破坏性;持积极观点的学者将组织政治视为解决组织冲突、扭转组织颓势、促进个人职业成功的手段;持中立观点的学者将组织政治视为社会影响过程,目的在于通过权力实现稀缺资源的合理分配,其结果既可能有利也可能有害。

在我国,由于"关系文化"盛行,因此企业内组织政治特别突出。一些人"溜须拍马""拉帮结派",大搞"团团伙伙";一些人在机会面前"抬高自己""贬低他人",大搞"不正当竞争";一些组织内部"潜规则"横行,决策违背公平、公正原则,给组织带来了不确定性、不和谐,甚至冲突。企业内的组织政治会"污染"组织伦理文化,导致不道德行为的泛滥。

9.5 企业伦理问题的个体因素

企业伦理问题的产生还与决策者或行为者自身因素有关,个人所处的家庭、性别、年龄、所接受的教育、性格特点、价值观、道德修养,甚至健康状况等,都可能与个人的道德决策有关。全面探讨个人因素对企业伦理问题的影响已经远远超出了本书的范围。在本节中,我们就几个重要的个人因素进行介绍。

(1) 道德认知水平

个人的伦理决策首先与个人的道德认知水平有关,个人能否或在多大程度上识别出决策所涉及的伦理问题,能否或在多大程度上对决策中所涉及的公平正义和权利等因素给予考量,决定了其所做决策的道德性。

个人的道德认知水平,与他所处的道德发展阶段有关。劳伦斯·科尔伯格(Lawrence Kohlberg)从发展心理学的角度,通过探讨儿童对道德判断的内在认知心理历程,提出了著名的道德发展阶段理论(stage theory of moral development)。

根据研究,科尔伯格把人的道德发展分为三个层次六个阶段(见表9-3)。从前习俗层次到后习俗层次,从阶段一到阶段六,个人的道德认知水平不断提升。科尔伯格的理论解释了道德认知发展的重要性,当企业领导者或员工道德发展水平低时,他们很难认识到决策中的伦理问题,并做出道德的决策。科尔伯格的理论也为伦理教育提供了背书。

表9-3 科尔伯格的道德发展模型

发展层次	发展阶段	阶段特征
层次一:前习俗水平	阶段一:服从与惩罚导向(obedience and punishment orientation)	根据后果来判断行为好坏,为免遭惩罚而听从权威人物的命令,尚未具有真正意义上的道德准则
	阶段二:自我利益导向(self-interest orientation)	以个人最大利益为出发点来考虑是否遵守规则,满足自己需要的或者对自己有好处的就会遵守
层次二:习俗水平	阶段三:人际和谐与服从导向(interpersonal accord and conformity)	在进行道德评价时总是考虑他人和社会对一个"好人"的期望和要求,并以此为标准开展思维和行动
	阶段四:权威与社会秩序维护导向(authority and social-order maintaining)	更加广泛地注意到维护普遍的社会秩序的重要性,履行个人责任,强调对法律和权威的服从
层次三:后习俗水平	阶段五:社会契约导向(social contract orientation)	认识到规则是人为的、民主的、契约性质的东西,当法律不符合公众利益时,就应该修改
	阶段六:普遍伦理原则导向(universal ethical principles)	认识到社会规则、法律的局限性,开始基于自己的良心或人类普遍价值标准判断道德行为

(2)性别因素

性别是影响个人伦理决策的另一个重要因素。男性与女性思维方式不同,在面对理性与情感时会有不同的关注点。英国哲学家罗杰·斯太尔(Roger Steare)曾对全球200个国家约6万名志愿者进行"道德DNA测试",结果发现,女性比男性更具有道德感。斯太尔认为,"女性通常会根据对他人造成何种影响来做决定,这种结果通常会产生更好的决定。而男性则更多根据自己的利益来做决定。"也就是说,男性更强调理性的作用,女性强调情感的作用。

道德决策的实质是选择的行使和接受选择责任的意愿,在这点上,女性和男性的道德敏感性不同。女性面对道德问题时表现得比男性更加敏感。男性的伦理道德观念是注重竞争的、冷酷无情的;而女性的伦理道德观念更强调关怀和人们之间的情感。当面对不道德选择时,女性比男性更不愿意进行不道德的行为,因为她们会更加关心和克制任何可能伤害他人的行为。

在工作中,男性比女性在态度上表现得更富有攻击性,男性偏向于独断性地说话并影响其他人,女性则表现为试探性地说话,更容易接受别人的意见。在竞争环境中,输掉一场历来由男性主导的"战役",对男性的能力可能会形成威胁。当其受到挑战时,男性会变得更具侵略性,为了确保胜利,男性会不惜牺牲道德规范。而女性显得更加脆弱,容易依赖,因此更希望以"讨好"的方式受到照顾,女性心中的道德感可能并不是基于"正义",而是源于内心极度的不安、紧张和恐慌,这种始终处于危险之中的"利他主义"以无罪为前提,所以总是有被已经做出的取舍意识所损害的危险。

性别对企业伦理的影响在有关上市公司高管性别对企业不端行为的影响的研究中反映出来。现有研究指出,董事会中女性董事的比例和女性首席执行官(CEO)都可能有助于提升企业社会责任绩效。女性董事的存在有助于提高董事会的独立性与监督能力,阻止大股东掏空上市公司的行为,减少企业违法与不道德行为的发生。

（3）人格因素

人格又称个性,是人类独有的、由先天遗传与后天环境相互作用而形成的、稳定的、习惯化的思维方式和行为风格,是人的心理特征如兴趣、爱好、能力、气质、品质、性格等的总和。人格贯穿于人的整个心理,是人的独特性的整体写照。在现代汉语中,人格与品格近义,有人的道德品质的意思。正是因为人格包含个人的道德品质,因此它与道德决策有关。在文献中讨论得比较多的主要是自恋型人格与马基雅维利主义人格。

自恋型人格。自恋型人格(narcissistic personality)被看作一种心理障碍,自恋型人格的人幻想自己很有成就,自己拥有权力、聪明和美貌,渴望被崇拜,要求别人持续地注意和赞美。他们的自尊很脆弱,过分关心别人的评价,对指责、失败、挫折极为敏感,稍不如意就会有自我无价值感,遇到比他们更成功的人就会产生强烈嫉妒心;对批评则感到内心的愤怒和羞辱,但外表以冷淡和无动于衷的反应来掩饰。他们不能理解别人的细微感情,缺乏将心比心的共感性,因此人际关系常出现问题。这种人常有特权感,期望自己能够得到特殊的待遇,其友谊多是从利益出发的。自恋型人格的人倾向于有自私的举动,当他们被美化的形象受到挑战时,会变得愤愤不平、具有攻击性。他们也更加注重自我利益的保护,在感受到不公正的对待后,容易卷入"损人利己"的行为中,滑向不道德一面。

马基雅维利主义人格。马基雅维利主义(machiavellianism)人格是从意大利政治家和历史学家马基雅维利的经典作品《君主论》中提炼出的人格概念(Christie & Geis, 1970)。马基雅维利(Machiavelli,1469—1527)以主张为达目的可以不择手段而著称于世,马基雅维利主义也因之成为权术和谋略的代名词。马基雅维利认为,君主在公开场合应表现出爱民如子和仁慈宽厚的样子。惩罚人的事应让其他人去干,最后还可嫁祸于人,找替罪羊,以避免自己受到国民的谴责。奖赏别人的事应当亲自出面,以免让下属行私惠。给人恩惠要一点点地来,让他有盼望;给人打击要一下置其于死地,不让他有报复的可能。君主平常应当不露声色,对凡事装作懵懂无知,避免让下属了解自己,但对下属自己心中要了如指掌,随时操纵他,并且动用杀伐大权。君主应当绝对地控制武器精良和素质优秀的军队,"任何人只要有他自己的装备精良的军队,就会发现无论时势如何骤转,他自己总是处于有利的地位"。君主为了保持权力的自主性,绝不可相信任何人;不可对别人吐露真心,不可指望别人对你诚实,更不可把命运系于别人身上。君主要经得起孤独的煎熬,"最危险莫过于意气相投的人"。所以,应当怀疑一切人,组织耳目对之暗中监视,网罗党羽排除异己,设置职权相互牵制。总之,为保住君主的地位,采取一切手段都是允许的。Christie 和 Geis(1970)阐释了具有马基雅维利主义人格的人的主要特征:第一,缺乏人际关系中的情感;第二,缺乏对传统道德的关注,对他人持功利性而不是道德观点;第三,对他人持工具性而不是理性观点;第四,关注事件的完成而不是长期目标。

（4）价值观

价值观是个人对客观事物（包括人、物、事）及对自身行为结果的意义、作用、效果和重要性的总体评价，是对什么是好的、是应该的总看法，是推动并指引一个人采取决定和行动的原则、标准，是个性心理结构的核心因素之一。价值观是人用于区别好坏，分辨是非及其重要性的心理倾向体系。个人的道德行为是由价值观决定的，个人在思考道德问题时会受到不同伦理哲学观念的影响，其中的一系列价值观念、态度和信仰都能影响个人的道德推理和判断。与个体道德决策或行为紧密相关的价值观包括：理想主义 vs 现实主义、物质主义以及对金钱崇拜。

① 理想主义 vs 现实主义。理想主义与现实主义是相对的两个概念，理想主义又称"规范主义"，是高于现实并能调校现实的一种思想倾向。理想主义者通常根据"真理、原则、责任"来判断一个事情做不做；而现实主义者通常依据"利益、得失、合适"来判断做不做，如何做。理想主义者认为其必须坚持始终如一、正确的道德行为，因为这种行为能够产生令人满意的效果；而现实主义者认为其所遵循的道德是由具体情况而定的。对理想主义者而言，遵循伦理道德是为了达成理想社会必须坚守的，为了实现理想主义，不能违背道德原则，即使会付出代价。而对于现实主义者而言，眼下的利益得失比不确定的未来更重要，比如在面对危险时可能会用不择手段的方式自救。

② 物质主义。物质主义是指一种专注于物质的需要和欲望而忽视精神的思想倾向，是一种完全基于物质兴趣的生活方式和观念。用金钱或者物质来证明自己的价值，是物质主义的核心价值理念。物质财富是物质主义者提升自身形象最有力的工具，他们将拥有物质财富的数量和质量作为能力和实力的象征及其成功的标准，并根据人们的消费水平来评价个人在社会中的地位。在现实中，高物质主义者因为过高的物质欲望总得不到满足，他们的生活满意度往往较低，并因此可能为了得到更多物质财富而从事不道德行为。

③ 金钱崇拜。金钱崇拜指一种价值观或信仰，即认为金钱是人成功与否的唯一尺度。最早提出金钱崇拜概念的 Locke(1969)认为，金钱崇拜不是指一个人的需要，而是反映一个人的欲望和价值。对金钱崇拜者而言，他们善于挣钱和花钱，金钱是他们成功的标志也是动力源泉，是他们获得尊重并保持富裕生活的手段。他们把金钱看作生命的目的，把金钱看得高于真理、重于人情。对他们而言，道德、法律、人情乃至生命都可以金钱化。金钱崇拜与不道德行为有关，研究表明，对金钱狂热的人更倾向于实施不道德行为。

本 章 小 结

本章对企业伦理问题的原因进行了分析。首先，对企业伦理问题的理论解释进行梳理；其次，沿着宏观到微观的解析路线，分别从制度、社会、企业和个人的视角，深度剖析了企业不道德行为的根源。具体而言，①制度层面，从制度完善、处罚力度和执法水平三个方面进行了探讨；②社会背景层面，分析了短期主义、享乐主义、拜金主义和娱乐至上的社会观念和价值导向；③组织层面，涉及企业文化、伦理氛围、目标、薪酬和组织政治多个维度；④个人层面，对个人道德认知、性别、人格以及价值观几个代表性因素进行了讨论。

【本章思考题】

1. 美国学者阿米尔泰有句名言:"清除腐败,不仅仅是挑出一个坏苹果,更应该检查放置苹果的筐子。"你怎么理解这句话?

2. 彼得·德鲁克指出,"在任命高层管理人员时,再怎么强调人的品德也不会过分。事实上,除非管理层希望某个人的品质成为他的所有下属学习的典范,否则就不应该提拔这个人"。对此你怎么看?

3. 一个人的品性如诚实、忠诚、谦逊或者自私、贪婪等,是与生俱来的,还是后天习得的?

4. 现在很多小孩的理想是成为"明星",对此你怎么看?娱乐至上风气与企业不道德商业行为之间有什么关系?

5. 请结合英国哲学家培根的话"一次不公正的司法判决,其恶果甚于十次犯罪……",阐述司法判决在引导企业伦理方面的作用。

【思考案例】 保健品市场久病难治根源在哪?

2018年底,一篇名为《百亿保健帝国权健和它阴影下的中国家庭》的文章,将权健集团推上了风口浪尖。这也引发了监管部门的注意,2018年12月27日,天津市成立联合调查组进驻权健集团展开调查。

上述文章以一位四岁的内蒙古女孩为案例,讲述了女孩父亲因误信权健的癌症疗法,中断了传统的医院治疗,使用权健的抗癌产品,从而耽误了癌症治疗,不幸离世的故事。

文章发布之后,立即引发了热烈讨论,而权健也成了舆论的焦点。在12月26日,权健自然医学官方微博发表严正声明,声明称,丁香医生所发布的文章为不实文章,系诽谤中伤,侵犯权健合法权益。此外,权健还要求丁香医生撤销稿件,并发布道歉声明,还表示将通过法律途径维护自身合法权益。

不过,还未等得及权健将丁香医生告上法庭,权健就已因涉嫌两项罪名的犯罪被立案侦查。

2020年1月8日,天津市武清区人民法院对被告单位权健自然医学科技发展有限公司(以下简称权健公司)及被告人束昱辉等12人组织、领导传销活动一案依法公开宣判,认定被告单位权健公司及被告人束昱辉等12人均构成组织、领导传销活动罪,依法判处被告单位权健公司罚金人民币1亿元,判处被告人束昱辉有期徒刑九年,并处罚金人民币5 000万元;对其他11名被告人分别判处三年至六年不等的有期徒刑,并处罚金;对违法所得予以追缴,上缴国库。被告人束昱辉当庭表示认罪服法。

就社会关注程度和影响力来看,发生于2018年底的权健事件,很可能成为改变中国保健品市场发展走向的标志性事件。

中国保健品市场多年来的发展,显然是有问题的。这从一些外媒关于该事件的报道用词中可以体味出来。美国《华盛顿邮报》网站2018年12月28日报道称,权健事件成为舆论焦点,引起政府高度关注,也触及了中国的一个痛点。保健品市场长期存在着乱象:假冒伪劣严重,误导性广告泛滥。新加坡《联合早报》网站的报道则让人感到了可能改变的信息:有关部门成立调查组调查权健公司的同时,中国国家中医药管理局以不指名方式就整治中医产业乱象表态,要求各级主管部门针对发布中医医疗广告、培训、保健服务及产品等开展全面排查和梳理,会同相关部门对发现的违法违规行为从严从速处理。

可以预见,一场针对保健品市场乱象的大规模整治活动即将展开。不过,期待整治取得效果,关键还要能够找准问题的原因。那么,我国保健品市场多年乱象,可以说久病难治,根源在哪?

有专家研究得出几条结论:人是有弱点的,比如怕死、怕病、怕衰老,保健品企业恰恰抓住了这些弱点;为了赢得怕这怕那的人的信任并接受其产品,保健品企业非常善于自我包装和宣传忽悠,它们多以生物科技公司或健康公司命名,在宣传语中通常包含很多生物、医学及科技术语,加上各种抗衰老、防癌抗癌、预防疾病等描述;保健品企业营销对象精准,营销活动隐蔽,多在二三线城市,具有较强的反监管能力;关于保健品的相关标准法规缺失,监管失据,加之基层监管执法人员匮乏,存在监管不力的情况。此外,我国的问题还有自己的特殊性。关于权健事件,有学者表示,我国不少保健品企业都与地方政府有着千丝万缕的联系。这些打着高科技旗号(有的还把中医药秘方包装起来),拥有高标准、现代化无菌生产车间的企业,对消费者和一些政府官员都非常具有蛊惑性。它们在一些地方科技园区获得大力支持,甚至有些已发展成当地的明星企业和利税大户。于是,地方保护就或隐或现,成为这些企业肆意于市场的背后支撑力量。

保健品市场治乱,在于尽快完善相关法律法规和标准体系,通过建立惩罚性赔偿制度等更严的惩处措施,改变保健品领域违法成本过低现状的同时,还要敢动真格,触动地方利益,管好那些有违法违规行为的地方名企。只有一视同仁加强监管,才能让法律真正成为一把高悬在生产经营者头顶的达摩克利斯之剑,威慑犯罪,并指引保健品市场步入正轨、健康发展。

资料来源:[1] 胡立彪. 保健品市场久病难治根源在哪[N]. 中国质量报,2019-01-02(004).
[2] 余若晰. 涉嫌传销和虚假宣传　权健被有关部门立案侦查[N]. 证券日报,2019-01-03(C02).

【案例思考题】

1. 从案例来看,权健公司存在的主要伦理问题是什么?
2. 我国保健品市场存在什么样的乱象?它是如何形成的?
3. "忽悠"老年人和身体不好的人是否比"忽悠"身强力壮的年轻人更不道德?
4. 你认为保健品行业乱象应该如何治理?

【趣味测试】

仔细阅读下则故事,并回答

在欧洲,一个妇女罹患一种特别的癌症,濒临死亡,医师诊断只有一种新药可能能够救她,这种药物是本地一位药剂师最近发现的一种特定的镭。这种药物的成本很高,药剂师以10倍于成本的价格出售。他支付200美元购买镭,然后以2 000美元的价格出售小剂量药物。这位妇女的丈夫,海因茨,向他所认识的几乎每一个人借钱筹款,但只凑得1 000美元。海因茨跟药剂师说,他的妻子濒临死亡,请他以稍微便宜的价格把药卖给他,或者允许他稍后把钱款付清。但药剂师说:"不行,我发现了这个药物,就靠它赚钱呢。"海因茨走投无路,就撬开了药店为他妻子偷了药物。这个丈夫应该这样做吗?说明你的理由。(注:这是劳伦斯·科尔伯格用来测量个体的道德认知水平的一个案例)

海因茨困境的可能回答	对应的道德发展阶段
海因茨偷药是不对的;偷窃是违法的,会坐牢	阶段一:服从与惩罚导向
海因茨也许是对的,也可能是不对的	阶段二:自我利益导向
海因茨是个好人;海因茨的意图是好的;药剂师是坏的、自私的、贪婪的	阶段三:人际和谐与服从导向
海因茨的动机是好的,但不能纵容偷窃行为;如果每个人都如此,社会将无法运转	阶段四:权威与社会秩序维护导向
拯救妻子是一个丈夫的责任,生存权大于财产权;法律与道德应该一致,法官应重视道德观点但也应通过轻罚海因茨来维护法律	阶段五:社会契约导向
这是一种理想情况:每个人应该换位思考,药剂师应该认识到生命权优先于财产权,海因茨太太的生命应该被拯救	阶段六:普遍伦理原则导向

第 10 章

促进企业伦理与社会责任

学习目标：通过本章的学习，可以了解如何从法制、社会、行业和企业四个层面促进我国企业伦理与社会责任发展。

关键概念：法制建设；社会环境优化；行业自律；企业伦理建设

 【开篇案例】　　　　谷歌 AI 伦理委员会玩不转

谷歌又摊上新麻烦了，成立不到一周的 AI（人工智能）伦理委员会正在崩溃边缘徘徊。先是受邀的人工智能领域专家离开委员会，紧接着又有大批员工请愿裁掉另一名委员会成员，本来声称"打造更加透明化的谷歌"的委员会却仿佛变得"激进"，在一浪高过一浪的反对声中日渐式微。对如今核心部门营收增长放缓之际的谷歌而言，处理好人工智能的问题至关重要，任何一点疏漏都可能让谷歌万劫不复。

AI 伦理委员会中仿佛混进了"奸细"。根据彭博社的报道，当地时间周一，一群员工开始请愿要求裁撤掉委员会中的一名成员凯伊·科尔斯·詹姆斯。据了解，詹姆斯为保守派智囊团传统基金会的总裁，曾反对同性恋和变形人群的平权法。截至北京时间 2019 年 4 月 2 日上午 9 时，谷歌员工发布到 Medium 的公开信已有 1 072 名谷歌员工和其他 175 位学术研究人员及科技行业人士签署。而在上周六，行为经济学家兼隐私研究员亚历山德罗·阿奎斯蒂也在社交媒体上表示，他不会在委员会中任职。

2019 年 3 月 26 日，谷歌宣布成立一个由外部专家组成的"全球技术顾问委员会"，以监督公司在应用人工智能等新兴技术时遵循相关的伦理标准。当时，谷歌全球事务高级副总裁 Kent Walker 便发文称，该委员会的目的就是贯彻落实 Google AI 七原则，完善相关的内部治理结构和流程。但现在，这个委员会的人选却出现了问题。除了詹姆斯之外，人们还在名单中发现了戴安·吉本斯，一家曾经为美国空军提供无人机 AI 成像服务的公司 CEO。值得注意的是，去年谷歌因参与向美国空军提供云人工智能以分析无人驾驶飞机图像的 Project Maven 项目而遭到谷歌员工的强烈反对，随后谷歌的 AI 七项原则应运而生，其中就包括不会将 AI 技术应用于武器开发。

"不到一周就已经近乎分崩离析，这样的进展可能危及谷歌争取更多军事云计算合同的机会。"彭博社的报道如此评价。虽然去年谷歌放弃了与美国空军展开的 Project Maven 项目，但谷歌也提到，将会继续与政府和军方展开 AI 合作，包括网络安全、培训及征兵等领域。

另外，不少员工担心，将这些人放进委员会其实就是暗示谷歌在做决策的时候会考虑他们的这种不正确的观点。要知道,人工智能正是谷歌未来的核心,在去年召开的2018谷歌开发者大会上,谷歌就已经进一步表明了"All in AI"的决心,且是聚焦to C的消费市场。

更重要的是,人工智能正是谷歌云计算业务的关键所在,而谷歌现在面临的问题就是主要阵地正在失守,云计算业务的重要性正在上升。从去年一季度开始,谷歌的核心——广告业务增速就开始放缓,谷歌CEO皮查伊则称,谷歌已经签约了5 000位多年合作的大客户,而且今年将投入130亿美元,在全美14个州建设数据中心。在如此重要的领域进行布局,或许真的要步步小心了。

资料来源:陶凤、杨月涵. 谷歌AI伦理委员会玩不转[EB/OL]. 北京商报, https://www.sohu.com/a/305 552 372_115 865,2019-04-03.

促进企业伦理与社会责任建设,不仅是社会和谐发展的需要,也是企业维护自身利益的需要。企业所展现出来的伦理道德与社会责任意识,可以帮助企业获得关键利益相关者(如员工、消费者、政府等)的支持,提高品牌形象与组织声誉,从而奠定企业长远发展的基础。在开篇案例中,谷歌成立AI(人工智能)伦理委员会应该是一次提升企业伦理道德水平的有益尝试,尽管该伦理委员会因为各种原因无法发挥真正的作用。

在企业伦理与社会责任的建设中,企业自身是行为的主体,肩负着重要的责任。然而,正如我们在第9章中所分析的,企业伦理问题的产生有其深厚的社会根源,包括法制的不完善、社会价值观的多元化等,这决定了企业伦理与社会责任的推进需要多方合力。在本章中,我们将从法制、社会、行业、企业等多个角度提出强化我国企业伦理与社会责任建设的具体思路。

10.1 完善法制建设

法律是最低的道德,法律在道德的基础上产生,是最起码的道德要求,也是实现道德的保障,法律的制定和实施是为了提高社会道德水平。守住法律这一底线,是促进企业伦理和社会责任的基础要求。针对我国目前立法和执法存在的主要问题,完善有关企业伦理与社会责任的法制建设,需要从立法建设与执法建设两个方面同时着手。

10.1.1 立法建设

"立善法于天下,则天下治;立善法于一国,则一国治。"当前,我国有关企业行为的立法建设不断加强,初步构建了较为完善的法律体系。如,通用的法律有《中华人民共和国刑法》《中华人民共和国民法典》;针对公司的一般性法律有《中华人民共和国公司法》;与企业市场销售有关的法律有《中华人民共和国消费者权益保护法》《中华人民共和国广告法》《中华人民共和国商标法》《中华人民共和国产品质量法》等;规范企业内部管理的法律有《中华人民共和国劳动法》;规范上市公司行为的法律有《中华人民共和国证券法》;规范市场竞争的法律有《中华人民共和国反垄断法》《中华人民共和国反不正当竞争法》等。

但是,自1992年邓小平南方谈话并经当年中国共产党第十四次全国代表大会(中共十四大)正式提出建设社会主义市场经济体制至今,我国社会主义市场经济建设时间尚未满三十年。在这个过程中,伴随着社会的发展,经济体制改革始终处于探索当中,而与市场经济相配套的立法建设也处在不断调整和完善之中。从目前市场实践来看,我国的立法建设仍然存在一定程度的滞后性问题;出台的某些法律仍然比较粗糙,精准性不足;部分法律条文不再适用于当前市场状况,需要及时修订。

(1) 改善立法的滞后性问题

第9章提到我国大陆采用的是大陆法系,立法的滞后性是这一法系的一个重要缺点。立法的滞后性问题在科学技术快速发展、市场环境急剧变化的今天,显得尤为突出。立法的滞后导致一些充满争议的企业行为处于法律的空白地带,得不到应有的惩戒,严重破坏社会公平和正义。

比如,针对互联网垄断的问题,国家市场监督管理总局于2021年2月7日发布了《国务院反垄断委员会关于平台经济领域的反垄断指南》(以下简称《指南》)。虽然《指南》的发布为以后加强平台经济领域反垄断监管提供了科学有效、针对性强的制度依据,但是我国互联网行业的垄断行为早在2008年就出现了。在《指南》发布前,《中华人民共和国反垄断法》一直是处理互联网垄断行为的依据,而该法律在互联网情景下存在诸多漏洞,难以对互联网垄断形成有效监管。比如,2008年百度采用"竞价显示搜索排名"业务被"人人公司"(当时运行有"人人网"社交网络平台)起诉,但由于互联网企业的市场边界不容易界定,导致其市场支配地位认定困难,造成了"人人网"被判败诉。类似地,2010年的"3Q大战"(奇虎360与腾讯QQ的不正当竞争),一直闹到2014年10月最高人民法院裁定腾讯旗下的QQ并不具备市场支配地位才告结束(如果从2021年的反垄断《指南》来看,QQ在当时很有可能具有市场支配地位)。互联网产品更新速度快,功能多,不同的互联网产品之间又有一部分功能重合,这给相关市场的准确界定制造了很多障碍。

我国立法的滞后,除了大陆法系的固有弊端外,也与我国当前的立法程序有关。按照全国人民代表大会常务委员会的立法程序,最快也需要三次上会审议,现有记录中最快的立法周期为2年,通常需要3~5年才能获得通过。如《中华人民共和国公司法》从起草到通过用了15年,《中华人民共和国商业银行法》用了10年。立法、修法都是国家大事,反复讨论、反复斟酌是十分必要的。但是不得不承认的是,相对于经济社会的发展变化速度,我国立法效率确实还不够高。互联网首先兴起于西方发达国家,在立法方面他们已经积累了很多经验。回顾西方国家电子商务立法的历史,可以发现,发达国家针对互联网的立法,相对于其他领域的立法要更加迅速高效。在互联网时代,立法更应该注重效率,作为立法主体的人民代表大会,要树立效率观念,合理配置相关资源,加快立法进程,高效务实地完成立法工作,唯有如此,才能让互联网商业不至于成为"脱缰之马"。

此外,解决立法的滞后性问题也需要增强立法工作的前瞻性与预见性。立法工作不能只靠法律专家,还需要技术专家和领域管理专家共同参与,通过较为充分的立法论证,增强立法的前瞻性。美国在出台《统一计算机交易法》和《全球电子商务政策框架》时,就通过充分的立法论证,相当准确地预见了即将到来的商务时代的多重问题。

(2) 提高法律条文的精准性

除了立法的滞后性,我国的部分法律条文还存在精准性不足的问题。当然,现实中的案件千差万别,不可能出台一部法律涵盖所有可能的情况,这不仅没有必要,而且成本过于高昂。因此,给予法官一定的司法裁量权是各国通行的做法。然而,自由裁量权的有效行使依赖于法官执法的公正性和较高的执法能力。在我国,由于地方保护主义思想与法官执法能力的差异,出现了因法官自由裁量权过大导致的司法专断和司法任意现象,这反映在众多的"同案异判"事件上。因此,需要通过提高法律条文的精准性来适度压缩法官的自由裁量权。

法官滥用自由裁量权可能导致严重的社会后果,这类案件中最为著名的应该是"南京彭宇案"。在一般案件审理中,主审法官对案件事实的认定主要来源于对现有证据的审查和判断。然而在"彭宇案"中,主审法官在现有证据不足的情况下,运用自己的推理逻辑判定彭宇有过错,原因是"如果彭宇没有撞老太太的话,他为什么要对老太太施救"。然而公众认为救助行为永远不可能成为侵权的证据,因为我们永远不知道人们是因为善良而施助还是因为过错而施助。很显然,"彭宇案"是法官滥用自由裁量权的一个典型例子,但它不是唯一的例子。

法律在应用过程中出现分歧的根源无外乎两个方面:一是法律概念自身的不确定性;二是对不确定法律概念解释上的差异。因此,有必要科学立法,增强法律条文的精准性,对于模糊的法律规定要及时明确和细化,还要加强对法律的解释工作,及时下发法律解释。同时发挥典型案例的指导作用,使法官行使自由裁量权有法可依,有据可循,避免滥用权力,防止外部力量干预审判,从本源上规范法官行使自由裁量权。

(3) 及时修订过时的法律条款

"为国也,观俗立法则治,察国事本则宜。不观时俗,不察国本,则其法立而民乱,事剧而功寡。"这句出自商鞅所著《商君书·算地》的话,强调制定国策需要符合本国的国情,符合当前时期国家的实际情况。在社会发展过程中,法律条文出现过时是很正常的,我们要做的是及时修订法律,使之与社会发展相匹配。

在第 4 章至第 8 章中,我们谈到过大量的企业不道德行为,如大数据杀熟、个人信息过度收集和泄露、就业年龄歧视、员工隐私侵犯、上市公司虚假承诺和忽悠式重组、互联网平台企业滥用支配地位大搞补贴低价竞争以及强制要求商家"二选一"、噪声污染等等,都是经济社会发展过程中出现的新问题。对于这些行为或问题,我国目前的法律框架基本上都是有的,但现有法律条文无法直接用来监管这些行为,需要针对这些行为启动法律的修订工作。

另外,我国过去一直重视卖方利益,对企业违法违规行为的处罚过于温和,比如,证券法在修订之前对于财务欺诈的最高处罚(对企业)是罚款 60 万元,对个人的最高处罚是罚款 30 万元(可以并罚"市场禁入")。这被老百姓形容为"鼓励违法"而不是打击违法。"鸿茅药酒"被爆 10 年间被江苏、辽宁、山西、湖北等 25 个省市级食品药品监管部门通报违法次数达 2 630 次,被暂停销售数十次,这不能不说是一大"奇迹"。然而,社会发展到今天,人们的社会责任意识和维权意识不断高涨,已经到了"重典治乱、猛药去疴"的时候了。法律条文需要跟上时代步伐,加大对违法犯罪行为的处罚力度。

10.1.2 执法建设

"国无常强,无常弱。奉法者强则国强,奉法者弱则国弱。"这句出自《韩非子·有度》

的话,是说国家不会永远富强,也不会长久贫弱,但是执行法度的人坚决,国家就会富强,执行法度的人软弱,国家就会贫弱。执法是法治的重要环节,法治社会的良好运行离不开执法者对法律的规范执行。相比立法问题,我国的执法问题可能更需要关注。我们这里分别从司法执法和行政执法两个方面,探讨执法建设问题。

(1) 司法执法方面

我国法制现代化固然离不开立法,但核心和关键却在司法。立法者的任务会因法典的制定而告一段落,但法官的职责却任重而道远,立法者不能一劳永逸解决的问题,时时摆在法官的面前。就企业不道德行为执法方面,一方面要尽量保证司法判决中法律与道德的统一,另一方面要适度压缩法官的司法裁量权(这在上面有所讨论,因此不再赘述)。

在现实中,一些案例的判决引起了较大的争议,出现了法律判决与公序良俗相悖或者与民众预期相距甚远的情形,值得引起关注。食品行业就曾出现多起因消费者高额索赔而反遭拘留或判刑的案例,比如,2014年12月,黑龙江省绥化市明水县货车司机李海峰在去长春送货途中购买了4包今麦郎"诱惑酸辣牛肉面"充饥,食后伴有腹泻。他在方便面醋包里发现一块类似"玻璃块"的物质,打开另一包发现异物更多,并注意到4包方便面的保质期都已过将近一年。李海峰称,在发现今麦郎方便面醋包有异物后曾拨打过12315举报投诉热线,对方以过期食品不接受投诉为由拒绝了他的维权申请。根据有关规定,消费者个人无法到食品药品监管部门送检。2015年1月,李海峰在网上找到第三方检测机构——西安国联质量检测技术有限公司对方便面醋包进行了检测,检测报告显示醋包内汞含量超标4.6倍(GB2762—2012)。李海峰随后将检测结果寄给今麦郎公司要求索赔。多次协商后,今麦郎公司最终表示赔偿李海峰7箱方便面和电话费用。李海峰不接受,表示"今麦郎侵权成本太低",提出了"惩罚性"的300万元赔偿金,后追加至450万元。索赔未果后,李海峰将检测报告发到微博上,分别点名了央视新闻等八家媒体。随后今麦郎向公安报案,2015年7月,李海峰因涉嫌敲诈勒索罪被黑龙江明水县公安局临时羁押,两天后被隆尧县公安局刑事拘留。该案2015年12月在隆尧县法院开庭。河北隆尧县法院一审以敲诈勒索罪判处李海峰有期徒刑八年六个月,并处罚金2万元。李海峰不服判决,提起上诉,2016年9月,河北省邢台市中级人民法院改判李海峰有期徒刑5年,并处罚金2万元。

这一判决引发广泛议论,高额维权行为到底是在敲诈勒索,还是维权过度,抑或是正当行为? 法律虽然明确规定购买到假冒伪劣产品可以要求商家十倍赔偿,但是如果劣质食品对身体健康造成了潜在的伤害,却又无法自证伤害的严重性,是否可以要求高额的身体和精神赔偿,还是只能遵循法律的规定获得杯水车薪的赔偿?

(2) 行政执法方面

在行政执法方面,需要考虑下面几个问题:

① 多头管理与单一管理的平衡问题

职能边界不明的管理主体行使政府管理职能时不免经常出现利益交错、边界不清、职能交叉等问题,引发相互扯皮、互相推诿等乱象,以至于行政管理主体在管理行为中频频出现缺位、错位、越位,造成多头执法现象(俗称"五龙治水")。多头执法是指,两个或两个以上的执法主体针对同一事项向同一个对象实施两次以上的执法行为,是政府权力运行不畅的一种。多头执法不仅浪费了行政资源,还降低了政府的权威,影响了执法的公信力。而单一管理则要解决执法能力不足,以及权力集中带来的监督问题。因此,应该建立联合执法的常态化机制。

② 地方利益羁绊问题

地方政府为了地方招商引资、经济发展和税收保证,对当地企业的违法违规行为"睁一只眼闭一只眼",放任不管,甚至提供直接的或间接的"保护",这是当前我国市场乱象丛生的一个重要原因。地方政府肩负当地经济发展、民生改善的重大责任,然而,在一些相对落后的地区,由于各种条件的限制,很少有企业愿意进驻或留在当地发展,在这种情况下,地方政府出于"招商引资"的目的,对当地的"税收大户"提供各种支持,也是可以理解的。但这个度如何把握,界限在哪里,需要厘清。在一些关键的领域,需要探讨不同地区执法机构的交叉执法,或者直接由上一级执法机构垂直执法等。

③ 执法人员素质问题

荀子曾说:"法不能独立,类不能自行;得其人则存,失其人则亡。"如果没有善于执法的人才,那么再完美的法律也只能是一纸空文,不会在实际中发挥任何作用。执法人员代表国家和行政机关维护公共利益。提高执法人员的素质,是推进依法行政,维护国家法律尊严、执法为民的根本保证。当前,我国一些地方的基层管理人员素质仍然偏低,在执法过程中时常发生过度执法、粗暴甚至野蛮执法、临时工执法等问题,破坏党和国家在人民心目中的形象,严重损伤政府公信力。如果执法人员素质不高、法制观念淡薄,只会用罚款、没收、强制执行等简单粗暴的执法手段,就很容易引发执法相对人对执法活动的抗拒心理,激化执法相对人及旁观群众潜在的暴力抗法思想。因此,有必要定期对执法人员进行培训,在招录执法人员时亦需对其综合素质进行全面考察。

④ 执法手段多样化问题

企业的不道德行为甚至违法行为具有复杂性和隐蔽性等特征,查处的难度很大,成本很高。我们提到过,为了查实"獐子岛"造假,国家证券监督管理委员会(证监会)最终动用北斗卫星定位系统,以及第三方数据分析处理机构,才最终定案。要知道,我国上市公司数量有好几千家,而如果扩展到所有企业,那么应该是至少百万量级。这么庞大的企业群体,执法监督必然面临资源不足的问题。因此,要破解这一难题,需要我们借助"民间的力量"。美国通过《萨班斯案》和《多德—弗兰克法案》建立了举报人激励和反报复保护制度,引导公私合作,促进违法信息及时向外部传递,有效提升了监管效能,保护了投资者利益。这种举报人制度无疑可以提升我国执法机构(如证监会)的执法效率。

10.2 优化企业伦理的社会环境

社会环境对个人伦理道德观念的塑造产生重要影响,是企业伦理水平的重要影响因素。在本节中,我们从完善社会保障体系、社会信用体系、强化社会伦理风气三个方面探讨提升企业伦理水平的社会环境。

10.2.1 完善社会保障体系

"仓廪实而知礼节,衣食足而知荣辱。"这句出自《管子·牧民》的话,告诉我们一个朴素的道理:百姓的粮仓充足,丰衣足食,才能顾及礼仪,重视荣誉和耻辱。现有文献发现,城市失业等保险的未参保率与犯罪率增加之间呈现正相关关系,在社会保障体系较为完善、覆盖率较高的东部地区城市,其犯罪率要显著低于其他地区的城市。在农村地区,新农合的参保率有效降低了农村居民犯罪的概率。在企业层面,地区经济发展水平与企业的违法行为之间呈现显著负相关关系。这些都表明,一个地方经济的发展水平、社会保障体系的完善程度,与个人和企业的不道德行为息息相关。

当前,我国已经建成了世界上最大的社会保障体系,为个人和企业伦理道德建设提供了坚实的基础。但仍然需要看到,我国存在贫富差距过大、居民整体保障水平偏低、城乡社会保障差异偏大、买房难(贵)看病难(贵)等问题。因此,还需要进一步提升和完善社会保障体系和保障水平,让上学、看病、买房不再成为难事,为企业伦理建设创造一个优良的社会环境。

【案例 10-1】 中国已建成世界最大的社会保障体系

《中国的社会保障》英文版由中国劳动社会保障出版社出版发行,原版由国家人力资源和社会保障部组织编写。该书指出,中国已经建成了世界上规模最大的社会保障体系,基本养老保险覆盖近 10 亿人,基本医疗保险覆盖超 13 亿人,覆盖城乡居民的多层次社会保障体系基本建立。

书中介绍,中国社会保障体系建立以来,通过不断改革和规范发展,取得了显著成就,有效保障和改善了民生,使全体中国人民共享经济社会发展成果,促进了社会公平正义和经济社会协调发展。至 2018 年年底,基本实现所有老年人都享有养老保险,基本实现全民医保,无论是从总量上看还是从分项上看,都是世界上覆盖人数最多的社会保障计划;保障水平随经济社会发展逐步提高,2018 年全国各项社会保险基金总支出 6.72 万亿元,比 2012 年的 2.33 万亿元增长 1.9 倍,使参保人群的基本生活得到保障和改善;社会保障基金实力不断增强,2018 年全国五项社会保险基金累计结余 8.98 万亿元,比 2012 年增长 1.36 倍。

资料来源:霄文.中国建成世界最大社会保障体系.人民网[EB/OL]. http://world.people.com.cn/gb/n1/2020/1118/c1002-31934911.html,2020-11-18.

10.2.2 完善社会信用体系

"人无信不立,业无信不兴。"社会本是由无数种关系构成,诚信是维系各种关系交往的纽带,是社会系统运行的生命线。诚信不仅是社会主义核心价值观的基本内容,也是人类社会交往的普遍原则、共同生活的通则。对企业而言,诚信既是经营之道,也是立足之本。只有履约践诺、诚实守信,才能赢得市场。

然而,要让企业遵守"诚实守信"的市场规则,不仅需要进行正面的引导,也需要对违背者进行惩罚,让"失信者"寸步难行。很显然,社会信用体系的建立就是要给个人和企业贴上"守信"或"不守信"的标签,让"守信者"能被宽待,让"失信者"受到"排斥"。这样做一方面降低社会交易成本,另一方面引导人们"诚信"。因此,社会信用体系的建立和完善是我国社会主义市场经济不断走向成熟的重要标志之一,是我国经济社会走向更高质量的重要基石。

然而,相较于西方发达国家,我国社会信用体系建设起步较晚,还存在诸多不足。一方面,我国社会信用法规建设相对滞后,对信用数据缺乏明确、统一的标准,信用信息的公开范围等也未明确说明。另一方面,对在征信上表现恶劣企业的惩戒和对积极还款、修复信用的企业的帮扶不够。因此,在社会信用体系的建设过程中,有必要利用大数据技术,科学界定信用信息、规范信用信息的共享、依法依规开展失信惩戒活动,同时完善信用修复机制。需要平衡好信用信息披露和个人信息保护,建立守信激励、失信惩戒以及异议处理机制,提高企业失信成本,同时鼓励企业在政府的引导下有前提、有程序和有限度的失信整改,帮助态度良好的企业依法依规退出"黑名单"并相应解除失信联合惩戒。

10.2.3 强化社会伦理风气

社会风气是一定时期社会的思想意识、价值取向和精神面貌的集中反映。社会风气反映伦理道德,影响人们的价值判断和价值行为。社会风气既是伦理生态的重要组成部分,又对伦理生态有着重要影响。社会风气一旦遭到污染,就会给伦理生态造成极大损害。要优化企业伦理环境,需要对社会风气进行必要的引导,这可以从社会主义核心价值观的宣扬、正确消费观和娱乐观的建立等角度展开。

(1) 大力弘扬社会主义核心价值观

个人和企业伦理道德的发展,离不开社会主流价值观的引领。如果没有主流价值观的引领,各种分散的内在冲突的价值观必然造成价值危机和信仰危机。目前,国内仍然存在较为严重的个人主义、短期功利主义、享乐主义、拜金主义等各种不良社会风气,"形式主义、官僚主义、享乐主义、奢靡之风"("四风"问题)也还没有彻底解决。社会急需通过"社会主义核心价值观"的引领,实现社会伦理道德的全面回归。

因此,需要大力弘扬社会主义核心价值观(见表10-1),不仅要引导舆论宣传,更需要通过正面典型的塑造、负面典型的批判,引导社会主义核心价值观"入脑"和"入心"。此外,还需要引导各行各业根据自身的特点,以社会主义核心价值观为基准,建立和发展符合自身特点的伦理道德规范体系。

表 10-1 社会主义核心价值观

层　　次	内　　容
国家层面	富强、民主、文明、和谐
社会层面	自由、平等、公正、法制
个人层面	爱国、敬业、诚信、友善

【案例10-2】 新冠肺炎疫情对当代青年价值观影响调查

2020年突如其来的新冠肺炎疫情,无疑是人类的一场巨大灾难。2020年3~4月相关团队开展了"新冠肺炎疫情对当代青年价值观影响调查",采用判断抽样的方法,以此次战疫中参与一线工作和当地防控任务的"90后""00后"为对象,在全国范围内发放电子问卷12 433份,回收有效问卷11 736份,调查梳理了疫情期间当代青年价值观演进变化,为研判中国未来10~30年主要劳动人口的精神状态和价值取向提供分析基础和政策参考。

此次调研覆盖在读大学生和多种职业类型,同时兼顾地域分布和参与战疫的方式,其中"90后"占80.4%,"00后"占19.6%;参与一线防控工作的占29.3%,未参与一线防控工作的占70.7%。在一线人员当中,社会运转保障力量(如快递小哥、卡车司机等)占26.3%,社区(村)工作人员占18.4%,基层干部等一线公职人员占15.6%,医护人员占14.1%,青年志愿者占9.7%,疫情相关重大工程项目建设者占7.4%,新闻媒体工作者占5.3%,其他占3.2%。非一线人员也通过其他方式参与到疫情防控中来,其中配合政府防疫工作占98.4%,坚守岗位占68.3%,志愿服务占43.6%,捐款捐物占35.2%,宣传引导占25.5%,物资运输占21.4%,爱心助学占18.4%,物资生产占15.9%,商超服务占12.8%,主动居家隔离占9.7%,其他占4.3%。从调查结果总体来看,受访对象对整个青年群体在此次疫情中的表现评价较高,认为"满意"的占82.4%,其中"特别满意"的占47.8%。同时受访对象普遍对"战疫一代"的称谓表现出高度认可。

互联网时代,当代青年的交流媒介发生了巨大变化,由于信息渠道多元化等因素影响,家庭和社会凝聚力有所削弱。疫情期间,青年重返家庭环境和社会,缩小了代际间价值观的隔阂,代际间的联结让不同人们的价值观逐渐向核心价值观聚拢。由于疫区情况复杂,大多数青年不可能到现场,但网络媒介给他们提供了丰富的信息环境,核心价值观通过生动的人物和事件具体表现出来。调查显示,有90.1%的青年表示"疫情期间,我更加理解父辈们的思想观念",有94.5%表示"疫情期间,我更加认同中华传统美德",有91.3%同意"战疫斗争有助于凝聚社会共识,找到最大公约数"。此次战疫斗争培养了他们怀着善意和尊重去理解不同代际群体所坚守的价值准则。同时,有92.2%的青年认为"通过战疫斗争,我更了解了社会主义核心价值观的内涵和意义",有91.4%认为"此次疫情中青年的表现充分体现了社会主义核心价值观",有90.5%表示"我愿意把社会主义核心价值观作为自己人生的道德和行为准则"。疫情的发生,使社会主义核心价值观在当代青年中形成了深厚的现实基础和丰富的情感语境。

资料来源:廉思、黄小东、周宇香、芦垚、冯丹. 新冠肺炎疫情对当代青年价值观影响调查. 光明日报[EB/OL]. http://www.chinanews.com/gn/2020/05-08/9178188.shtml,2020-05-08.

(2) 树立正确消费观

正确的消费观有助于塑造积极的社会道德风气。相反,过分的"面子消费""奢侈消费"不仅造成社会资源的极大浪费,而且容易出现"炫富"和"攀比",加剧"享乐主义"和"奢靡之风",使社会走向"拜金主义"。

因此,需要倡导"合理消费"的观念。"合理消费"既包括经济上的合理又包括伦理上的合理。经济上看,合理的消费是指消费支出应与个人财务状况相适应,应与社会发展水平(社会平均消费水平)相适应,应与社会资源消耗程度相适应。伦理上看,合理的消费必须是物质需求和精神需求的和谐统一。它既不是禁欲主义,也不是享乐主义,既重视人的物质需求、物质消费,又重视人的精神需求、精神消费,并且把两者很好地协调起来。

比尔·盖茨(Bill Gates)乘飞机出行时曾说过:"商务舱和经济舱都是同时到达目的地,何必非要坐商务舱呢?"华为创始人任正非出门也是坐地铁、打出租,出外视察都不要别人接机。当然,"合理消费"观并不是要大家过于节俭。封建时期"存天理,灭人欲"的思想也是应该摒弃的。

【案例 10-3】 光盘行动

光盘行动由一群热心公益的人发起,旨在倡导厉行节约,反对铺张浪费,带动大家珍惜粮食、吃光盘子中的食物的运动。光盘行动的宗旨:餐厅不多点、食堂不多打、厨房不多做。养成生活中珍惜粮食、厉行节约反对浪费的习惯,而不要只是一场行动。不只是在餐厅吃饭打包,而是按需点菜,在食堂按需打饭,在家按需做饭。"光盘行动"提醒与告诫人们:饥饿距离我们并不遥远,而即便时至今日,珍惜粮食、节约粮食仍是需要遵守的古老美德之一。

"光盘行动"得到了从中央到民众的广泛支持,成为 2013 年十大新闻热词、网络热度词汇,最知名公益品牌之一。2017 年 8 月,商务部、中央文明办联合发出通知,指导餐饮行业厉行勤俭节约,引导全社会大力倡导绿色生活,反对铺张浪费。2019 年,共青团中央《"美丽中国·青春行动"实施方案(2019—2023 年)》提出:"深化光盘行动,开展光盘打卡等线上网络公益活动"。

2020 年 8 月 11 日,中共中央总书记、国家主席、中央军委主席习近平对制止餐饮浪费行为作出重要指示。他指出,餐饮浪费现象,触目惊心、令人痛心!尽管我国粮食生产连年丰收,对粮食安全还是始终要有危机意识,2020 年全球新冠肺炎疫情所带来的影响更是给我们敲响了警钟。习近平强调,要加强立法,强化监管,采取有效措施,建立长效机制,坚决制止餐饮浪费行为。要进一步加强宣传教育,切实培养节约习惯,在全社会营造浪费可耻、节约为荣的氛围。

2021 年 4 月 29 日,十三届全国人大常委会第二十八次会议表决通过《中华人民共和国反食品浪费法》,自公布之日起施行。

资料来源:[1] 新华网. 习近平作出重要指示强调 坚决制止餐饮浪费行为切实培养节约习惯 在全社会营造浪费可耻节约为荣的氛围.2020-08-11.

[2] 人民网.响应中央号召 各地掀起新一轮"光盘行动"热潮. 2017-08-12.

[3] 中国共青团网. 共青团中央关于印发《"美丽中国·青春行动"实施方案(2019—2023 年)》的通知. 2020-07-02.

(3) 树立正确娱乐观

在自媒体时代,信息传播逐渐变得碎片化、表面化和娱乐化,媒体在传播信息时鲜少提供翔实的数据和事实,通常利用强有力的标签词语,搭配有冲击力的图片,以吸引流量。一些媒体特别是自媒体为了吸引眼球,"信口开河""胡编乱造",或为了吸引青少年,大搞低俗、色情、暴力等不良内容。在文化商业化浪潮的助推下,"娱乐至上"的文化泛娱乐化现象开始出现,人们的世界观、人生观和价值观都受到了极大的挑战。

【事例一】 2019 年 1 月,一篇名为《一个出身寒门的状元之死》文章刷屏互联网。文章讲述了一位寒门出身的市理科状元,大学期间勤工俭学,攒钱给妹妹读大学,但是却因胃癌去世。随后被网友质疑造假,微信团队官方证实该文章是一个完全捏造、无中生有而假装是真实发生的故事,发布这篇文章的公众号属于咪蒙团队,文章已被删除。

【事例二】 2020年7月,据某媒体报道,南京一个贫困的名牌大学生李某家庭贫困,兄弟姐妹辍学打工供其上学,因食不果腹而偷吃他人快餐。一时,大量网友信以为真,无数廉价的同情溢于网络,甚至有评论提到窃饭大学生是国家的耻辱!然而警方随后公布的调查情况为李某多次盗窃他人外卖餐食,且于2018年就已毕业,现在南京某公司工作,有固定收入并租住在雨花台区某小区。家人也并非网传的供其读书而辍学。于是,反转如期而至。

另一方面,网络媒体为了"吸粉",天天追踪报道的都是"明星长明星短",导致影视明星和歌星大受吹捧,天价片酬,各个香车宝马、别墅名牌。明星们的风光无限导致人人追星,甚至是无底线追星,给很多青少年的人生观和价值观带来巨大影响(很多中小学生的理想就是长大后当明星)。

针对这些问题,政府需要加大互联网治理,强化网络实名制,持续开展"净网行动",提高对各类不良行为的查处和处罚力度。比如,对于网络色情、网络暴力、网络赌博、网络水军、网络黑客、网络虚假信息等不良行为,要查处一些典型并在社会上广泛宣传,在处罚力度上要考虑这些行为潜在的传播范围(一个网络赌博平台,哪怕只有10万元的收入,也比10个人聚在一起总金额超过50万元的赌博更具危害性),不能简单地批评教育或者"封号封网"了事。要加强对互联网信息平台的管理,强化平台企业的责任担当。互联网平台企业凭借大数据和先进算法,是完全可以在"净网行动"中有所作为的。要借鉴过去治理电信诈骗、垃圾短信和骚扰电话方面的经验,加大对互联网的治理,让"网络不是法外之地"的口号深入人心。

娱乐业需要得到全面彻底的整治,目前娱乐业存在收视率造假、明星片酬过高、阴阳合同、大量使用替身等一系列乱象,而互联网媒介对此推波助澜。因此,要借助网络整治的契机,引导互联网信息企业和平台多报道时政要闻和积极向上的好人好事,少报道明星的"家长里短";要对明星不合理高价片酬进行调查和必要的干预,严厉打击明星的违法行为;要针对青少年过度或无底线追星现象展开专门研究,引导青少年学生树立正确的人生观和价值观。

10.3 倡导行业自律

行业自律,是指行业内主体以行业普遍认可的行为规范,或以行业组织制定的活动规则为标准,进行自我管理和自我约束,使其行为符合国家法律法规、职业道德和社会公德的要求。行业自律作为行业内部的一种自我约束、自我监督机制,在规范行业发展方面具有重要的作用。

10.3.1 行业自律组织

行业自律依赖于一定的组织进行保护、协调和监督。当前的行业自律组织多以行业协会命名,行业协会以行业管理为特征,也有少部分以商会命名,行业商会大多是由该行业的企业家发起,通常商会的命名具有地域性质。此外,国外常见的圆桌会议也是一种行业自律组织。

(1) 行业协会

行业协会由同一行业的企业、个体经营者及相关企事业单位自愿组成,属于《中华人民共和国民法通则》里规定的社团法人,是为会员企业提供服务、咨询、沟通、监督、公正、自律和协调的社会中介组织。由于其具备作为政府、企业、市场之间联系的纽带和桥梁的能力,行业协会对监督和约束企业的经营行为具有巨大的、不可替代的作用,它往往比政府的临时干预行为更为持久、有效。通常,行业协会由会员、理事、秘书长及相关工作人员组成,其所有权与经营权分离,决策机构、执行机构和监督机构相互独立、制约和配合。目前,由政府创办的"自上而下"的行业协会数量占据了行业协会总数量的绝大部分。但是近几年来,我国民政部一直在推进行业协会商会和行政机关的脱钩工作。2015年8月,中共中央办公厅、国务院办公厅印发《行业协会商会与行政机关脱钩总体方案》,目的在于"政会分开",降低了行业协会商会的行政依附性,使得行业协会重归行业自治的功能定位。

(2) 商会

广义的商会指由工商业者组成的社会团体,既可以是按行业性质不同组建的同业公会,也可以是全国性、地区性、联谊性的商会;而狭义的商会则是指由同一行业的企业所组成的具有行业协会、同业公会性质的社会团体,大致和行业协会的含义一致。一般而言,商会分为两种:一种是由政府主导的中华全国工商业联合会,俗称工商联;一种是由企业自发组成的民间自治团体。随着我国行业协会商会和行政机关脱钩工作的推进,当前行业协会和商会的内涵基本无异。

(3) 圆桌会议

圆桌会议起源于英国亚瑟王的传说,传闻当时亚瑟王和骑士围坐在一张不设置主席或随从位置的圆形桌子周围,共议国事,这种与会者均围圆桌而坐的平等交流、意见开放的会议形式也伴随着亚瑟王的传说而流传至今。当前,圆桌会议已广泛运用到商业讨论中,因为圆桌会议的形式其实就是一次有组织的头脑风暴会议,通过定期组织活动,针对当前的争议话题,让行业内部的相当数量的领导人简单地会面,交流想法和意见,从而得出有益的结论。圆桌会议的开展需要遵循以下几点:①角色对等规则;②议事不议人;③非人数优势;④非决定规则。我国将"圆桌会议"本土化,定期组织有关部门和民营企业家沟通交流,使得该会议形式成为政企共谋共商,民营经济转型发展的重要载体,促进了"亲清"政商关系平台的构建。

10.3.2 行业自律途径

无论是行业协会,还是商会,都是促进行业自律的有效组织(圆桌会议在我国不属于真正的行业自律组织)。目前行业协会和商会的差异已经微乎其微,已被统一称作行业协商会。行业协商会要强化行业自律,驱动成员企业伦理与社会责任水平的提升,需要采取一些必要的措施,包括提高行业协商会准入门槛、完善协商会自律规则、推进协商会自律平台建设等。

(1) 严格行业自律组织准入门槛

行业内部要实现自律,首先需要对会员企业进行必要的筛选,一个人人(所有企业)都能加入的行业组织,是不可能真正实现自律的。在一个行业中,企业与企业之间差异巨大,好公司与坏企业"鱼龙混杂"、良莠不齐,不可能每个企业都能自觉遵守行业自律规则。因此,需要提高行业自律组织(行业协商会)的准入门槛,要把那些不讲规矩、不讲诚信的企业或个人拒之门外。在一些具有任职资格要求的行业,行业协商会还应该严肃从业资格要求,指导成员企业加强对从业人员的管理,制定从业人员行为守则,强化对从业人员的诚信信息管理,定期开展技能培训和职业伦理方面的教育,督促成员企业及时把违反职业道德的从业人员清理出队伍,共同维护行业良好形象和声誉。

当然,行业协商会自身也需要自律。行业协商会属于社会自治性组织,通过为成员企业提供服务体现自身价值。但在现实生活中,一些行业协商会通过强制或者变相强制会员入会、阻碍会员自由退会等方式,强制或者变相强制收取会费;甚或利用法定职责或行政机关委托、授权事项违法违规收费,极大扰乱了市场秩序,增加市场主体负担。因此,行业协商会在对会员和行业从业人员进行管理的同时,也需要进行自我管理。通过规范收费,提高费用管理透明度,巩固会员对协商会的信任。

【案例 10-4】 行业协会收费乱象

(1) 垄断性的市场"入门"费

海南省三亚市多家酒店和旅行社反映,当地旅游协会每年都要向酒店和旅行社收取上万元不等的会费。由于直接影响酒店、旅行社评级或评星的业务,都是由旅游协会具体牵头,企业若不愿意缴费入会,就意味着没法参与评级等业务。

那位被强制收费的矿产企业负责人表示,企业要想申报矿石出口配额,就必须加入相关协会。因为有关部门将审核各地符合条件企业的工作职能,委托给该协会。如果不是协会会员,就无法通过审核参与矿石出口配额申报。"缴费入会就等同于进入这个市场的'敲门砖'"。

(2) 在评审、评比环节中乱收费

国务院关于 2015 年度中央预算执行和其他财政收支的审计工作报告显示,中国交通通信信息中心、中国建筑业协会等 17 家所属单位在受部门委托开展评审、评比、达标等活动时,从参评单位取得咨询等服务收入 5.78 亿元。中央巡视组去年(2016 年)下半年在巡视国家安监总局中发现,中国索道协会存在开展安全生产标准化评审违规收费问题,自 2013 年底以来共收取 117 家企业评审费用 431.94 万元。

(3) 随意自设项目乱收费

信息服务费、考试注册费、管道维护费,不少协会在缺乏依据、未经批准情况下,自行设立项目向企业收费现象屡屡被曝光。辽宁省物价局今年(2017 年)初通报,朝阳市供热协会违规向房地产开发企业收取"新建项目热源入网管道维护费"并计提"专用资金",违规收费达 5 501 万元。此外,湖北省住建厅下属湖北省建设工程标准定额管理总站与建设工程造价咨询协会接受审计时被查出,在 2013 年至 2015 年间,自行制定标准向会员单位收取服务费 478.97 万元,咨询协会还向参加全国建设工程造价员考试的人员,违规收取注册费、注册证书、注册证章费用达 463.45 万元。

资料来源：[1] 李劲峰、王存福. 聚焦协会商会乱收费现象[EB/OL]. 新华社. http://www.banyuetan.org/chcontent/sz/szgc/2017714/231635.shtml, 2017-07-14.

[2] 光明网. 对违法违规收费"零容忍"[EB/OL]. https://news.gmw.cn/2020-07-22/content_34015802.htm, 2020-07-22.

（2）完善行业自律规章制度

行业协商会拥有充分的自治权，作为行业自律的组织者，可以制定并执行各类行规、行约和标准，对行业内企业特别是成员企业的经营行为具有一定的约束力。

一方面，行业协商会应该在建立社会公信力的基础上，制定协会的规章制度、自律公约等，明确对成员企业的基本要求和企业行为准则，对行业内企业的经营行为、产品及服务质量进行监督，从而实现行业自律。另一方面，行业协商会应结合行业特点，制定行业社会责任标准和管理体系，成立相应的自律性组织，对企业进行有效监管，营造企业自觉履行社会责任的大环境。中国纺织工业联合会在2005年制定了我国第一个行业性的社会责任管理体系（CSC9000T），并每年召开行业内企业社会责任发布会。这一做法得到了其他一些行业协商会的借鉴，但仍需推动那些还没有建立社会责任管理体系的行业协商会尽快落地。

【案例10-5】 我国代表性行业协会社会责任标准

随着我国社会责任运动的快速发展，许多行业协会都开展了与社会责任管理有关的管理体系研究、制定和推广工作，比较有代表性的有中国工业经济联合会、中国企业联合会、中国纺织工业协会、中国银行业协会等。

（1）中国工业经济组织

《中国工业企业及工业协会社会责任指南》（以下简称《指南》）和《关于倡导并推进工业企业及工业协会履行社会责任的若干意见》是中国工业经济联合会与中国煤炭、中国机械、中国钢铁、中国石化、中国轻工、中国纺织、中国建材、中国有色金属、中国电力、中国矿业11家工业行业协会于2008年4月联合发布的。《指南》在要求工业企业自律的前提下，还要求建立工业协会自身的社会责任体系，包括社会责任的工作机构、职责任务、管理制度，形成履行自身社会责任和推动企业履行社会责任相协调的组织管理体系等。

（2）中国纺织工业协会

CSC9000T标准，即中国纺织企业社会责任管理体系（China Social Compliance 9000 for Textile & Apparel Industry），是由中国纺织工业协会社会责任推广委员会制定的，基于中国相关法律法规和有关国际公约及国际惯例的、符合中国国情的纺织企业社会责任管理体系。2006年，中国纺织工业协会还与有关国际组织开展社会责任项目国际合作，推出和开展了CSC9000T"10＋100＋1 000"项目，即在10个左右纺织服装产业集群内选择100家骨干企业建立CSC9000T管理体系，并对1 000家中小纺织服装企业进行社会责任培训。

（3）中国可持续发展工商委员会

《中国企业社会责任推荐标准》是由中国企业联合会可持续发展工商委员会和北京大学光华管理学院合作依据中国法律和中国缔结、参加的国际公约制定的中国企业社会责任标准，于2006年10月发布实施。该标准确定了企业应该遵循的社会责任基本原则，并对其中关键细节进行适当展开,旨在引导企业完善自身的战略、组织、制度和文化,建立有效的社会责任管理体系。作为推荐性标准,其中所列条目多数属于规范意义上的,即应该遵守的建议。

(4) 中国银行业协会

中国银行业协会根据《公司法》《商业银行法》《银行业监督管理法》及《中国银行业协会章程》等相关法律法规,于2009年12月制定并发布了《中国银行业金融机构企业社会责任指引》,以此对金融企业的社会责任进行规范和指导。

(3) 推进行业治理平台建设

有影响力和号召力的行业自律组织,可以尝试通过建立行业治理平台来承担起对会员企业的监督和风险警示责任,以提高整个行业的风险管理水平。

① 建立行业授信共享机制

信息是企业最重要的资源之一,是企业决策的基础。在市场交易中,为保障交易安全,交易双方都想确知对方的信用状况,是否有"不良前科",但信息的获取和交换是需要成本的。而同一行业中的企业所需要的信息具有较高的同质性,如果彼此之间没有形成有效的合作和交流,那么将会极大地提升信息的获取成本,这显然会造成严重的资源浪费。

而行业协商会的存在,正是解决这一问题、优化资源配置、降低信息获取成本的有效途径。无论是一般信用信息的提供还是对企业进行信用行为的正面引导,行业自律组织都比国家机关有明显优势,因为"公司行为更多的是由社会规范而不是由法律规则来塑造的"。行业协商会提出的企业治理规范和市场交易诚信行为准则,是影响企业行为的重要社会规范。行业协商会通过行业内部采集(比如有关企业守信或违规记录、企业社会责任履行记录等)和外部交换,能获得更多、更全面的会员企业的信息,把这些信息集中到行业信用信息平台,便于对企业信用行为实施全面的和动态的监测。同时按照互通有无的原则,与政府有关部门以及行业协会中的企业建立数据交换共享机制。

② 完善行业追责和剔除机制

行业自律是行业协商会的一项重要职能,实施行业自律,必须对那些不符合行业规范的企业进行相应的处罚。但是,行业协会的处罚权与行政处罚、行政处分存在很大差别,原因在于行业协商会是"私法上的主体,它对成员的处罚权虽然在外观上看是一种上级对下级拥有的权力,但实质上是建立在成员共同意思表示之上"。行业协商会的处罚权必须经由会员大会的民主程序,获得会员的承认和通过,才具有合法性和权威性。对于部分不符合国家法律和行业协商会章程的企业,行业协商会有必要在行业内部对其进行相应的处罚,从而达到以正视听的目的。对那些严重违反国家法律法规和行业章程的企业和个人,应及时剔除出行业队伍,保证行业队伍的纯粹性,同时将成员数量控制在最优规模,减少投机企业对整个行业健康发展的干扰。

【案例10-6】 苏州阳澄湖大闸蟹行业协会别辜负了消费者信任

据澎湃新闻报道,有消费者买到假冒阳澄湖大闸蟹,向苏州市阳澄湖大闸蟹行业协会举报售假,却被泄露个人信息。行业协会迟迟不给出处理意见,在消费者向媒体曝光后,又两度作出自相矛盾的回应,引发舆论争议。

消费者判断店铺售假的理由有三:没有防伪蟹扣、发货地址并非阳澄湖产地、先于开捕时间。8只母蟹379元,在某种意义上,消费者购买的是"阳澄湖"而不仅仅是"大闸蟹",看重的是其品牌附加值。外地"过水蟹"冒充阳澄湖大闸蟹牟求暴利,严重侵害了消费者权益。

对于频频出现的假冒阳澄湖大闸蟹事件,行业协会不可放任不管。该消费者9月24日向苏州市阳澄湖大闸蟹行业协会举报,协会在10多天后仍未给出处理意见,后虽作出说明,认定涉事企业存在"虚假宣传、误导消费者"行为,但仍难免让人质疑行业协会"收钱卖招牌"。

试想,如果没有媒体介入,消费者投诉是否会不了了之?作为民间组织,苏州市阳澄湖大闸蟹行业协会保障成员企业私利,不应以牺牲消费者权益为代价。包括该协会在内的行业协会有必要认清,其存在根基是公众的信任,若不能有效进行自我管理、自我监督,协会只会名存实亡。长远来看,约束成员企业行为,保障消费者权益,才有利于行业行稳致远,这也是行业协会存在的价值所在。

此外,该消费者向行业协会举报售假时,明确要求对其身份信息保密。然而约8小时后,该消费者就收到商家来电。投诉处理室负责人表示,协会要求商家先行与投诉者沟通处理,这并非泄露举报人信息。但是,如果投诉者可以和商家沟通处理,何至于向行业协会投诉?行业协会显然没有发挥好第三方协调作用,更辜负了消费者的信任。

资料来源:维辰.苏州阳澄湖大闸蟹行业协会别辜负了消费者信任[EB/OL].人民网,http://yuqing.people.com.cn/n1/2020/1021/c209043-31900334.html,2020-10-21.

10.4 强化企业伦理建设

在当今社会,一些企业不断突破道德底线,其负面后果与危害越来越大,人们不得不重新审视企业追求经济价值的意义,不得不在更高的层面上重新评价和规范企业的行为。在企业伦理和社会责任的建设中,企业自身的伦理意识、伦理责任和伦理管理是关键。本节主要从伦理文化、企业伦理管理、伦理培训与宣传、伦理审计等角度探讨提升企业伦理水平的方法。

10.4.1 建设伦理文化

企业伦理文化是企业成员共同持有的有关伦理道德的信仰,是企业在生产经营过程中注意与消费者、员工、供应商、投资者、社会等一系列利益相关者之间保持一种和谐互动的共生关系所遵循的道德规范和伦理责任价值观。

伦理文化是企业实现可持续发展的前提和保障。一个不重视伦理文化建设、不讲道德的企业,即便短时间内能够取得成功,也将很快被市场所抛弃。伦理文化作为构建组织道德价值观的基础,决定了组织的行为规范和道德规范。在企业内部建立一种经济利益和社会利益并举的伦理文化,有利于在企业内部形成有效的道德行为约束力。例如,同仁堂药店所秉持的"济世养生、精益求精、童叟无欺、一视同仁"伦理价值观,约束着全体员工必须严格按工艺规程操作，严格质量管理，严格执行纪律，在市场中保持公平和诚信。

企业伦理文化的建设，首先在于领导者的重视和以身作则。企业伦理文化的一个基本特征是道德影响力，道德影响力通过"高层基调"推动伦理文化的建立和维持。企业家作为组织的道德领袖，以身作则，将公平、正义、责任等理念注入组织管理之中，建立一套道德标准和伦理规范，培养一种自上而下的伦理文化，并使之成为组织战略的重要组成部分。其次，企业需要在伦理文化的统领下，构建符合伦理文化的行为守则和制度规范。正式制度规范通过奖励伦理行为和惩罚不道德行为，强化企业的伦理文化。

10.4.2 伦理管理

在企业伦理管理方面，中外企业做了一些有益的探索，一些企业在组织架构上做出安排，设立了专门的伦理或社会责任部门和岗位，这些经验值得其他学习和借鉴。

（1）社会责任委员会

企业社会责任委员会［或称企业责任委员会，企业（社会）责任工作委员会］是企业社会责任的高层管理和协调机构。设立企业社会责任委员会的目的在于，提升企业的社会责任意识，使企业在商业决策中综合考虑不同利益相关者的利益，维持企业与各利益相关方的合作关系，防止各类问题和矛盾激化，实现多方共赢，最终实现企业的永续发展。

企业社会责任委员会的首要职能是把社会责任从理念变成行动，将社会责任工作规范化、制度化、常规化，对企业整体战略目标的实现起到积极的促进作用。具体来说，企业社会责任委员会的工作内容主要包括社会责任推进体系建设与管理、社会责任战略规划编制、社会责任提案受理、社会责任危机处理、社会责任相关人员的绩效管理、社会责任重大项目管理等。

企业在组建社会责任委员会时，要注意保持委员会的独立性，这是其客观、中立地开展工作的前提条件。例如，社会责任委员会可以全部由独立董事担任，因为独立董事之间身份地位相同，所以讨论相关问题时可以无所顾忌地畅所欲言，能够客观、中立、全面地考量中小股东、债权人、所在社区以及客户的利益。相对地，如果公司内部董事参与其中，即使人数比例不高，也难免会给独立董事施加压力，尤其是内部董事与独立董事意见出现不一致的情况下，内部董事可能利用各种手段影响独立董事的客观性，最终偏离社会责任委员会建立的初衷。

2008年7月，百度就成立了由创始人李彦宏担任主席的百度企业社会责任委员会（Baidu CSR Board），由相关副总裁担任主席团成员，其他各相关部门总监以及各分公司负责人担任执行委员。每年举办一次的全体委员大会对百度的社会责任（CSR）战略、目标和相关重大事件进行审议与决策。委员会下设秘书处于企业社会责任（CSR）部，负责百度整体CSR的协调统筹工作。2011年，百度还设立了百度职业道德委员会。

（2）伦理委员会

自20世纪60年代起，西方一些企业在生产经营活动中，开始出现忽视安全生产、歧视员工合法权益、销售假冒伪劣产品、肆意污染环境等不道德行为。以美国为例，20世纪80年代中期，针对国防工业的关于浪费和欺诈的指控迅速增加，美国总统里根为此在1985年7月任命了一个特别委员会（蓝带委员会，Blue Ribbon Commission）进行调查并研究解决方案。这一建议促使美国国防工业承包商联合会出台了《国防工业促进商业伦理与良好行为措施》，该措施要求行业内部提高商业行为的伦理标准，并定期举行有关商业伦理的讨论会，特别要求各公司设立伦理官员或伦理方面的内部机构。随后，在各个行业内部都开始推广建设伦理管理的机构，即伦理委员会。

在美国排名靠前的企业中，有很多企业聘任了伦理主管（设立有伦理办公室），有的企业还成立了伦理委员会，负责企业伦理准则的制订与实施。欧洲一些国家也于1987年在比利时首都布鲁塞尔成立了欧洲企业伦理网络。在英国、德国，许多企业纷纷制订各自的企业伦理准则，设立专门的伦理机构。

在我国，伦理委员会一般在三个层次设置：国家主管部门、行业协会以及企业。比如国家卫生健康委员会、国家中医药管理局下可以设立医学伦理委员会，科技部、国家自然科学基金委员会下可设科学伦理委员会，其他部委可以根据行业特点设立相应的伦理委员会。行业协会、商会、同业公会等可比照国家主管部门设立伦理委员会开展自律。企业可以设立伦理委员会或道德遵从委员会，从企业活动和员工行为两个方面开展伦理管理。

(3) 伦理与社会责任官

与企业的社会责任委员会或伦理委员会相对应，首席责任官（也叫首席社会责任官或首席可持续发展官）或首席伦理官这一新的职位应运而生。美国《财富》1 000强企业中有许多企业都设立了伦理官员这个职位。首席责任官主要负责企业社会责任相关事务，是将企业生产运营与社会责任的履行进行整合的复合型人才。首席责任官的主要工作包括：与董事会和高级经理人员协调伦理遵守计划；检查并修正伦理计划；制定、修改并传播伦理准则；建立内部审计和控制体系；等等。对于一个企业的首席责任官来说，综合能力和素质不可或缺，其中融合能力与平衡能力最为关键。所谓融合能力，是指将企业文化和社会责任战略与社会需要、项目选择相结合的能力，只有在对项目进行仔细甄选，找到契合点之后，才能使企业的社会责任完美融合到项目之中；所谓平衡能力，则是指平衡企业社会责任的经济效益和社会效益、生态效益的能力，同时，也要平衡政府、非政府组织（NGO）、媒体等各方面的需要，更要平衡社会责任项目和企业整体战略之间的关系。

目前，我国很多企业都没有设置专门负责社会责任的部门，或者即使设有专门人员，企业对此也并不重视，相关人员在公司的职位级别也相当低。反观很多跨国企业，如拜耳、英特尔、谷歌等，都专门设置了副总裁级别的企业社会责任官，甚至还设置了专门的企业社会责任委员会，委员会的成员囊括了企业各部门的负责人，以便协调企业内部资源。除了总部以外，不少跨国公司还在各分公司层面安排专门人员负责企业社会责任项目，虽然每个企业的相关部门名称不尽相同，但基本职责都很一致，就是负责企业社会责任，比如在卡特彼勒叫"战略服务总监"，在诺基亚叫"企业社会责任总监"；也有企业将社会责任部门与公共关系部或政府关系部设在一起；还有的是将政府关系、公共关系、企业社会责任统一为一个部门。随着人们对企业伦理的关注度不断提高，设立首席责任官来专门处理企业伦理事务就显得十分有必要。令人欣慰的是，我国一些企业已经开始认识到这点并采取行动。例如，阿里巴巴集团就专门设立了社会责任部来负责企业的社会责任活动。2021年4月，腾讯宣布设立"可持续社会价值事业部"，首期投入500亿元用于社会可持续发展的探索。

【案例 10-7】 "首席责任官计划"的起点

2019年1月17日,由思盟企业社会责任促进中心主办,商道纵横承办,每日经济新闻联合承办的"可持续,驱动未来商业"2019首席责任官(CRO)全球峰会在上海成功举办。在此次峰会上,每日经济新闻旗下美好商业研究中心联合中国领先的企业社会责任研究和倡导机构商道纵横正式对外推出"首席责任官计划"。该计划旨在代表中国最强势的上市公司和跨国公司传递先进理念、强化责任思想、传播榜样力量。

每日经济新闻副总经理、上海中心总经理黄波表示:"首席责任官计划,是一个IP,是一个品牌,是一次宣言,是一种责任。"

积极践行企业社会责任已成为当今企业与社会的一种趋势和共识。那么,究竟什么是企业社会责任?包含哪些模块和要素?CRO全球峰会认为,保持企业可持续发展,一直把扶贫、公益、慈善、健康、绿色环保等作为公司发展和品牌建设的核心,这是企业社会责任的定义。在此背景下,负责企业可持续发展与企业社会责任的企业社会责任官(CRO)应运而生,正在成为企业不可或缺的职位。

通常来讲,CRO是指主要负责企业社会责任等事务,将企业产销运营与慈善公益等社会活动相整合的高管人才,也就是一个"自然人"。

而此次由商道纵横与每日经济新闻旗下美好商业研究中心共同推出的"首席责任官计划",把实施企业社会责任的负责人从一个"自然人"升华到企业这个"社会人",赋予企业一个"首席责任官"的人设。

资料来源:每日经济新闻.传播企业社会责任 每经联合商道纵横发起"首席责任官计划"[EB/OL]. http://www.nbd.com.cn/rss/toutiao/articles/1293140.html,2020-01-20.

10.4.3 伦理培训与宣传

伦理培训是企业伦理制度化的重要驱动因素,伦理培训的目的是发展和加强组织成员的伦理能力与技能。而伦理宣传旨在让组织成员知晓企业的伦理政策和伦理行为规范。

(1) 提高领导者的伦理素养

领导者作为企业决策的制定者,其对道德规范的尊崇与否同企业的伦理行为有着直接关系。领导者通过在组织中树立道德模范作用,建立和维持道德规范标准,并以身作则展示其伦理型领导行为,通过双向沟通和相关奖惩措施,在组织中承担道德管理者角色,从而影响员工行为。根据《社会学习理论》的观点,被追随者认定为伦理领导者的主管,他们在组织中必是具吸引力与可信赖的角色。伦理素养是决策者在企业管理与决策中处理各种矛盾和伦理冲突的价值观、知识、技能,是及时回应社会舆论和公众关切所必备的素养。具体而言,伦理领导包括三个组成成分:道德榜样、公平待人、道德管理。前两个要素主要体现在伦理领导者的伦理素养,如领导者具有公平、值得信赖的品质等;道德管理是指伦理领导者通过与下属交流关于伦理的看法、惩罚不道德行为等措施来鼓励道德行为以及阻止下属的不道德行为。所以成为伦理型领导首先需要企业管理者成为道德的人,其次是成为道德的管理者。

我国传统文化十分强调道德的重要性,许多学者都将领导者的道德修养放在首要位置,如儒家思想提出了"修身—齐家—治国—平天下"的经典论述。然而,要使领导者成为伦理型领导,一靠选拔,二靠培训。企业在招聘高层管理人员的时候,需要就个人的道德修养和人格特质进行审查,将那些道德素质高的候选人选拔到合适的管理岗位上。此外,领导者也需要定期参加伦理培训,不断提高自身道德修养,提高道德管理水平,用自身的道德言行来影响下属。

(2) 提高员工的道德遵从

许多世界500强企业的高管都提到,他们员工入职的第一天就要接受的培训不是人事制度,也不是财务制度,而是"Business Conduct"(商业行为),而且员工每一年都要接受商业伦理的培训。作为企业员工,其伦理素养不仅对企业的经营管理有着重要影响,也代表了企业的形象。加强员工的伦理素养,一方面有利于提升企业的整体道德水平,减少不道德行为带来的成本,提高员工忠诚度,有助于企业可持续健康发展;另一方面,有利于提升企业的形象和声誉,体现企业的责任担当。

伦理培训是加强员工伦理素养的有效手段,伦理培训一般是由企业伦理委员会负责。伦理委员会根据企业所处行业及自身特点,结合不同岗位员工工作性质,定期组织开展伦理培训。培训时一般要印制员工伦理培训手册。培训手册应当非常清楚地告诉员工,伦理培训要达到一个什么样的目的,因为这是员工能否自愿接受伦理培训的关键。如果伦理培训目的正确,员工从伦理培训目的中受到鼓舞,认识到接受伦理培训不仅有利于规范公司经营行为,塑造良好的公司形象,也有利于完善自我,增强自我伦理道德修养,那么就会鼓励员工积极参加伦理培训,减少抵制情绪。

伦理培训方法可以灵活多样,比如授课、研讨会、案例研究、现身说法等。培训内容主要是讨论或辨析工作中可能存在的伦理议题,如专业胜任力相关的伦理议题、怎样面对竞争、职业操守方面的伦理议题、法律相关的伦理议题等,在模棱两可的情况下,教给员工表述和解决这些问题的方法。伦理委员会可以通过员工培训前后的表现来评估培训的效果。

(3) 伦理宣传

伦理培训是伦理宣传的一个重要手段,除此之外,企业还可以采取其他一些措施,来开展伦理宣传,使所有成员对公司的伦理价值观有深刻的理解和把握。

常见的宣传之一是通过公司官方互联网网页进行的,很多的公司都会在公司主页上列出它们所秉持的伦理价值观,这既是为了与外部利益相关者沟通,同时也方便员工了解公司的伦理态度和原则。

伦理宣传的另一种常见形式是员工伦理手册。手册可以做成口袋书,通常印制精美,语言简洁流畅,易懂易记,内容上通常涵盖公司创业史、经营道德、公司信条、核心思想、行为准则、伦理标准、规章制度、工作守则等内容。对于公司日常中常见的伦理问题或困境,手册也可以提供行为指南。手册上通常还留有伦理热线电话,供大家咨询或举报。

企业还可以通过召开公司内部会议,针对员工工作中已经出现或有可能出现的伦理问题,重申公司的价值观和伦理原则。这种方式还可以与树立伦理典型、伦理现场教学等方式结合起来,让员工知道公司鼓励什么样的行为,反对什么样的行为。

10.4.4 伦理审计

企业伦理审计是识别企业伦理问题,进行伦理监督的重要一环。伦理审计是指专门机构和人员对企业管理当局或直接责任人是否遵守伦理管理制度以及伦理管理有效性进行评审的行为。企业伦理审计从两方面进行:一是对相关的文件和记录进行审计,包括企业内部的各种成文文件、企业外部的公共机构记录及新闻媒体的报道;二是对企业的利益相关者进行问卷调查,包括公司员工、专家、顾客、经销商、供应商和投资者等等。

企业伦理审计能够检查企业的伦理目标与财务目标是否一致,当企业向利益相关者阐述自己的伦理价值观时,企业伦理审计能够提升企业的说服力,使利益相关者信服和接受。伦理审计机构对企业伦理信息进行核查,验证企业行为是否遵循了企业的价值观、宗旨、经营理念、行为守则、道德规范以及各项承诺。

伦理审计过程最重要的工具是沟通,没有适当的沟通,经理们既不能激励员工也不能协调他们的努力。表 10-2 列出了企业开展伦理审计的可行步骤,企业在开展伦理审计时,应全面考虑和评价企业所建立的责任管理系统以及企业战略规划,授权相关职能部门进行工作安排;确定审计主体,成立伦理审计领导小组;建立审计评价标准,审计评价内容应包括财务指标(每股股利、净资产收益率、净利润增长率、速动比率、资产负债率等)、非财务指标(年报信息公开程度、是否按照规定时间披露、是否具备完善监督体系等)、对员工的伦理责任(员工薪酬福利、教育培训、劳动生产率、员工安全健康管理等)、对供应商的伦理责任(现金与应付账款比率、应付账款周转率等)、对消费者的伦理责任(产品价格与质量、成本利润率、研发投入、消费者满意度、是否建立消费者关系管理等)、对政府的伦理责任(是否按时按量纳税、是否提供就业机会、是否遵守法律法规等)。

表 10-2 企业伦理审计的步骤

阶段	步骤	主要工作内容
准备阶段	1	得到企业最高层的许可和支持
	2	任命一个伦理委员会指导审计工作(如果公司没有成立伦理委员会)
	3	成立一个审计小组(审计师、主要经理和组织发展专家),设计用于检验企业伦理表现的问题
执行阶段	4	对公司文化进行诊断,对指定的职能领域,如员工问题、社区关系、顾客关系和环境活动,进行调查
	5	分析宗旨宣言,查找公司宗旨或目标与实际伦理表现不一致的情形
	6	确认伦理表现和企业目标不一致的隐性原因
	7	在每个指定的职能领域收集相关的行业情报、当前的可供参考的研究、有关竞争者的可利用情报
	8	访问每个职能领域涉及的利益相关者,询问他们对企业伦理和社会责任表现的看法
	9	将伦理表现的内部数据与外界利益相关者的观点相比较
完结阶段	10	写一份终审报告给公司的经理与审计委员会,如果可能,还可以得到对这份报告的外部评估

【案例 10-8】 外国公司的道德审计方法

通用电气(GE)通过员工之间互相匿名举报触犯法律或违背道德的行为进行审计;终止与没有遵守环境、健康、安全或劳动方面的标准的供应商的合作。Domini 社会投资组织根据公司文件、商业期刊、法院记录、政府数据等进行审计,并与公司高级管理人员面谈。每年由公司在内部进行几个方面的问卷式调查,形成道德审计标准的大概框架,以便完善道德审计标准。美国的经济优先问题委员会设计了一份长达 15 页的调查问卷,包含 10 个种类的相关问题,并指定由公司代表回答。

另外,还从新闻报纸、商业周刊、公司报告等记录中对公司进行道德审计。Domini 社会投资组织采用定性和排除法相结合的方式来对企业进行道德审计。定性审计的内容包括:与社区的关系(提供住房、资助、对政治选举的支持等)、员工多样性问题(女员工政策、少数民族政策和同性恋者政策等)、与员工的关系(人力资源管理制度和措施)、环境保护问题(环保产品和服务、环境污染预防措施、燃料替代品使用等)、产品问题(产品质量、价格和安全性等)、国外生产方面(促进其他国家发展的生产和服务、跨国劳动关系处理及公平竞争等)和其他方面(高级管理人员薪酬、公司税收问题等)。排除审计的内容有:是否生产含酒精的产品,是否进行烟草产品生产,是否与赌博行业有关,是否从事武器生产和销售,是不是核工厂或从事与燃料有关的产品生产等。国外学者认为,进行企业道德评价和审计是十分必要和有价值的。但同时,他们也指出,如今对企业道德的测评技术还远没有成熟。

资料来源:范丽群,周祖城.国外企业道德审计研究综述[J].外国经济与管理,2003(11):25-28.

本 章 小 结

本章结合企业不道德行为产生的原因,分别从法律层面、社会环境层面、行业层面和企业层面对推进企业伦理建设提出了一些具体建议。法律层面的重点是完善立法、加强执法监督;社会环境层面既要在社会保障上营造人们讲诚信的物质环境,更需要强化社会主义核心价值观,正确引导人们的消费观和娱乐观;行业层面上要充分发挥行业协会、商会和圆桌会议等行业组织的作用,建立健全企业道德的行业约束机制;最后,在企业层面要建设伦理文化,加强伦理管理,提升决策者和员工的伦理素养,开展伦理审计等。

【章末思考题】

1. 如何理解管子的话"仓廪实而知礼节,衣食足而知荣辱",经济与伦理之间存在什么样的关系?
2. 应该如何提高企业违法和不道德行为的成本?
3. 教育和培训能提高企业伦理水平吗?为什么?
4. 为什么说企业领导者的行为是影响员工道德行为的最重要因素?
5. 企业有必要专门设立伦理机构,任命首席伦理官吗?为什么?

【思考案例】 瑞幸咖啡——"民族之光"or"民族之耻"

瑞幸,曾经是一个所有关注财经新闻的人不会错过的故事——它只用一年时间就走完了星巴克走了17年的路,它从成立到上市仅用了18个月……它怀抱着互联网、新零售、物联网等新锐商业概念一路狂奔。直至近日,巨额交易数据造假、股票暴跌,瑞幸的命运一路下滑,让无数曾经的艳美者陷入沉思。

2020年4月2日,在经历浑水发布做空瑞幸报告事件两个月后,美股上市公司瑞幸咖啡自爆财务造假,伪造交易金额近22亿元。而这样一件公司财务造假事件,网民却对其褒贬不一。有人说,瑞幸是"民族之光",薅资本主义羊毛,用美国股民的钱补贴中国咖啡消费;有人则说瑞幸是"民族之耻",瑞幸咖啡这一波自爆操作让整个中概股陷入信任危机,更是损害了中国上市公司的信誉。由于公司业绩造假造成投资者经济损失,瑞幸除了面临巨额赔偿,严重的话会退市,公司高管还将负刑事责任。此后,其他中国公司上市也会受到负面影响,而且影响深远。

这件事曝光后,网友们分为两大派。

一方网友一派喜气洋洋骄傲之情溢于言表,称瑞幸咖啡为民族之光。一方却心情沉重觉得备受耻辱,认为瑞幸咖啡是民族之耻。

正方的观点是:"华尔街的骗子还少吗?其他外国企业没有做过假吗?既能捡便宜,还能搞一下对我们不友好的国外资本大鳄,绝对是良心企业,为什么要站在道德的制高点上对其进行指责?"

反方的观点是:"犯错就是犯错,不能因为给大家带来点好处,犯错就不是犯错了。劣币驱逐良币,应该坚决反对所有造假行为,因为诚信才是维系社会运行的重要一环。"

"瑞幸光环"的迅速坠落,可以给当下的普通人、企业、社会和商业生态,带来哪些提醒或启示?

资料来源:[1] 綦宇. 瑞幸咖啡童话破灭:从商业狂奔到资本做局[N]. 21世纪经济报道,2020-04-13(008).

[2] 佘颖. 瑞幸咖啡能涅槃重生吗[N]. 经济日报,2020-09-24(009).

 【案例分析题】

1. 如何看待网上关于瑞幸咖啡"民族之光"与"民族之耻"的争论?
2. "诚信"是一种全球普遍认可的品质吗?为什么?
3. 如何看待美国股票市场中"浑水"这样的做空机构的存在?
4. 瑞幸咖啡的迅速陨落带给我们的启示是什么?

 【趣味测试】 苏格拉底为什么不逃跑?!

请评价苏格拉底的行为!

苏格拉底(Socrates,公元前469—前399年)是古希腊伟大的哲学家、殉道者、圣人、历史上最为重要的道德学家之一。

公元前 399 年，他被雅典陪审团判处死刑，起诉苏格拉底的三个人是：代表雅典政治家和手艺人的阿尼图斯（Anytus）、代表诗人的美勒托（Meletus）、代表公众演说家的莱康（Lycon）。他们指控苏格拉底犯下三重罪：不崇拜雅典诸神、崇拜新神、腐蚀雅典青年。

苏格拉底为自己的行为进行了辩护。在柏拉图的《申辩篇》中，苏格拉底针对他有腐蚀青年的指控进行了辩护。他首先引导美勒托承认，没有人愿意彼此伤害对方。接着他辩称，要么他没有腐蚀青年，要么即使这样做了，他也不是有意的。如果他（有意地）腐蚀了青年，青年反过来会腐蚀苏格拉底，这就构成了有意的彼此伤害对方，苏格拉底说他还不至于愚蠢到这样做。而如果苏格拉底无心地腐蚀了青年，那他应该被私下责备，而不是遭受审判并被判处死刑。对于指控他不崇拜雅典诸神，苏格拉底说自己不清楚此指控的意思，请美勒托澄清一下。美勒托说，这项指控意为苏格拉底是彻底的无神论者。苏格拉底指出，倘若这是该指控的意旨，那么美勒托的讼词实在是自相矛盾的！因为苏格拉底所受的指控同时有：不崇拜城邦（雅典）诸神和崇拜新神。如果苏格拉底是无神论者，他就不可能又崇拜新神。

然而，尽管苏格拉底做出了有力的辩护，但近 500 名的陪审员中（他们都是雅典本地出生的男人）仍然有 280 人宣判苏格拉底有罪，主要原因应该是他的"诘问"让很多自认为聪明的人难堪。

在柏拉图的《克里同篇》中提到，苏格拉底的学生兼朋友克里同为他打通所有关节，提供了逃跑的机会。但苏格拉底拒绝了，苏格拉底说，除非在道德上是正当的，否则他绝不会逃跑。克里同试图说服苏格拉底逃跑是正当的，"……苏格拉底，我甚至觉得，能保全生命却将之抛弃，你这样做是不正当的。你如此对待自身，恰恰是你的仇敌所愿意的，或者是他们所做出的——他们正处心积虑地想毁掉你。更有甚者，对我而言，你这也是对你众儿子的抛弃。你本可以抚养和教育他们，如此却试图抛弃他们……你选择了一条轻生的道路，这让我十分震惊。你应当选择好人和勇士的道路，既然你自称一生都将德性作为目标。"

为了说服克里同逃跑是不对的，苏格拉底提醒他，他们两人都是根据如下原则生活的：

（1）伤害他人（物）总是不对的。
（2）背弃公义的承诺总是不对的。

苏格拉底说，如果逃跑，这两个原则都触犯了。苏格拉底逃跑之所以触犯第二个原则，是因为当决定住在雅典，并在此抚养子女时，苏格拉底就已承诺接受城邦所有的裁决（也就是说，你选择在哪里生活是你的权利，但你不能只享受城邦给你的好处，而不承担城邦赋予你的义务）。既然逃跑违背了城邦的裁决，那么逃跑就是不对的。更糟的是，如果背弃了对城邦的承诺，就会对城邦造成伤害（法律得不到遵守，它就失去了应有的效力和权威，正义也就不复存在），这又违背了第一个原则。

苏格拉底认为，最重要的事情不是活着，而是要活得好，而活得好意味着活得正正当当。因此，苏格拉底放弃选择逃跑，而是慷慨服毒酒而亡，视死如归。

个人警告标语

如果你发现自己在工作中使用了这些常见的陈词滥调/借口,停下来想一想你的行为。这些短语可以作为你正在考虑做的事情是不道德的早期迹象。

"也许就这一次。"
"没人会知道的。"
"只要能完成任务,怎么做并不重要。"
"这听起来好得令人难以置信。"
"每个人都会这么做。"
"没人会受到伤害。"
"这对我有什么好处?"
"这将破坏竞争。"
"我们没有谈过这个。"

参考文献

[1] ［美］O. C. 费雷尔，杰弗里·赫特，琳达·费雷尔. 商业伦理与社会责任[M]. 北京：人民邮电出版社，2018.

[2] Awaysheh, A., Heron, R. A., Perry, T., & Wilson, J. I. (2020). On the relation between corporate social responsibility and financial performance. *Strategic Management Journal*, 41(6), 965-987.

[3] Beauchamp, Tom L. (1982). *Philosophical Ethics*. New York：McGraw-Hill.

[4] Carroll, A. B. (1991). The pyramid of corporate social responsibility：Toward the moral management of organizational stakeholders. *Business Horizons*, 34(4), 39-48.

[5] Carroll, A. B. (1998). The four faces of corporate citizenship. *Business and Society Review*, 100(1), 1-7.

[6] Carroll, A. B., & Buchholtz, A. K. (2014). *Business and society：Ethics, sustainability, and stakeholder management*. Nelson Education.

[7] De George, R. T. (1987). The status of business ethics：past and future. *Journal of Business Ethics*, 6(3), 201-211.

[8] Elkington, J. (1997). Cannibals with forks-Triple bottom line of 21 st century business. Stoney Creek, CT：New Society Publishers.

[9] Friedman, M. (1962). *Capitalism and Freedom*. Chicago, IL：University of Chicago Press.

[10] Jones, T. M. 1991. Ethical decision making by individuals in organizations：An issue-contingent model. *Academy of Management Review*, 162：366-395.

[11] Kohlberg, L. 1981. The philosophy of moral development：moral stages and the idea of justice. The philosophy of moral development, Harper & Row.

[12] Lange, D., & Washburn, N. T. (2012). Understanding attributions of corporate social irresponsibility. *Academy of Management Review*, 37(2), 300-326.

[13] Manuel G. Velasquez. 商业伦理：概念与案例（第7版）[M]. 刘刚，程熙镕，译. 北京：中国人民大学出版社，2013.

[14] Nash, L. (1990). *Good Intentions Aside：A Manager's Guide to Resolving Ethical Problems*. Boston：Harvard Business School Press.

[15] Porter, M. E., & Kramer, M. R. (2006). The link between competitive advantage and corporate social responsibility. *Harvard Business Review*, 84(12), 78-92.

[16] Procter, P. (1978). *Longman dictionary of contemporary English*. Harlow [England]：Longman.

[17] Rachels & Rachels. 道德的理由[M]. 北京：中国人民大学出版社，2014.

[18] Scott, W. R. (1995), *Institutions and Organizations*. Thousand Oaks, CA：Sage.

[19] Sonenshein, S. 2009. The role of construction, intuition, and justification in responding to ethical issues at work: The sensemaking-intuition model. *Academy of Management Review*, 324: 1022-1040.

[20] Suchman, M. C. (1995). Managing legitimacy: Strategic and institutional approaches. *Academy of Management Review*, 20(3):571-610.

[21] Trevino L K, Youngblood S A. Bad apples in bad barrels: A causal analysis of ethical decision-making behavior[J]. *Journal of Applied psychology*, 1990, 75(4): 378.

[22] Trevino, L. K. & Nelson, K. A. 商业伦理管理(第四版)[M]. 何训, 译. 北京:电子工业出版社,2010.

[23] Trevino, L. K. 1986. Ethical decision making in organizations: A person-situation interactionist model. *Academy of Management Review*, 113(3): 601-617.

[24] Velasquez, M. G. (1999). Business ethics: Cases and concepts. *Englewood Cliffs*, NJ.

[25] 安·兰德. 自私的德性[M]. 北京:华夏出版社,2007

[26] 边沁. 道德与立法原理导论[M]. 北京:商务印书馆,1987.

[27] 陈萍. 反不正当竞争法中竞争关系的界定[D].扬州大学,2019.

[28] 陈曦. 行政垄断的反垄断法规制[D].哈尔滨商业大学,2020.

[29] 成中英. 文化·伦理与管理[M]. 北京:东方出版社, 2011.

[30] 董菲. 行业协会的社会责任研究[D].华北电力大学,2012.

[31] 杜慧鸣. 大股东与高管合谋掏空上市公司行为探究[D].江西财经大学,2020.

[32] 法制晚报. 盘点各地政府超标办公楼:26豪华政府楼 半数上亿[EB/OL]. http://www.ce.cn/cysc/newmain/yc/jsxw/201412/01/t20141201_4020818.shtml, 2014-12-01.

[33] 方兴东,严峰.中国互联网行业垄断行为复杂性、危害性和对策研究[J].汕头大学学报(人文社会科学版),2017,33(03):49-54.

[34] 费尔巴哈. 费尔巴哈著作选集[M]. 北京:商务印书馆,1984.

[35] 付丽霞.大数据价格歧视行为之非法性认定研究:问题、争议与应对[J].华中科技大学学报(社会科学版),2020,34(02):95-104.

[36] 高嘉辉. 天神娱乐连续高溢价并购中大股东掏空行为研究[D].山东大学,2020.

[37] 高昕灏.《反不正当竞争法》下的商业贿赂行为研究[D].外交学院,2019.

[38] 郭传凯.走出网络不当竞争行为规制的双重困境[J].法学评论,2020,38(04):144-155.

[39] 郭政,姚士谋,吴常艳.中国工业烟粉尘排放时空演化及其影响因素[J].地理科学,2020,40(12):1949-1957.

[40] 亨利·西季威克. 伦理学方法[M].北京:中国社会科学出版社,1993.

[41] 霍布斯. 利维坦[M]. 北京:商务印书馆,2017.

[42] 霍尔巴赫. 自然体系[M]. 北京:商务印书馆,1999.

[43] 霍季春.从"企业社会责任"到"企业公民"[J].理论与现代化,2007(01):67-70.

[44] 李建华,刘仁贵.伦理与道德关系再认识[J].江苏行政学院学报,2012(06):24-29.

[45] 李立清,李燕凌.企业社会责任研究[M]. 北京: 人民出版社, 2005.

[46] 李怡轩,李光辉. 伦理与法律:两种规范间的对话——第六次全国应用伦理学研讨会综述[J].哲学动态,2007(08):69-71.

[47] 梁略. 商业贿赂行为的规制[D].首都经济贸易大学,2018.

[48] 刘博敏,杜建军,汤新云.新型农村合作医疗制度对犯罪率的影响——基于190个城市的经验研究[J].社会保障研究,2020(04):21-30.

[49] 刘磊,程婷婷,唐昆,孙婕,吕勇,刘晓东,徐沛东,许佳佳,李鹏飞,姜正好,李开春.2006—2016年皖西地区有毒有害作业工人健康监护分析[J].工业卫生与职业病,2020,46(05):353-359.

[50] 刘燕萍,蒲钥清."响一声电话"骚扰近半数手机用户[N].光明日报,2013-01-19(005).

[51] 刘云生.民法典怎么反性骚扰?[N].深圳特区报,2020-09-01(B03).

[52] 卢梭.社会契约论[M].北京:商务印书馆,2003.

[53] 卢文道.立法滞后与法官自由裁量权[J].法学,1997(08):36-37.

[54] 麦金太尔.伦理学简史[M].北京:商务印书馆,2003.

[55] 密尔.功利主义[M].北京:九州出版社,2007.

[56] 斯宾诺莎.伦理学[M].北京:商务印书馆,1998.

[57] 斯马特.功利主义:赞成与反对[M].北京:中国社会科学出版社,1992.

[58] 唐代兴.道德与美德辨析.伦理学研究,2010(01):6-12.

[59] 王仕杰."伦理"与"道德"辨析.伦理学研究,2007(06):42-46.

[60] 吴琳.我国侵犯商标权犯罪防控研究[D].中国人民公安大学,2019.

[61] 休谟.人性论[M].北京:商务印书馆,2005.

[62] 徐鸣.商业广告伦理构建[M].北京:社会科学文献出版社,2018.

[63] 许明瑞.我国劳动者工作时间法律问题研究[D].兰州大学,2020.

[64] 杨鞞.拦截软件屏蔽他人视频前广告的行为构成不正当竞争——北京爱奇艺科技有限公司与深圳聚网视科技有限公司不正当竞争纠纷案[C].《上海法学研究》集刊(2019年第16卷 总第16卷)——上海市第三中级人民法院(上海知识产权法院)文集.上海市法学会,2019:547-550.

[65] 叶金福."隐孕被辞"是赤裸裸的"就业歧视"[N].企业家日报,2020-09-21(003).

[66] 伊壁鸠鲁.自然与快乐[M].北京:中国社会科学出版社,2018.

[67] 伊曼努尔·康德.道德形而上学奠基[M].北京:人民出版社,2013.

[68] 伊曼努尔·康德.实践理性批判[M].北京:人民出版社,2004.

[69] 永剑.职场性骚扰余波,被辞退女工维权获胜[J].分忧,2020(09):26-27.

[70] 余显洋.组织社会学[M].北京:中国人民大学出版社,2000.

[71] 约翰·罗尔斯.正义论[M].北京:中国社会科学出版社,2001.

[72] 张一坤.妇女平等就业权的法律保护研究[D].外交学院,2020.

[73] 章伟平.我国女性就业歧视法律问题研究[D].江西财经大学,2020.

[74] 周辅成.西方伦理学名著选集[M].北京:商务印书馆,1987.

[75] 朱贻庭.伦理学大辞典[M].上海:上海辞书出版社,2010.

[76] 祝建军.利用爬虫技术盗用他人数据构成不正当竞争[N].人民法院报,2019-05-23(007).

教师服务

感谢您选用清华大学出版社的教材！为了更好地服务教学，我们为授课教师提供本书的教学辅助资源，以及本学科重点教材信息。请您扫码获取。

▶ 教辅获取

本书教辅资源，授课教师扫码获取

▶ 样书赠送

企业管理类重点教材，教师扫码获取样书

清华大学出版社

E-mail: tupfuwu@163.com
电话: 010-83470332 / 83470142
地址: 北京市海淀区双清路学研大厦 B 座 509

网址: http://www.tup.com.cn/
传真: 8610-83470107
邮编: 100084